Sistemi e reti

LUIGI LO RUSSO ELENA BIANCHI

Sistemi e reti

Nuova Edizione OPENSCHOOL

Per l'articolazione Informatica
degli Istituti Tecnici settore Tecnologico

VOLUME 1

EDITORE ULRICO HOEPLI MILANO

via Hoepli 5, 20121 Milano (Italy)
tel. +39 02 864871 – fax +39 02 8052886
e-mail hoepli@hoepli.it

www.hoepli.it

ISBN 978-88-203-6661-2

Ristampa:
4 3 2 1 2015 2016 2017 2018 2019

Copertina realizzata da mncg S.r.l., Milano

Realizzazione editoriale: Thèsis Contents s.r.l., Firenze-Milano
Redazione: Mirella Francalanci
Progetto grafico e impaginazione: Stefano Cipriani, Paola Lagomarsino, Antonella Montanelli

Stampato da Arti Grafiche Franco Battaia S.r.l., Zibido S. Giacomo (Milano)

Printed in Italy

Presentazione

Scopo dell'opera è fornire le **basi teoriche e pratiche** per la comprensione dell'architettura dei sistemi di elaborazione, partendo dallo schema di Von Neumann fino all'interfacciamento dei computer con Arduino. La **Nuova Edizione Openschool**, concepita secondo le recenti indicazioni ministeriali, è caratterizzata dall'integrazione tra testo cartaceo, libro digitale e risorse digitali a esso collegate (eBook+), ulteriori materiali multimediali disponibili al sito www.hoepliscuola.it e, a discrezione del docente, la piattaforma didattica.
Revisionato ed arricchito, il testo recepisce le indicazioni ricevute dai docenti che hanno in uso la precedente edizione; in particolare è stata riorganizzata la programmazione didattica dell'intero corso che ha comportato per il presente volume lo spostamento al secondo anno dello studio dello **stato di rete e del protocollo TCP/IP**.

Il volume mantiene la strutturazione della precedente edizione, favorevolmente accolta da buona parte degli insegnanti di sistemi; è idealmente organizzato in **quattro sezioni**:

- **le architetture dei sistemi di elaborazione**
- **la programmazione assembly**
- **fondamenti di Networking**
- **le reti Ethernet e lo strato di collegamento**

Lo studio dell'architettura è stato completato con la proposta della scheda Arduino e con approfondimenti tematici su i nuovi dispositivi di memoria, mentre la sezione di programmazione è stata completata con nuovi esercizi di complessità variabile per favorire le azioni di recupero e di rinforzo.
Ogni sezione è composta da unità di apprendimento suddivise in più lezioni. Ciascuna lezione ha una **struttura innovativa** e cerca di essere una reale guida per l'apprendimento; essa, infatti, risulta **essenziale nei contenuti ma ricca di esempi** e di procedure guidate: **per ogni esempio vengono proposte soluzioni guidate passo passo**.

Metodologia e strumenti didattici

Le finalità e i contenuti dei diversi argomenti affrontati sono descritti dagli **obiettivi generali** e dalle indicazioni ***In questa lezione impareremo***; alla fine di ogni lezione, per lo studente sono presenti **esercizi**, anche **interattivi**, di **valutazione delle conoscenze** e delle **competenze** raggiunte, suddivisi in **domande a risposta multipla**, **a completamento**, **esercizi con procedure guidate**.

Caratteristiche dell'opera

L'opera, in quanto Edizione Openschool, consente di:

- **scaricare gratuitamente il libro digitale arricchito (eBook+)** che permette in particolare di:
  - eseguire tutti gli **esercizi** a risposta chiusa in modo **interattivo**;
  - accedere alle **gallerie di immagini**;
  - scaricare gli **approfondimenti tematici**, le **lezioni** e le **unità integrative**;
- disporre di ulteriori esercitazioni online utilizzabili a discrezione del docente per classi virtuali gestibili attraverso la **piattaforma didattica**.

Aspetti caratterizzanti

- Testo pienamente in linea con le recenti indicazioni ministeriali in merito alle nuove **caratteristiche tecniche e tecnologiche dei libri misti e digitali** e al loro stretto coordinamento con la **piattaforma didattica**.
- Totale **duttilità di utilizzo in funzione delle scelte didattiche o dotazioni tecnologiche**:
  - il libro cartaceo consente di svolgere lezioni complete e attività di laboratorio;
  - l'eBook+, le risorse online e la piattaforma offrono il pieno supporto per una didattica multimediale, a discrezione delle scelte del docente.
- **Lezioni autoconclusive** ricche di esempi ed esercizi, adatte a essere svolte in una lezione o al massimo due.
- **Teoria ridotta al minimo per privilegiare l'aspetto pratico**.
- **Ricchezza dei materiali didattici** presenti nel testo e online.

Materiali online hoepliscuola.it

Sul sito www.hoepliscuola.it sono disponibili numerose risorse online. In particolare, per lo studente: **approfondimenti**, utili integrazioni del testo e un numero elevato di **esercizi** sia per il **recupero e il rinforzo sia per l'approfondimento** degli argomenti trattati. Per il docente, una sezione riservata presenta alcune **unità didattiche per l'approfondimento** delle tematiche affrontate e un insieme di **schede aggiuntive** per la verifica dei livelli di apprendimento degli studenti, nonché **lezioni** (sotto forma di presentazioni in PowerPoint), **utilizzabili** efficacemente **anche con le LIM**. Materiali ed esercizi possono essere usati anche per creare attività didattiche fruibili tramite la piattaforma didattica accessibile dal sito.

Struttura dell'opera

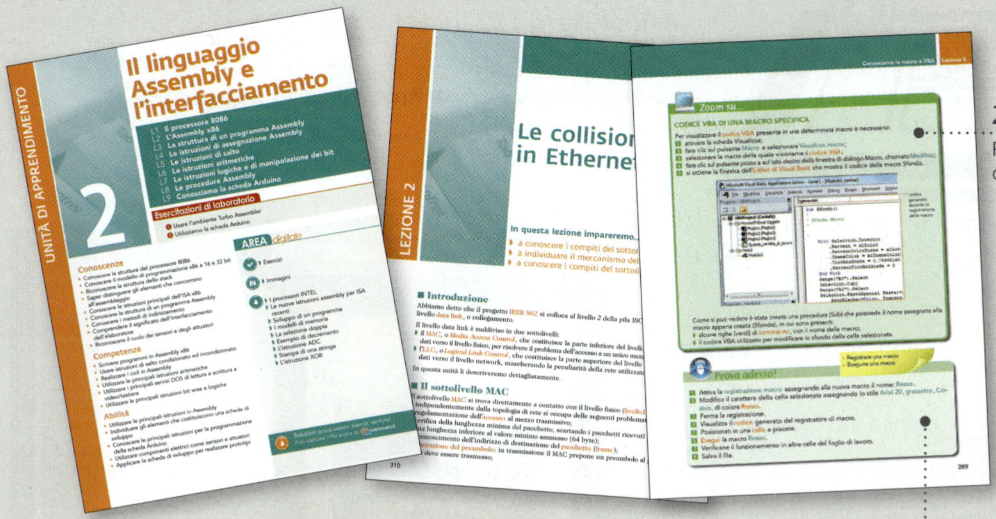

ZOOM SU...

Piccole sezioni di approfondimento

PROVA ADESSO!

Per mettere in pratica, in itinere, quanto appreso nella lezione

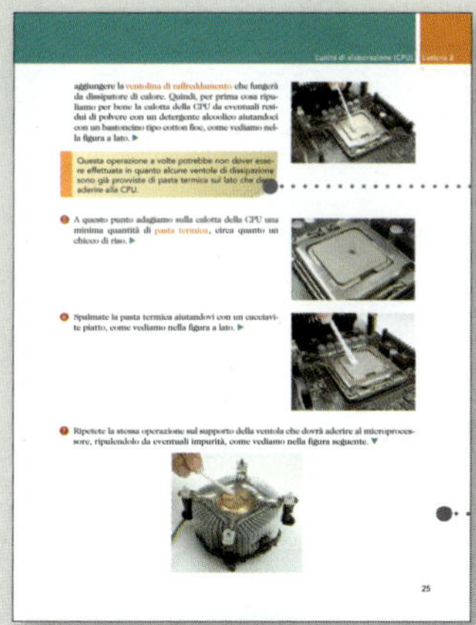

OSSERVAZIONI

Un aiuto per comprendere e approfondire

PROCEDURE STEP BY STEP

Esposizioni semplici ed essenziali mediante procedimenti passo-passo

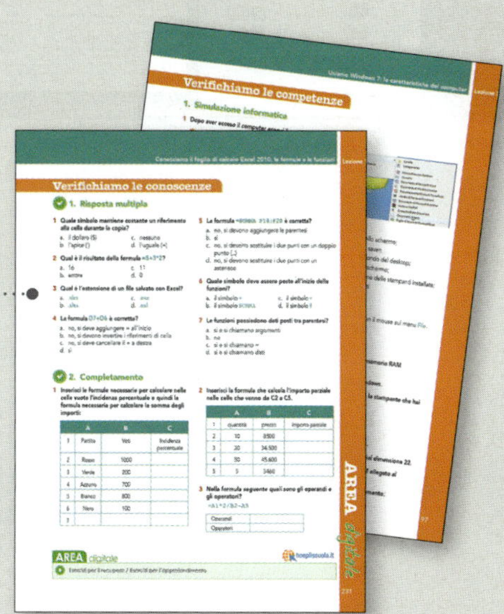

ESERCIZI

Ampia sezione di esercizi per la verifica delle conoscenze e delle competenze

LABORATORI

Per il rafforzamento dei concetti assimilati, attraverso esercitazioni operative

L'eBook+ riproduce le pagine del libro di testo in versione **digitale** e **interattiva**. È utilizzabile su tablet, LIM e computer e consente di **annotare**, **sottolineare** ed **evidenziare** il testo, salvando il proprio lavoro per poterlo consultare e sincronizzare sui diversi dispositivi. Apposite icone attivano i **contributi digitali integrativi**.

APPROFONDIMENTI
Contenuti, lezioni
e unità integrative

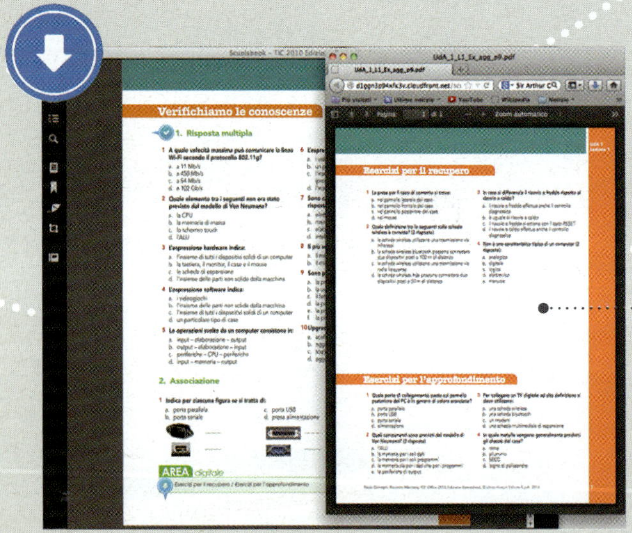

ESERCIZI AGGIUNTIVI
Esercizi per il recupero
e l'approfondimento

VIDEO
Video tutorial
per esemplificare
azioni e procedimenti

ESERCIZI

Esercizi interattivi di varia tipologia con funzione di autocorrezione

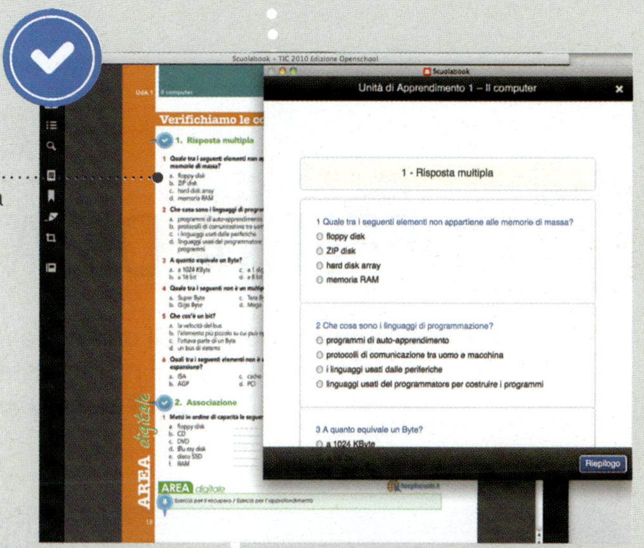

IMMAGINI E GALLERIE DI IMMAGINI

Per esemplificare e rappresentare visivamente i contenuti

LINK

Rimandi interni al volume per navigare agevolmente tra i contenuti

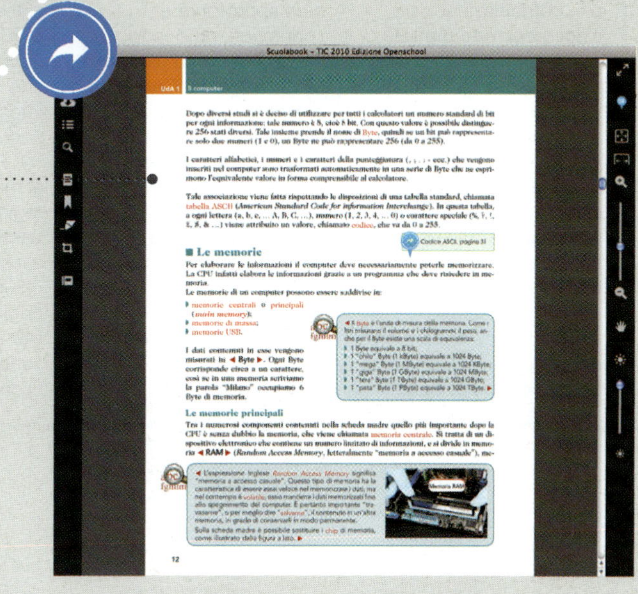

L'OFFERTA DIDATTICA **HOEPLI**

L'edizione **Openschool** Hoepli offre a docenti e studenti tutte le potenzialità di Openschool Network (ON), il nuovo sistema integrato di contenuti e servizi per l'apprendimento.

Edizione **OPENSCHOOL**

LIBRO DI TESTO

Il libro di testo è l'**elemento cardine** dell'offerta formativa, uno strumento didattico **agile** e **completo**, utilizzabile **autonomamente** o in combinazione con il ricco **corredo digitale** offline e online. Secondo le più recenti indicazioni ministeriali, volume cartaceo e apparati digitali **sono integrati in un unico percorso didattico**. Le espansioni accessibili attraverso l'eBook+ e i materiali integrativi disponibili nel sito dell'editore sono puntualmente richiamati nel testo tramite apposite icone.

eBOOK+

L'**eBook+** è la versione digitale e interattiva del libro di testo, utilizzabile su **tablet**, **LIM** e **computer**. Aiuta a comprendere e ad approfondire i contenuti, rendendo l'apprendimento più attivo e coinvolgente. Consente di leggere, annotare, sottolineare, effettuare ricerche e accedere direttamente alle numerose **risorse digitali integrative**.

➔ Scaricare l'eBook+ è molto **semplice**. È sufficiente seguire le istruzioni riportate nell'ultima pagina di questo volume.

RISORSE ONLINE

Il sito della casa editrice offre una ricca dotazione di **risorse digitali** per l'approfondimento e l'aggiornamento. Nella pagina web dedicata al testo è disponibile **MyBookBox**, il contenitore virtuale che raccoglie i materiali integrativi che accompagnano l'opera.

➔ Per accedere ai materiali è sufficiente registrarsi al sito **www.hoepliscuola.it** e inserire il codice coupon che si trova nella terza pagina di copertina. **Per il docente** nel sito sono previste ulteriori risorse didattiche dedicate.

PIATTAFORMA DIDATTICA

La **piattaforma didattica** è un ambiente digitale che può essere utilizzato in modo duttile, a misura delle esigenze della classe e degli studenti. Permette in particolare di **condividere contenuti** ed **esercizi** e di partecipare a **classi virtuali**. Ogni attività svolta viene salvata sul **cloud** e rimane sempre disponibile e aggiornata. La piattaforma consente inoltre di consultare la versione online degli eBook+ presenti nella propria libreria.

➔ È possibile accedere alla piattaforma attraverso il sito **www.hoepliscuola.it**.

Indice

Puoi scaricare la lezione 4 anche da hoepliscuola.it

AREA *digitale*

- Esercizi
- Immagini
- I tipi di computer
- Monocristallo al silicio
- Vediamo come la CPU esegue le istruzioni
- Come funziona l'ALU
- Processori e generazioni
- Alloggiamento a slot
- La misura della velocità delle CPU
- BUS di espansione nel PC
- L'interfaccia Human-Machine
- Esercizi per il recupero
- Esercizi per l'approfondimento

UNITÀ DI APPRENDIMENTO 2

Il linguaggio Assembly e l'interfacciamento

UNITÀ DI APPRENDIMENTO 4

Dispositivi per la realizzazione di reti locali

UNITÀ DI APPRENDIMENTO 5

Le reti Ethernet e lo strato di collegamento

UNITÀ DI APPRENDIMENTO

1 Le architetture dei sistemi di elaborazione

Conoscenze

- Conoscere il modello di Von Neumann e di Harvard
- Riconoscere il ruolo dei componenti di un sistema di elaborazione (CPU, chipset, RAM, I/O, BUS)
- Definire i vari tipi di memorie elettroniche (RAM, SRAM, DRAM, ROM, PROM, EPROM, EEPROM)
- Conoscere come viene indirizzata la memoria
- Comprendere come si sono evolute le tecniche di elaborazione e di gestione della memoria
- Riconoscere i tipi di BUS che collegano la CPU agli altri dispositivi

Competenze

- Connettere i componenti principali della motherboard
- Definire e connettere gli adattatori ai tipici BUS di espansione
- Definire il ruolo delle periferiche e degli adattatori
- Approfondire lo sviluppo nella gestione dei dispositivi di I/O

Abilità

- Conoscere i diagrammi di temporizzazione dei principali cicli per i BUS sincroni e asincroni
- Conoscere le principali tecniche che migliorano le prestazioni dei computer
- Capire come si sono evolute le tecniche di elaborazione della memoria

AREA *digitale*

- Esercizi
- Immagini
- I tipi di computer
- Monocristallo al silicio
- Vediamo come la CPU esegue le istruzioni
- Come funziona l'ALU
- Processori e generazioni
- Alloggiamento a slot
- La misura della velocità delle CPU
- BUS di espansione nel PC
- L'interfaccia Human-Machine

- Esercizi per il recupero
- Esercizi per l'approfondimento

Soluzioni (prova adesso, esercizi, verifiche)
Puoi scaricare il file anche da hoepliscuola.it

LEZIONE 1

L'architettura del computer

In questa lezione impareremo...

- a conoscere le architetture dei sistemi di elaborazione
- a conoscere il modello di Von Neumann e quello di Harvard
- a riconoscere il ruolo dei componenti di un sistema di elaborazione (CPU, RAM, I/O, BUS)

■ Tipi di computer

Con il termine computer intendiamo un dispositivo fisico che implementa il funzionamento di una ◀ macchina di Turing ▶.

Esistono diversi tipi di computer a seconda del compito che devono svolgere: siamo passati da macchinari enormi che riempivano intere ali di edifici fino ai moderni computer formati da circuiti integrati delle dimensioni di pochi millimetri, in grado di controllare un robot o un telefono cellulare.

Vi sono alcune caratteristiche che accomunano tutti i computer, per esempio essi possiedono almeno una memoria e una CPU, o microprocessore.

◀ Macchina di Turing È un macchinario immaginario in grado di manipolare i dati contenuti su un nastro di lunghezza infinita ideato dallo scienziato britannico Alan Turing nel 1936 per dare risposta a un problema decisionale posto dal matematico tedesco David Hilbert. Possiamo sintetizzare il problema proposto con la frase seguente: "esiste sempre, almeno in linea di principio, un metodo meccanico (cioè una maniera rigorosa) attraverso cui, dato un qualsiasi enunciato matematico, si possa stabilire se esso sia vero o falso?". La risposta data da Turing fu negativa. ▶

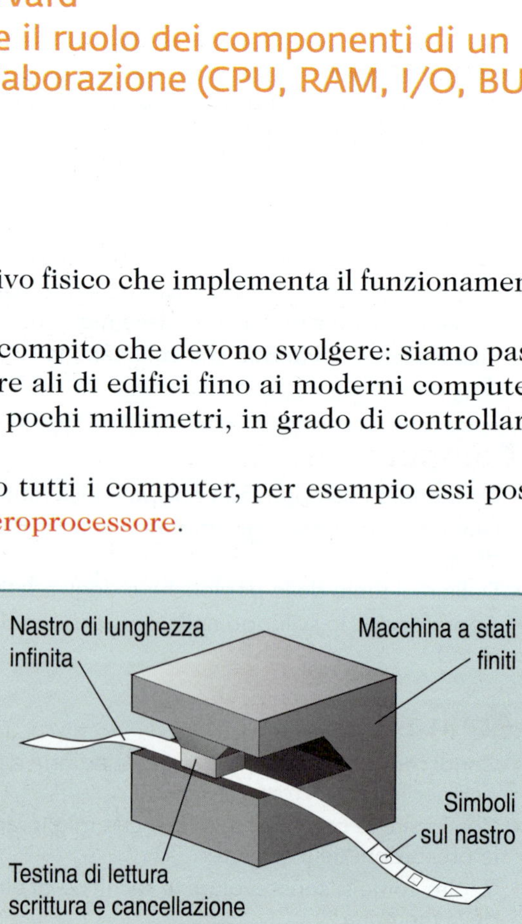

Un computer, così come una macchina di Turing, svolge come compito principale l'esecuzione di programmi: infatti un computer senza un programma da eseguire è del tutto inutilizzabile in quanto verrebbero a mancare le istruzioni operative che indichino al calcolatore come eseguire l'elaborazione.

Possiamo effettuare una prima distinzione: esistono computer riprogrammabili dall'utente per diverse applicazioni che vengono chiamati general purpose così come esistono computer rappresentati da sistemi dedicati a una sola applicazione specifica, chiamati special purpose. Per esempio un notebook può appartenere di diritto alla prima categoria, mentre un microcontrollore alla seconda.

Una seconda distinzione è basata sull'accesso condiviso o meno alle risorse hardware: un computer general purpose può essere monoutente oppure multiutente sfruttando il cosiddetto timesharing delle risorse e l'utilizzo di diversi sistemi operativi. Un computer monoutente può essere monotasking oppure multitasking ovvero può eseguire più processi in contemporanea (come avviene, in pratica, in tutti i computer moderni). Ovviamente un computer multiutente è anche multitasking.

Le dimensioni dei sistemi di elaborazione sono progressivamente diminuite nel corso del tempo grazie all'aumento della ◀ **capacità di integrazione** ▶ degli elementi elettronici di cui sono composti.
La seguente immagine mostra l'evoluzione dei principali microprocessori in relazione alla capacità di integrazione.

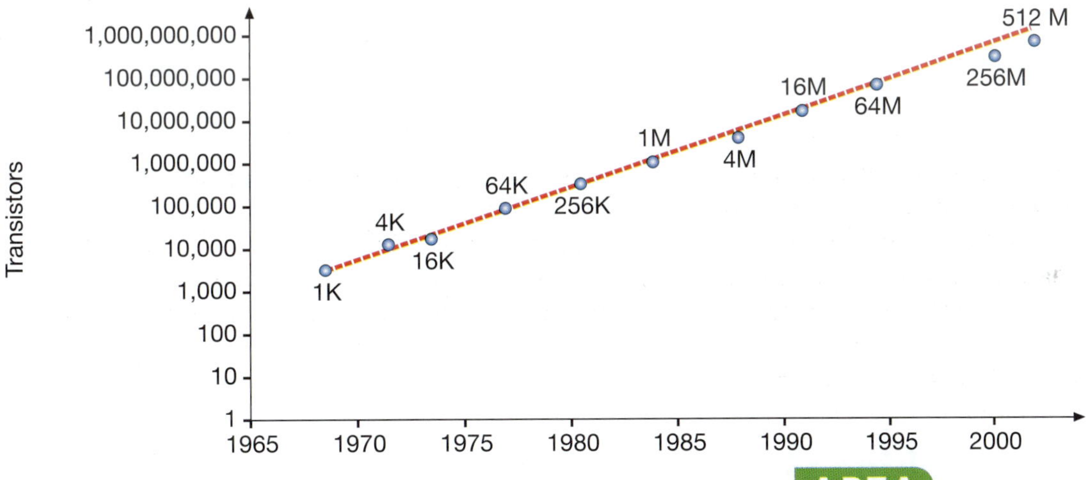

AREA digitale
I tipi di computer

◀ Capacità di integrazione In elettronica indica un dato che determina la complessità di un circuito elettronico integrato e quantifica all'incirca quanti transistor sono in esso contenuti:
- SSI (*Small Scale Integration*): meno di 10 transistor;
- MSI (*Medium Scale Integration*): da 10 a 100 transistor;
- LSI (*Large Scale of Integration*): da 100 a 10.000 transistor;
- VLSI (*Very Large Scale Integration*): da 10.000 a 100.000 transistor;
- ULSI (*Ultra Large Scale Integration*): fino a 10 milioni di transistor. ▶

La legge di Moore

Nel 1965 Gordon Moore, direttore del settore ricerca e sviluppo della Farchild Semiconductor, stimò che gli elementi contenuti in un circuito integrato sarebbero aumentati ogni anno con un andamento esponenziale. Il grafico a lato riporta i microprocessori sviluppati dal 1971 al 2005 e il numero degli elementi (transistor) integrati in essi. A distanza di tre anni viene fondata la società Intel, che ancora oggi è probabilmente l'azienda leader nella produzione di processori e di circuiti integrati (chip) in genere. Moore seguì attentamente i primi sviluppi dell'industria elettronica e previde che ogni anno i transistor integrabili in una sola piastrina sarebbero raddoppiati. Considerando che nel 1975 vennero progettati chip un migliaio di volte più complessi di quelli di dieci anni prima, Gordon Moore fu costretto a rivedere la sua legge: affermò che da quel momento in poi il numero dei dispositivi integrabili in un singolo chip sarebbero raddoppiati ogni due anni.

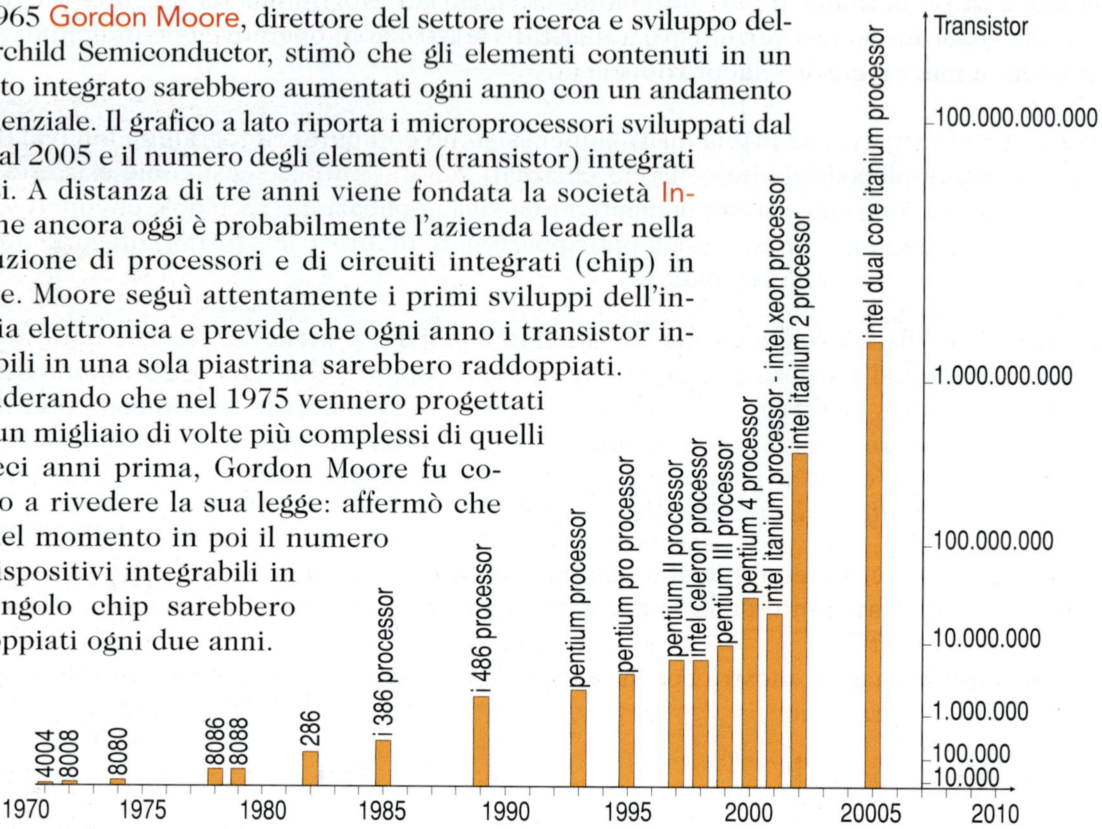

Ma poiché la miniaturizzazione possiede limiti fisici difficili da superare, per le tecnologie a ◀ semiconduttore ▶ si prevede uno sviluppo fino al limite di 32 nanometri, dopodiché sarà necessario valutare altre soluzioni.

> ◀ Semiconduttore I semiconduttori sono materiali che hanno una resistività e una conducibilità intermedia tra i conduttori e gli isolanti. ▶

Le macchine virtuali

Una macchina virtuale (virtual machine – VM) rende possibile riprodurre il funzionamento di altri sistemi operativi, di telefoni cellulari o di interi computer direttamente sul PC o su altri dispositivi mediante un processo che prende il nome di ◀ emulazione ▶.

> ◀ Emulazione Si tratta di un'operazione che consente, grazie a opportuni software o hardware (chiamati appunto di emulazione) di replicare le funzioni di un determinato sistema su un secondo sistema differente dal primo. ▶

Attraverso una macchina virtuale possiamo, per esempio, testare un particolare software simulandone appieno il funzionamento senza doverlo installare nell'ambiente reale, al riparo da eventuali rischi per il sistema ospitante. Il difetto principale delle macchine virtuali è la lentezza dovuta a un uso eccessivo della memoria. A volte consentono l'emulazione di parti di hardware, anche se non sono in grado di emulare macchine con architettura completamente diversa (a partire dalla CPU). Attraverso una macchina virtuale possiamo così ricreare una sorta di "altro computer" all'interno del nostro calcolatore.

La macchina virtuale può essere usata contemporaneamente rispetto al sistema operativo effettivamente installato. Sono evidenti i vantaggi di questa soluzione: in qualsiasi momento possiamo aprire una finestra e al suo interno avviare una applicazione che appare come un computer totalmente diverso e autonomo con un diverso sistema operativo e programmi differenti. ▶

■ Che cos'è l'architettura di un computer?

Un sistema di elaborazione può essere definito come l'insieme di hardware e software. Il confine tra i due elementi è dato da uno strato intermedio, chiamato firmware, formato dall'insieme dei programmi memorizzati direttamente sui circuiti elettronici (software cablato). ▶

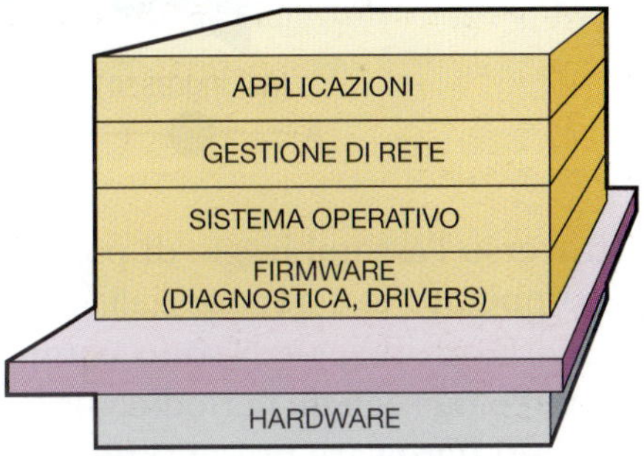

L'◀ architettura ▶ dei computer studia le tecniche con le quali i componenti di un sistema di elaborazione vengono progettati e uniti logicamente tra loro. Mediante l'architettura dei calcolatori vengono progettati nuovi sistemi di elaborazione di diversa complessità formati da componenti fisici di tipo elettronico. L'architettura dei calcolatori ha come obiettivo quello di ottenere le migliori prestazioni possibili dai componenti elettronici, a differenza dell'elettronica che si pone come obiettivo quello di produrre circuiti sempre più veloci ed efficienti.

◀ Architettura Con il termine "architettura" s'intende l'insieme di concetti, metodologie e tecniche per definire, progettare e valutare un sistema. Questo termine verrà usato in riferimento alla composizione e al funzionamento dei suoi componenti fondamentali. ▶

I componenti elettronici che formano un computer possono essere sintetizzati in due categorie principali:

- porte logiche;
- generatori di segnali.

Le porte logiche

Sono dei circuiti elettronici elementari in grado di svolgere le operazioni logiche dell'algebra booleana basata sui valori logici VERO o FALSO (TRUE or FALSE). TRUE o FALSE corrispondono al passaggio o al non passaggio di corrente elettrica in tali circuiti e quindi livelli logici binari 0 e 1.

Le tre porte principali sono AND, OR e NOT.

Porta AND:

Simbolo funzionale

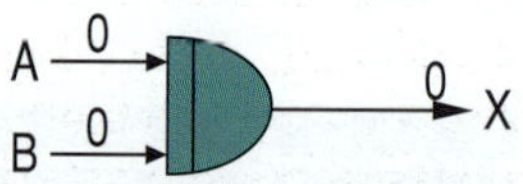

(a 2 ingressi)

Tabella delle verità

A	B	X
0	0	0
0	1	0
1	0	0
1	1	1

Porta OR:

Simbolo funzionale

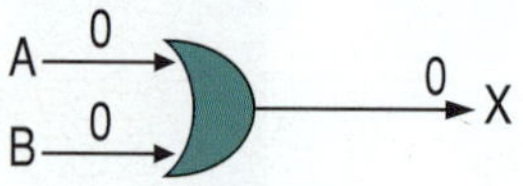

(a 2 ingressi)

Tabella delle verità

A	B	X
0	0	0
0	1	1
1	0	1
1	1	1

Porta NOT:

Simbolo funzionale

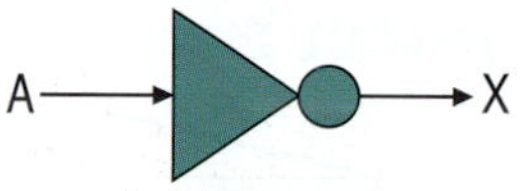

(a 1 ingresso)

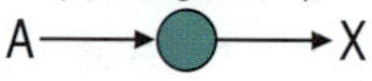

Tabella delle verità

A	X
0	1
1	0

Attraverso l'assemblaggio di porte logiche vengono realizzate macchine elementari, suddivise in combinatorie e sequenziali.

I generatori di segnali sono componenti in grado di produrre un segnale periodico utile a sincronizzare gli elementi hardware presenti nei computer.

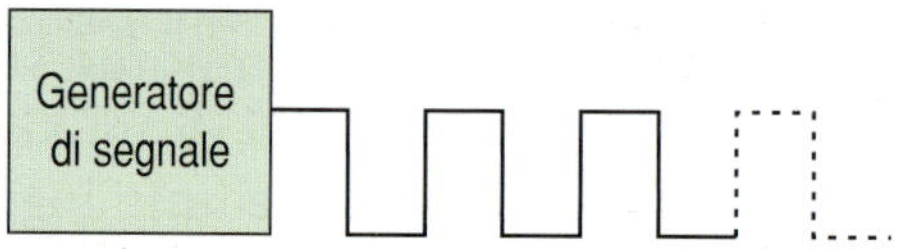

Possiamo affermare inoltre che accanto alle architetture hardware si sovrappongono le architetture software che comprendono il sistema operativo, cioè il software che si occupa della gestione e del coordinamento delle risorse hardware del computer e delle relative informazioni memorizzate.

■ Il modello di Von Neumann

Il modello di Von Neumann descrive il comportamento di una macchina che il suo inventore chiamò stored-program computer (esecutore sequenziale dotato di programma memorizzato).

MODELLO DI VON NEUMANN

Si tratta di uno schema a blocchi che illustra il modello di funzionamento di massima di un computer, ideato dal ricercatore ungherese Janus Neumann, naturalizzato americano (John von Neumann) dopo la fuga dal nazismo tedesco, durante la metà degli anni '40 del Novecento. Il modello è stato ideato per la prima volta durante la progettazione del primo computer elettronico, chiamato IAS machine presso l'Institute for Advanced Study (IAS appunto), a Princeton negli Stati Uniti a cavallo tra il 1945 e il 1951. John von Neumann morì nel 1957 a soli 53 anni lasciando molti progetti che verranno sviluppati più tardi presso i centri di ricerca militari di Los Alamos, negli Stati Uniti.

Questo modello è in parte valido ancora oggi come punto di partenza per comprendere, in estrema sintesi, la struttura e il funzionamento di una moderna ◀ CPU ▶.

abc fghilm

◀ CPU è l'acronimo di *Central Processing Unit*. È l'unità centrale di un computer, in grado di elaborare ed eseguire milioni di micro-istruzioni al secondo, costituita da un circuito elettronico chiamato microprocessore. L'unità di misura che indica quante istruzioni al massimo è in grado di eseguire in un secondo è il MIPS (*Million Instructions Per Second*, milioni di istruzioni per secondo), dove con "istruzioni" si intendono le istruzioni in *assembly*; siccome esistono istruzioni che impiegano tempi diversi per essere eseguite, non possiamo usare questa unità di misura per confrontare CPU diverse. ▶

È importante sottolineare che tale modello presentava non pochi limiti, e infatti oggi si parla di architetture diverse chiamate, appunto, non Von Neumann.

Possiamo così sintetizzare il significato dei nomi della macchina chiamata stored-program computer:

- Computer rappresenta la CPU che compie azioni di elaborazione come, per esempio, prelevare o modificare il contenuto della memoria (memory), prelevare o modificare informazioni dai dispositivi di input/output fornendo informazioni in uscita oppure leggendo informazioni in ingresso (pensiamo per esempio alla tastiera o al monitor). La CPU è in grado di eseguire le proprie azioni in modo sequenziale, cioè una alla volta, a una velocità assai elevata. La misura della velocità della CPU è strettamente legata alla frequenza del clock che indica il numero di azioni al secondo che essa deve compiere (1 GHz rappresenta una frequenza di un miliardo di operazioni elementari (cicli macchina) svolte dalla CPU in un secondo!).

La frequenza del clock è un'unità di misura che identifica quanti cicli macchina esegue la CPU (microprocessore) in un secondo. Tuttavia non dobbiamo commettere l'errore di confonderla con il numero di istruzioni al secondo eseguite dalla CPU (MIPS). Quest'ultima unità di misura ci indica il numero di istruzioni codificate ed eseguite (cioè elaborate) in un secondo. Possiamo affermare che la CPU impiega diversi cicli macchina per eseguire ciascuna istruzione in linguaggio assembly.

- Stored-program indica le istruzioni che la CPU deve eseguire. Tali istruzioni sono collocate (stored) nella memoria del computer e l'insieme delle istruzioni rappresenta il programma (program) che deve essere eseguito. Nella memoria risiedono, oltre alle istruzioni in linguaggio assembly dei programmi in corso di esecuzione, anche i dati sui quali tali programmi operano.

Questi concetti sono sintetizzati nel diagramma a blocchi a pagina seguente determinato da Von Neumann molti anni fa.

Il diagramma a blocchi evidenzia alcuni componenti principali: la CPU (*Central Processing Unit*), la memoria centrale (memory) e i dispositivi o le interfacce di ingresso e uscita (input/output). In questa rappresentazione schematica i tre BUS rappresentano il quarto elemento che consente di trasferire le informazioni, dove le frecce indicano il "verso" delle informazioni nella comunicazione. Le frecce bidirezionali segnalano la possibilità di scrittura e lettura da parte del dispositivo. Non vi è una diretta comunicazione tra memoria e dispositivi di I/O; ogni trasferimento di informazioni dovrà necessariamente passare attraverso la CPU. Dobbiamo tuttavia comprendere che lo schema a blocchi mostrato è una rappresentazione di massima e non descrive la struttura fisica del sistema.

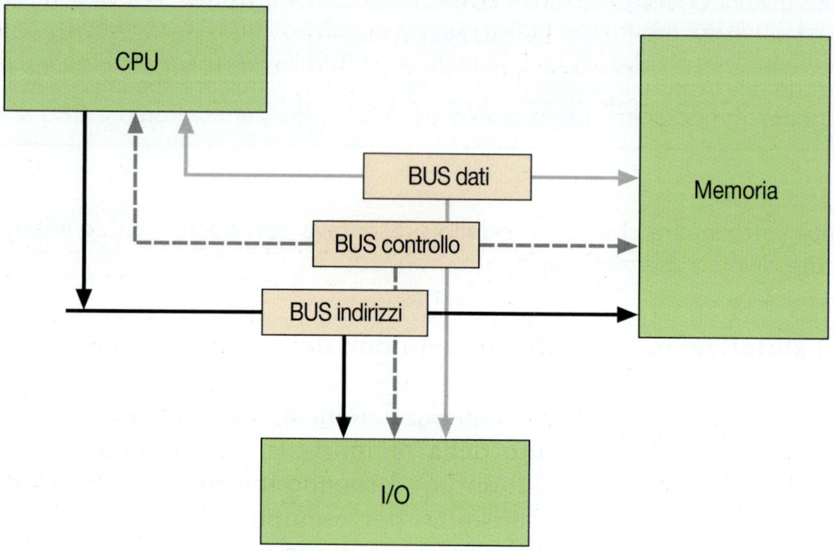

■ Il modello Harvard

A differenza del modello Von Neumann nel quale i dati e le istruzioni condividono assieme la stessa memoria, il modello Harvard dedica due memorie distinte per i dati e per le istruzioni. Si tratta di una soluzione più efficiente e ottimizzabile, ma tuttavia molto più costosa. L'architettura Harvard è un modello applicato alla progettazione di processori specializzati come i DSP (*Digital Signal Processor*) che vengono utilizzati per il trattamento dei dati audio o video. Inoltre molti microcontrollori impiegati in applicazioni industriali utilizzano questa architettura, come i microcontrollori PIC (*Programmable Interface Controller*). ▶

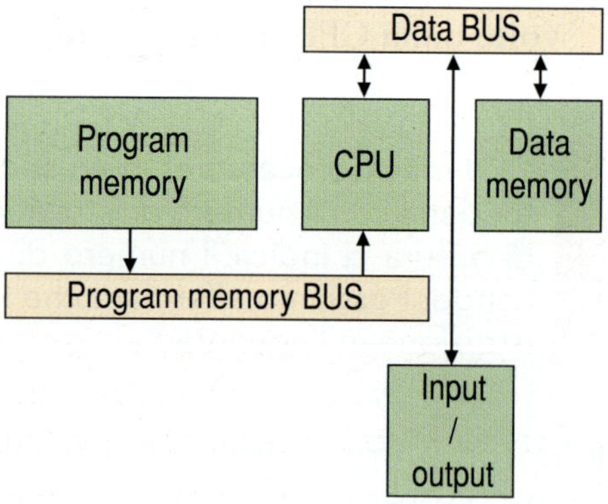

La memoria

La memoria indicata nello schema viene anche denominata centrale o main memory e può essere sostanzialmente di due tipi: RAM (*Random Access Memory*) e ROM (*Read Only Memory*).

La memoria RAM è ad accesso casuale (o programmato), è volatile (non permanente) ed è riscrivibile. Viene usata per dati e programmi temporanei. La memoria ROM è di sola lettura, è permanente e i dati in essa contenuti vengono memorizzati dal produttore oppure mediante la scrittura assai più lenta e costosa della lettura. Viene usata per memorizzare programmi non modificabili e per dati di avviamento (BIOS).

La memoria è il dispositivo fisico che ha il compito di immagazzinare le istruzioni e i dati. È organizzata a locazioni o celle, ciascuna delle quali è in grado di memorizzare un byte; potremmo paragonare queste celle a tanti cassetti all'interno dei quali possiamo immagazzinare un solo dato. L'accesso alle celle di memoria avviene attraverso indirizzi numerici (memory address) che identificano la casella in cui si trova il dato. Tali indirizzi si chiamano indirizzi logici in quanto non fanno riferimento allo spazio fisico di memoria centrale in cui verrà caricato e allocato il dato. Il tempo necessario per leggere o scrivere un dato su una cella di memoria è dell'ordine del nanosecondo e si definisce tempo di accesso.

L'input/output

I dispositivi di input/output rappresentano i flussi di dati in ingresso e in uscita da e verso le principali periferiche, attraverso appositi circuiti di interfaccia che consentono di tradurre e interpretare grandezze fisiche e velocità di flusso diverse tra loro.

Possono essere distinti in dispositivi di ingresso e di uscita. I primi consentono al sistema di elaborazione di acquisire ◀ segnali ▶ provenienti dal mondo esterno, mentre i secondi consentono al sistema di elaborazione di inviare segnali al mondo esterno.

La CPU gestisce la comunicazione con tali dispositivi in modo asincrono tramite un segnale particolare chiamato di interrupt (IRQ). I dispositivi di I/O spesso sono solo delle interfacce (◀ controller ▶) con una periferica vera e propria.

◀ Segnali In questo caso i segnali sono rappresentati dai bit che vengono inviati e ricevuti da tali dispositivi. Spesso rappresentano parole, numeri, suoni oppure immagini. ▶

◀ Controller Dispositivo che si affianca a un dispositivo vero e proprio e gestisce il dialogo tra quest'ultimo e il BUS a esso collegato attraverso un protocollo di comunicazione rappresentato dall'insieme di regole che governano la comunicazione tra CPU e dispositivo. ▶

I BUS

Possono essere paragonati ad autostrade sulle quali scorrono i bit. Le dimensioni di questi elementi variano in relazione alla struttura fisica della CPU. Il BUS dati (data BUS) consente la trasmissione dei dati dalla CPU agli altri elementi e viceversa (bidirezionale). Il BUS indirizzi (address BUS) contiene l'indirizzo della cella di memoria o del dispositivo di I/O sul quale o dal quale la CPU ha deciso di operare (monodirezionale). Infine il BUS di controllo (control BUS) trasporta gli ordini dalla CPU e restituisce i segnali di condizione dai dispositivi, per esempio quando i dati devono essere letti o scritti dai dispositivi e il dispositivo è pronto per riceverli oppure li ha effettivamente ricevuti.

■ La CPU

La CPU (*Central Processing Unit*) o più semplicemente il processore è l'elemento che svolge l'elaborazione dei dati, ed è rappresentata a livello fisico dal ◀ microprocessore ▶.

◀ Microprocessore A differenza del termine CPU con il quale intendiamo l'elemento funzionale che elabora, con il termine microprocessore o MPU (*Micro Processor Unit*) indichiamo un unico componente elettronico che racchiude al suo interno tutte le funzioni di una CPU. ▶

Come abbiamo detto precedentemente il processore ha il compito di preparare ed eseguire istruzioni.
Tali istruzioni derivano spesso da un programma scritto in un linguaggio evoluto che è stato tradotto in un linguaggio comprensibile dalla macchina, chiamato appunto ◀ **linguaggio macchina** ▶.

> ◀ **Linguaggio macchina** Il linguaggio macchina è un linguaggio tramite il quale sono codificate tutte le istruzioni eseguibili dal processore ed è formato da un alfabeto binario, cioè è composto da due soli simboli (0 e 1). Non si tratta però di un vero e proprio linguaggio di programmazione, poiché questa espressione è riservata ai soli linguaggi di alto livello (C++, Java, Visual Basic ecc.) mediante i quali scriviamo programmi non direttamente eseguibili, che richiedono una codifica in linguaggio macchina per mezzo di un compilatore o di un interprete. ▶

Nel linguaggio macchina viene definito il set di istruzioni (instruction set) fondamentali che un processore è in grado di eseguire.

In generale il funzionamento di una CPU può essere così schematizzato:

- la CPU estrae le istruzioni dalla memoria, le codifica e le esegue; le istruzioni, in generale, possono comportare la manipolazione o il trasferimento dei dati;
- il trasferimento dei dati tra i vari componenti (per esempio memoria e I/O) avviene mediante i BUS di sistema;
- tutte le elaborazione descritte si susseguono in modo sincrono rispetto a un orologio di sistema chiamato Clock;
- durante ogni intervallo di tempo l'unità di controllo, contenuta nella CPU, stabilisce le operazioni da eseguire.

Verifichiamo le conoscenze

1. Risposta multipla

1 Quale affermazione definisce meglio la differenza tra l'architettura Harvard e Von Neumann?

a. Von Neumann non prevede i dispositivi di I/O
b. Von Neumann differenza la memoria in memoria dati e programmi
c. Harvard differenzia la memoria in memoria dati e programmi
d. Harvard non prevede i dispositivi di I/O

2 Un microcontrollore appartiene alla categoria:

a. mainframe
b. special purpose
c. microcomputer
d. home computer

3 Multitasking significa:

a. capacità di integrazione
b. dare la possibilità a un utente di aprire finestre in contemporanea
c. dare la possibilità a più utenti di aprire finestre in contemporanea
d. eseguire più processi in contemporanea

4 Un dato che indica la complessità di un circuito elettronico integrato è:

a. capacità di integrazione
b. dare la possibilità a un utente di aprire finestre in contemporanea
c. dare la possibilità a più utenti di aprire finestre in contemporanea
d. eseguire più processi in contemporanea

5 Quali tra i seguenti tipi di computer sono adatti a effettuare calcoli molto complessi in tempi molto brevi? (*due risposte*)

a. Personal computer
b. Workstation
c. Computer barebone
d. Supercomputer

6 Quali tra i seguenti tipi di computer appartiene ai microcomputer? (*tre risposte*)

a. Minicomputer
b. Personal computer
c. Home computer
d. Console dei videogiochi
e. Workstation

7 Quale dimensione avevano i primi computer?

a. pochi millimetri
b. riempivano ali di edifici
c. edifici di 20 piani
d. frigorifero

8 Quale componente accomuna tutti i tipi di computer? (*due risposte*)

a. Monitor
b. Tastiera
c. CPU
d. Memoria
e. Stampante

9 La macchina di Turing:

a. è un tipo di computer
b. è l'implementazione di un computer
c. è un modello di CPU
d. è un'architettura

2. Ordinamento

1 Metti in ordine crescente le seguenti scale di integrazione:

a. LSI ....
b. MSI ....
c. VLSI ....
d. ULSI ....

2 Metti in ordine crescente i seguenti computer in base allo spazio di ingombro:

a. Smartphone ....
b. PC ....
c. Workstation ....
d. Supercomputer ....
e. Mini computer ....

AREA digitale

hoepliscuola.it

Esercizi per il recupero / Esercizi per l'approfondimento

AREA digitale

Verifichiamo le competenze

1. Completamento

flussi di dati • *a sola lettura* • *MIPS* • *estrae* • *esegue* • *program* • *cicli macchina* • *codifica* • *periferiche* • *stored* • *interfaccia* • *linguaggio macchina* • *ad accesso casuale* • *computer*

1 Il modello di Von Neumann descrive il comportamento di una macchina che il suo inventore chiamò .... - ....

2 L'unità di misura che indica quante istruzioni esegue la CPU in un secondo si misura in ....

3 Le operazioni elementari della CPU si chiamano ....

4 La memoria RAM è di tipo .... mentre la memoria ROM è ....

5 I dispositivi di input/output rappresentano i .... in ingresso e in uscita da e verso le principali .... attraverso appsiti circuiti di ....

6 Il .... è un linguaggio tramite il quale sono codificate tutte le istruzioni eseguibili dal processore.

7 La CPU .... le istruzioni dalla memoria, le .... e infine le ....

8 Completa le parti mancanti (6 blocchi) nella figura sottostante che rappresenta il modello di Harvard.

Input/Output • *CPU* • *Data BUS* • *Program Memory* • *Data Memory* • *Program Memory BUS*

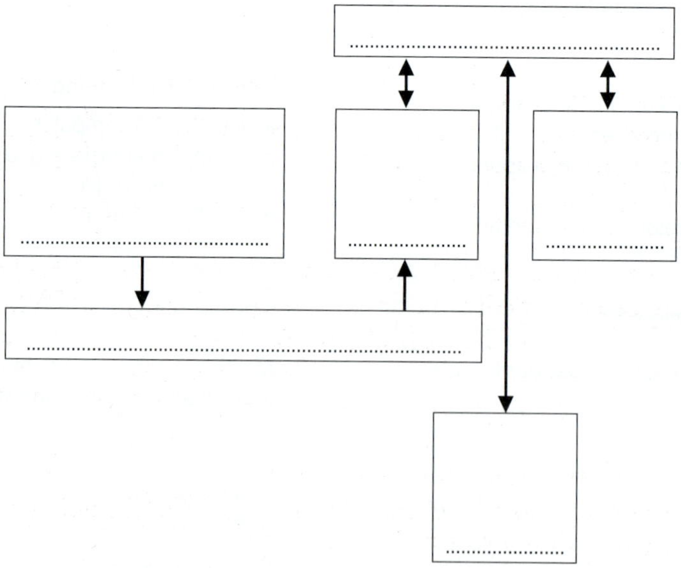

L'unità di elaborazione (CPU)

LEZIONE 2

In questa lezione impareremo...

- a riconoscere il ruolo di CPU, ALU, Unità di Controllo e BUS
- a definire il funzionamento e il ruolo del chipset e dei BUS di espansione
- a connettere una CPU sulla motherboard

Il microprocessore

Il ◀ microprocessore ▶ è un circuito integrato (chip) costituito da un monocristallo di silicio estremamente puro, sezionato finemente, e infine trattato ad altissime temperature in forni che contengono vari tipi di impurità allo stato gassoso.

◀ Il microprocessore (CPU) è un'elaborata combinazione di transistor che può essere definita circuito integrato. ▶

Queste impurità devono legarsi alla struttura reticolare del cristallo, influenzandone la capacità di condurre elettricità. Il silicio diventa così un semiconduttore ed è in grado quindi di resistere al passaggio di corrente elettrica in misura maggiore rispetto ai normali conduttori come il rame, ma non tanto quanto gli isolanti.

AREA digitale
Monocristallo al silicio

Il microprocessore svolge fondamentalmente due funzioni: sovrintende a tutte le operazioni del sistema, generando i segnali necessari al funzionamento dei circuiti a esso collegati ed esegue i calcoli aritmetici e logici.

Come abbiamo già accennato nell'unità precedente, in base a queste funzioni possiamo suddividere la CPU in due unità fondamentali: l'unità di controllo (CU, Control Unit) e l'unità aritmetico logica (ALU, ArithmeticLogic Unit). Inoltre, esso contiene anche una memoria interna formata da diverse celle di memoria dedicate a scopi specifici, chiamati registri di memoria che vengono utilizzati per il controllo dell'esecuzione di un programma. Nella figura a lato un moderno chip di microprocessoe. ▶

■ Il ciclo macchina

Il funzionamento di una CPU inizia con il prelevamento dalla memoria del codice macchina dell'istruzione da eseguire; tale operazione viene eseguita dalla Control Unit. L'istruzione prelevata viene trasferita in un registro specifico e quindi codificata. Dopo aver codificato, cioè tradotto l'istruzione, la CPU emette i segnali necessari all'esecuzione dell'istruzione. Il procedimento appena descritto attraverso il quale la CPU esegue un'istruzione prende il nome di ciclo macchina, che può essere idealmente suddivisa in quattro parti:

1. fase di Fetch dell'istruzione;
2. fase di Decode dell'istruzione;
3. fase di Fecth degli operandi;
4. fase di Execute.

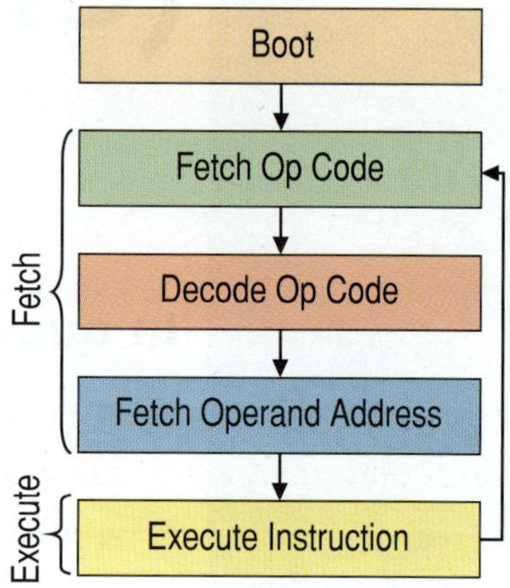

Ogni ciclo macchina viene eseguito molto velocemente e in maniera ciclica a sua volta con altri cicli macchina, fino a un ◀ reset ▶, come indicato nel diagramma seguente:

◀ Reset Il termine indica l'azzeramento di un elemento, in questo caso per riportare il processore a una condizione iniziale di Fetch. Il temine *reset*, che significa porre a zero, si contrappone al termine set che indica invece porre a 1. ▶

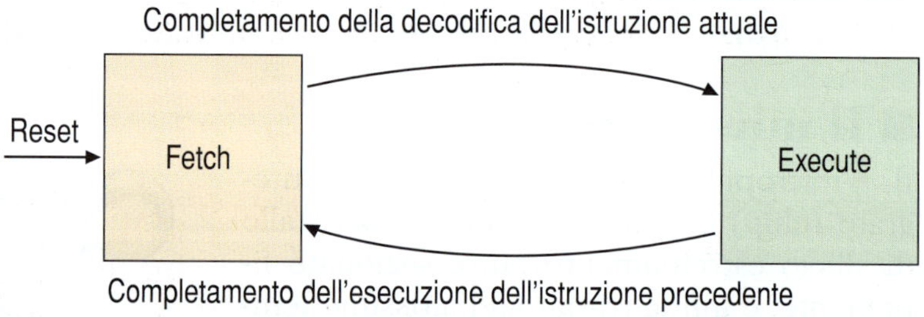

Fetch dell'istruzione

Il termine Fetch significa prelevamento e identifica la fase in cui la CPU deve reperire l'istruzione da eseguire. In questa fase la CPU deve dialogare con la memoria RAM per ottenere il codice macchina dell'istruzione da eseguire.
Il prelevamento avviene in questo modo: la Control Unit legge la cella di memoria il cui indirizzo è memorizzato in un apposito registro chiamato contatore di programma (PC, Program Counter). Inoltre, dopo aver letto il codice dalla memoria, incrementa il contenuto del registro Program Counter in modo che esso "punti" all'istruzione successiva.

Decode dell'istruzione

La fase di decode rappresenta una fase interna alla CPU durante la quale avviene l'interpretazione dell'istruzione e la preparazione dei dispositivi necessari. In questa fase infatti, il codice macchina dell'istruzione viene codificato in operazioni da eseguire da parte della CPU. L'interpretazione può avvenire attraverso circuiti logici già predisposti

al momento di costruzione del processore secondo la logica cablata dal circuito, oppure attraverso microistruzioni contenute in una apposita parte della ROM secondo la logica microprogrammata.
Nel primo caso, le funzioni eseguibili sono prefissate fisicamente e il sistema comporta una certa rigidità mentre nel secondo caso, l'interpretazione avviene cercando nella ROM la sequenza di passi elementari di cui è composta l'istruzione da interpretare.

Fetch degli operandi

In base alla codifica dell'istruzione il processore riconosce se è necessario o meno prelevare dalla memoria o da un registro interno un altro dato per completare l'esecuzione dell'istruzione. In tal caso viene eseguita un'operazione di lettura, dalla memoria o da un registro, chiamata appunto Fetch degli operandi.

Execute dell'istruzione

Nella fase di execute la Control Unit invia segnali che rappresentano opportuni comandi per l'esecuzione.

Più in dettaglio, l'esecuzione di ogni istruzione da parte della CPU richiede una serie di passi che, in linea di massima, possono essere così riassunti.

1. Preleva il codice macchina dell'istruzione di indirizzo uguale al contenuto del registro PC e inseriscilo nel registro IR.
2. Incrementa il contenuto del registro PC per "puntare" all'istruzione seguente.
3. Decodifica l'istruzione appena prelevata.
4. Se l'istruzione necessita di operandi determina dove si trovano (memoria oppure registri).
5. Se necessario preleva dalla memoria gli operandi e ponili nei registri della CPU.
6. Esegui l'istruzione.
7. Salva il risultato in un registro o in una cella di memoria.
8. Torna al punto 1.

Per esempio per effettuare la somma tra il contenuto della cella di memoria di indirizzo [000Ah] e il contenuto del registro AL il processore deve eseguire la seguente istruzione assembly:

```
ADD [000Ah],AL
```

Il numero presenta una lettera "h" posto dopo la cifra meno significativa. Questo indica, in linguaggio assembly, un numero espresso in base di numerazione esadecimale.

Vediamo la seguente rappresentazione della memoria, chiamata ◀ memory dump ▶, che mostra 8 celle per ciascuna riga.

◀ La memory dump identifica lo stato in cui si trovano le celle della memoria in un determinato momento. In alcuni casi viene anche mostrato il corrispettivo ASCII del contenuto della singola cella di memoria. ▶

In questo esempio possiamo notare come il valore 05h, sia proprio memorizzato nella cella di indirizzo 000Ah, cioè due celle più a destra rispetto all'indirizzo base 0008h:

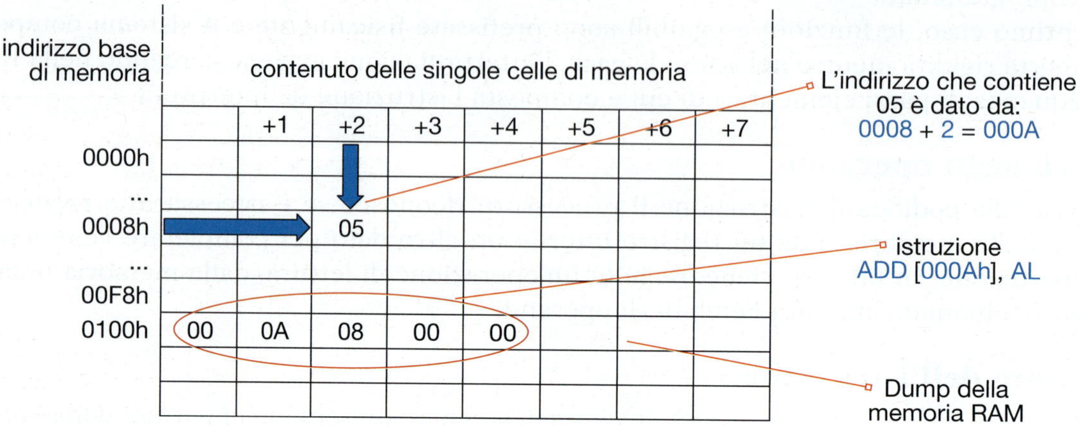

Suddividiamo le operazioni svolte dal processore:

1 Fetch

Viene prelevata l'istruzione presente all'indirizzo contenuto nel registro PC (0100h). Si tratta di una sequenza di 6 byte che rappresentano il codice macchina dell'istruzione:
00 05 0A 00 00 00
Il codice dell'istruzione viene inserito nel registro IR (Instruction Register).

2 Decode

Viene decodificata l'istruzione il cui codice macchina è presente nel registro IR.

3 Fetch degli operandi

Viene prelevato il contenuto della cella 000Ah, cioè 05h.

4 Execute

Il valore recuperato dal passo precedente (05h) viene sommato con il contenuto del registro AL (poniamo che contenga 0Fh). Il risultato viene posto nuovamente nella cella di indirizzo 000A che conterrà 14h al termine dell'esecuzione dell'istruzione. L'operazione richiede sicuramente più cicli di data path, soprattutto per la necessità di recuperare operandi dalla memoria. Nella figura a lato è rappresentato il "tipico" data path per una CPU: ▶

Il data path è una sezione della CPU che raggruppa l'ALU e i registri. Il passaggio di due operandi attraverso l'ALU e la memorizzazione del risultato in un nuovo registro viene detto ciclo di data path. Ogni istruzione viene eseguita in uno o più cicli data path, per esempio una divisione necessita di molti cicli per la sua esecuzione. La velocità con cui viene compiuto un ciclo di data path contribuisce significativamente a determinare la velocità della CPU.

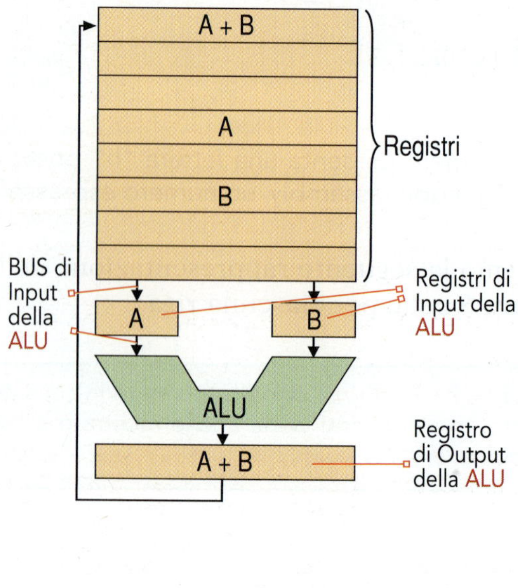

◀ Clock Il clock è un circuito di temporizzazione che permette di generare un segnale a onda quadra caratterizzata da una particolare frequenza. Si tratta di un segnale che commuta continuamente i circuiti da un livello basso a uno alto, molti milioni di volte al secondo. La figura seguente mostra un esempio di un tipico segnale di clock:

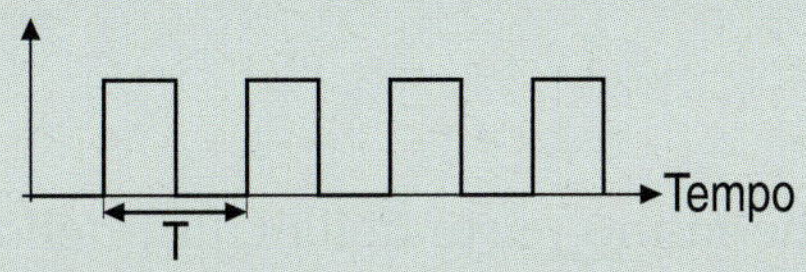

A ogni ciclo i circuiti interni del processore eseguono un'operazione: possiamo dire che il clock sincronizza l'esecuzione di tutte le operazioni della CPU e non solo. Nella formula seguente T è il periodo con cui si ripete il segnale periodico con frequenza pari a: $f = \frac{1}{T}$ Hz. ▶

Ogni ciclo macchina è scandito da un temporizzatore o ◀ clock ▶, cioè un oscillatore al quarzo che emette segnali a intervalli di tempo regolari. Il numero di cicli macchina eseguiti in un secondo di tempo prende il nome di Hertz (Hz). Valgono le seguenti uguaglianze: Hertz (Hz) = 1 ciclo al secondo, kHertz = 1000 cicli al secondo, MHertz = 1 milione di cicli al secondo, GHertz = 1 miliardo di cicli al secondo.

Ogni singola istruzione elementare richiede generalmente più di un ciclo macchina e, pertanto, più di un ciclo di clock.

■ L'architettura interna della CPU

L'architettura interna di un'unità centrale di elaborazione (CPU), può essere schematizzata come nella figura che segue, secondo il modello di Von Neumann:

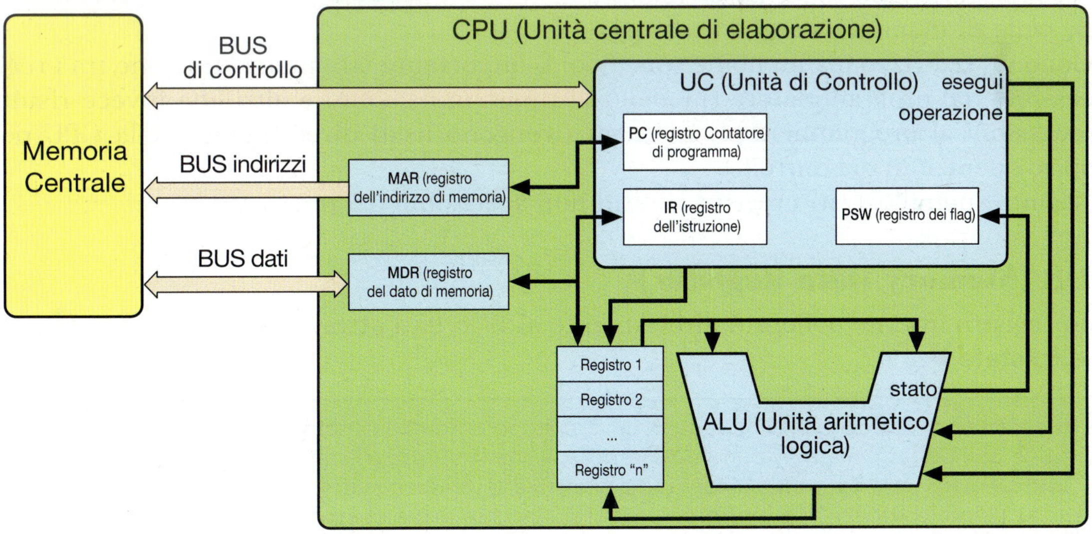

Nello schema, oltre alla memoria centrale (RAM), possiamo individuare i seguenti elementi funzionali della CPU:

- unità di controllo (CU, *Control Unit*);
- registro PC (*Program Counter*);
  - registro IR (*Instruction Register*);
  - registro PSW (*Process Status Word*);

- ALU;
- registri generali;
- registro MAR (*Memory Address Register*);
- registro MDR (*Memory Data Register*);
- ◀ BUS ▶ di controllo;
- BUS indirizzi;
- BUS dati.

◀ Il termine BUS identifica un insieme di linee, ciascuna delle quali in grado di trasmettere un bit di informazione tra due elementi elettronici. Il segnale che viene trasferito è di tipo logico, secondo la codifica binaria di un'informazione. ▶

Il BUS interno

Si tratta di un BUS che collega tutti gli elementi che fanno parte della CPU; nello schema sono individuabili dal colore nero delle frecce. Si tratta di un BUS generalmente di controllo, senza distinzione tra dati e indirizzi e non è da confondere con i BUS esterni o di sistema che verranno illustrati in seguito.

I registri interni

Un ◀ registro ▶ è paragonabile a una lavagna sulla quale viene scritta un'informazione per un breve periodo di tempo. Per memorizzare un'informazione per un periodo più lungo può essere usata una cella di memoria, paragonabile a un quaderno o a un blocco note. Diversamente dalle celle di memoria i registri non possiedono un indirizzo ma un nome specifico. È importante fare una distinzione tra i registri accessibili dal programmatore (modello di programmazione) e altri che invece risultano inaccessibili al programmatore, in quanto vengono usati direttamente dalla CPU per le proprie operazioni di controllo.
Di seguito sono illustrati i registri interni non accessibili dal programmatore.

◀ Il termine registro indica una particolare cella di memoria contenuta all'interno della CPU. La dimensione dei registri si esprime in bit e dipende dall'architettura specifica della CPU. In generale la funzione dei registri è quella di memorizzare temporaneamente dei dati. ▶

MDR (Memory Data Register)

È un registro interno collegato direttamente al BUS dati attraverso un ◀ buffer bidirezionale tri-state ▶.

◀ Buffer bidirezionale tri-state Si tratta di un circuito, che verrà illustrato in seguito, in grado di collegare due componenti elettronici in due direzioni. Il significato di *tri-state* è appunto l'essere in grado di rappresentare oltre i due stati binari tradizionali (0 e 1) un terzo stato chiamato alta impedenza. Esso funziona quindi come un interruttore in grado di staccare i due componenti a seconda del bisogno, per evitare cortocircuiti. ▶

Il registro non è visibile al programmatore e contiene i dati che la CPU vuole inviare o ricevere dalla memoria o dai dispositivi di I/O.
Possiamo immaginare il registro MDR come una sorta di memoria di transito dove vengono immagazzinati temporaneamente tutti i dati scambiati con la memoria, prima di essere smistati presso gli altri registri interni.

MAR (Memory Address Register)

È un registro interno collegato direttamente al BUS indirizzi. Non è visibile al programmatore e contiene gli indirizzi necessari alla selezione della cella di memoria oppure al dispositivo di I/O coinvolto nell'operazione. Durante la fase di fetch di un'istruzione il MAR contiene l'indirizzo della locazione di memoria in cui si trova l'istruzione che deve essere codificata, mentre durante la fase di execute, se si tratta di un'istruzione che fa riferimento alla memoria, contiene l'indirizzo dell'operando che deve essere letto dalla RAM.

IR (Instruction Register)

È il registro interno che riceve il codice operativo dell'istruzione prelevata durante la fase di fetch. È invisibile al programmatore e contiene temporaneamente il codice operativo dell'istruzione durante la sua codifica.

■ Il modello di programmazione

Il modello di programmazione è l'insieme degli elementi accessibili al programmatore, in generale tramite il linguaggio assembly e l'ambiente di debug. È formato dai registri accessibili e dall'ALU. Alcuni registri sono specializzati, cioè svolgono solo una specifica funzione mentre altri sono di uso generale, cioè possono essere usati dal programmatore per un qualsiasi scopo. Le trasformazioni dei dati contenuti nei registri vengono effettuate attraverso elaborazioni dell'ALU.

PC (Program Counter)

È un registro interno accessibile parzialmente dal programmatore che lo può usare per modificare il flusso sequenziale del programma. Il registro PC (nelle CPU Intel si chiama IP, *Instruction Pointer*) contiene, in ogni fase di avanzamento del programma, l'indirizzo di memoria in cui si trova l'istruzione successiva da eseguire. Una modifica del contenuto di questo registro provoca infatti un "salto" all'indirizzo indicato. È un registro di tipo puntatore nel senso che il dato contenuto in esso si riferisce, quindi punta, a un dato che si trova in memoria all'indirizzo corrispondente al valore contenuto nel registro stesso. La figura a lato illustra il concetto enunciato: ▶

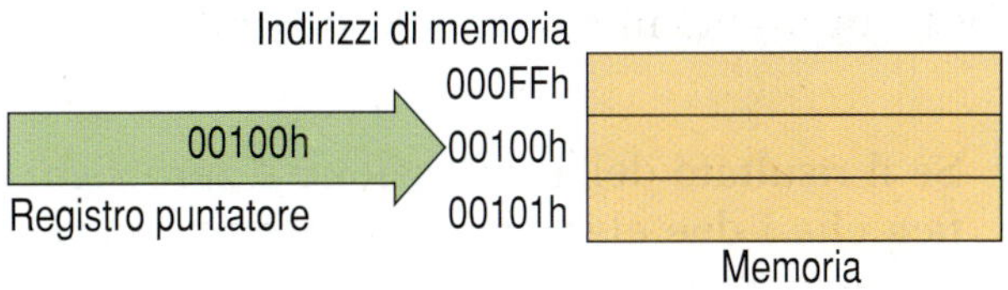

Normalmente il contenuto di questo registro viene incrementato automaticamente dalla CU ogni volta che l'esecuzione di un'istruzione è completata, in modo da potere leggere in memoria l'istruzione successiva.

PSW (Process Status Word)

Questo registro interno, chiamato anche registro delle flag (bandiere), non ha un significato nel suo complesso; ciascun bit che lo compone si comporta come una bandierina di segnalazione che fornisce informazioni sul risultato delle operazioni aritmetico-logiche dell'ultima istruzione eseguita: per esempio il bit ZF (*Zero Flag*) segnala se il risultato dell'ultima istruzione aritmetico-logica era zero, mentre il bit CF (*Carry Flag*) segnala se l'ultima istruzione aritmetico-logica aveva un riporto.

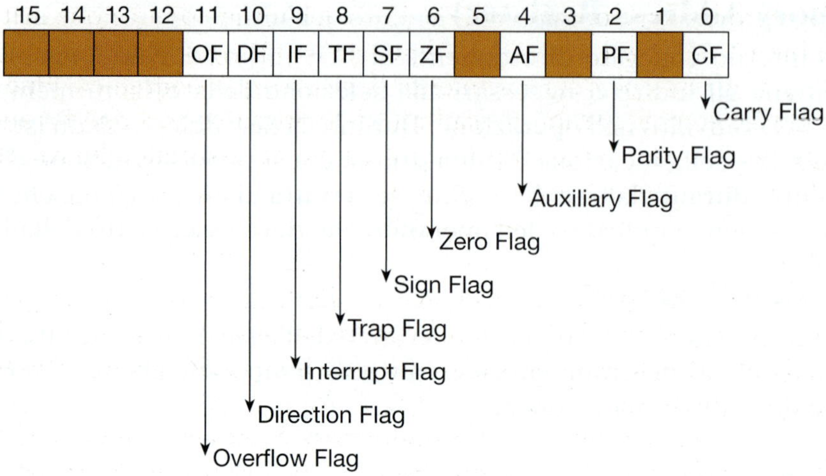

L'ALU, a ogni operazione aritmetico-logica, aggiorna il contenuto del registro PSW. Le informazioni contenute in questo registro sono essenziali per la costruzione degli algoritmi dei programmi. Grazie alle flag possiamo infatti realizzare le strutture fondamentali della programmazione (condizione, iterazione, sottoprogrammi): valutando il contenuto dei bit del registro PSW, il codice di un programma può alterare il flusso sequenziale dello stesso per realizzare i costrutti di scelta e iterazione e le chiamate ai sottoprogrammi.
Le flag principali sono quelli descritti di seguito:

- ZERO (ZF): contiene 1 (true) quando il risultato dell'ultima operazione è uguale a 0, mentre contiene 0 (false) quando il risultato dell'operazione è diverso da 0. Nei linguaggi evoluti di programmazione la condizione

```
se (a = b)
```

diventa a livello di linguaggio macchina:

```
a - b
```

Se il risultato della sottrazione è zero significa che i due elementi (a e b) sono uguali, pertanto ZF viene attivato (1).

> Per evitare confusione conviene usare true (vero) e false (falso) senza usare i termini 1 e 0.

- CARRY (CF): contiene true quando si verifica un riporto dal bit più significativo del risultato durante le quattro operazioni aritmetiche basilari (somma, sottrazione, moltiplicazione, divisione). Se la somma del bit più significativo determina un riporto questo bit non viene sommato al bit successivo ma viene memorizzato nel CF per segnalare che l'operazione nel suo complesso ha determinato un riporto. Viene utilizzato per due diverse ragioni: verificare se un elemento è maggiore o minore di un altro, oppure verificare se un numero non può essere contenuto in un registro.
- OVERFLOW (OF): contiene true quando il segno del risultato dell'ultima operazione aritmetico-logica discorda dal segno degli operandi, cioè quando per esempio il prodotto di due numeri negativi dà luogo a un nuovo valore negativo. Segnala inoltre la presenza di un overflow rispetto alla precisione quando il risultato ha un'ampiezza superiore alla capacità del risultato.

- PARITY (PF): contiene true quando nel risultato dell'ultima operazione aritmetico-logica il numero di bit a 1 del risultato è pari. Viene usato principalmente negli algoritmi di comunicazione per la gestione del rilevamento degli errori di comunicazione.
- SIGN (SF): contiene true quando il risultato dell'ultima operazione aritmetico-logica è negativo, copiando nel flag SF il bit più significativo del risultato che riflette il segno secondo la codifica in complemento a 2.

I registri generali

I registri generali sono registri non specializzati, destinati a ospitare temporaneamente i dati in corso di elaborazione: i dati contenuti nei registri possono provenire dalla memoria o da altri registri, vanno all'ALU per l'elaborazione e da qui tornano ai registri dai quali vengono riportati in memoria.
I registri generali sono accessibili al programmatore e ciascun processore possiede una propria architettura e di conseguenza una propria organizzazione dei registri: noi prenderemo come esempio l'ISA x86 dei processori Intel.

CU (Control Unit)

È il blocco che invia i comandi esecutivi all'ALU in base alla decodifica dell'istruzione, e decide l'incremento dell'indirizzo di memoria contenuto nel registro PC in modo da predisporsi all'esecuzione dell'istruzione.

ALU

È il blocco che esegue le trasformazioni sui dati. Poiché i dati, indipendentemente dal loro significato sono codificati attraverso numeri binari, qualsiasi trasformazione da fare sui dati si riduce a un'operazione aritmetica o logica.
Interviene su due operandi che possono essere contenuti nei registri interni o provenire dalla memoria attraverso l'MDR e produce un risultato che può essere salvato su un registro interno o in memoria attraverso l'MDR.

■ ALU (Arithmetic Logic Unit)

Come abbiamo già affermato, l'ALU è la parte della CPU dedicata alle operazioni aritmetiche e logiche: poiché tutte le istruzioni e i dati sui quali opera sono codificate in forma numerica (binaria), in realtà tutte le elaborazioni devono passare attraverso l'ALU, in quanto qualsiasi operazione può essere ricondotta a un'operazione aritmetico-logica.
Per esempio, se vogliamo confrontare due caratteri alfabetici tra loro, siccome vengono codificati secondo la tabella ASCII in ordine progressivo (A = 41h, B = 42h, C = 43h ... a = 61h, b = 62h, c = 63h...), l'ALU effettua una semplice operazione di sottrazione tra i due valori: il settaggio del Flag di Carry indicherà se il primo carattere è maggiore o minore del secondo.

AREA *digitale*
Vediamo come la CPU esegue le istruzioni

AREA *digitale*
Come funziona l'ALU

Le architetture RISC e CISC

Le due tecnologie di riferimento per la costruzione di microprocessori sono:

- CISC (*Complex Instruction Set Computer*);
- RISC (*Reduced Instruction Set Computer*).

I processori costruiti secondo l'architettura CISC sono nati con la necessità di avere un numero elevato di istruzioni diverse, di tipo anche complesso, per semplificare il compito dei programmatori e per disporre di programmi più compatti che utilizzino minore memoria.
All'interno delle CPU realizzate secondo tale architettura è presente una memoria di tipo ROM che contiene una serie di ◀ microcodici ▶ ciascuno dei quali permette di eseguire all'interno del microprocessore stesso, un'azione elementare. Per eseguire le istruzioni è necessario prima di tutto trasformarle in una serie di istruzioni scritte in microcodice; in tal modo quelle più semplici richiederanno meno istruzioni in microcodice.

> ◀ Microcodici Si tratta del set di operatori elementari che descrive il comportamento di una determinata istruzione assembly. Nel caso delle macchine RISC non esiste microcodice e a ogni ciclo si esegue una sola istruzione. ▶

Il concetto costruttivo di un microprocessore RISC è invece la forte riduzione del numero di istruzioni in modo da poter conciliare la velocità del microprocessore con l'esecuzione di queste.
Il fine principale della struttura RISC è quello di produrre processori ad alta velocità e dal costo ridotto, data la minore complessità del progetto. Lo svantaggio della tecnologia RISC è il fatto che per essi sono stati sviluppati sistemi operativi a minore diffusione rispetto a quelli sviluppati per i CISC, come Windows. Inoltre, una conseguenza dell'architettura RISC è la maggiore complessità dei programmi: se i processori riconoscono una quantità molto bassa di istruzioni, il programmatore deve sopperire con il software per far svolgere a essi operazioni complesse. In questo caso diventa praticamente obbligatorio studiare, di ogni porzione di codice, il metodo per renderla più veloce; l'ottimizzazione del codice diviene di primaria importanza nello sviluppo dei sistemi di tipo RISC.

> AREA digitale
> Processori e generazioni

> I processori CISC più conosciuti sono la famiglia di CPU della Intel: 80286, 80386, 80486, Pentium, Celeron. Attualmente si stanno ormai diffondendo tecnologie ibride, denominate CISC/RISC, come quella dell'architettura Nehalem (IntelCore i).

Il core del processore

Il **Core** rappresenta il nucleo o nocciolo della CPU, cioè il vero e proprio "nucleo elaborativo", tutto il resto della CPU è rappresentato dal package, o guscio, che lo contiene. Il nucleo è collegato elettricamente ai pin di contatto che andranno ad innestarsi nel **socket**. Normalmente le dimensioni di tale componente a confronto con tutto il package, sono molto ridotte.
Dall'anno 2005 circa, i produttori di processori (Intel e Amd) si sono resi conto che non era più possibile innalzare le frequenze operative dei propri processori, e hanno deciso di puntare tutto sulle architetture che presentano più nuclei nello stesso package, chiamate

MultiCore Architectures. Sfruttando il parallelismo, cioè le elaborazioni dell'istruzione da entrambi i core, si ottengono risultati analoghi rispetto all'utilizzo di più processori fisicamente separati posti sulla stessa scheda madre.
Nel 2007 debuttano i primi sistemi multi core, a 4 core (QuadCore) e dal 2010 i nuclei diventano 8 con la tecnologia Intel i7.
Se confrontiamo ad esempio la CPU Celeron 430 (1.8 GHz) con l'Intel Pentium 4 (3.00 GHz), appare semplice definire il processore più veloce: il secondo ha una frequenza di clock maggiore, pertanto risulta più veloce.
Se invece confrontiamo la CPU Pentium 4 (3.00 GHz) con il Core 2 Duo E6600 (2.4 GHz), ne deduciamo che il secondo ha prestazioni migliori in quanto, nonostante possieda una frequenza di clock inferiore, possiede un doppio nucleo (Dual Core); pertanto avremo che sarà in grado di risolvere due calcoli per volta, a differenza del Pentium 4, grazie al parallelismo della sua architettura.

Tuttavia è bene ricordare che le frequenze di clock dei diversi Core della stessa CPU non possono essere sommate. Infatti la CPU E6600 non elabora a 5.8 GHz, ma sono i due Core che elaborano ciascuno a 2.4 GHz.

La CPU nel personal computer

Come abbiamo visto il microprocessore è al centro delle elaborazioni effettuate dal computer; tuttavia non lo abbiamo ancora individuato tra i componenti fisici reali di un computer, per esempio di un personal computer.
La CPU si trova sulla motherboard, quel componente che consente di mettere in comunicazione tra loro i diversi componenti e questi ultimi con la CPU.
La figura seguente mostra una tipica scheda madre (motherboard) dove sono indicati gli elementi principali montati su di essa.

Come possiamo notare dalla figura precedente, la CPU non è presente in questo schema in quanto può venire montata sull'apposito alloggiamento, in questo caso di tipo Socket ◀ ZIF ▶.

◀ ZIF Il termine ZIF è l'acronimo di Zero Insertion Force, e indica un alloggiamento particolare nel quale non è necessario usare la propria forza per collocare la CPU in questa sede. Per facilitare il suo inserimento viene infatti usata una piccola leva che, una volta sollevata, permette l'inserimento del processore senza alcuna pressione e, una volta riabbassata, mantiene il processore sul suo supporto. ▶

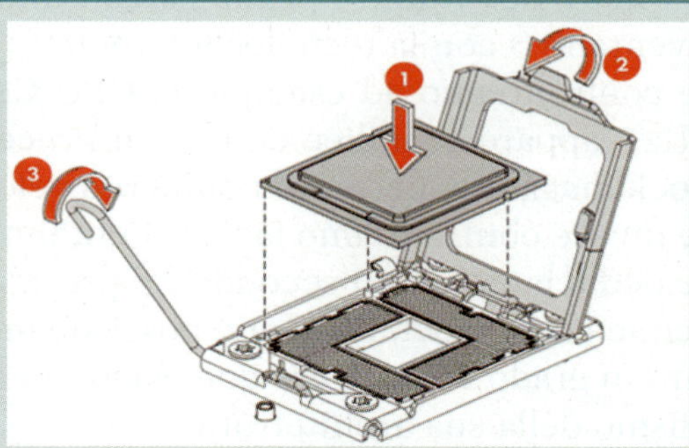

Esistono sostanzialmente due tipologie di alloggiamenti per CPU:
- alloggiamento a socket;
- alloggiamento a slot.

AREA digitale
Alloggiamento a slot

ESEMPIO

La procedura riportata di seguito illustra come procedere all'installazione di una CPU nell'apposito alloggiamento Socket ZIF.

❶ Per prima cosa dobbiamo individuare il socket nel quale alloggerà la nostra CPU.

❷ Poi dobbiamo alzare la levetta accanto allo zoccolino per aprire i connettori, come vediamo nella figura. ▶

❸ A questo punto adagiamo il microprocessore nell'apposito alloggiamento stando attenti a far corrispondere l'angolo stondato della CPU con il relativo angolo stondato dello zoccolino, come vediamo nella figura seguente. ▼

❹ A questo punto dobbiamo riportare la levetta alla posizione di partenza per rendere solidale la CPU allo zoccolino che la ospita, chiudendo infine la ghiera metallica. Adesso dobbiamo aggiungere la ventolina di raffreddamento che fungerà da dissipatore di calore. Quindi, per prima cosa ripuliamo per bene la calotta della CPU da eventuali residui di polvere con un detergente alcoolico aiutandoci con un bastoncino tipo cotton fioc, come vediamo nella figura a lato. ▶

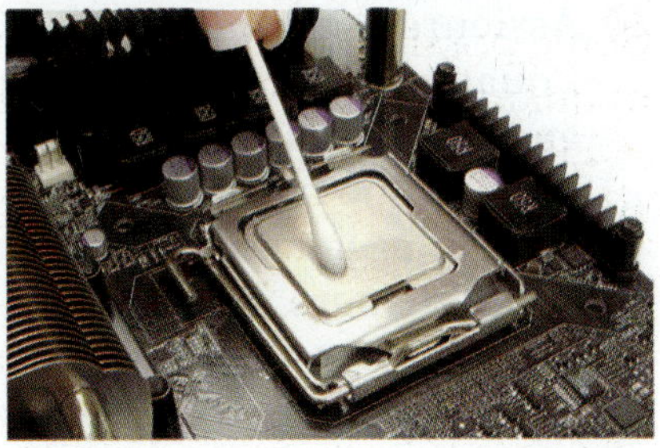

Questa operazione a volte potrebbe non dover essere effettuata in quanto alcune ventole di dissipazione sono già provviste di pasta termica sul lato che deve aderire alla CPU.

5 A questo punto adagiamo sulla calotta della CPU una minima quantità di pasta termica, circa quanto un chicco di riso. ▶

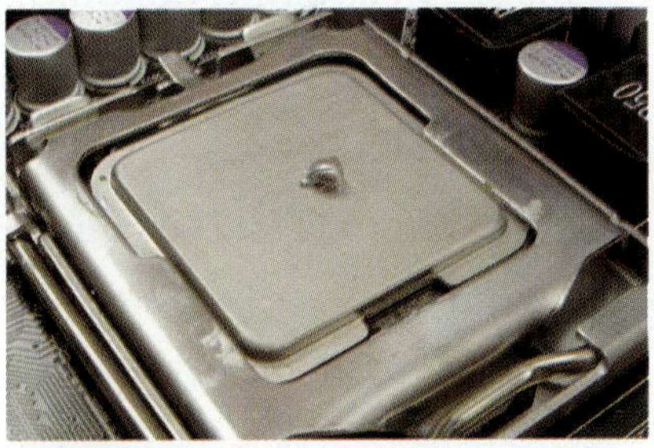

6 Spalmate la pasta termica aiutandovi con un cacciavite piatto, come vediamo nella figura a lato. ▶

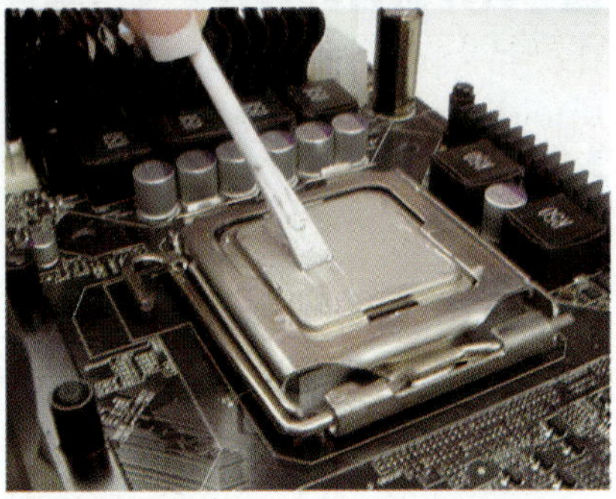

7 Ripetete la stessa operazione sul supporto della ventola che dovrà aderire al microprocessore, ripulendolo da eventuali impurità, come vediamo nella figura seguente. ▼

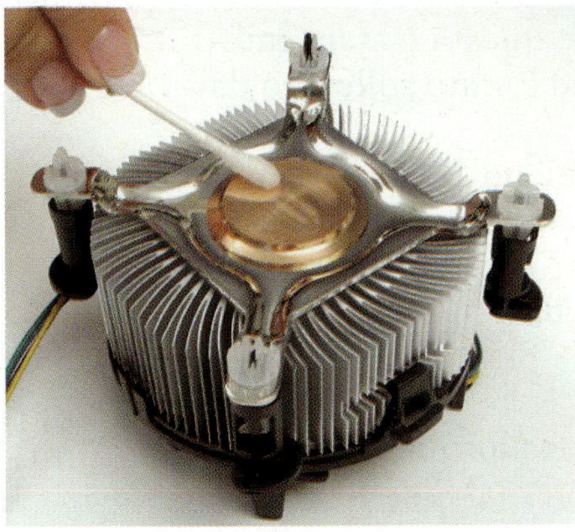

8 Assicurate la ventola alla scheda madre attraverso i quattro fastener nei fori appositi e premete le linguette di plastica in modo deciso verso la scheda madre, fino a quando non sentiremo che i fastener si sono agganciati bene. A questo punto ruotate le linguette nere di plastica in senso antiorario per far sì che i fastener non si possano staccare dalla scheda madre, come vediamo nella figura a lato. ▶

9 Infine dobbiamo connettere il cavetto di alimentazione della ventola di raffreddamento alla scheda madre nella presa denominata CPU FAN, come visibile nella figura a lato. ▶

A questo punto la CPU è connessa e può funzionare.

■ NorthBridge e SouthBridge

Il Chipset è un supporto che funge da snodo tra la CPU e le varie periferiche, è formato da due diversi circuiti integrati chiamati rispettivamente:

- NorthBridge;
- SouthBridge.

Il termine bridge, sta proprio ad indicare la funzione di questi due elementi, cioè quello di collegare i diversi della motherboard.
Al NorthBridge sono affidate le relazioni verso le periferiche più veloci come ad esempio la memoria RAM e i processori per la grafica, mediante i moderni BUS PCI-express attraverso il ◀ FSB ▶ (Front Side BUS). Viene anche chiamato MCH (Memory Controller Hub) e possiede in genere dimensioni maggiori rispetto al secondo. Una volta controllava anche la cache della CPU, ma recentemente questa è stata integrata all'interno della CPU ed è stato sollevato da questa funzione.
Al SouthBridge, chiamato anche ICH (I/O Controller Hub), spetta invece lo scambio dati con tutto il resto, compresi i controller dei dischi fissi, il clock di sistema, le porte di I/O, gli slot PCI e ISA ecc.

> ◀ FSB È il BUS che trasporta i dati tra la CPU e il chipset NorthBridge. In realtà è formato sia da un BUS dati che da un BUS indirizzi. ▶

I due chipset sono connessi tra loro mediante un BUS denominato ◀ ISB ▶ (Internal Side BUS).

> ◀ ISB È il BUS che trasporta i dati tra il chipset NorthBridge e SouthBridge. ▶

Infine attraverso il BUS LPC (Low PinOut Controller) vengono connessi al chipset SouthBridge alcuni dispositivi particolarmente lenti come ad esempio la memoria Flash che contiene il BIOS oppure le porte seriali e parallele.
Infine nelle versioni più recenti di schede madri e CPU prevedono un BUS particolare, chiamato BSB (Back side BUS) per collegare direttamente alla CPU la memoria Cache di secondo livello (L2), che verrà illustrata più avanti. Vediamo lo schema riepilogativo:

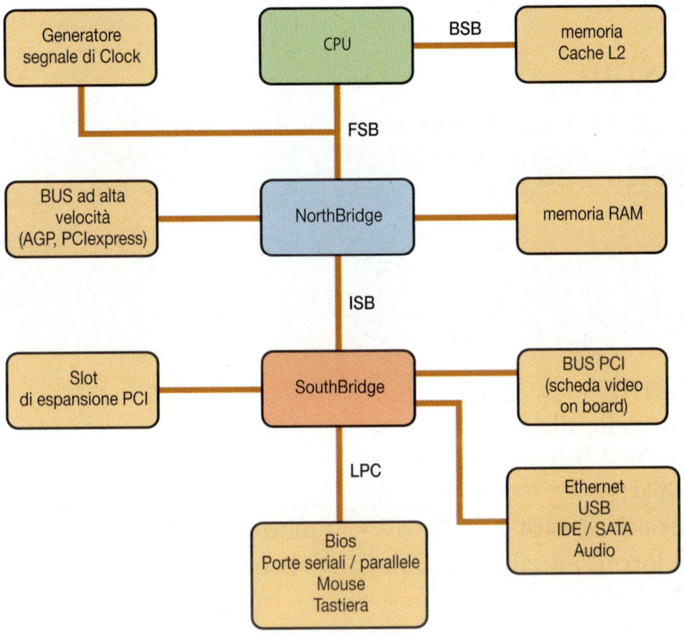

Recentemente i costruttori di microprocessori si stanno orientando per cablare nella CPU anche questi circuiti, per esempio il processore Core i7, contiene un circuito che gli consente di gestire direttamente la memoria RAM.

La velocità con la quale la CPU trasmette i dati al northbridge si chiama bandwidth (banda passante). Tale valore si calcola moltiplicando i byte della dimensione del BUS del processore per la frequenza di clock (cicli al secondo) per il numero di data transfer a ogni ciclo. Per esempio, un sistema con:

- processore a 16 bit (2 byte),
- FSB a 100 MHz,
- due trasferimenti a ciclo,

possiede una bandwidth di:

2 (byte) × 100 (FSB) × 2 (tc) = 400 MB/s (Megabyte al secondo).

ESEMPIO *Confrontare processore e scheda madre*

Come abbiamo visto l'unità di misura principale del Front Side BUS è la banda passante, espressa in MB/s. Vediamo come utilizzare questa caratteristica per verificare se una CPU è compatibile con una scheda madre. Poniamo di avere a disposizione una CPU con FSB da

800 MHz; esso sarà incompatibile con una scheda madre con un FSB da 600 MHz oppure 1000 MHz. Prendiamo in esame un processore ed una scheda madre con le caratteristiche seguenti:

CPU:
Produttore: Intel
Modello e famiglia: Celeron 430
Numero di Cores: 1
Socket: Intel 775
Velocità di Clock: 1.8 GHz
L2 Cache: 512 KB
FSB: 800 MHz
Consumo massimo (TDP): 35 W

Mother Board:
Produttore: Asus
Modello: P5QL\EPU
Chipset: P43\ICH10
Audio: Integrato Via HD
Memoria massima installabile: 16 GB
Velocità memoria: DDR2 (667\800\1066 MHz)
FSB: 800\1066\1333 MHz
CPU supportate: Intel® Socket 775 Core™2 Quad\Core™2 Extreme\Core™2 Duo\Pentium® dual-core\Celeron® dual-core\Celeron® Processors

Analizziamo le caratteristiche, innanzi tutto per esseri sicuri che la CPU sia compatibile dobbiamo verificare sulla scheda madre le seguenti informazioni:

AREA digitale
La misura della velocità delle CPU

- Tipologia & famiglia (CPU supportate)
- Socket
- FSB

La tipologia di questa CPU è semplicemente Celeron, pertanto possiamo vedere che è supportata dalla scheda madre. Il socket è 775 ed infine la velocità del FSB (800 MHz) è anch'essa compatibile. L'analisi è conclusa. La seguente CPU è compatibile con la scheda madre.

Verifichiamo le conoscenze

1. Risposta multipla

1 La scheda Video on board è collegata con:

a. il chipset NorthBridge
b. il chipset SouthBridge
c. Il FSB
d. l'LPC

2 Il Back Side BUS collega:

a. il chipset NorthBridge con la memoria Cache L2
b. la CPU con la memoria Cache L2
c. il chipset SouthBridge con la memoria Cache L2
d. la CPU direttamente con la memoria RAM

3 Il BUS PCI express è collegato:

a. al BIOS tramite il FSB
b. al chipset SouthBridge tramite BUS LPC
c. al chipset SouthBridge
d. al chipset NorthBridge

4 Quale tra i seguenti elementi scandisce i cicli macchina della CPU?

a. Data path
b. Control Unit
c. ALU
d. Clock

5 Come si chiama il BUS che collega tutti gli elementi che fanno parte della CPU?

a. BUS indirizzi
b. BUS interno
c. BUS di controllo
d. BUS dati

6 L'MDR è un registro che si comporta da:

a. buffer bidirezionale tri-state
b. BUS unidirezionale tri-state
c. BUS bidirezionale tri-state
d. buffer unidirezionale tri-state

7 L'IR è un registro che:

a. riceve il codice operativo dell'istruzione
b. contiene l'indirizzo dell'istruzione successiva
c. contiene l'indirizzo dell'istruzione precedente
d. si comporta come un buffer tri-state

8 Da quanti cicli sono formate le istruzioni su macchine RISC?

a. Dipende dal tipo di istruzione
b. Due cicli
c. Uno soltanto
d. Da uno a sei

9 Si misura in MIPS:

a. il numero di operazioni per istruzione
b. il numero di operazioni in virgola mobile che compongono un'operazione aritmetica
c. il numero di istruzioni al secondo
d. il numero di cicli macchina al secondo

10 Quale BUS tra i seguenti è connesso alla CPU?

a. AGP
b. PCI Express
c. FSB
d. ISB

11 Quale tra i seguenti elementi non è presente all'interno della CPU?

a. ALU
b. unità di controllo
c. memoria RAM
d. registri

12 Reset significa:

a. porre a zero
b. porre a uno
c. ripartire
d. caricare

13 Dov'è contenuto l'indirizzo dell'istruzione durante una fase di fetch dell'istruzione?

a. Nel registro IR
b. Nel registro PC
c. Nella memoria RAM
d. Nell'ALU

14 In quale fase tra le seguenti la CPU può eseguire una scrittura sulla memoria?

a. Fetch dell'istruzione
b. Decode
c. Execute
d. Fetch degli operandi

2. Ordinamento

1 Metti in ordine logico crescente le seguenti operazioni che la CPU effettua durante un ciclo completo:

a. legge gli operandi dalla memoria e li mette in un registro ....
b. incrementa il contenuto del registro PC ....
c. decodifica l'istruzione ....
d. preleva il codice macchina dell'istruzione ....
e. determina dove si trovano gli operandi ....
f. salva il risultato in un registro o in una cella di memoria ....
g. esegue l'istruzione ....

2 Metti in ordine di esecuzione le seguenti fasi della CPU:

a. execute ....
b. decode ....
c. fetch dell'istruzione ....
d. fetch degli operandi ....

3. Associazione

1 Unisci la generazione dei processori posta a sinistra con la relativa CPU di appartenenza posta a destra:

a. sesta	....	1. Itanium
b. settima	....	2. Core i7
c. ottava	....	3. Core 2
d. nona	....	4. Pentium IV
e. decima	....	5. Pentium III

AREA digitale hoepliscuola.it

Esercizi per il recupero / Esercizi per l'approfondimento

Le memorie

LEZIONE 3

In questa lezione impareremo...

- a riconoscere i circuiti fondamentali per lamemoria ad accesso casuale (flip-flop, buffer tri-state)
- a definire i vari tipi di memorie elettroniche (RAM, SRAM, DRAM, ROM, PROM, EPROM, EEPROM)
- a comprendere come viene indirizzata la memoria

■ La memorizzazione dei bit

La memoria contiene informazioni espresse in binario, cioè formate da bit che possono essere 0 oppure 1. Dal punto di vista fisico il bit viene immagazzinato in un dispositivo elettronico chiamato flip-flop, ossia un componente in grado di memorizzare un'informazione binaria. Esistono diverse tecnologie per la realizzazione dei circuiti di memoria, ma il modello che usa i flip-flop ci consente di comprenderne in modo immediato il significato. Lo schema a lato descrive il funzionamento di un singolo elemento di memoria, dal punto di vista elettronico, in grado di immagazzinare un solo bit. ▶

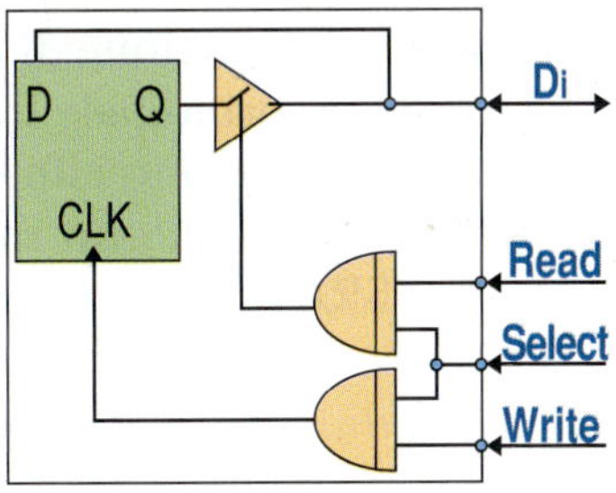

Le operazioni di accesso alle celle di memoria coinvolgono sempre blocchi di byte, quindi dobbiamo immaginare il circuito precedente come parte di altri sette elementi atti a formare un byte. Infatti il singolo bit non è accessibile singolarmente ma solo come parte di un blocco di elementi che vengono processati sempre insieme.

Come possiamo notare vi sono tre ingressi di controllo denominati: Read, Select e Write. Il segnale Di è invece il dato che può essere memorizzato oppure letto dalla memoria. Infatti l'elemento di memoria vero e proprio, cioè quello che memorizza il bit, è formato da un ◀ flip-flop di tipo D ▶.

> ◀ Flip-flop di tipo D Il termine D deriva dall'inglese *delay* che significa ritardo. Questo circuito mantiene inalterata la sua uscita Q indipendentemente dal valore di D. Il valore D viene copiato in Q quando si ha una commutazione sull'ingresso CLK. ▶

Il funzionamento è assai semplice: quando il segnale sul data BUS D_i passa da uno stato a un altro, cioè commuta, la memoria del flip-flop continua a conservare il suo valore. La memorizzazione avviene quando vengono attivati (cioè posti a 1) gli ingressi Write e Select. I segnali Read e Write provengono dal control BUS, mentre il segnale di selezione Select proviene dall'address decoder, un circuito di decodifica degli indirizzi che verrà illustrato più avanti. La lettura avviene quando vengono attivati (cioè posti a 1) gli ingressi Read e Select. La logica costruttiva del BUS di controllo fa sì che i segnali Read e Write non possono mai essere contemporaneamente attivi.

Ciascun bit di una cella di memoria è collegato a un diverso filo conduttore del data BUS in modo tale che tutti i bit vengano trasferiti contemporaneamente. Quando la cella viene letta ogni elemento impone il suo contenuto sul rispettivo filo conduttore del data BUS. Allo stesso modo, quando ciascun elemento viene memorizzato nella cella, carica al suo interno il valore del rispettivo bit ricevuto dal filo conduttore del data BUS.

■ I tipi di memoria

Un computer tipicamente contiene differenti tipi di memoria, essenzialmente appartenenti a tre diverse categorie: RAM, ROM e cache (queste ultime verranno trattate ampiamente in seguito).

RAM

Il termine RAM (*Random Access Memory*) indica che in tali memorie è possibile accedere in qualunque locazione di memoria e per qualunque tipo di accesso (lettura o scrittura). La caratteristica principale delle RAM è il fatto che l'informazione in esse contenuta rimane solo quando vengono alimentate (volatilità).
Le RAM si suddividono in due sottocategorie chiamate RAM dinamiche (DRAM) e RAM statiche (SRAM).

La RAM dinamica mantiene i dati solo se alimentata. Le DRAM sono infatti caratterizzate da tempi di accesso che variano tra i 20 ns e i 70 ns.

> **AREA digitale**
> Circuito RAM Dinamica

> Esistono molte varianti di DRAM. Una di queste è la EDRAM o DRAM evoluta. Un'altra è la EDO RAM (*Extended Data Output RAM*). La DRAM più conosciuta è quella sincrona (SDRAM), la cui caratteristica principale è la capacità di operare in sincronismo con il clock del BUS di sistema. Per quanto detto sinora, le SDRAM sono, attualmente, le uniche memorie in grado di dialogare con i BUS a frequenze molto elevate.

La RAM statica è una memoria molto veloce con tempi di accesso attualmente dell'ordine delle decine di nanosecondi (da 5 a 10 ns). A parità di capacità, le SRAM sono molto più costose delle DRAM. A differenza delle DRAM, nelle SRAM non occorre il rinfresco periodico dei dati. Generalmente vengono utilizzate per realizzare memoria cache, come vedremo in seguito.

AREA *digitale*
Circuito RAM Statica

ROM

Con il termine ROM (*Read Only Memory*) indichiamo una categoria di memorie accessibili solo in lettura. In realtà, attualmente esistono particolari ROM che possono essere anche riscritte. In ogni caso tutte le ROM sono caratterizzate dal fatto che l'informazione in esse contenuta permane anche quando manca la corrente. Le memorie ROM vengono in genere utilizzate per memorizzare programmi e dati di configurazione essenziali per il funzionamento del computer che devono essere memorizzati anche quando il computer è spento. Esistono differenti tipi di ROM:

- ROM non programmabili. Esse vengono prodotte già inglobando il programma o i dati.
- PROM (*Programmable ROM*). Normalmente sono vuote al loro interno e possono essere programmate successivamente attraverso appositi programmatori di PROM, tuttavia non possono essere più modificate nel contenuto.
- EPROM (*Erasable Programmable ROM*). Normalmente sono vuote al loro interno e possono essere programmate attraverso appositi programmatori di EPROM. A differenza delle PROM, la programmazione può avvenire più volte, a patto di cancellare la vecchia programmazione tramite raggi UV (ultravioletti). Sono identificabili per la presenza di una finestrella posta nella parte superiore del circuito, come vediamo nella figura a lato, che permette di ricevere i raggi ultravioletti. ▶

- EEPROM (*Electrical Erasable Programmable ROM*). Sono identiche alle EPROM, dalle quali differiscono solo per il fatto che la cancellazione della vecchia programmazione è realizzata tramite corrente elettrica.

■ Gli indirizzi delle celle di memoria

Possiamo immaginare che tutte le celle di memoria appartengano a una schiera di caselle poste sequenzialmente una dopo l'altra.

L' ◀ indirizzo ▶ di ciascuna cella è definito dalla posizione relativa della cella rispetto alla prima cella. Possiamo definire spiazzamento o displacement, lo spostamento necessario per raggiungere la cella desiderata iniziando dalla prima, che normalmente ha, per definizione, indirizzo 0. Lo schema grafico è riportato a lato. ▶

◀ Indirizzo Ciascuna cella di memoria può essere selezionata individualmente in quanto è identificata da un indirizzo (memory address). Tale indirizzo è associato alla cella e la rende identificabile in modo univoco. Nei modelli di riferimento si assume la dimensione di una cella di memoria pari a 1 byte. ▶

La quantità di celle presenti nella memoria viene chiamato ◀ **spazio di indirizzamento** ▶ e il suo valore dipende dalle caratteristiche della CPU, dei BUS e della scheda madre. La quantità di celle presenti nella memoria centrale si misura in byte o nei suoi multipli, in quanto ciascuna cella contiene 1 byte.

◀ Lo spazio di indirizzamento è definito dal numero di parole indirizzabili e dipende esclusivamente dal numero di bit dell'indirizzo e non dalla dimensione delle celle di memoria, chiamate "parole di memoria". ▶

Il calcolo dello spazio di indirizzamento si ottiene a partire dal numero di fili conduttori del BUS indirizzi individuando tutte le possibili disposizioni con la ripetizione di due elementi (0 e 1). Sapendo che a ogni filo conduttore corrisponde un bit otteniamo il risultato applicando la formula seguente:

$$\textit{spazio di indirizzamento} = 2^n$$

Pertanto, l'ultimo indirizzo di memoria valido sarà pari a:

$$\textit{indirizzo ultima cella} = 2^n - 1$$

Dove n è il numero di bit del BUS indirizzi. È importante sottolineare il fatto che lo spazio di indirizzamento rappresenta il numero massimo di celle indirizzabili; questo non significa che tali celle di memoria debbano essere tutte presenti. Per esempio un processore assai recente dispone di un BUS indirizzi a 64 bit, pertanto consente di indirizzare 2^{64} celle di memoria (4 exabyte!); tuttavia la memoria RAM generalmente installata è pari a 8 GB.

I multipli del byte

Vediamo un quadro generale che mostra il valore delle unità di misura della memoria, partendo dal kB (chiloByte).

1 kB	(kilobyte)	= 1024 B	
1 MB	(megabyte)	= 1024 kB	= 1.048.576 B
1 GB	(gigabyte)	= 1024 MB	= 1024*1024 kB
1 TB	(terabyte)	= 1024 GB	= 1024*1024*1024 kB
1 PB	(petabyte)	= 1024 TB	= 1024*1024*1024*1024 kB
1 EB	(exabyte)	= 1024 PB	= 1024*1024*1024*1024*1024 kB
1 ZB	(zettabyte)	= 1024 EB	= 1024*1024*1024*1024*1024*1024 kB
1 YB	(yottabyte)	= 1024 ZB	= 1024*1024*1024*1024*1024*1024*1024 kB

Per calcolare a mente lo spazio di indirizzamento possiamo ricordare questa semplice regola: 2^{10} consente di indirizzare un kilobyte, mentre a ogni decina successiva si passa al multiplo successivo, così 2^{20} è un megabyte, 2^{30} un gigabyte ecc.

- 10 bit = 1 k celle (1024 celle)
- 16 bit = 64 k celle (65536 celle)
- 20 bit = 1 M celle (RAM dei processori fino all'80286)
- 32 bit = 4 G celle (RAM dei processori fino al Pentium)
- 36 bit = 64 G celle (RAM dei processori fino al Pentium IV)
- 40 bit = 1 T celle (RAM dei processori fino all'Athlon 64)
- 64 bit = 16 E celle (RAM dei processori fino al Core i7)

AREA *digitale*
Il circuito di decodifica dell'indirizzo

■ La gestione della memoria del PC

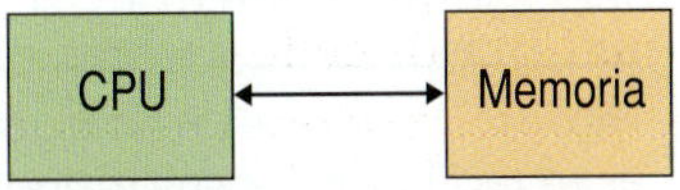

Nell'architettura Von Neumann il canale di comunicazione tra la CPU e la memoria è il punto critico del sistema ed è chiamato collo di bottiglia (figura a lato) ▶
La tecnologia consente di realizzare processori sempre più veloci e memorie sempre più capienti, tuttavia la velocità di accesso delle memorie non è adeguato alla crescita repentina delle CPU. La soluzione ottimale per un sistema di gestione della memoria dovrebbe garantire costi minimi con capacità massime e bassi tempi di accesso al dato. La soluzione che è stata escogitata prevede l'uso di memorie con tempi di accesso diversi, organizzate secondo gerarchie: con l'uso di tecnologie differenti possiamo soddisfare al meglio ciascuno dei requisiti.

La memoria all'interno della scheda madre di un PC è organizzata in livelli gerarchici: ogni livello è caratterizzato da una dimensione crescente e da un tempo di accesso decrescente. La memoria RAM è molto più lenta della CPU, per cui per migliorare le prestazioni vengono combinati tipi di memoria veloce con tipi di memoria più capienti ma lente. Questa tecnica prende il nome di ◀ cache ▶.

◀ Cache Termine di origine francese che significa nascondere (*cacher*). Rappresenta una memoria temporanea che memorizza un insieme di dati che possono essere successivamente recuperati su richiesta, ad altissima velocità. L'origine del nome deriva appunto dal fatto che la memoria cache e il suo utilizzo sono trasparenti al programmatore, quindi nascosti. ▶

Pertanto la CPU legge e scrive i dati in modo diretto sulla cache di primo livello, quindi via via sulle memorie inferiori secondo lo schema a lato. ▶
Quando la cache riceve una richiesta dalla CPU, potrebbe non possedere i dati necessari: si parla in questo caso di ◀ cache miss ▶, cioè di dato mancato nella cache. Solitamente il cache miss avviene quando un dato viene richiesto per la prima volta dalla CPU alla partenza del sistema, oppure quando si tratta di una quantità di dati che non possono essere contenuti all'interno della cache.

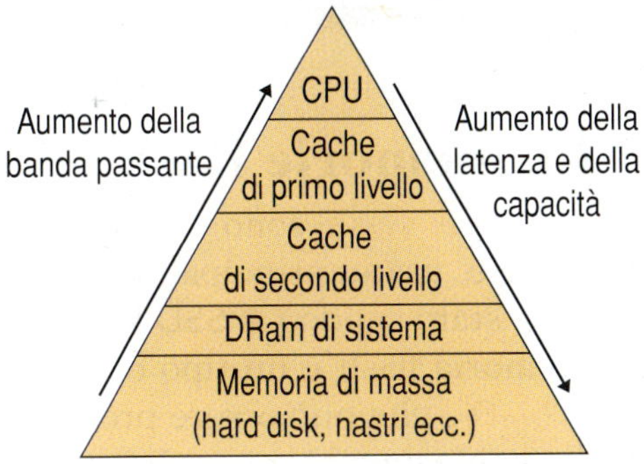

◀ Cache miss Si ha un miss (fallimento nell'accesso) se il dato non è presente nel livello immediatamente inferiore e occorre accedere al livello più distante. Si definisce tempo di miss il tempo necessario a sostituire un dato nel livello più vicino con il blocco corrispondente nel livello inferiore, più il tempo necessario per consegnare il dato al livello richiedente, quale per esempio la CPU. ▶

Quando invece il dato viene trovato nella cache si parla di ◀ cache hit ▶, per indicare il successo nella lettura.

> ◀ Cache hit Si ha un hit (successo nell'accesso) quando i dati richiesti dal livello superiore, come per esempio la CPU, compaiono in qualche blocco nel livello inferiore. Si definisce tempo di hit il tempo necessario a prelevare il dato dal livello più vicino, comprendendo il tempo necessario a determinare se l'accesso è un hit o un miss. ▶

Quindi, le memorie cache fanno da tramite tra la CPU e la memoria RAM compensando il deficit legato alla lentezza della RAM. Esistono diversi livelli di cache, denominate di primo livello, che spesso risiedono all'interno del microprocessore e sono più potenti e veloci della versione integrata sulla motherboard; inoltre mantengono separati dati e istruzioni secondo l'architettura Harvard, consentendo un accesso simultaneo.

Zoom su...

LE PRESTAZIONI DELLA MEMORIA

Alcuni fattori responsabili delle prestazioni della memoria sono descritti di seguito.

1. Latenza: è il tempo necessario, espresso in cicli macchina dell'FSB, affinché un dato venga letto dalla memoria. Questo intervallo è in genere impostato a 2 o 3 cicli di clock. Il valore che si ottiene è inversamente proporzionale alle prestazioni della memoria, così un valore ridotto rappresenterà prestazioni migliori.
2. Banda di trasferimento dati: misura la quantità di informazioni al secondo che vengono trasmesse con la memoria. La capacità massima teorica può essere calcolata moltiplicando il numero di bit trasferiti a ogni ciclo di clock per la frequenza di funzionamento della memoria.
3. Frequenza di funzionamento: blocchi di dati trasferiti al secondo. Possono essere impostate frequenze diverse tra l'FSB e le memorie.

■ Le memorie flash

Le memorie flash sono alla base delle tecnologie usate principalmente per i dischi a stato solido (◀ SSD ▶).

La memoria flash è un tipo di memoria non volatile che può essere programmata elettronicamente e ne esistono di due tipi:

- NOR (Negated OR)
- NAND (Negated AND)

Queste due tecnologie differiscono nello schema di connessione degli array di memoria di cui sono costituite e nella

> ◀ Significa Solid State Drive e rappresenta una tipologia di dispositivo di memoria basata su semiconduttore, per l'archiviazione dei dati, anziché supporti di tipo magnetico come nel caso dell'hard disk classico. ▶

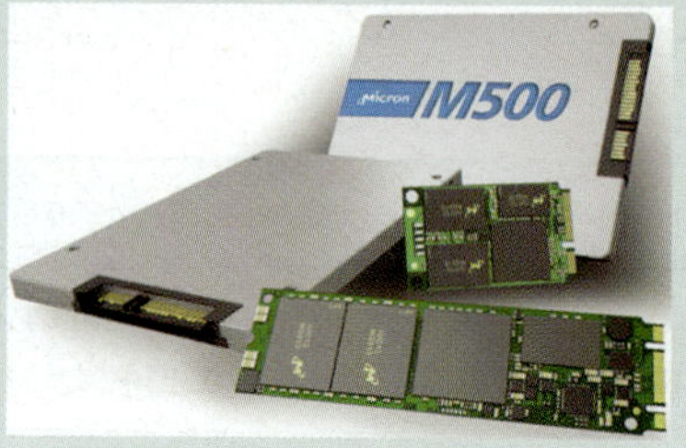

modalità di indirizzamento utilizzata nelle operazioni di lettura o scrittura. Le memorie NOR sono versatili, possono essere utilizzate sia per contenere codice da eseguire che piccole quantità di dati, mentre le memorie NAND invece sono ottimizzate per la memorizzazione di grandi quantità di dati.

La differenza principale è che le memorie NOR possono manipolare il singolo bit mentre le NAND manipolano una Word per volta. Questo rende le le prime assai più costose e lente, oltre che meno capienti, ovviamente a parità di capienza.
I dischi rigidi SSD utilizzano proprio la tecnologia NAND, i dati sono infatti organizzati in blocchi. Anche le schede di memoria quali SD, oppure le compact flash, così come le pen drive utilizzando la tecnologia NAND.

Memorie NOR

Le memorie flash di tipo NOR furono sviluppate per cercare di ottenere memorie non volatili tempi di accesso ridotti per permettere l'esecuzione di programmi senza doverli necessariamente caricarli in memoria centrale. Le varie celle di memoria sono collegate tra di loro in parallelo, in questo modo ogni cella può essere indirizzata singolarmente per scrittura o programmazione. Questo tipo di memoria viene usata principalmente per i firmware, programmi che non necessitano di frequenti aggiornamenti.

Memorie NAND

Nelle memorie flash di tipo NAND le celle sono collegate in serie, in questo modo non è possibile leggere o scrivere ciascuna cella individualmente. Le operazioni di lettura/scrittura possono essere applicate solo ad un blocco di celle interconnesse, solitamente equivalente a un blocco di 512 Byte. Rispetto alle memorie NOR, le NAND possono memorizzare più informazioni in uno spazio minore, richiedono un tempo inferiore per la cancellazione ed il costo per bit è molto inferiore. Grazie al basso consumo ed alla elevata densità di memorizzazione, questo tipo di memorie viene adottato in larga misura nei dispositivi mobili, così come i dischi SSD, come visto in precedenza.

■ L'organizzazione della memoria dinamica di un PC

Nella memoria RAM i dati sono immagazzinati, sotto forma di carica elettrica, in celle costituite da un transistor e da un condensatore. Le celle sono ordinate secondo uno ◀ schema a matrice ▶.

◀ Schema a matrice È uno schema che prevede delle righe (row line) collegate al gate del transistor, e delle colonne (bit line) a loro volta organizzate in banchi. ▶

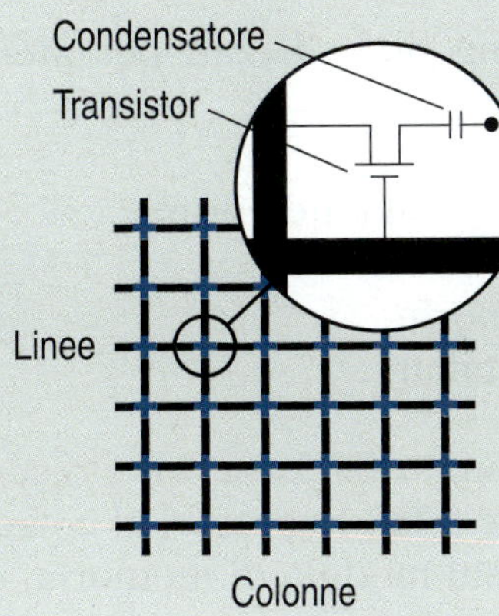

Poiché i condensatori perdono nel tempo il loro stato di carica è necessario effettuare un'operazione di ricarica periodica chiamata refresh (rinfresco).

Possiamo affermare che la memoria RAM dinamica è la memoria principale del nostro computer. Il tempo di accesso al dato di tale memoria è in realtà formato da un insieme di tempi diversi che possono essere così riassunti:

- CAS Latency Time;
- RAS Precharge Time;
- RAS to CAS Delay;
- Active to Precharge.

Essendo sostanzialmente una tabella a due dimensioni, l'accesso ai dati richiede prima l'identificazione della riga utilizzando un segnale chiamato RAS (*Row Address Strobe*), quindi l'identificazione della colonna con il segnale CAS (*Column Address Strobe*). La pausa tra il segnale RAS e il segnale CAS, chiamato RAS to CAS Delay (ritardo RAS CAS), serve per verificare l'avvenuto indirizzamento della memoria ed è espresso in cicli di clock che devono trascorrere tra l'invio del segnale RAS e il successivo segnale CAS.
Il RAS Precharge Time indica il tempo necessario, espresso in cicli di clock, per caricare i circuiti necessari alla determinazione della riga. Il tempo chiamato Active to Precharge indica il ritardo, sempre espresso in cicli di clock, che deriva dall'indirizzamento consecutivo di due righe diverse all'interno dello stesso circuito di decodifica. Infine, il tempo chiamato CAS Latency Time rappresenta l'intervallo di tempo tra l'istante in cui il comando di lettura giunge a una certa cella di memoria e quello in cui inizia il trasferimento dei dati. La denominazione è dovuta al fatto che, per individuare la cella di memoria, l'indirizzo di colonna viene selezionato sempre per ultimo (tramite il segnale CAS), successivamente a quello di riga.

Per migliorare l'efficienza nel recupero dei dati viene usata anche la tecnica burst, mediante la quale viene anticipata la lettura delle colonne adiacenti l'ultima letta, per ridurre il tempo di latenza. In tal modo la memoria cache carica i dati secondo il principio della ◀ localizzazione spaziale ▶.

◀ Localizzazione spaziale Secondo il principio di località, in un dato istante i programmi accedono ai dati utilizzando una porzione ridottissima del loro spazio di indirizzamento. Secondo il principio di localizzazione spaziale è probabile che gli oggetti che si trovano vicini a un oggetto a cui si è fatto riferimento vengano richiesti in tempi brevi, come per esempio nella lettura sequenziale degli elementi di un vettore. La localizzazione spaziale si contrappone alla localizzazione temporale nella quale è invece probabile che un oggetto a cui si è fatto riferimento venga nuovamente richiesto in tempi brevi, come per esempio in cicli nei quali le stesse istruzioni vengono ripetute frequentemente. ▶

Vediamo quali sono i parametri che vengono utilizzati per incrementare le prestazioni della memoria centrale:

1. aumentare la frequenza del FSB;
2. ottimizzare l'architettura del controller della memoria;
3. aumentare la frequenza di lavoro delle memorie;
4. diminuire i tempi di latenza delle memorie;
5. aumentare la quantità di memoria installata.

Esiste infine una memoria EPROM chiamata SPD (*Serial Presence Detect*), solitamente montata sul chip della RAM, che contiene i dati necessari al corretto funzionamento delle memorie DRAM. Contiene informazioni sul modulo di memoria, come per esempio il tipo di memoria, il voltaggio di lavoro, la frequenza di clock, le latenze di CAS supportate, il RAS Precharge, le temperature massime di lavoro, il luogo di produzione ecc. La figura a lato mostra dov'è localizzato un modulo SPD in un chip di memoria. ▶

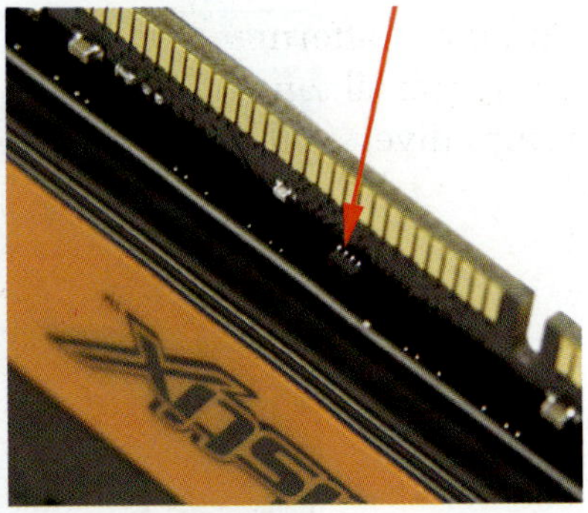

> Installando più moduli di memoria, le temporizzazioni di accesso applicate saranno quelle contenute nel chip SPD del modulo più lento.

ESEMPIO

La seguente procedura illustra come inserire un chip di memoria RAM nell'apposito alloggiamento.

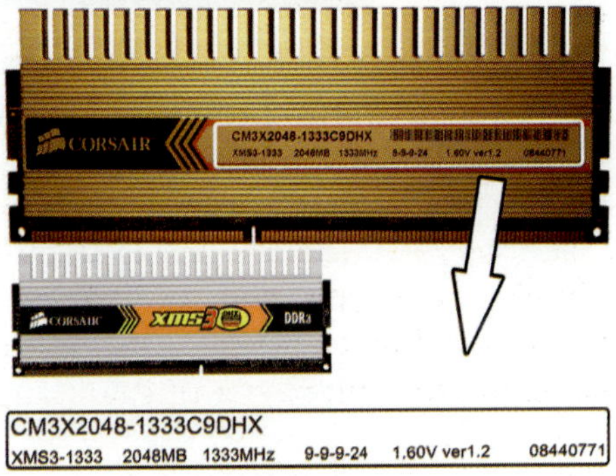

1. I chip di memoria RAM, oltre a mostrare la sigla della capacità espressa in gigabyte, il tipo (per esempio DDR3) e la frequenza di lavoro, contengono anche altri valori identificati da una sequenza di numeri interi. Per esempio il significato dei valori “2-4-4-8” è il seguente:
   - CAS latency è pari a 2 cicli di clock;
   - RAS a CAS Delay è pari a 4 cicli di clock;
   - RAS Precharge Delay è pari 4 cicli di clock;
   - Active Precharge Delay è pari a 8 cicli di clock.

2. Quindi dobbiamo assicurarci che il tipo di chip di memoria RAM sia compatibile con i banchi presenti nella scheda madre. Per fare questo verifichiamo alcune caratteristiche della memoria nel BIOS, come vediamo nella figura. ▼

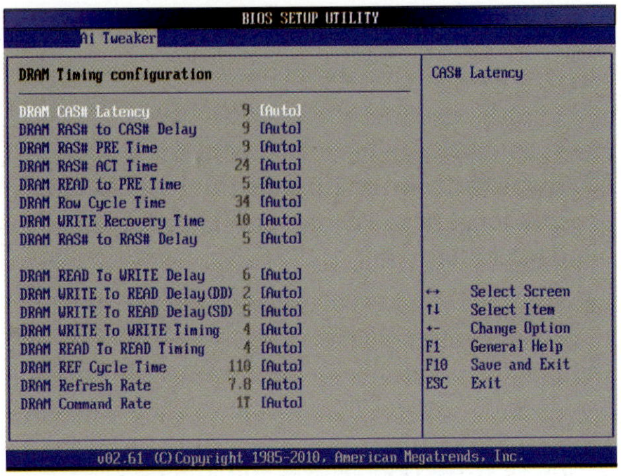

Esistono in commercio alcuni software di utilità specifici per la verifica delle informazioni dettagliate sui dispositivi installati nel computer, uno di questi è Speccy, scaricabile gratuitamente dal sito: www.pirifomr.com/speccy. Tale programma,visualizzato nella figura (pagina seguente), mostra le informazioni utili alla verifica delle informazioni che riguardano la memoria RAM, la CPU, la scheda madre ecc. ▼

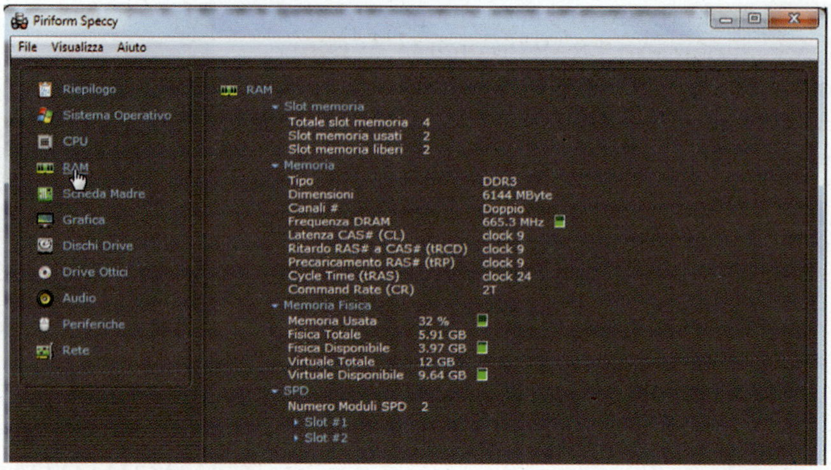

3. A questo punto procuriamoci i chip di memoria adatti (vedi figura a lato): ▶

4. Gli slot nei quali andranno alloggiati i moduli di memoria sono visibili nella figura a lato: ▶

5. Bisogna inserire i moduli nell'alloggiamento facendo una leggera pressione con le dita come mostrato dalla figura a lato: ▶

6. A questo punto non resta altro che chiudere le alette laterali per bloccare i chip agli slot, come mostrato nella figura a lato: ▶

Verifichiamo le conoscenze

1. Risposta multipla

1 Il segnale Read posto all'ingresso dei flip flop D proviene da:

a. Memory BUS
b. Address decoder
c. BUS di controllo
d. ALU

2 Quale tra le seguenti caratteristiche è tipica di una memoria di tipo statico? (*2 risposte*)

a. Basso tempo di accesso
b. Economicità
c. Dimensione ridotta
d. Necessità del ciclo di rifresh

3 Quale tra le seguenti affermazioni sulle memorie EPROM è vera: (*4 risposte*)

a. vengono programmate solo attraverso appositi programmatori
b. contengono al massimo 4 kByte
c. sono normalmente vuote al loro interno
d. risiedono nella Unità di controllo
e. possono essere programmate più volte
f. possono essere programmate solo una volta
g. vengono cancellate attraverso un proiettore a luce ultravioletta
h. vengono cancellate attraverso un apposito programmatore

4 La quantità di celle presenti nella memoria RAM è chiamata:

a. BUS indirizzi
b. Spazio di Offset
c. Spazio di spiazzamento
d. Spazio di indirizzamento

5 Lo spazio di indirizzamento di un BUS indirizzi a 30 bit è:

a. 2 Gbyte
b. 1 Mbyte
c. 1 Gbyte
d. 4 Gbyte

6 Quale tra le seguenti tecniche non migliora le prestazioni della RAM?

a. Aumentare la frequenza della CPU
b. Ottimizzare l'architettura del controller della memoria
c. Aumentare la frequenza di lavoro delle memorie
d. Diminuire i tempi di latenza delle memorie
e. Aumentare la quantità di memoria installata

7 Nella memoria RAM i dati sono immagazzinati, sotto forma di carica elettrica, in celle costituite da due elementi, quali? (*2 risposte*)

a. Resistenza
b. Flip flop
c. Condensatore
d. Transistor

8 Il canale di comunicazione tra CPU e memoria è un punto critico chiamato:

a. collo di bottiglia
b. spazio di indirizzamento
c. blocco di cache
d. canale critico

9 Come si chiama l'operazione in cui la memoria trova il dato già nella memoria senza dover scendere di livello?

a. Cache Miss
b. Cache Hit
c. Cache L1
d. Cache L2

2. Associazione

1 Associa il fattore responsabile della prestazione della memoria posto a sinistra con la relativa descrizione posta a destra:

a. latenza	....	1. quantità di informazioni trasmesse con la memoria (numero di bit trasferiti a ogni ciclo di clock moltiplicati per la frequenza)
b. banda di trasferimento	....	2. blocchi di dati trasferiti al secondo
c. frequenza di funzionamento	....	3. tempo in cicli macchina dell'FSB affinché un dato venga letto dalla memoria

AREA *digitale*

Esercizi per il recupero / Esercizi per l'approfondimento

hoepliscuola.it

AREA digitale

LEZIONE 5

I BUS presenti sul PC

In questa lezione impareremo...

- a riconoscere i tipi di BUS che collegano la CPU ad altri dispositivi
- a riconoscere i BUS di sistema
- a definire i tipi di BUS di espansione
- a conoscere i diagrammi di temporizzazione dei principali cicli per BUS sincroni e asincroni

I BUS

Il BUS può essere identificato da un insieme di linee che conducono elettricità, ciascuna delle quali collegata a un ◀ pin ▶ di un dispositivo.
Per collegare due dispositivi che usano 32 piedini per comunicare, il BUS sarà formato da 32 linee costituite da altrettanti fili conduttori. In tal modo la linea 1 collegherà i piedini numero 1 dei dispositivi, la linea 2 collegherà i piedini numero 2 dei dispositivi ecc. Questo anche in ragione del fatto che ciascuna linea dei BUS può trasmettere solo un segnale.

◀ Pin Comunemente chiamato piedino, si tratta di una terminazione metallica che, innestandosi nella sua controparte, stabilisce un contatto elettrico. Molto spesso a ogni piedino o pin è associato un valore binario che può commutare, consentendo ai dispositivi di dialogare tra loro. Nella figura sottostante si vedono alcuni pin di un circuito integrato. ▶

I BUS si possono dividere in due categorie:
- BUS interno alla CPU, trasporta dati verso e dall'ALU;
- BUS esterno alla CPU, trasporta dati da e verso la memoria e i dispositivi di I/O.

Si definisce protocollo del BUS l'insieme di regole precise che consentono ai vari dispositivi, rappresentati anche da schede particolari, di comunicare attraverso il BUS di sistema.

Il dispositivo che intende inviare un segnale sulla linea del BUS non fa altro che attivare un voltaggio particolare che identifica il dato inviato, secondo le specifiche definite dal protocollo. Il segnale viaggia sulla linea e può essere ricevuto da tutti gli altri dispositivi collegati al BUS: possiamo dire che il protocollo del BUS regola la trasmissione e la ricezione dei dati.

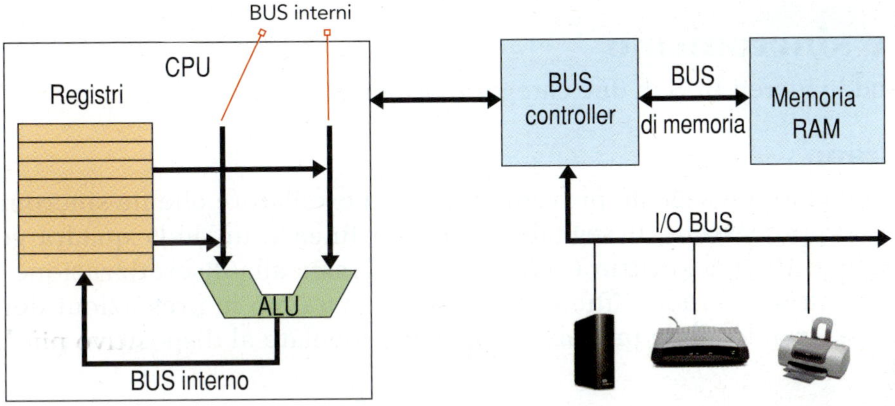

In generale possiamo affermare che il dispositivo in grado di iniziare un trasferimento dei dati è denominato master, mentre un dispositivo che inizia la comunicazione solo su comando del master assume il nome di slave. Alcuni dispositivi sono in grado di comportarsi sia come master sia come slave.

> In un certo istante può esistere un solo master per cui è necessario regolare l'accesso a un bus attraverso un'operazione chiamata arbitraggio.

La tabella seguente mostra alcuni componenti dell'architettura di un computer e come si comportano nell'uso del BUS.

Master	Slave	Situazione
CPU	Memoria	Fetch dell'istruzione o degli operandi
CPU	Dispositivo di I/O	Operazione di lettura o scrittura con dispositivo di I/O
CPU	Memoria	Operazione di lettura o scrittura su memoria
I/O	Memoria	DMA (*Direct Memory Access*)

Il numero di linee di un BUS è detto larghezza del BUS ed è direttamente proporzionale alle prestazioni: con n linee a disposizione un BUS può infatti indirizzare 2^n diverse locazioni di memoria. Per aumentare le prestazioni dei BUS i costruttori hanno adottato due tecniche che presentano tuttavia degli inconvenienti:

- diminuzione della durata del ciclo di BUS aumentando in tal modo il numero di bit trasferiti al secondo. È di difficile implementazione perché i segnali di linee diverse si muovono a velocità diverse, presentando incompatibilità con i modelli precedenti;
- aumento della larghezza del BUS, ottenendo in tal modo un numero maggiore di linee a discapito della velocità. In realtà questo finora è l'approccio più diffuso.

Possiamo sintetizzare di seguito le caratteristiche principali di un BUS in termini prestazionali:

- bit rate: numero di bit al secondo (b/s) trasmessi attraverso il canale;

- larghezza: numero di linee indipendenti per la trasmissione di dati;
- velocità: frequenza del ciclo di BUS per un BUS sincrono;
- banda: numero (massimo) di Byte al secondo (B/s) che si possono trasmettere attraverso il canale.

BUS e sincronismo

Possiamo suddividere i BUS in due categorie principali: sincroni e asincroni.

BUS sincrono

Possiede in ingresso un segnale proveniente da un oscillatore che ne sincronizza le operazioni al microprocessore. Il segnale su questa linea è un'onda quadra generata dal clock di sistema. Ha una struttura più semplice, grazie alla discretizzazione indotta dai cicli di clock, tuttavia rende difficile sfruttare al massimo le prestazioni dei dispositivi a esso connessi, rendendo le prestazioni globali vincolate al dispositivo più lento che lo utilizza.

Esempio di bus sincrono con frequenza di clock a 40 MHz, ciclo del bus: 25 ns. La lettura dalla memoria richiede 40 ns dal momento in cui l'indirizzo è stabile, con 3 cicli di bus per leggere una parola.

ESEMPIO *Ciclo di lettura da memoria con BUS sincrono*

In questo ciclo avviene la lettura di un dato dalla memoria RAM da parte della CPU mediante un BUS sincrono. L'operazione avviene in un numero definito di cicli di clock, chiamati T_1, T_2 ecc. Il grafico che segue mostra le operazioni necessarie per eseguire tale operazione.

1. Nel primo ciclo T la CPU attiva l'indirizzo della cella "leggere" (segnale ADDRESS) dopo un tempo T_{AD}.
2. Sempre nel primo ciclo T, dopo un istante chiamato T_{ML}, viene attivato il segnale MREQ (attivo basso) che attiva i chip della memoria. Contemporaneamente viene attivato dalla CPU il segnale RD che indica alla memoria che si tratta di un'operazione di lettura.
3. Sul fronte di discesa dell'istante T_2 la CPU verifica il segnale WAIT proveniente dalla memoria. Se tale segnale è basso significa che la memoria non ha ancora risposto con il dato richiesto.
4. Sul fronte di discesa di T_3 la CPU verifica il segnale WAIT: se attivo (alto) significa che il dato è disponibile sul BUS dati (DATA). Prima del fronte di salita di T_3 la CPU legge il dato presente sul BUS dati (DATA). Dopo alcuni istanti T_{MH} e T_{RH} la CPU disattiva i segnali di attivazione della memoria (MREQ) e di lettura (RD). ▶

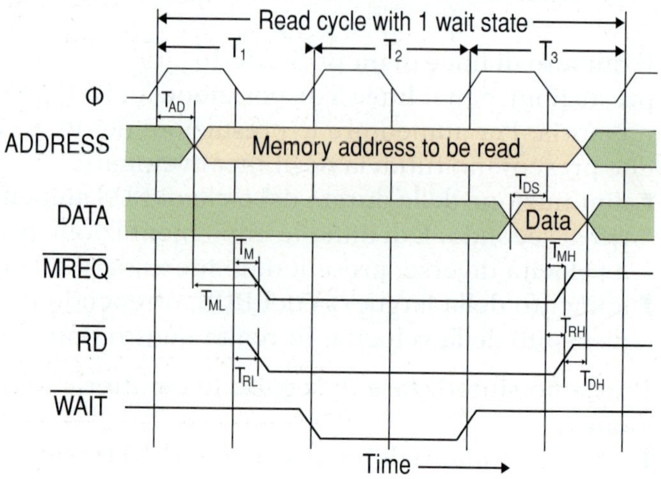

Vediamo il significato dei principali segnali coinvolti:
- Φ: clock del BUS;
- ADDRESS: linee di indirizzo controllate dal master (CPU);
- DATA: BUS dei dati condivise da master e slave;
- MREQ: segnale di controllo generato dalla CPU che indica il tipo di indirizzo (0 = memoria, 1 = dispositivo diI/O);
- RD: tipo di operazione richiesta dalla CPU (0 = lettura, 1 = scrittura);
- WAIT: linea di controllo generata dallo slave, in questo caso dalla memoria (0 = attesa, 1= dato valido).

Il segnale WAIT generato dalla memoria informa la CPU che il dato è stabile e leggibile. In caso contrario la CPU attende un successivo ciclo T, fino a quando il segnale non è attivo (alto).

BUS asincrono

Il BUS asincrono non è dotato di un clock principale. I cicli del BUS possono essere della lunghezza necessaria e non devono essere uguali per tutti i dispositivi. Esso è caratterizzato da una semplicità strutturale in quanto non esiste un segnale di clock del BUS, e sfrutta al meglio le prestazioni di ciascun dispositivo che lo utilizza. Possiede una circuiteria di corredo complessa che deve gestire la sincronizzazione: MSYN (*Master SYNchronization*) e SSYN (*Slave SYNchronization*).

ESEMPIO *Ciclo di lettura da memoria con BUS asincrono*

In questo ciclo avviene la lettura di un dato dalla memoria RAM da parte della CPU mediante un BUS asincrono. La lettura, che avviene secondo la sincronizzazione fra master (CPU) e slave (memoria), è realizzata attraverso un full handshake.

Il grafico che segue mostra le operazioni necessarie per eseguire tale operazione.

1. Inizialmente la CPU attiva l'indirizzo della cella "leggere" (segnale ADDRESS).
2. La CPU attiva il segnale che informa la memoria che si tratta di una lettura (RD).
3. La CPU attiva il segnale MSYN.
4. Quando il dato è reso disponibile, la memoria attiva il segnale SSYN in risposta a MSYN.
5. I segnali MSYN, RD e MREQ vengono disattivati dalla CPU in risposta a SSYN.
6. SSYN viene negato in risposta alla negazione di MSYN.

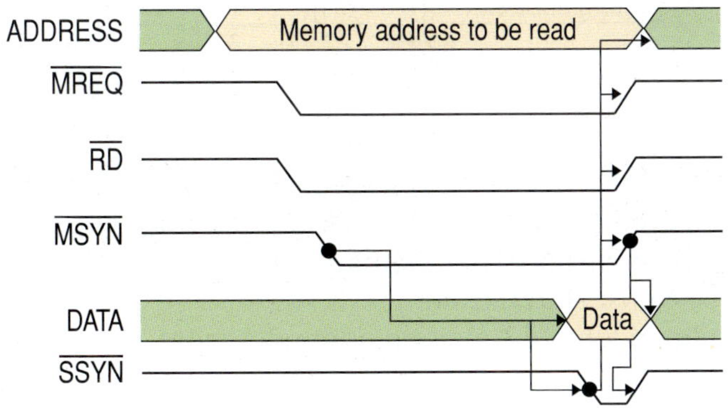

Vediamo il significato dei principali segnali coinvolti:
- MSYN: attivato dal master (in questo caso, CPU) quando è pronto per ricevere i dati, disattivato quando ha completato la lettura dei dati;
- SSYN: attivato dallo slave (in questo caso, memoria) quando i dati sono pronti sul BUS, disattivato quando il master disattiva MSYN al termine dell'operazione.

L'arbitraggio del BUS

Come abbiamo visto è necessario regolare l'accesso a un BUS attraverso un'operazione chiamata arbitraggio che può essere fondamentalmente di tre tipi:
- arbitraggio centralizzato (daisy chaining a un livello);
- arbitraggio centralizzato (daisy chaining con più livelli di priorità);
- arbitraggio distribuito.

L'arbitraggio centralizzato (daisy chaining a un livello)

La concessione dell'accesso al BUS avviene per un solo dispositivo alla volta ed è gestita da un dispositivo chiamato arbitro del BUS. La sequenza delle operazioni dello schema (a) è così sintetizzata:
- il dispositivo master che vuole utilizzare il BUS attiva la linea BUS request;
- quando la linea BUS request viene attivata, l'arbitro attiva la linea BUS grant appena è disponibile;
- la linea BUS grant viene propagata da un dispositivo a quello successivo solo se esso non ha attivato la linea BUS request;
- il dispositivo che ha attivato la linea BUS request deve attendere che la linea BUS grant diventi attiva prima di poter utilizzare il BUS.

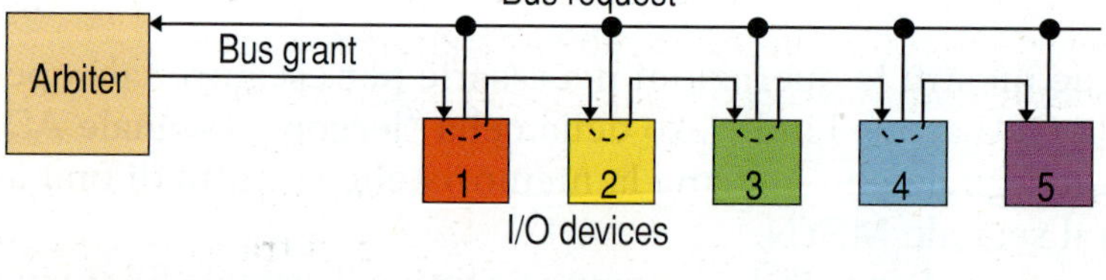

(a)

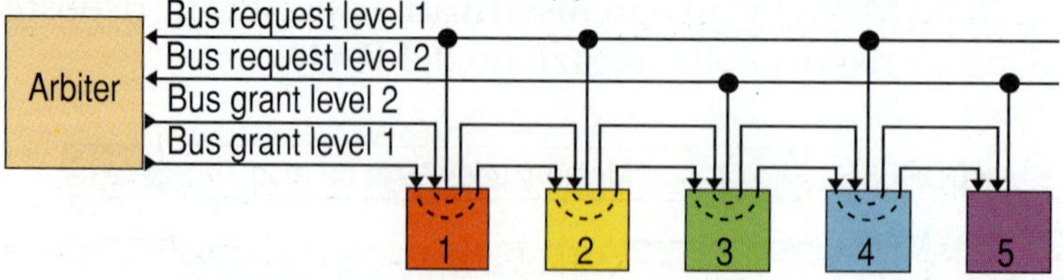

L'arbitraggio centralizzato (daisy chaining a più livelli)

Anche in questo caso la concessione dell'accesso al BUS avviene per un solo dispositivo alla volta ed è gestita da un dispositivo chiamato arbitro del BUS. La sequenza delle operazioni dello schema (b) è così sintetizzata:
- ciascun livello è indipendente e funziona come descritto in precedenza tranne quando le due (o più) linee BUS request sono attive contemporaneamente perché, in tal caso, l'arbitro attiva solo la linea BUS grant di livello più basso (di priorità più alta).

L'arbitraggio distribuito

Non esiste l'arbitro del BUS: tutti i dispositivi regolano da soli l'accesso esclusivo al BUS. La sequenza delle operazioni dello schema riportato sotto è così sintetizzata:

- il dispositivo master che vuole utilizzare il BUS nega la linea arbitration out;
- il dispositivo master che vuole utilizzare il BUS attende che la linea arbitration in diventi attiva e che la linea busy venga negata, quindi attiva la linea busy, attiva la linea arbitration out e utilizza il BUS;
- il dispositivo master che utilizza il BUS nega la linea busy quando termina.

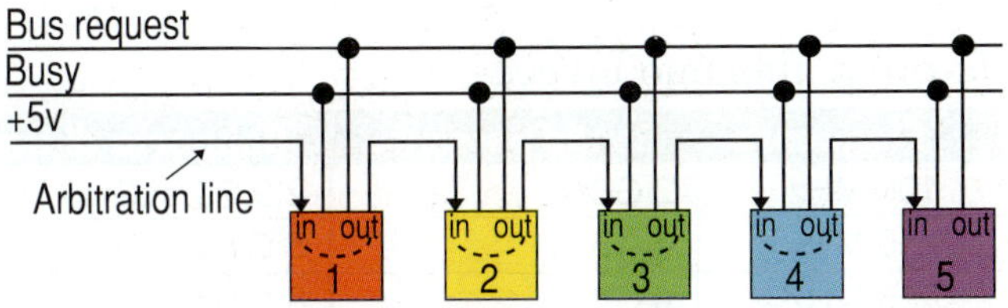

■ I BUS principali

Venti o trent'anni fa i processori erano così lenti nell'elaborare le informazioni che i BUS, durante le operazioni di lettura e scrittura, erano sincronizzati al processore stesso ed era disponibile un solo BUS di collegamento, chiamato BUS di sistema. Attualmente i processori sono così veloci che in molte architetture moderne esistono due o più BUS, ciascuno specializzato in particolari tipi di traffico.

I due BUS principali sono:

- system BUS o local BUS;
- PCI BUS o BUS di espansione.

AREA digitale
BUS di espansione nel PC

Il primo collega la CPU alla memoria di sistema ed è molto veloce, il secondo, assai più lento, mette invece in comunicazione periferiche quali per esempio il disco fisso oppure la scheda audio o la scheda video. Questi BUS più lenti si connettono al system BUS attraverso il chipset (north e southbridge) che svolge il compito di dirigere il traffico tra questi due BUS diversi tra loro per velocità e tipologia.

Esistono diversi tipi di BUS di espansione, come per esempio PCI, USB, AGP, PCI Express, FireWire e altri ancora.

■ Front Side BUS, Back Side BUS e BUS PCI

Come abbiamo già visto, il FSB (*Front Side BUS*) rappresenta la connessione fisica tra il processore e la maggior parte dei componenti del computer, tra i quali la memoria RAM, i dischi e gli slot di espansione (PCI, AGP ecc.).

Il BSB (*Back Side BUS*) consente la connessione tra il processore e la memoria cache di livello 2. Questo BUS opera a una velocità maggiore rispetto all'FSB, paragonabile a quella del processore. Il BSB si è evoluto notevolmente: negli anni '90 connetteva semplicemente il processore alla memoria cache che era esterna al chip della CPU. A partire dalla versione Level 2 la memoria cache era integrata nello stesso chip della CPU, rendendo a tutti gli effetti il processore integrato al BSB e alla cache Level 2.

La tabella seguente mostra i BUS di espansione più noti:

BUS Type	BUS Width	BUS Speed	MB/sec
ISA	16 bit	8 MHz	16 Mbps
EISA	32 bit	8 MHz	32 Mbps
VL-bus	32 bit	25 MHz	100 Mbps
VL-bus	32 bit	33 MHz	132 Mbps
PCI	32 bit	33 MHz	132 Mbps
PCI	64 bit	33 MHz	264 Mbps
PCI	64 bit	66 MHz	512 Mbps

Per i BUS di tipo PCI Express abbiamo invece:

Versione PCI Express	Frequenza	Banda passante	Rapporto di trasferimento (bit rate)
1.1	100 MHz	2 GB/s	2,5 GT/s (Giga Transfer al secondo)
2.0	250 MHz	4 GB/s	5 GT/s
3.0	985 MHz	8 GB/s	8 GT/s
4.0 (previsto nel 2016)	...	...	15 GT/s

Originariamente il BUS PCI operava in parallelo a una frequenza di 33 MHz con una larghezza di 32 bit. Successivamente si è incrementata la velocità da 33 MHz a 66 MHz, raddoppiando i bit (da 32 a 64). In seguito con l'avvento del BUS PCI-X è stata raggiunta una velocità di 133 MHz con una velocità di trasferimento di 1 Gbps. Attualmente lo standard è rappresentato dai BUS di tipo PCI Express che comunicano in modo seriale e non più in parallelo, raggiungendo velocità ancora maggiori.
Il BUS PCI ha rappresentato uno strumento molto innovativo, supportando la nascita e la relativa diffusione delle periferiche plug and play.

ESEMPIO *Installazione di una scheda di espansione su un BUS PCI Express*

In questo esempio vogliamo installare una nuova scheda video sul BUS di espansione di tipo PCI Express. Per realizzarla dobbiamo innanzi tutto dotarci di una scheda video, quindi seguire le fasi descritte di seguito.

1. Molte schede madri possiedono una scheda video già montata, chiamata scheda on board. Tuttavia le prestazioni di queste schede spesso non sono adeguate ai nuovi sof-

tware (soprattutto giochi). Come possiamo vedere dalla figura a lato, prima dobbiamo fare spazio alla scheda di espansione rimuovendo il pannello posteriore metallico che corrisponde allo slot nel quale intendiamo montare la scheda video. ▶

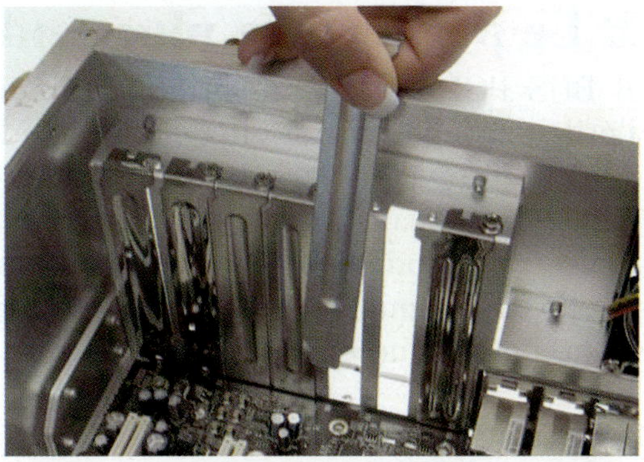

2 A questo punto, per installare fisicamente la scheda nell'appropriato slot di espansione (vedi figura a lato), dobbiamo fare pressione con entrambe le mani sui due estremi della scheda fino a quando non sarà alloggiata correttamente nello slot. Se abbiamo effettuato un'installazione corretta il supporto laterale della scheda dovrà corrispondere alla fessura liberatasi durante l'operazione precedente. ▶

Non eccedere nella pressione poiché la sottostante scheda madre è piuttosto delicata e una pressione eccessiva può danneggare il backplane dei circuiti.

3 Il procedimento di installazione della scheda video è analogo a quello di qualsiasi altro controller di I/O di altre periferiche (audio, grafiche, video ecc.). ▶

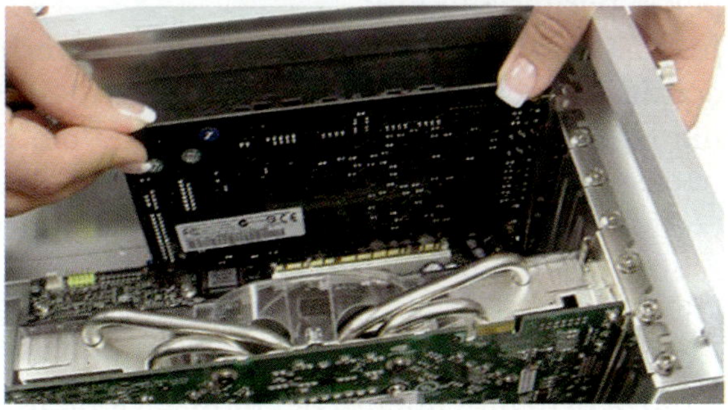

Data la presenza di un processore grafico (GPU) all'interno della scheda video, dobbiamo sempre lasciare lo spazio necessario affinchè l'aria delle ventole di dissipazione possa defluire. Evitiamo quindi di installare sul lato delle ventole altre schede, avendo la cura di aggiungerle sempre sul lato privo di apparechiature di dissipazione del calore.

4 Come possiamo notare dall'ultima figura l'installazione di un'ulteriore scheda di espansione (audio in questo caso), avviene cercando si lasciare un po' di spazio per agevolare il passaggio di aria proveniente dalle ventole della scheda precedentemente installata.

■ Le periferiche plug and play

Il BUS PCI è stato progettato per consentire l'utilizzo delle periferiche ◀ plug and play ▶ (PnP). Tuttavia la vera diffusione di queste periferiche si realizzò con l'avvento del sistema operativo Windows 95 che fornì il supporto a livello di sistema. Per essere utilizzate le periferiche PnP hanno bisogno di tre cose:

- BIOS PnP;
- ESCD (Extended System Configuration Data);
- Sistema Operativo PnP.

◀ Plug and play Possiamo così sintetizzare il significato di questo termine: connetti e utilizza. È stato coniato per indicare le periferiche che possono essere connesse a caldo: in qualunque istante il sistema le riconoscerà e le configurerà automaticamente. ▶

BIOS PnP

Si tratta di un software implementato a livello di memoria ROM del sistema che abilita e determina quando una periferica si è connessa.

ESCD (Extended System Configuration Data)

Si tratta di un file che contiene tutte le informazioni necessarie all'installazione delle periferiche PnP.

Sistema Operativo PnP

È il sistema operativo (da Windows 95 in poi) in grado di supportare la gestione dei ◀ driver ▶ per le periferiche PnP.

◀ Driver È l'insieme delle procedure, spesso scritte in assembly, che consente al sistema operativo di pilotare un dispositivo hardware. ▶

In sostanza il BIOS si accorge della periferica connessa (per esempio una pen drive) e il sistema operativo completa l'installazione dei driver necessari. Inoltre il sistema operativo svolge altri compiti tra i quali il settaggio degli elementi descritti di seguito.

- Interrupt Requests (IRQ)
  Un IRQ (*Interrupt Request*) è interrupt hardware che viene usato da vari elementi del computer per richiamare l'attenzione della CPU in modo del tutto asincrono. Per esempio, a ogni movimento del mouse viene inviato un IRQ informando la CPU della posizione attuale della periferica. Prima dell'avvento del BUS PCI, ciascun componente hardware aveva bisogno di un IRQ specifico. Il BUS PCI gestisce invece gli interrupt hardware nel chipset, consentendo in tal modo al BUS di usare lo stesso segnale IRQ per più di una periferica.
- Direct Memory Access (DMA)
  Il DMA è un dispositivo che consente l'accesso diretto alla memoria da parte di una periferica senza dover sempre "scomodare" la CPU.
- Memory addresses
  Ad alcuni dispositivi periferici è assegnata una sezione di memoria per un uso esclusivo (per esempio per la scheda video).
- Configurazione degli I/O
  La configurazione dei dispositivi di I/O definisce le porte di connessione usate dai dispositivi per ricevere e inviare informazioni.

■ I BUS di espansione

Nel sistema vi sono altri BUS connessi tramite opportuni ◀ controller ▶, che sono:

- BUS IDE (ATA) per connettere fino a due dischi IDE (fino a 133 MB/s);
- BUS SATA (fino a 150 MB/s);
- Gigabit Ethernet (fino a 125 MB/s);
- Firewire o IEE 1394B (fino a 100 MB/s);
- USB (fino a 600 MB/s).

◀ Controller Il controller è un processore di I/O che gestisce le periferiche a prescindere dalla loro specifica realizzazione. La comunicazione tra il sistema operativo e la periferica è mediata da una componente software denominata driver. ▶

I BUS IDE/ATA e SATA

Le sigle indicano un unico standard software per il collegamento dei dischi fissi e rimovibili. Distinguiamo le due differenti implementazioni.

- IDE/ATA: è l'acronimo di Integrated Drive Electronics ideato dalla Western Digital. La principale caratteristica di questo standard è quella di integrare nel drive anche la scheda del controller del disco. Precedentemente, gli hard disk erano dotati di un'interfaccia, di proprietà Seagate Technologies, chiamata ST506. Con IDE l'elettronica di interfaccia era minima in quanto lo standard era studiato proprio per il BUS ISA avendo l'ulteriore vantaggio di essere indipendente dal tipo di disco magnetico in uso. Nel 2003,questo standard prende il nome di P-ATA (Parallel ATA), il cui connettore a 40 pin è mostrato nella figura a lato: ▶

- Nel 2004 viene introdotto un nuovo standard: il SATA (Serial ATA). Il nome indica che tale standard prevede un protocollo di tipo seriale e monodirezionale (di tipo half duplex) e mantiene le stesse specifiche del P-ATA. Il collegamento seriale risulta conveniente alle alte frequenze: lo standard SATA prevede connettori da 7 pin, il livello del segnale viene ridotto di un decimo rispetto al P-ATA, a 0,5 volt ed è consentita la connessione e disconnessione a caldo ovvero senza spegnere il sistema. La massima velocità di trasferimento è di 1,5 Gbit/s per il SATA1, 3 Gbit/s per il SATA2 e 6 Gbit/s per il SATA3. Nella figura a lato un cavo SATA3 connesso alla scheda madre di un PC e un cavo SATA3. ▶

Il BUS SCSI (Small Computer System Interface)

La nascita di questo standard ha permesso la costruzione e la distribuzione delle periferiche, principalmente dischi e nastri, indipendenti dalla particolare architettura di destinazione. Qualsiasi sistema infatti, una volta installata l'interfaccia SCSI, ha a disposizione un BUS esterno standard su cui poter collegare le relative periferiche. Il NCITS (*National Committee on Information Technology Standards*), che svolge la sua attività sotto l'approvazione dell'ANSI, definisce gli standard a cui i produttori si devono attenere. Sono state pubblicate tre versioni di standard (SCSI-1, SCSI-2 e SCSI-3) a cui corrispondono le seguenti sigle e modalità operative:

Standard	Sigla	Mbytes/s	n bit	L. max (metri)
SCSI-1	SCSI-1	5	8	6
SCSI-2	Fast SCSI	10	8	3
SCSI-2	Fast Wide SCSI	20	16	3
SCSI-3	Ultra SCSI	20	8	1,5
SCSI-3	Wide Ultra SCSI	40	16	1,5
SCSI-3	Ultra2 SCSI	40	8	12
SCSI-3	Wide Ultra2 SCSI	80	16	12
SCSI-3	Uitra3 SCSI	160	16	12

Nella figura a lato un tipico cavo a connessione SCSI. ▶

USB (Universal Serial BUS)

È un insieme di specifiche che consentono di connettere e configurare le periferiche plug and play al PC, arrivando a definire fino a 127 periferiche che possono operare contemporaneamente. Supporta una velocità di trasferimento fino a 12 Mbps. In pratica, l'architettura USB non pone limitazioni sul tipo di periferica connessa ma prevede solo delle specifiche e un limite superiore sulla larghezza di banda totale disponibile per una periferica. Nella figura seguente lo schema di un tipico cavo USB. Il BUS dell'USB prevede una gestione a token: il controller USB del PC invia dei token (gettoni) nel BUS, e la periferica alla quale è stato indirizzato risponde, accettando il token oppure inviando dati. ▶

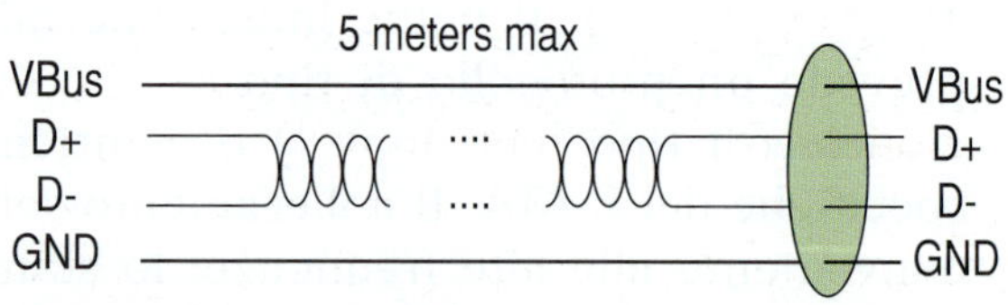

Nella figura sottostante è riprodotto lo schema a strati (tiers) per il collegamento delle periferiche USB. ▼

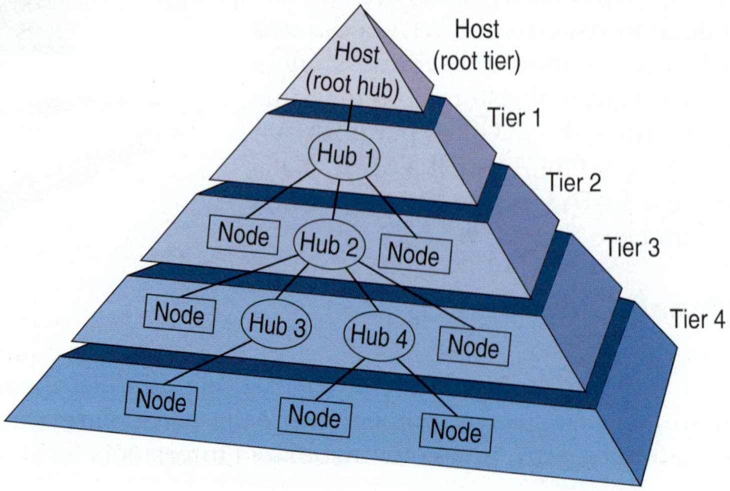

La topologia di rete dell'USB è a piramide, in cima alla quale è posizionato il controller host, e ammette connessioni con gli hub che permettono di stratificare i collegamenti a stella. Al livello degli hub viene rilevata la connessione di nuove periferiche e viene controllata l'alimentazione della periferica stessa. La connessione a caldo, senza necessità di spegnere il sistema, delle periferiche è una delle caratteristiche peculiari dell'architettura USB: una volta connessa la periferica, viene effettuata la procedura di riconoscimento chiamata BUS enumeration schematizzata nel diagramma a lato. ▶

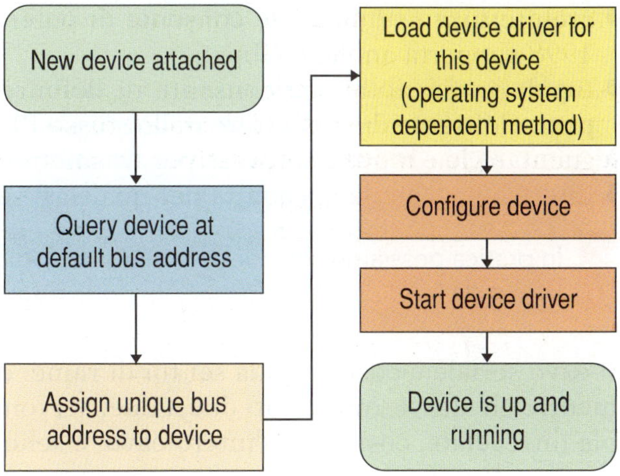

Lo standard USB garantisce la funzionalità tra i vari dispositivi collegabili, definendo delle classi di dispositivi che standardizzano anche il tipo di funzionamento. Per esempio, gli hub costituiscono una classe di dispositivi, gli HID (*Human Interface Device*), che consentono l'inserimento manuale dei dati. Il BUS USB, essendo in grado di trasferire dati continui, può supportare il tipo di dati naturali associato a ogni periferica utilizzando una tecnica basata sulle priorità.
L'USB può collegare periferiche quali mouse, tastiere, scanner, macchine fotografiche digitali, stampanti, casse acustiche, microfoni e altro ancora. Per i componenti multimediali ormai lo standard USB è il metodo di collegamento più utilizzato mentre nelle stampanti, per motivi di compatibilità, sopravvivono ancora molti modelli dotati anche di porta parallela.
All'interno del computer l'USB non ha ancora rimpiazzato gli standard ATA o SCSI nonostante la loro lentezza. Essi vengono ancora utilizzati negli hard disk esterni, anche se ultimamente esistono standard come eSATA (External SATA) con velocità di trasferimento superiori.

L'USB non ha ancora rimpiazzato del tutto il connettore PS2 della tastiera: molti costruttori preferiscono mantenerlo per consentire agli utenti di poter utilizzare le economiche tastiere PS2.

FireWire (IEEE 1394)

FireWire rappresenta un BUS seriale dedicato alla comunicazione tra apparecchiature elettroniche, e presenta le seguenti caratteristiche:
- fisicamente piccolo: il cavo seriale sottile può rimpiazzare interfacce molto più costose e voluminose;
- semplice da usare in quanto non necessita di alcuna operazione di setup o terminazione;
- inseribile a caldo: consente l'aggiunta di nuovi dispositivi alla rete mentre il computer è acceso;
- di basso costo, quindi idoneo per prodotti di consumo. Grazie all'alta velocità è particolarmente adatto per collegare DVD, videocamere e scanner;

- architettura scalabile che consente di poter mescolare segnali alle diverse velocità (dal 1998 supporta anche il Gbps);
- topologia flessibile che consente di definire percorsi privati per collegamenti peer-to-peer. Consente di connettere nello stesso BUS fino a 63 dispositivi;
- standard hardware e software per trasmettere dati a velocità di 100, 200 o 400 Mbps;
- interfaccia digitale ma adatta per qualsiasi segnale analogico.

In pratica possiamo considerare tale tecnologia come l'insieme delle caratteristiche offerte da USB e da SCSI.

Il cavo seriale è costituito da sei fili di rame: due sono destinati a portare l'alimentazione mentre gli altri 4, intrecciati due a due, servono per il trasporto del segnale. Ciascuna coppia intrecciata, così come l'intero cavo, è schermata, secondo il seguente schema:

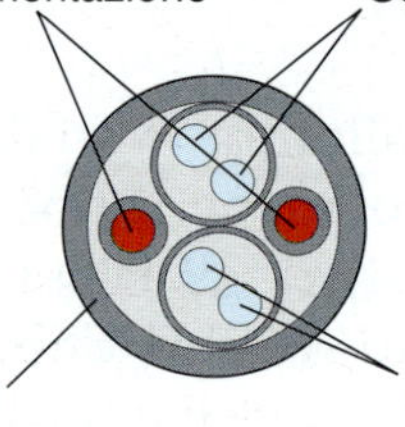

I fili destinati all'alimentazione portano da 8 a 40 V_{DC} a 1,5 A. Tale alimentazione può quindi essere usata per:

- mantenere la continuità di funzionamento dell'interfaccia anche quando il dispositivo è spento;
- fornire l'alimentazione per dispositivi a basso assorbimento.

Il connettore è costruito in modo tale che i contatti restano all'interno della struttura del connettore stesso evitando quindi deformazioni per urto e contaminazioni da contatto. È possibile connettere fino a 63 dispositivi usando lo stesso segmento di BUS. Ciascun dispositivo può essere distante fino a 4,5 metri da un possibile repeater. Fino a 1000 segmenti possono essere connessi insieme usando appositi bridge. L'assegnazione degli indirizzi dei nodi viene effettuata dinamicamente dal sistema quando vengono inseriti o rimossi dei dispositivi.
Sono previste due modalità operative:

- asincrona: tutte le operazioni attraverso il BUS sono gestite con l'uso di segnali di interrupt controllati da un sistema host;
- isocrona: i dati vengono trasferiti a una velocità prestabilita in modalità continua senza la supervisione del sistema host. Questa modalità è particolarmente utile per la trasmissione in stream di dati tipici dei filmati video o di presentazioni multimediali.

Un'altra caratteristica del FireWire è quella di poter operare in modalità peer-to-peer, ovvero i dati possono essere trasferiti tra due dispositivi senza la supervisione del PC.

ESEMPIO *Installazione dei dischi sul BUS SATA*

La seguente procedura illustra come inserire i dischi negli appositi alloggiamenti. In questo esempio inseriremo un hard disk, un disco ottico e un floppy disk.

Ricordate che le sigle usate per identificare questi dischi sono le seguenti:
- HDD: Hard Disk Drive (disco fisso);
- FDD: Floppy Disk Drive (disco floppy);
- CD/DVD/R/RW: Masterizzatore CD/DVD.

1. Dopo aver inserito il disco fisso nell'alloggiamento, come indicato nella figura a lato, occorre fissarlo con le viti. Il modo in cui fissarlo dipende dal tipo di alloggiamento e di case: a volte è sufficiente avvitarlo solo da un lato, in altri casi occorre fissarlo da entrambi i lati. È importante montarlo facendolo scorrere, in modo che le porte di connessione del drive siano rivolte verso l'interno del case. ▶

2. A questo punto dobbiamo connettere i cavi: quelli del disco fisso sono normalmente due, uno per i dati (Serial ATA) e uno per l'alimentazione. Gli hard disk Serial ATA, come quello qui utilizzato, prevedono un cavo di alimentazione SATA (vedi figura a) diverso dagli ormai obsoleti di tipo Molex (vedi figura b). ▶

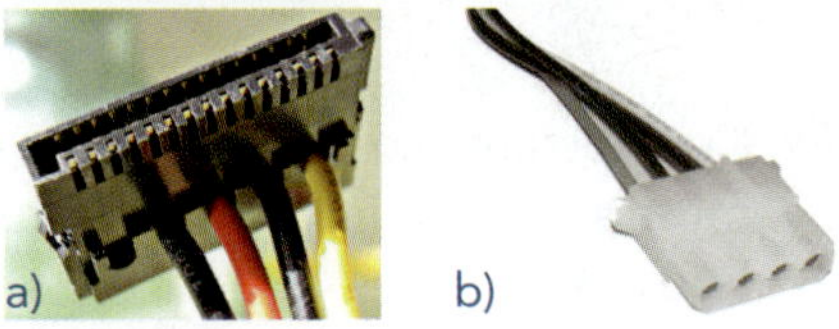

3. Il cavo SATA deve essere connesso alla scheda madre, come illustrato dalla figura a lato. ▶

4. Occupiamoci ora dell'installazione del disco ottico. È necessario installarlo facendolo entrare dall'alloggiamento per dispositivi rimovibili da 5,25", come si vede nella figura che segue. ▼

Se l'installazione avviene per un solo disco ottico accertati che il jumper sia settato su master oppure su single drive, opzione che dovrebbe comunque essere attiva di default. Dobbiamo attivare slave solo nel caso si intenda usare lo stesso cavo di connessione anche per un secondo masterizzatore. È importante notare che le periferiche SATA non presentano questa caratteristica.

5. Adesso colleghiamo il cavo IDE alla porta posizionata sul lato interno del masterizzatore (vedi figura a lato). In realtà esistono anche masterizzatori SATA, ma non sono ancora molto diffusi. ▶

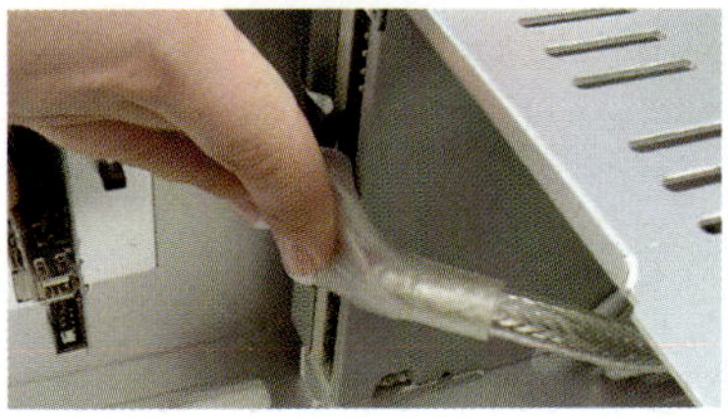

6 Volendo inserire anche un floppy disk drive, come nella figura a lato, ricordiamo di inserirlo dall'esterno, come per il CD-ROM, nell'alloggiamento da 3,5", sempre che esso sia ancora presente. ▶

7 Passiamo alla connessione delle alimentazioni. Prima di tutto inseriamo sia il cavo di alimentazione SATA per l'hard disk sia il cavo di alimentazione Molex per il masterizzatore negli appositi slot posti nella scheda madre, come si può notare nella figura a lato. ▶

8 Connettiamo ora l'altro capo dello stesso cavo di alimentazione alla porta del disco fisso (vedi figura a lato). ▶

9 Infine colleghiamo il cavo di alimentazione alla porta di alimentazione di tipo Molex del masterizzatore, come appare nella figura a lato. ▶

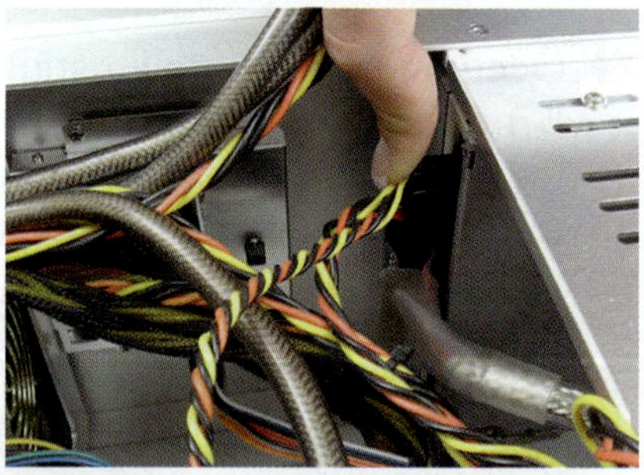

Verifichiamo le conoscenze

1. Risposta multipla

1 Il BUS interno trasporta dati:

a. dalla CPUal FSB
b. dalla CPU alla memoria e viceversa
c. dalla CPU alla ALU e viceversa
d. dalla CPU ai dispositivi di I/O

2 In un ciclo di lettura da memoria con BUS sincrono: (*2 risposte*)

a. i segnali MREQ e RD vengono attivati nel 2° ciclo T
b. i segnali MREQ e RD vengono attivati nel 1° ciclo T
c. il segnale WAIT viene campionato nel 3° ciclo T
d. il segnale WAIT viene campionato nel 2° ciclo T

3 In un ciclo di lettura da memoria con BUS asincrono: (*2 risposte*)

a. il segnale SSYN è generato dallo slave in risposta al segnale MSYN
b. il segnale MSYN è generato dallo slave in risposta al segnale SSYN
c. il segnale RD è generato dallo slave
d. il segnale MREQ è generato dal master

4 Che cosa regola l'arbitraggio del BUS?

a. Definisce la larghezza del BUS
b. Rappresenta il protocollo di trasmissione tramite BUS
c. Definisce il Master o lo Slave
d. Regola l'accesso al BUS

5 In una operazione di lettura o scrittura su memoria: (*2 risposte*)

a. la CPU è sempre Slave
b. la CPU è sempre Master
c. la memoria è sempre Master
d. la memoria è sempre Slave

6 Quali affermazioni tra le seguenti, riguardo il BUS sincrono, sono vere? (*3 risposte*)

a. Non è dotato di un clock principale
b. I cicli del BUS sono uguali per tutti i dispositivi
c. Possiede in ingresso un segnale proveniente dal clock
d. Sfrutta al meglio le prestazioni di ciascun dispositivo che lo utilizza
e. Possiede una circuiteria interna assai complessa
f. Possiede una struttura più semplice
g. È difficile sfruttare al massimo le prestazioni dei dispositivi a esso connessi

7 Di cosa non hanno bisogno le periferiche plug and play per essere utilizzate?

a. ESCD
b. Partizione
c. Drivers
d. BIOS Plug and Play

8 Che cosa rappresenta la larghezza di un BUS?

a. Frequenza del ciclo di BUS per un BUS sincrono
b. Numero di linee indipendenti per la trasmissione dei dati
c. Numero (massimo) di byte al secondo (B/s) che si possono trasmettere attraverso il canale
d. Numero di bit al secondo (b/s) trasmessi attraverso il canale

9 Quali affermazioni riguardo al BUS asincrono sono vere? (*3 risposte*)

a. Non è dotato di un clock principale
b. I cicli del BUS sono uguali per tutti i dispositivi
c. Possiede in ingresso un segnale proveniente dal clock
d. Sfrutta al meglio le prestazioni di ciascun dispositivo che lo utilizza
e. È difficile sfruttare al massimo le prestazioni dei dispositivi a esso connessi

10 Per completare l'installazione di una periferica Plug and Play il BIOS ha bisogno di:

a. connessione USB, DMA e IRQ
b. IRQ, DMA e memory addresses
c. IRQ e BUS asincrono
d. IRQ e BUS sincrono

11 Il BSB collega la CPU con:

a. BUS local
b. BUS di espansione
c. memoria cache di livello 1
d. memoria cache di livello 2

12 Il BUS PCI Express comunica in modo:

a. parallelo
b. seriale

hoepliscuola.it

AREA digitale

Esercizi per il recupero / Esercizi per l'approfondimento

AREA digitale

LEZIONE 6

La gestione degli I/O dal punto di vista funzionale

In questa lezione impareremo...

- a riconoscere il ruolo dei dispositivi di I/O nel funzionamento di un computer
- a definire il ruolo delle periferiche
- a definire il ruolo degli adattatori

I dispositivi di I/O

I DISPOSITIVI DI I/O

I dispositivi di I/O sono componenti che trasformano l'informazione rappresentata da una grandezza fisica qualsiasi in una grandezza fisica elettrica oppure trasformano l'informazione rappresentata da una grandezza fisica elettrica in una grandezza fisica di altro genere.

Il computer è un dispositivo elettronico che riconosce ed elabora solo ◀ segnali ▶ di natura elettrica (tensioni e correnti).

◀ Segnali Si tratta di una grandezza fisica che può assumere valori diversi nel corso del tempo: a ciascun valore viene associato un diverso significato, per esempio alla tensione di 0 volt è associato il valore logico 0 mentre alla tensione di +5 volt è associato il valore logico 1. Possiamo affermare che per ciascun valore di un segnale è associata una distinta informazione. ▶

Il computer riceve informazioni in ingresso che devono essere elaborate per fornire informazioni in uscita. Le informazioni ricevute sono di natura elettrica ma sono basate su altre ◀ grandezze fisiche ▶ che sono percepibili dagli utenti.

◀ Grandezza fisica È un fenomeno fisico misurabile al quale viene associata un'unità di misura. Sono grandezze fisiche la tensione (volt), il rumore (dB), la frequenza (Hz) ecc. Le grandezze fisiche possono essere di varia natura, suddivise in categorie secondo le tradizionali ripartizioni della fisica: ottica, magnetismo, meccanica ecc. ▶

ESEMPIO

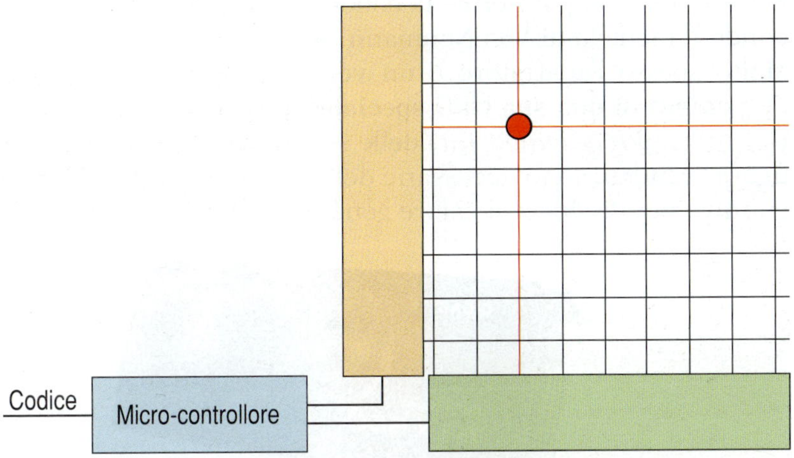

L'utente, per esempio, utilizza la tastiera quando deve immettere dei dati nel computer, ed essa è formata da interruttori che chiudendosi alla pressione del dito forniscono un segnale di natura elettrica. In questo caso la natura iniziale del segnale associato all'informazione è di tipo meccanico.
Alla pressione di un tasto della tastiera, viene trasmesso un segnale specifico al computer. La tastiera utilizza in effetti una rete di matrici che permette di identificare ogni tasto grazie a una linea e a una colonna.
Quando l'utente preme un tasto, viene stabilito un contatto elettrico tra la linea e la colonna. I segnali elettrici sono trasmessi a un microcontrollore, che invia un codice (BCD, ASCII o Unicode) al computer descrivendo il carattere corrispondente al tasto..

In generale possiamo suddividere i dispositivi di I/O in due differenti sezioni funzionali:
- periferica;
- adattatore o controller.

La periferica

È un componente in grado di comunicare con elementi di natura elettrica e di altra natura (ottica, magnetica, meccanica ecc.). Il termine periferica sta proprio a indicare che si trova al di fuori della sezione elaborativa del computer, come abbiamo visto nel modello di Von Neumann.

Il controller

È un componente elettronico che comunica sia con la CPU che con la parte elettronica delle periferiche adattando i segnali elettrici della CPU alle esigenze della periferica. In genere è contenuto all'interno del computer.

ESEMPIO

Il video è in realtà un dispositivo di I/O formato dalla periferica chiamata monitor o display e dal controller chiamato video adapter. Il display è il dispositivo elettro-ottico che trasforma i segnali elettrici in immagini luminose, mentre il video adapter è il dispositivo elettronico integrato alla scheda madre del computer o in una scheda aggiuntiva che trasforma i segnali della CPU in segnali per il monitor.

Dopo quanto abbiamo affermato, osserviamo lo schema logico riportato a lato che descrive la collocazione dei dispositivi di I/O secondo il modello di Von Neumann. ▶

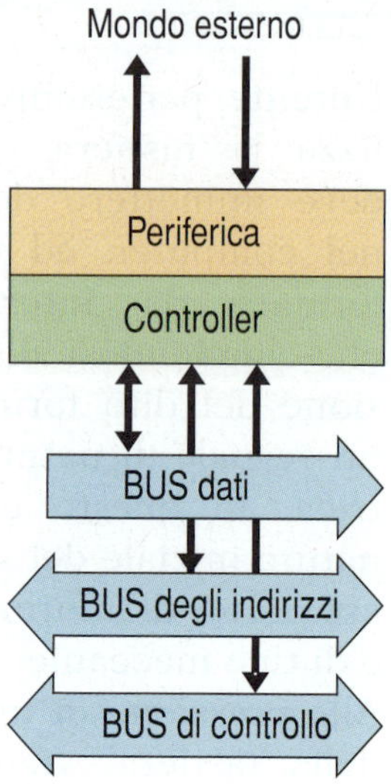

Molto spesso l'adattatore è un vero e proprio computer embedded dotato di una sua CPU specializzata come accade per le GPU (*Graphics Processing Unit*) delle schede video. Come si vede dalla figura seguente sono necessarie delle ventole di raffreddamento aggiuntive per dissipare il calore generato dalla GPU. ▼

Molte schede video infatti sono dotate di un software interno e di una memoria RAM interna per l'elaborazione dei dati temporanei. Dal punto di vista della programmazione, possiamo tuttavia immaginare l'adattatore grafico come a un insieme di porte di I/O.

■ L'elemento di ingresso dell'I/O

Per comprendere il funzionamento dei dispositivi di I/O è necessario iniziare con il dispositivo elementare. L'elemento di informazione più piccolo che viene acquisito in ingresso è come sempre il bit. Per fornire due diversi livelli di tensione, immaginiamo un circuito in grado di commutare 0 volt con il circuito aperto e +5 volt con il circuito chiuso. ▶

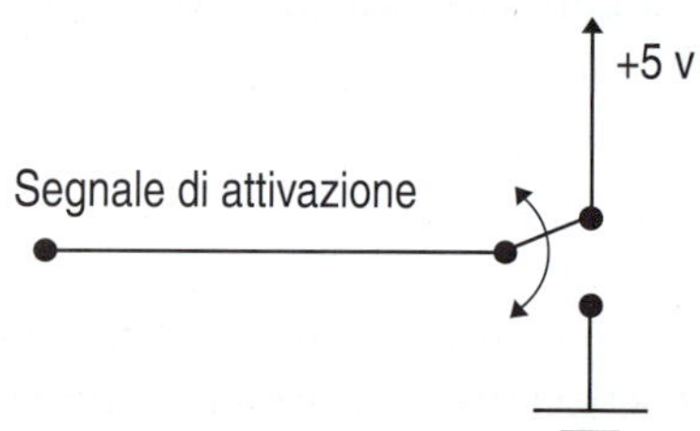

Il segnale di attivazione non può essere connesso direttamente al BUS dati in quanto andrebbe a imporre il proprio livello sul filo conduttore impedendo agli altri dispositivi di usare il BUS. Dobbiamo pertanto aggiungere una circuiteria in grado di far memorizzare e indicare la direzione, se in uscita o in ingresso: un buffer tri-state.

Nello schema che segue viene utilizzato un circuito in grado di simulare un solo bit di ingresso; nella realtà dobbiamo immaginare la presenza di altri sette elementi, per formare almeno un byte di ingresso, collegati allo stesso circuito di selezione:

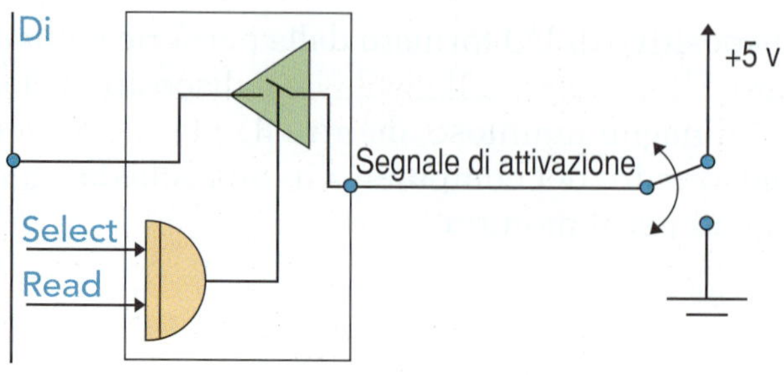

Come possiamo notare l'elemento di ingresso è rappresentato dal buffer tri-state che mantiene la sua uscita ad alta impedenza fino a quando non riceve il segnale di Select, in modo da lasciare libero il BUS dati quando non è occupato da operazioni che coinvolgono il dispositivo di I/O per essere usato dagli altri elementi (memoria e CPU).
Il circuito di selezione è formato da una porta logica AND che riceve il segnale Read dal BUS di controllo e il segnale di selezione Select proveniente dall'address decoder. Quando la CPU decide di acquisire un valore proveniente dal dispositivo di I/O (operazione di IN) seleziona la porta attivando anche il segnale Read che la informa che si tratta di una lettura da quel dispositivo. A quel punto il buffer tri-state esce dallo stato di alta impedenza e pone in uscita il valore logico sul piedino del BUS dati (D_i). La CPU può a questo punto leggere il bit dal BUS dati selezionando successivamente i segnali di controllo che riportano il buffer tri-state in alta impedenza liberando il tal modo il BUS dati.

Il segnale di Select proviene dal circuito di decodifica degli indirizzi (address decoder) che riceve in ingresso l'indirizzo dal BUS indirizzi e il segnale di controllo di I/O, quindi decodifica questi segnali generando l'indirizzo che costituisce il segnale di selezione per la porta con l'indirizzo corrispondente.

■ L'elemento di uscita dell'I/O

Consideriamo sempre il bit come elemento minimo di informazione che può essere emesso in uscita: anche in questo caso prendiamo in esame un dispositivo di uscita che emuli il funzionamento di un qualsiasi dispositivo simile; utilizziamo un circuito elementare formato da un LED che emette un segnale luminoso quando è presente un valore logico pari a 1 e si spegne quando il valore logico è 0. Il filo conduttore che riceve il segnale logico non può essere collegato direttamente con il BUS dati in quanto la continua commutazione dei segnali presenti sul BUS farebbe accendere e spegnere il led secondo una sequenza senza senso.
Il circuito seguente mostra come mantenere l'accensione del LED inalterata fino a quando il sistema (tipicamente la CPU) non invia un dato diverso al dispositivo di I/O. Per fare questo usiamo un flip-flop di tipo D in grado di conservare l'informazione scritta fino alla scrittura successiva sulla stessa porta. Possiamo pertanto paragonare il funzionamento di una porta di uscita con quello di una cella di memoria con la sola differenza che in questo caso avviene la sola scrittura, mentre la lettura avviene con un circuito differente. Nello schema a lato viene utilizzato un circuito in grado di simulare un solo bit di uscita; nella realtà dobbiamo immaginare la presenza di altri sette elementi per formare almeno un byte di uscita collegato allo stesso circuito di selezione.

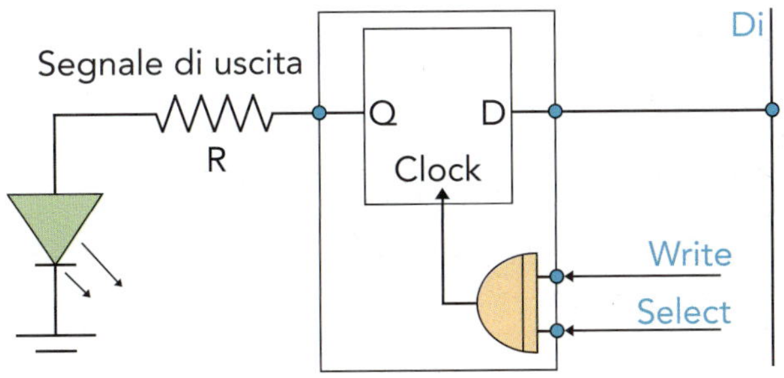

Come possiamo notare l'elemento di uscita è un flip-flop di tipo D che mantiene inalterato il valore Q di uscita indipendentemente dal valore del suo ingresso D. Il circuito di selezione è formato da una porta logica AND che riceve il segnale Write dal BUS di controllo e il segnale di selezione Select dall'address decoder. Quando la CPU decide di inviare un dato in uscita colloca il dato da emettere sul BUS dati, quindi imposta la porta prescelta e attiva il segnale di controllo Write. La commutazione che avviene sul segnale CLK provoca il caricamento del segnale contenuto nel filo del BUS dati nella memoria del flip-flop provocando di conseguenza l'emissione del dato in uscita che resterà inalterato fino alla successiva selezione e scrittura.

Il segnale di Select proviene dal circuito di decodifica degli indirizzi (address decoder) il quale riceve in ingresso l'indirizzo dal BUS indirizzi e il segnale di controllo di I/O, quindi decodifica questi segnali generando l'indirizzo che costituisce il segnale di selezione per la porta con l'indirizzo corrispondente.

■ Le porte di I/O

Ogni dispositivo di I/O non è accessibile singolarmente ma solo come parte di un blocco di elementi che vengono gestiti insieme. Il più piccolo blocco di memoria accessibile singolarmente, come accade per la memoria, è rappresentato da un byte. Ciascun bit della porta è collegato a un diverso filo conduttore del BUS dati in maniera tale che ciascun bit sia trasferito parallelamente agli altri.

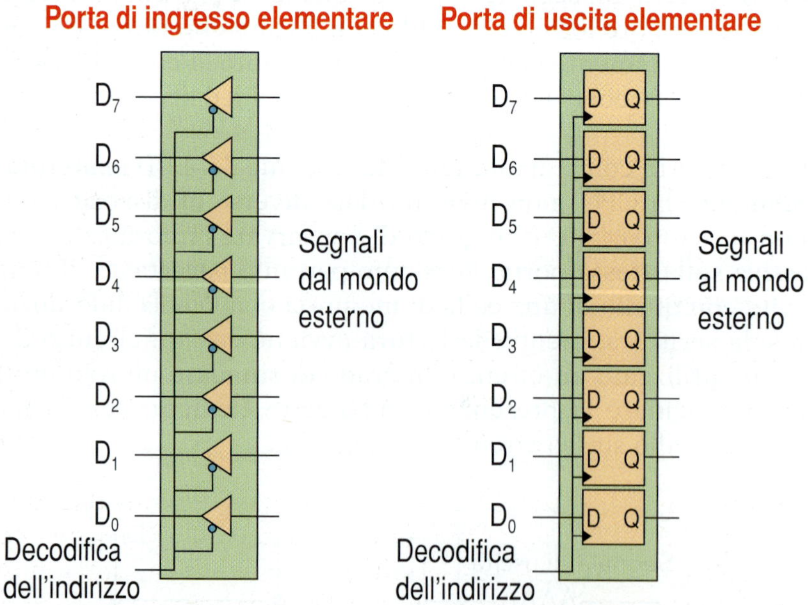

A ogni lettura da I/O (IN) tutti i valori presenti nella porta vengono scritti sul BUS dati e conseguentemente a ogni scrittura su I/O (OUT) tutti i valori presenti sul BUS dati vengono caricati sulla rispettiva porta.

Le porte di I/O si trovano integrate nei componenti elettronici utilizzati per la realizzazione dei controller di periferiche. Sono piccoli processori dotati di memoria ROM che conservano un software che ne definisce le funzioni. Le porte vengono indirizzate seguendo lo stesso modello degli indirizzi di memoria, quindi possiamo immaginare una lista di porte di I/O poste logicamente una dopo l'altra, dove la posizione di ciascuna porta è definita univocamente dal suo indirizzo.

Il numero massimo di porte che possono essere indirizzate in un sistema viene chiamato spazio di I/O.

Il BUS indirizzi viene usato anche per indirizzare le porte di I/O, anche se la dimensione dei bit utilizzati per l'indirizzamento delle porte di I/O è sensibilmente minore.

Il circuito di decodifica degli indirizzi di I/O

Nella figura che segue è indicato lo schema di un ipotetico circuito che rappresenta una struttura di porte di I/O formata da tre periferiche chiamate P1, P2 e P3:

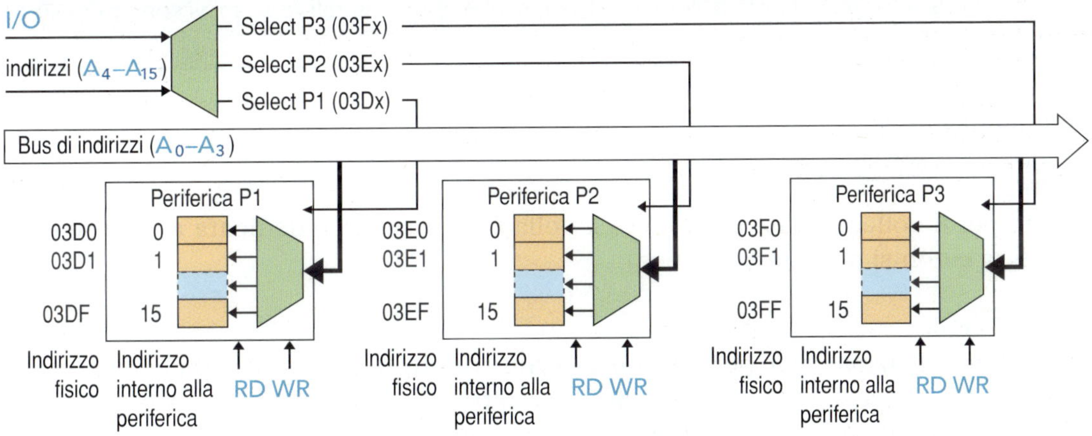

Ciascuna ipotetica periferica è formata da 16 porte con indirizzo interno che va da 0 a 15. I quattro bit meno significativi del BUS indirizzi (A_0 - A_3) servono per indirizzare le 16 porte presenti all'interno di ciascuna periferica ($2^4 = 16$) e sono collegate al circuito di decodifica dell'indirizzo di I/O posto all'interno di ciascuna periferica. I 12 bit più significativi (A_4 - A_{15}) presenti sul BUS indirizzi consentono di individuare ben $2^{12} = 4096$ periferiche diverse; in questo esempio ne vengono indicate tre ma come si può ben capire possiamo aggiungerne altre.

Lo schema proposto simula la situazione reale rappresentata dalla decodifica degli adattatori Com1, Com2, Lpt1, che rappresentano le porte seriali (Com1 e Com2) e parallele (Lpt1) del PC. La logica interna delle periferiche deve convertire i dati emessi dalla CPU e ricevuti dall'esterno, per esempio l'adattatore seriale deve convertire su un unico canale i dati provenienti in parallelo dalla CPU e viceversa.

Il BUS dati, che non appare nello schema per non appesantirlo troppo, raggiunge tutte le periferiche.

■ Le porte di I/O di un PC

Le porte di I/O in un PC sono rappresentate da una serie di prese, posizionate in genere sul pannello posteriore del computer, le quali vengono utilizzate per collegare alla macchina tutti i dispositivi esterni (tastiera, video, mouse ecc.). Alcune porte sono poste direttamente sulla scheda madre, ciascuna con un colore identificativo, secondo lo ◀ standard PC99 ▶:

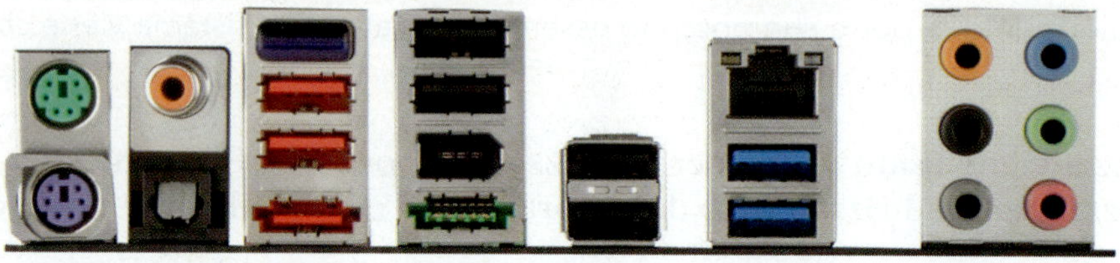

◀ Standard PC99 Si tratta di uno standard appartenente al PC System Design Guide che identifica una serie di requisiti e raccomandazioni di progettazione hardware per i personal computer compilata da Microsoft e Intel per aiutare i produttori di hardware a usare meglio il sistema operativo Microsoft Windows e per semplificare l'installazione hardware sui computer. In tali requisiti vi sono per esempio i colori che devono avere le porte presenti sul pannello del computer. ▶

Vediamole in sintesi.

Porte PS/2

Utilizzate per il collegamento del mouse e della tastiera (una è dedicata al mouse e l'altra alla tastiera e non si possono invertire).

Interfaccia seriale

Porta di comunicazione per periferiche esterne tramite BUS seriale, può trasportare un solo bit per volta. La sua velocità massima è infatti di soli 115.200 bps. Alla porta seriale vengono solitamente collegate periferiche lente, come mouse e modem esterni di qualche anno fa. Sostanzialmente è superata dalle porte USB e FireWire.

Interfaccia parallela

Normalmente i PC possiedono una porta stampante parallela a cui possono essere connesse la stampante e altri dispositivi che comunicano in modalità parallela (Iomega ZIP, scanner ecc.). Essa è conosciuta anche come LPT, porta stampante, printer port oppure ancora interfaccia Centronics. Ormai è montata solo su richiesta in quanto le periferiche più diffuse consentono di trasmettere dati in modalità seriale con USB.

Nel tempo la porta parallela montata nel PC si è evoluta anche se, con qualche eccezione, si è mantenuta la compatibilità con i primi modelli. Molti costruttori hanno in passato apportato modifiche e miglioramenti allo standard originario purtroppo con scarsa compatibilità tra modelli diversi: ciò ha reso di fatto inutilizzabili sulla maggior parte dei PC le caratteristiche avanzate disponibili solo per alcune porte parallele.

Le categorie che comprendono tutte le porte attuali sono sostanzialmente le tre descritte di seguito.

- Standard Parallel Port (SPP): è il modello originario di porta parallela, installato sul primo PC XT. Pensata originariamente solo per la connessione delle stampanti, con qualche accorgimento consente anche altri usi. Tutti gli altri tipi di porta parallela sono compatibili con questo e quindi il software e l'hardware sviluppati per questa porta sono praticamente universali.
- Enhanced Parallel Port (EPP): permette lo scambio bidirezionale dei dati fornendo un supporto hardware per l'handshaking. È possibile raggiungere alte velocità di trasferimento, in alcune applicazioni anche 10 volte maggiori della SPP. Questa modalità è descritta in un altro tutorial presente sul sito http//www.vincenzov.net.
- Extended Capabilities Port (ECP): permette la maggiore flessibilità di utilizzo, ha il supporto del DMA e una grande varietà di modalità di funzionamento. Come contropartita è piuttosto difficile progettare hardware in grado di usarla.

Porta di rete

Per collegare la macchina direttamente a una rete di computer, senza usare il modem. Ne esistono di vari tipi, ma ormai la presa RJ45, come vedremo, ha di fatto rimpiazzato tutte le altre.

> Il termine porta indica una connsessione tra i cavi di un calcolatore o un qualunque altro dispositivo elettronico.
> Nel campo della trasmissione dei dati, durante una connessione, non esiste alcuna fisica oltre quella di aggancio del connettore del cavo. Nel campo delle reti di telecomunicazione il termine porta indica solamente una porta virtuale identificata da un'etichetta utile a discriminare il traffico dati di una connessione da quello di un'altra.

AREA *digitale*

L'interfaccia *Human-Machine*

Verifichiamo le conoscenze

1. Risposta multipla

1 **Lo standard PC99 definisce:**
a. la dimensione dei BUS
b. i colori delle porte sul pannello della scheda madre
c. lo spazio di indirizzamento dei dispositivi di I/O
d. la bit rate dei BUS locali

2 **La porta PS/2 viene usata per il collegamento:**
a. delle videocamere
b. della stampante
c. dei dischi SATA
d. del mouse

3 **La porta USB comunica in modo:**
a. parallelo
b. seriale
c. asincrono
d. sincrono

4 **Quale tra le seguenti categorie non appartengono agli standard delle porte parallele?**
a. PPP
b. SPP
c. EPP
d. ECP

5 **L'operazione di emissione di dati verso i dispositivi di I/O da parte della CPU prende il nome di:**
a. store
b. OUT
c. load
d. IN

6 **Il numero massimo di porte che possono essere indirizzate in un sistema viene chiamato:**
a. espansione
b. spazio di memoria
c. spazio di indirizzamento
d. spazio di I/O

7 **Le porte di I/O sono: (*due risposte*)**
a. celle di memoria indirizzabili
b. processori dotati di memoria ROM
c. dispositivi asincroni
d. indirizzabili come la memoria

2. Completamento

IN • monitor • valori • OUT • grandezza fisica qualunque • valore • grandezza fisica elettrica • video adapter

1 I dispositivi di I/O trasformano l'informazione rappresentata da una .... in una .... o viceversa.

2 Il segnale è una grandezza fisica che può assumere .... diversi nel corso del tempo, a ciascun .... viene associato un diverso significato.

3 Il video è un dispositivo di I/O formato dalla periferica chiamata .... e dal controller chiamato ....

4 A ogni lettura da I/O .... tutti i valori presenti nella porta vengono scritti sul BUS dati e conseguentemente a ogni scrittura su I/O .... tutti i valori presenti sul BUS dati vengono caricati sulla rispettiva porta.

Le architetture non Von Neumann

LEZIONE 7

In questa lezione impareremo...

- a conoscere le principali tecniche che migliorano le prestazioni dei computer
- a capire come si sono evolute le tecniche di elaborazione
- a comprendere le metodologie di gestione evoluta della memoria
- ad approfondire lo sviluppo nella gestione dei dispositivi di I/O

■ L'evoluzione dei sistemi di elaborazione

Per migliorare le caratteristiche delle CPU e dei sistemi di elaborazione in generale esistono diverse tecniche. In primo luogo vi è l'aumento progressivo della frequenza di clock che a parità di comportamento rende più veloci le elaborazioni. Altre direzioni di evoluzione sono state l'aumento dell'ampiezza di parola e l'aumento dello spazio di indirizzamento, incrementando rispettivamente il numero di bit elaborati contemporaneamente e il numero di celle indirizzabili.
Entrambe le tecniche tuttavia, nell'evoluzione delle architetture, hanno raggiunto presto un punto nel quale non era più possibile ottenere prestazioni migliori. Nacque allora un'altra direzione di sviluppo, chiamata in generale con il termine di architetture non Von Neumann, nella quale sono state introdotte funzioni di elaborazione parallele che consentono di aumentare la velocità di elaborazione a parità di frequenza di clock.

Zoom su...

GRADO DI PARALLELISMO DELLE ARCHITETTURE

Le architetture possono essere classificate in base al grado di parallelismo che rendono possibile:

- SISD (*Single Instruction Single Data*), un unico processore esegue un'unica istruzione per volta e può prelevare e depositare in memoria un solo dato per volta;

- SIMD (*Single Instruction Multiple Data*), permette di eseguire contemporaneamente la stessa operazione su più dati (utile per le operazioni multimediali);
- MISD (*Multiple Instruction Single Data*), consente di iniziare l'esecuzione di diverse istruzioni, ognuna sui propri dati. Mentre si esegue un'istruzione si può cominciare a elaborare la successiva;
- MIMD (*Multiple Instruction Multiple Data*), è relativa ai sistemi multiprocessori.

Le evoluzioni che riguardano l'elaborazione

Le evoluzioni riguardanti l'elaborazione delle operazioni da parte della CPU sono descritte di seguito.

Esecuzione fuori ordine

Indica la capacità delle CPU di eseguire istruzioni senza rispettarne necessariamente l'ordine imposto dal codice che le contiene. Per fare questo la CPU analizza le istruzioni che dovrà eseguire, individuando le istruzioni non vincolate dalle altre. Quelle che non hanno vincolo sequenziale vengono fatte eseguire in parallelo.
Questo metodo non sempre può essere impiegato. Consideriamo un'istruzione che esegue una somma tra due registri, il risultato deve essere usato come operando per una divisione. In questo caso le due istruzioni non potranno essere eseguite in parallelo in quanto è necessario rispettare una sequenza operativa: non potremo in questo caso ricorrere all'esecuzione fuori ordine.
Il metodo prevede prima di tutto che il programma venga caricato con istruzioni seriali, quindi le istruzioni vengono analizzate e riordinate tenendo conto delle dipendenze, successivamente eseguite in parallelo e riordinate prima di provvedere al salvataggio dei dati in memoria.

Il prefetch (precaricamento)

In base a questa tecnica i processori implementano delle unità che analizzano il codice cercando di prevedere in anticipo quali dati o istruzioni serviranno al processore, provvedendo inoltre al loro caricamento in cache (o direttamente nel processore) prima della loro reale impiego. Alcune architetture prevedono apposite istruzioni per indicare quali blocchi precaricare ma la maggior parte delle architetture non sono dotate di queste istruzioni e quindi devono basarsi solamente sull'ispezione del codice in tempo reale.
Il precaricamento dei dati e delle istruzioni determina alcuni problemi: per esempio se il microprocessore carica delle istruzioni dipendenti da un salto e quel salto non viene eseguito il processore deve provvedere a eliminare le istruzioni caricate erroneamente prima di caricare le istruzioni da eseguire.
Problemi anche più seri si hanno nel caso di generazione di un'eccezione, per esempio l'accesso a una locazione non consentita genera un'eccezione che va segnalata al sistema operativo, ma la segnalazione va effettuata nel momento in cui dovrebbe effettivamente avere luogo e non prima, per via del precaricamento.
Il precaricamento dei dati deve invece garantire la coerenza e la validità dei dati stessi, quindi se un dato viene precaricato nessuna istruzione deve modificarlo prima del suo effettivo utilizzo da parte delle istruzioni che hanno forzato il precaricamento. Queste

criticità rendono il precaricamento dei dati e delle istruzioni molto complesso da implementare in hardware senza un supporto diretto del set di istruzioni.
Se invece il set di istruzioni supporta nativamente questa caratteristica la sua gestione diventa molto più semplice.

Speculative execution

È una tecnica che consiste nell'eseguire entrambi i rami di un salto in modo da poter prevedere la direzione in una diramazione.

■ La pipeline

Il termine pipeline significa catena di montaggio e sta proprio a indicare che nella CPU esistono dei blocchi che elaborano parte delle fasi passandole al blocco successivo.

L'elaborazione di un'istruzione da parte di un processore si compone di cinque passaggi fondamentali:
- IF: lettura dell'istruzione da memoria (Instruction Fetch);
- ID: decodifica dell'istruzione e lettura degli operandi da registri (Instruction Decode);
- EX: esecuzione dell'istruzione (Execute);
- MEM: attivazione della memoria (Memory);
- WB: scrittura del risultato nel registro opportuno (Write Back).

Senza l'uso della pipeline abbiamo la seguente sequenza:

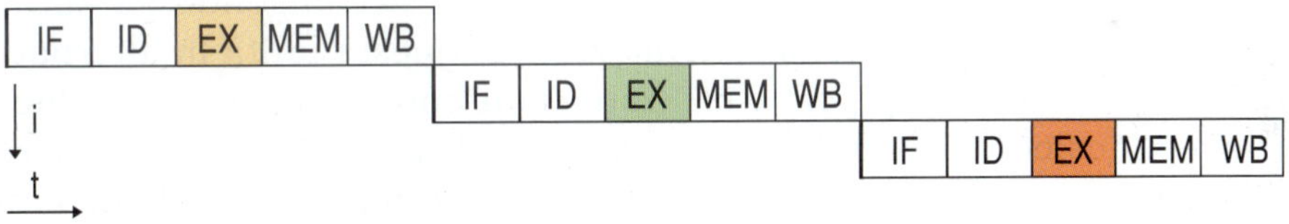

Le attività della CPU, come già illustrato nelle Lezioni precedenti, sono scandite da un clock: ciascuna operazione elementare richiede almeno un ciclo di clock per poter essere eseguita. Con il progresso della tecnologia si è potuto integrare un numero maggiore di transistor all'interno dello stesso microprocessore per aumentare il parallelismo delle operazioni riducendo in tal modo i tempi di esecuzione.

L'attività di una CPU con pipeline è formata da cinque stadi specializzati, capaci di eseguire ciascuno un ciclo macchina. La CPU lavora come in una catena di montaggio (pipeline) eseguendo a ogni stadio un solo compito specifico. Quando la catena è a regime, a ogni ciclo di clock viene completata l'esecuzione dei cinque stadi per un'istruzione. Nello stesso istante ogni unità elabora in parallelo i diversi stadi delle istruzioni riportate a lato:

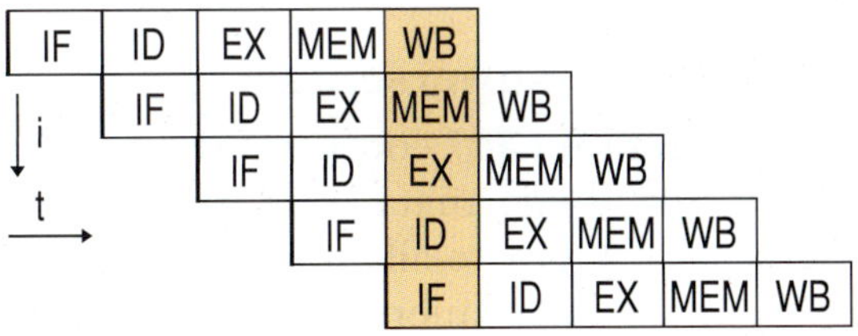

Riassumendo, la pipeline consente di migliorare le prestazioni in termini di velocità di esecuzione, ma comporta una maggiore complessità circuitale della CPU che deve essere composta da almeno cinque unità specializzate in grado di collaborare tra loro.

Le principali problematiche che si possono manifestare riguardo all'impiego della pipeline sono le seguenti:

1. conflitti strutturali: quando due fasi utilizzano contemporaneamente la stessa risorsa, come per esempio i bus, l'ALU o la memoria RAM;
2. conflitti tra i dati: quando un'istruzione utilizza un dato che è ancora in fase di elaborazione;
3. conflitti di controllo: quando le istruzioni che devono essere eseguite da un salto si trovano in una zona di memoria non prevista. In questo caso la coda delle istruzioni deve essere caricata nuovamente con conseguente perdita di tempo.

La pipeline presenta una dipendenza dalle strutture (caso 1), dai dati (caso 2) e dai controlli del flusso del programma (caso 3).
Un metodo che viene applicato per la soluzione di queste criticità è dato dallo stallo: consiste nell'inserimento di alcuni cicli per bloccare temporaneamente una parte della pipeline in attesa che si risolva il conflitto. Se per esempio nella fase di Execute la seconda istruzione richiede il contenuto di un registro che dovrà essere aggiornato dalla fase successiva (Write Back), viene aggiunto un ciclo di stallo dopo la fase di Execute della seconda istruzione, come illustrato dalla tabella seguente:

I istruzione	Fetch	Decode	Execute	Write Back		
II istruzione	---	Fetch	Decode	Execute	Stallo	Write Back

In generale, possiamo tuttavia affermare che l'inserimento degli stalli rallenta il funzionamento della pipeline.

Per i conflitti strutturali esiste una soluzione hardware: aggiungendo all'ALU l'unità FPU (*Floating Point Unit*), consentiamo al sistema l'uso di questa unità in alternativa all'ALU, in modo tale che due stadi della pipeline utilizzino contemporaneamente le due unità (ALU e FPU), la prima per calcoli su numeri interi e la seconda per calcoli con numeri espressi in virgola mobile. Oppure, può essere risolto l'accesso contemporaneo alla memoria RAM da parte di due istruzioni successive dividendo la memoria cache di primo livello in due parti: memoria dati e memoria istruzioni, secondo l'architettura Harvard.
Il conflitto tra i dati può essere semplicemente spostato a un livello software: il compilatore può individuare le istruzioni che generano il conflitto sui dati interponendo tra esse una serie di istruzioni assembly inutili chiamate NOP (*No Operation*) con il compito di ritardare l'esecuzione della seconda istruzione per consentire l'adeguamento delle pipeline. Possiamo paragonare l'uso di questo metodo all'inserimento di uno stallo a livello software.
I conflitti di controllo rappresentano il problema maggiore, in quanto i salti condizionati necessari alla selezione e all'iterazione non danno la possibilità di riconoscere a priori se il salto sarà effettuato, né tanto meno la locazione di memoria da cui riprendere l'esecuzione del programma. Solo dopo la fase di Execute si può conoscere se il salto sarà effettuato e conseguentemente la locazione dalla quale far proseguire il programma.

Tecnologie superscalari

Per realizzare CPU con prestazioni sempre migliori si è affermata la ◀ tecnologia superscalare ▶ grazie alla quale vengono integrati in un unico microprocessore più pipeline che funzionano in parallelo.

◀ Tecnologia superscalare Identifica la tecnologia costruttiva di microprocessori che sono in grado di eseguire mediamente più di un'operazione per ciclo di clock. ▶

Nelle CPU attuali, inoltre, le pipeline non sono composte da soli cinque stadi ma, in realtà, ne utilizzano molti di più. Questo si è reso necessario per potere innalzare la frequenza di clock: infatti spezzando le singole operazioni elementari necessarie per completare un'istruzione si può elevare la frequenza della CPU.

Questa scelta di progettazione consente effettivamente di aumentare la frequenza di funzionamento delle CPU ma rende critico il problema dei salti condizionati.

Nel caso di un salto condizionato non previsto la CPU può essere costretta a svuotare e ricaricare una pipeline di 30 stadi perdendo fino a 30 cicli di clock contro una classica CPU a pipeline a cinque stadi che avrebbe sprecato nella peggiore delle ipotesi cinque cicli di clock.

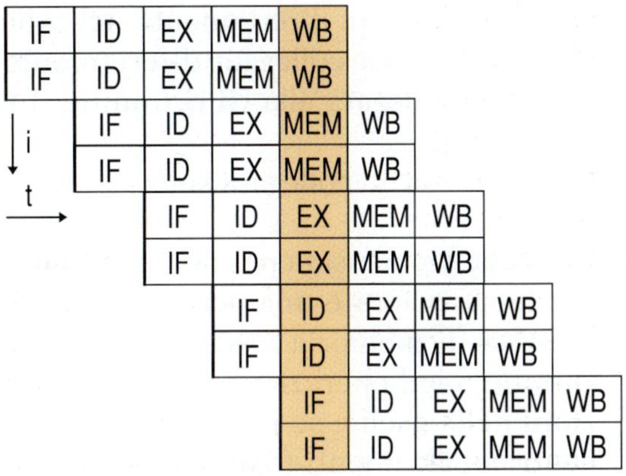

Nella figura a fianco si vede il diagramma delle operazioni elementari di una CPU superscalare a doppia pipeline. Inoltre la continua richiesta di maggiore potenza di calcolo ha spinto le industrie produttrici di microprocessori a integrare in un unico chip più microprocessori. Ciò consente al computer di avere due CPU separate dal punto di vista logico ma fisicamente risiedenti nello stesso chip. Questa strategia progettuale attenua i problemi di coerenza e di predizione dei salti. Infatti ogni CPU logica esegue un programma separato e quindi tra i diversi programmi non si possono avere problemi di coerenza tra le istruzioni.

Branch prediction

L'uso della pipeline è influenzato negativamente dai salti condizionati, dato che questi possono costringere il processore a ripetere gli stessi cicli macchina. Un processore basato su architettura x86 incontra un salto condizionato mediamente ogni circa 6/7 istruzioni. Pertanto è assai importante cercare di prevedere il salto condizionato, così da caricare in anticipo il blocco di istruzioni corretto nella pipeline.

■ Le evoluzioni che riguardano la memoria centrale

Cache memory

La cache è una memoria di tipo statico (SRAM) molto veloce e di dimensioni contenute, inserita tra la memoria centrale di tipo SDRAM e la CPU. Come abbiamo visto nelle Unità precedenti, consente un accesso più rapido alla memoria. Tuttavia, essendo di dimensioni ridotte rispetto alla RAM, la memoria cache è in grado di memorizzare soltanto una minima parte dei dati contenuti nella RAM. L'uso della cache è legato strettamente al comportamento delle applicazioni durante la loro esecuzione secondo due principi, denominati principi di località, descritti di seguito.

- Località spaziale: i programmi in esecuzione possono accedere a celle di memoria presenti all'interno di una zona definita, oppure possono accedere alle stesse locazioni di memoria già utilizzate, come per esempio all'interno di un ciclo.
- Località temporale: il programma eseguirà molto probabilmente le istruzioni accedendo alle istruzioni immediatamente successive a quella appena eseguita.

La cache funziona proprio sulla base di questi principi: la memoria intorno a quella utilizzata dal programma viene trasferita nella cache, la CPU non vedrà fisicamente la cache ma la utilizzerà in modo trasparente. In genere, all'aumentare della sua dimensione otteniamo un miglioramento nelle prestazioni del sistema. Vediamo quali sono i livelli di cache disponibili:

- cache integrata direttamente nel processore, chiamata cache di primo livello (L1);
- cache esterna collegata direttamente al processore, chiamata cache di secondo livello (L2); è collegata alla CPU tramite il Back Side Bus, come abbiamo già visto nelle Unità precedenti;
- cache esterna collegata sulla motherboard, denominata cache di terzo livello (L3).

La cache viene usata per operazioni di lettura e scrittura ed è suddivisa in due sezioni, una per le istruzioni e una per i dati. È organizzata in blocchi di celle chiamate linee; a ogni accesso in memoria centrale le informazioni vengono copiate in una linea della cache. Durante ogni operazione di lettura da parte della CPU avviene una ricerca delle informazioni nella cache: se presenti (operazione di Cache Hit) non serve accedere alla memoria centrale, altrimenti (operazione di Cache Miss) viene effettuata la lettura in memoria e le informazioni prelevate vengono memorizzate anche nella cache. Per le operazioni di scrittura in memoria la cache può essere usata con due modalità diverse:

- cache Write Through: le operazioni di scrittura vengono effettuate sia nella cache che nella memoria centrale;
- cache Write Back: le operazioni di scrittura avvengono solo nella cache, mentre la linea di cache viene scritta in memoria solo quando viene sostituita.

La cache viene gestita attraverso tre possibili metodi:

- metodo diretto (o mappatura diretta);
- metodo completamente associativo;
- metodo associativo a N vie.

Nel metodo diretto a ciascuna linea o ◀ blocco ▶ di celle della memoria centrale, viene associato un blocco analogo nella cache che contiene gli stessi dati.

Nel metodo completamente associativo ogni blocco di memoria può essere allocato in qualsiasi linea della cache.

Nel metodo associativo a N vie la cache è suddivisa in gruppi di N linee ciascuno. Ogni blocco di memoria viene allocato in un preciso gruppo ma al suo interno può occupare qualsiasi linea.

◀ Blocco di memoria Ogni locazione della memoria nella memoria RAM (Main Memory) contiene un dato (Data) e possiede un indirizzo (Index). Ogni linea della cache contiene sia il dato della cella di memoria al quale fa riferimento sia l'indirizzo di memoria che lo contiene, quest'ultimo suddiviso in due valori: Index e Tag. Index rappresenta lo spiazzamento a partire dal Tag, mentre il Tag è l'indirizzo di partenza del blocco. Nelle cache dati questi valori sono chiamati blocchi di cache o linee di cache. ▶

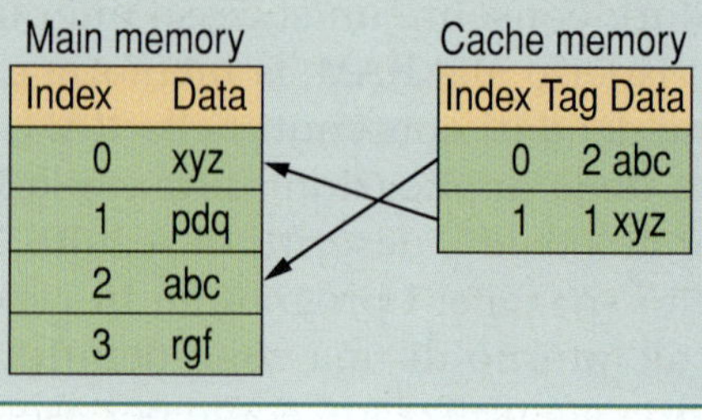

Memoria virtuale

La memoria virtuale rappresenta un metodo per far apparire la memoria centrale di dimensione maggiore rispetto a quella effettivamente allocata. Di questo si occupa un componente chiamato ◀ MMU ▶ (*Memory Management Unit*). Le MMU moderne generalmente suddividono lo spazio degli indirizzi virtuali (l'intervallo di indirizzi accessibili dal processore) in pagine di memoria di dimensione di pochi kB. Gli N bit meno significativi dell'indirizzo rappresentano l'offset interno della pagina e i bit restanti rappresentano il numero virtuale della pagina. La MMU contiene una tabella delle pagine indicizzata dal numero della pagina. Ogni elemento di questa tabella si chiama PTE (*Page Table Entry*) e restituisce il numero fisico della pagina corrispondente a quello virtuale che, combinato con l'offset della pagina, forma l'idirizzo fisico completo.

◀ MMU Si tratta di un processore in grado di traslare o tradure gli indirizzi di memoria virtuali in indirizzi di memoria fisici, di effettuare la protezione della memoria, il controllo della cache della CPU, l'arbitraggio del BUS e, in architetture più semplici, la commutazione di banchi di memoria. ▶

È possibile che non esista memoria fisica (RAM) allocata a una data pagina virtuale. In questo caso la MMU segnala una condizione di "pagina di memoria mancante" (*page fault*) alla CPU. Il sistema operativo cerca di trovare una pagina libera nella RAM e di creare una nuova PTE.

Quando non c'è spazio disponibile nella RAM per una nuova pagina di memoria, può essere necessario scegliere una pagina esistente utilizzando un algoritmo di sostituzione, farne una copia su disco rigido e rimpiazzarla con quella nuova. Analogamente, quando non ci sono PTE inutilizzate a disposizione, il sistema operativo deve liberarne una.

■ Le evoluzioni che riguardano gli I/O

DMA (direct memory access)

Abbiamo visto in precedenza come i dispositivi periferici segnalino la disponibilità a emettere o accettare dati attraverso l'interrupt. Tuttavia la tecnica dell'interruzione è particolarmente inefficiente se il trasferimento riguarda grosse moli di dati (hard disk, scheda video, scheda di rete). In questi casi è opportuno che dopo la segnalazione la CPU deleghi le attività di trasferimento a un dispositivo accessorio che accede ai BUS di sistema quando non sono usati dalla CPU. In questo modo la CPU è coinvolta solo nell'avvio delle operazioni e nella terminazione. Il DMA controller consente l'impostazione dei trasferimenti tramite un insieme di porte di configurazione visibili dalla CPU. Il programma imposta l'indirizzo iniziale del blocco di memoria da trasferire e le dimensioni. Una volta iniziato il trasferimento il controller DMA provvederà autonomamente al trasferimento dei dati da o per la memoria. Il controller DMA condivide i BUS con la CPU, quindi il DMA trasferisce quando la CPU non usa i BUS (elaborazioni interne).

Coprocessori

Sono CPU secondarie dedicate a scopi specifici che scaricano la CPU principale da alcune elaborazioni consentendo un maggior parallelismo. Di seguito alcuni esempi tipici:

- coprocessore numerico: realizza una grande quantità di elaborazioni numeriche soprattutto in virgola mobile non realizzate dalla CPU principale. Può anche essere integrato nello stesso chip della CPU principale;
- coprocessore grafico: mantiene una memoria immagine della presentazione video e realizza elaborazioni grafiche per la costruzione della presentazione.

Verifichiamo le conoscenze

1. Risposta multipla

1 Una CPU con pipeline possiede:

a. una ALU ad alta velocità
b. cinque stadi, uno per ciclo macchina
c. cinque CPU, una per ciclo macchina
d. cinque fasi, eseguite in modo sequenziale

2 Nella tecnologia superscalare:

a. in una CPU vengono integrate più CPU che lavorano in parallelo
b. in una CPU vengono integrate più pipeline che lavorano in parallelo
c. in una CPU vengono integrati più stadi che lavorano in parallelo
d. nella motherboard vengono integrate più CPU che lavorano in parallelo

3 La cache è una memoria di tipo:

a. ROM
b. statico (DRAM)
c. dinamico (SRAM)
d. statico (SRAM)

4 Quale tra le seguenti metodologie non può garantire un miglioramento delle prestazioni secondo il modello di Von Neumann?

a. Aumento della frequenza di Clock
b. Aumentare l'ampiezza di parola
c. Aumentare il numero di processori
d. Aumentare lo spazio di indirizzamento

5 La CPU individua le istruzioni non vincolate alle successive per essere eseguite in parallelo. Si tratta della tecnica chiamata:

a. esecuzione fuori ordine
b. branch prediction
c. prefecth
d. speculative execution

6 Quali problemi può generare il precaricamento?

a. Si effettua una divisione e uno dei due operandi non è stato ancora calcolato dall'istruzione precedente
b. La memoria è troppo lenta rispetto alla CPU
c. La CPU carica delle istruzioni dipendenti da un salto e quel salto non viene eseguito
d. La memoria è troppo veloce rispetto alla CPU

2. Associazione

1 Collega il tipo di cache a sinistra con il nome esteso posto a destra:

a. cache esterna collegata direttamente al processore 1. L1
b. cache esterna collegata sulla motherboard 2. L2
c. cache integrata 3. L3

2 Collega il grado di parallelismo a sinistra con la relativa definizione posta a destra:

a. SISD .... 1. permette di eseguire contemporaneamente la stessa operazione su più dati
b. SIMD .... 2. un unico processore esegue un'unica istruzione per volta e può prelevare e depositare in memoria un solo dato per volta
c. MISD .... 3. è relativa ai sistemi multiprocessori
d. MIMD .... 4. consente di iniziare l'esecuzione di diverse istruzioni, ognuna sui propri dati

AREA *digitale* hoepliscuola.it

Esercizi per il recupero / Esercizi per l'approfondimento

AREA digitale

UNITÀ DI APPRENDIMENTO

2 Il linguaggio Assembly e l'interfacciamento

Esercitazioni di laboratorio

Conoscenze

- Conoscere la struttura del processore 8086
- Conoscere il modello di programmazione x86 a 16 e 32 bit
- Riconoscere la struttura dello stack
- Saper distinguere gli elementi che concorrono all'assemblaggio
- Conoscere le istruzioni principali dell'ISA x86
- Conoscere la struttura di un programma Assembly
- Conoscere i metodi di indirizzamento
- Comprendere il significato dell'interfacciamento dell'elaboratore
- Riconoscere il ruolo dei sensori e degli attuatori

Competenze

- Scrivere programmi in Assembly x86
- Usare istruzioni di salto condizionato ed incondizionato
- Realizzare i cicli in Assembly
- Utilizzare le principali istruzioni aritmetiche
- Utilizzare i principali servizi DOS di lettura e scrittura a video/tastiera
- Utilizzare le principali istruzioni bit wise e logiche

Abilità

- Utilizzare le principali istruzioni in Assembly
- Individuare gli elementi che costituiscono una scheda di sviluppo
- Conoscere le principali istruzioni per la programmazione della scheda Arduino
- Utilizzare componenti elettrici come sensori e attuatori
- Applicare la scheda di sviluppo per realizzare prototipi

AREA *digitale*

- Esercizi

- Immagini

- I processori INTEL
- Le nuove istruzioni Assembly per ISA recenti
- Lo sviluppo di un programma
- I modelli di memoria
- La selezione doppia
- Esempio di decremento
- L'istruzione ADC
- Stampa di una stringa

- Esercizi per il recupero
- Esercizi per l'approfondimento

Soluzioni (prova adesso, esercizi, verifiche)
Puoi scaricare il file anche da hoepliscuola.it

LEZIONE 1

Il processore 8086

In questa lezione impareremo...

- a conoscere la struttura del processore 8086
- a comprendere il significato dei registri
- a riconoscere gli elementi che costituiscono l'architettura 8086

I microprocessori Intel

Come abbiamo visto il microprocessore è un circuito integrato dotato di una struttura circuitale in grado di attuare un prefissato ◀ set di istruzioni ▶.

◀ Set di istruzioni Si definisce set di istruzioni, dall'inglese ISA (*Instruction Set Architecture*) l'insieme delle istruzioni utilizzabili dal programmatore e legate strettamente all'architettura hardware di un calcolatore. Appartengono all'ISA la dimensione e il tipo dei vari registri della CPU, i tipi di dati, le istruzioni e le modalità di indirizzamento. ▶

Sul mercato sono disponibili diversi tipi di microprocessori, tra loro differenti sia a livello fisico sia a livello software; tuttavia possiamo distinguere i principali fattori che li differenziano:

- la dimensione delle celle di memoria (8, 16, 32 e 64 bit);
- il numero e il tipo di registri interni;
- l'ampiezza dei bus;
- la dimensione delle istruzioni.

Per quanto riguarda il processore 8086 i dati, che verranno ampiamente discussi in seguito, sono i seguenti:

- la dimensione delle celle di memoria (1 byte);
- il numero e il tipo di registri interni (8, 16 e 32 bit);
- l'ampiezza dei BUS (BUS dati: 16 bit, BUS indirizzi: 20 bit);
- la dimensione delle istruzioni (da 1 a 6 byte).

Dal punto di vista strutturale il microprocessore risulta composto da tre blocchi:
1. l'ALU (*Arithmetic Logic Unit*);
2. i registri, divisibili in due categorie: general purpose e speciali;
3. l'UC e il temporizzatore.

L'ALU

L'unità aritmetico-logica è il componente che esegue le elaborazioni richieste alla CPU. Le operazioni di elaborazione eseguite dall'ALU sono di tipo aritmetico e logico. La CPU, mediante appositi segnali di controllo che variano a seconda dell'istruzione, indica all'ALU il tipo di operazione da eseguire. Tutti i segnali collegati in ingresso all'ALU sono ◀ bufferizzati ▶, mentre i segnali di uscita confluiscono in un registro chiamato accumulatore.

◀ Un segnale bufferizzato è un segnale che viene mantenuto costante fino alla variazione successiva del clock. A ogni variazione del clock viene memorizzato un valore di ingresso che rimane costante in uscita fino alla variazione successiva del clock. In questo caso il dato in ingresso all'ALU è mantenuto costante da un registro temporaneo che svolge il compito di buffer. ▶

I registri general purpose

I registri general purpose vengono usati principalmente per memorizzare temporaneamente i dati dei programmi e variano a seconda dell'ISA del sistema. Generalmente consentono di memorizzare tre categorie di dati:
- operandi;
- indici;
- indirizzi.

Questi registri, la cui dimensione è definita dall'ISA del sistema, in genere possono essere accoppiati per consentire una lunghezza maggiore.

I registri speciali

Anche il numero di registri speciali varia a seconda dell'ISA del sistema, tuttavia alcuni registri sono sempre presenti:
- IP (*Instruction Pointer*)
  Contiene l'indirizzo dell'istruzione che deve essere eseguita immediatamente dopo quella corrente.
- SP (*Stack Pointer*)
  Contiene l'indirizzo di una specifica zona di memoria organizzata secondo la filosofia ◀ LIFO ▶ utile all'esecuzione delle procedure, delle funzioni e dei parametri passati a esse.

◀ LIFO significa Last In First Out e indica una struttura di memoria chiamata anche pila in cui l'ultimo elemento inserito rappresenta il primo a essere estratto. ▶

- IR (*Instruction Register*)
  Contiene il codice operativo dell'istruzione che è stata prelevata durante la fase di Fetch. È collegato alla sezione di decodifica e, a seconda della logica della CPU, è formato da una coda di istruzioni.
- AR (*Address Register*)

Sono registri che consentono la segmentazione della memoria e sono divisi in:
- CS (*Code Segment*)
- DS (*Data Segment*)
- ES (*Extra Segment*)
- SS (*Stack Segment*)

- **Registro dei flag**

  Consiste in un gruppo di bit che consentono di ottenere tutta una serie di informazioni sullo stato dei risultati dell'ultima operazione aritmetico-logica eseguita.

Lo schema seguente riassume i principali registri del processore 8086, che verranno ampiamente trattati nelle unità successive:

	15 … 8	7 … 0	
Accumulator	AH	AL	AX
Base	BH	BL	BX
Counter	CH	CL	CX
Data	DH	DL	DX

	15 … 0
Instruction Pointer	IP
Stack Pointer	SP
Base Pointer	BP
Source Index	SI
Destination Index	DI

	15 … 0
Code Segment	CS
Data Segment	DS
Stack Segment	SS
Extra Segment	ES

	15 … 0
Flag Register	

L'UC e il temporizzatore

L'unità di controllo (UC o CU, *Control Unit*), unitamente al temporizzatore, definisce la cadenza con cui si susseguono in modo sincrono le varie operazioni del sistema. La sezione della CPU legata all'UC e al temporizzatore genera i comandi eseguibili e il segnale di clock, utile alla sincronizzazione del sistema. L'UC riceve direttamente dall'IR il codice operativo dell'istruzione traducendola in una prefissata sequenza di comandi. Oltre a questi tre blocchi funzionali esistono i BUS che, come abbiamo visto nell'Unità precedente, si occupano di trasferire i dati tra i vari blocchi funzionali, ed esternamente verso la memoria e i dispositivi di I/O.

AREA *digitale*

I processori INTEL

Il processore 8086

Il processore Intel 8086, chiamato anche iAPx86/10, introdotto sul mercato nel giugno 1978, è stato il primo microprocessore della seconda generazione a 16 bit. È contenuto in un chip al silicio a 40 pin i cui piedini sono disposti ordinatamente su due linee contenenti ognuna 20 piedini, a ciascuno dei quali fa capo un segnale specifico.

Ha avuto un'enorme diffusione soprattutto perché Microsoft lo ha utilizzato per costruire il sistema operativo MS-DOS, diventato subito uno standard grazie a IBM, che l'ha scelto per le sue prime linee di PC.

L'8086 è costituito da due sottosistemi che operano in modo parzialmente indipendente e asincrono:

- EU (*Execution Unit*);
- BIU (*BUS Interface Unit*).

La EU opera in parallelo con la BIU: in particolare, mentre il BUS non è usato, per esempio durante la fase di execute delle istruzioni, la BIU esegue la Fetch delle istruzioni successive.

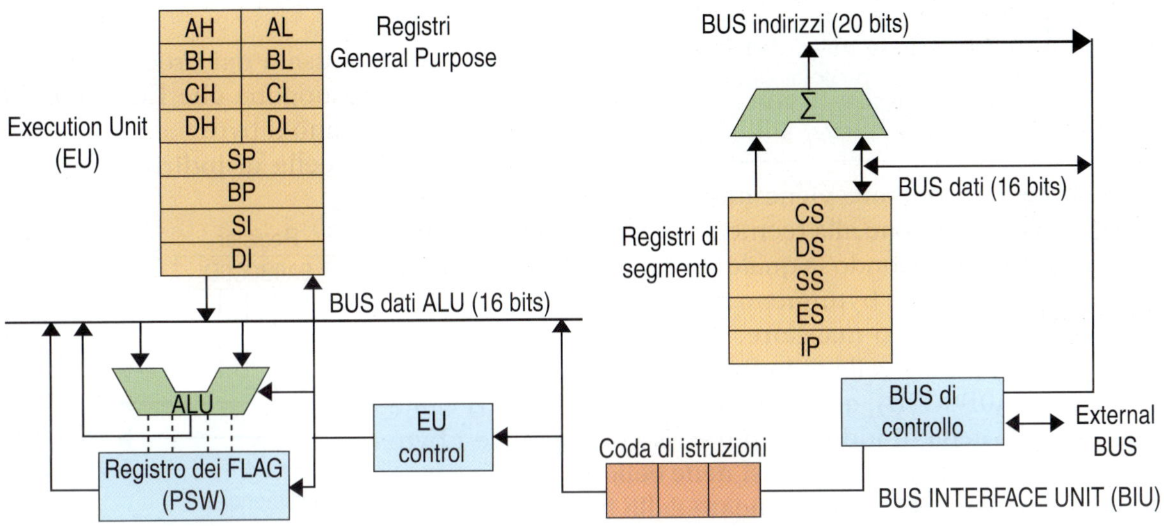

La EU costituisce la parte della CPU che elabora, ed è costituita da:

- registri general purpose (AX, BX, CX, DX);
- registri speciali (PSW o registro dei flag);
- unità di controllo (EU control);
- unità aritmetico-logica (ALU).

La BIU gestisce l'indirizzamento, il prelievo dei dati e delle istruzioni dalla memoria e gestisce il colloquio con i dispositivi esterni. È costituita da:

- logica di controllo dei bus;
- registri di segmento: CS, DS, SS, ES;
- registro contatore di programma: IP;
- registri puntatore: BP, SP, DI, SI;
- coda delle istruzioni, registro FIFO a 6 byte, in cui vengono memorizzate le istruzioni da eseguire.

Attraverso l'architettura a pipeline la BIU esegue le seguenti operazioni:

- preleva le istruzioni dalla memoria e le mette in coda nel registro Instruction Queue mediante la tecnica chiamata prefetching;
- preleva l'istruzione dalla coda, la pone nel registro IR e la esegue;
- in caso di interruzione, di istruzioni di salto (Jump) o di chiamata a procedura (Call), la coda delle istruzioni viene svuotata e riempita con le altre istruzioni presenti nella destinazione indicata.

L'organizzazione della memoria

La CPU 8086 possiede un BUS indirizzi a 20 bit, uno spazio di indirizzamento di 2^{20} bit = 1048576 byte = 1024 kB = 1 MB. Gli indirizzi validi vanno pertanto da: ▶

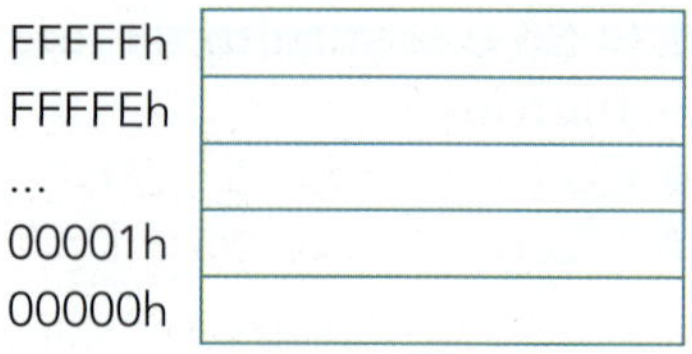

◀ Il termine little endian deriva dal famoso romanzo *I viaggi di Gulliver*, nel quale due popoli erano in guerra a causa del modo con cui venivano rotte le uova, dall'estremità più piccola (*little endian*) o dall'estremità più grossa (*big endian*). ▶

Come avete notato abbiamo indicato le celle di memoria partendo dal basso. Questo accade perchè è più conveniente disporre le celle secondo la notazione ◀ little endian ▶.

Si tratta di una tecnica usata dai processori Intel secondo la quale si presuppone che i dati memorizzati in una word abbiano il byte meno significativo memorizzato nella cella di indirizzo minore. Questo modo di operare viene anche chiamato backwords storage. Si contrappone alla tecnica big endian usata dai processori Motorola, secondo la quale invece i dati memorizzati in una word hanno il byte meno significativo memorizzato nella cella di indirizzo maggiore. Per esempio se memorizziamo a partire dalla cella di indirizzo *a* un numero formato da 4 byte (0A0B0C0D), quello meno significativo (0D) viene inserito nella cella di indirizzo più basso (*a*), mentre i byte più significativi vengono immessi nelle celle successive, cioè di indirizzo maggiore, come indicato dalla figura a lato. ▶

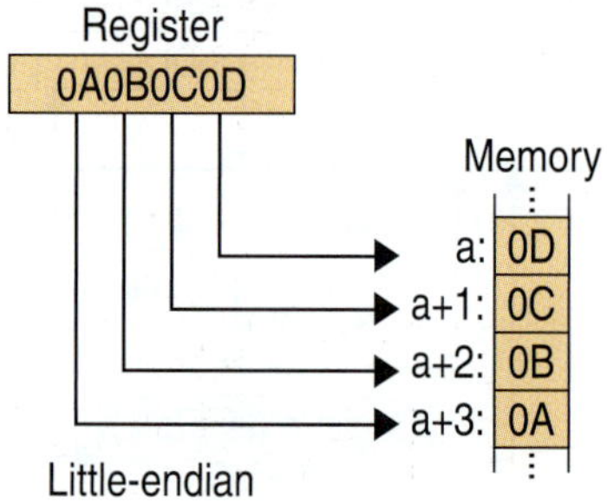

Come possiamo notare il numero scritto in memoria diventa tuttavia di difficile lettura, infatti sembra scritto al contrario. Proprio per facilitare la lettura dei numeri a più byte, viene disposta la memoria a rovescio, cioè dal basso verso l'alto. In tal modo il numero è leggibile più facilmente.

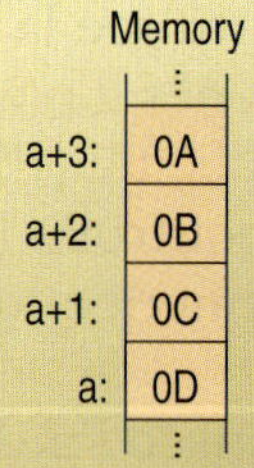

Secondo la tecnica big endian invece se memorizziamo a partire dalla cella di indirizzo *a* un numero formato da 4 byte (0A0B0C0D), quello più significativo (0A) viene inserito nella cella di indirizzo più basso (*a*), mentre i byte meno significativi vengono immessi nelle celle successive, cioè di indirizzo maggiore, come indicato dalla figura a lato. ▶

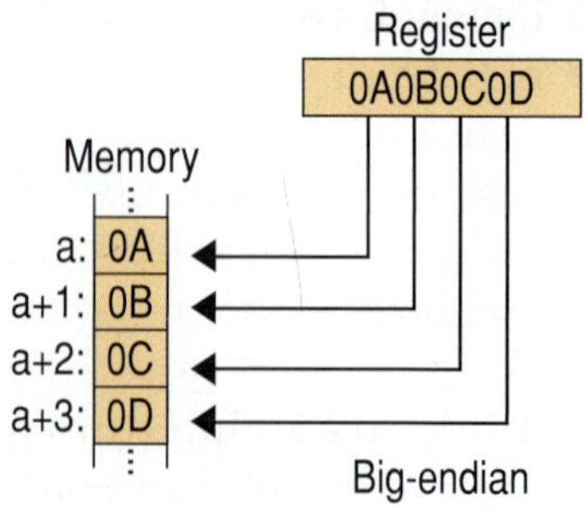

Fisicamente la memoria è organizzata in due banchi da 512 kB ciascuno: un banco di indirizzi pari trasferiti sui pin D_0-D_7 del BUS dati e un banco di indirizzi dispari trasferiti sui pin D_8-D_{15} del BUS dati. I due banchi sono indirizzati in parallelo dai segnali A_0-A_{19} del BUS indirizzi. Il processore seleziona contemporaneamente la cella di indirizzo pari e la corrispondente di indirizzo dispari, decodificando le linee di indirizzo A_1.. A_{19}. La linea di indirizzo A_0 è usata per abilitare il banco pari, mentre quello dispari è abilitato da un segnale di controllo chiamato BHE (BUS High Enable). Quando la CPU deve indirizzare un singolo byte situato in una locazione pari porta BHE a 1, in quanto l'indirizzo pari possiede $A_0 = 0$. Se al contrario il byte è in posizione dispari, la CPU porta BHE a 0 e $A_0 = 1$.

Se invece il dato da indirizzare è una word localizzata in una coppia di celle a partire da un indirizzo pari, la CPU porta BHE a 0, essendo poi $A_0 = 0$ vengono attivate entrambe le celle.

A0	BHE	Significato
0	0	Trasferimento di una word intera
1	0	Trasferimento di un byte alto su indirizzo dispari
0	1	Trasferimento di un byte basso su indirizzo pari
1	1	Situazione impossibile

Quando la CPU deve indirizzare una word su indirizzo dispari, l'operazione viene suddivisa in due operazioni consecutive nelle quali avviene il trasferimento di un singolo byte. In sostanza quando vogliamo leggere e scrivere una word su indirizzo dispari otteniamo una penalizzazione in termini di tempo di esecuzione.

La memoria è logicamente suddivisa in quattro segmenti da 64 kB; ogni segmento può essere indirizzato al suo interno mediante 16 bit, infatti $2^{16} = 65536 = 64$ kB. Questi segmenti prendono il nome dei corrispondenti registri:

CS = *Code Segment*
DS = *Data Segment*
ES = *Extra Segment*
SS = *Stack Segment*

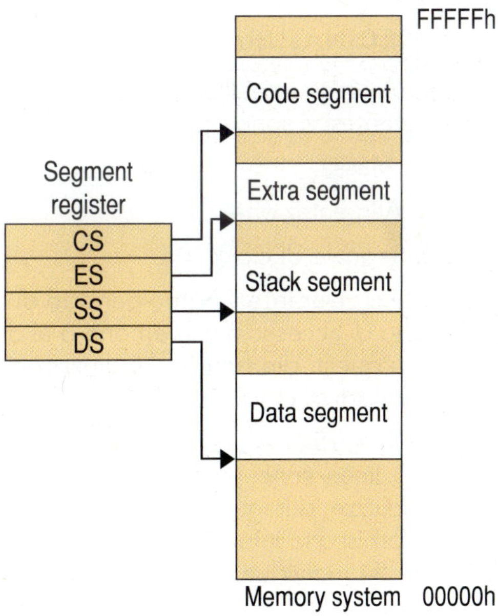

L'indirizzo logico della cella di memoria alla quale vogliamo accedere è dato dall'insieme del segmento e dell'offset rappresentati dai due registri:

CS : IP

Il registro di segmento punta alla cella iniziale, chiamata base, del corrispondente segmento. L'offset invece stabilisce di quanto ci si deve spostare all'interno del segmento, dalla base stessa. ▶

Indirizzi fisici e logici

L'indirizzo fisico di una cella di memoria è espresso da 20 bit; non possiamo perciò indirizzare le celle solo mediante un unico registro a 16 bit. L'indirizzo fisico si ottiene infatti come somma data da due indirizzi chiamati segmento e offset.

Per calcolare l'indirizzo fisico a 20 bit, partendo dall'indirizzo logico, è necessario moltiplicare per 16 il contenuto del registro di segmento. Sommando al dato ottenuto l'offset si ottiene l'indirizzo fisico:

(SEGMENT * 16) + OFFSET

Calcoliamo l'indirizzo fisico avente come segmento B02Ah e come offset 120Ch:

```
B02A0  +
 120C  =
----------
B14AC
```

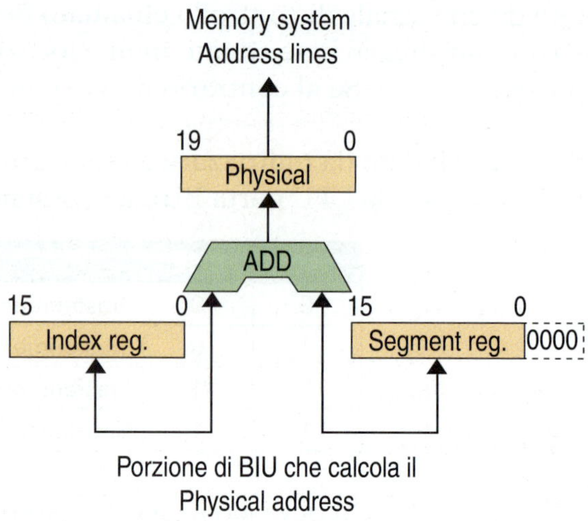

> Durante l'esecuzione di un programma Assembly non dovremo preoccuparci di tradurre indirizzi logici in indirizzi fisici: in sostanza il programmatore lavora soltanto con indirizzi logici.

Zoom su...

LA PIEDINATURA DELL'8086

La figura seguente illustra la piedinatura dell'8086. Tra parentesi vi sono i segnali in modo minimo:

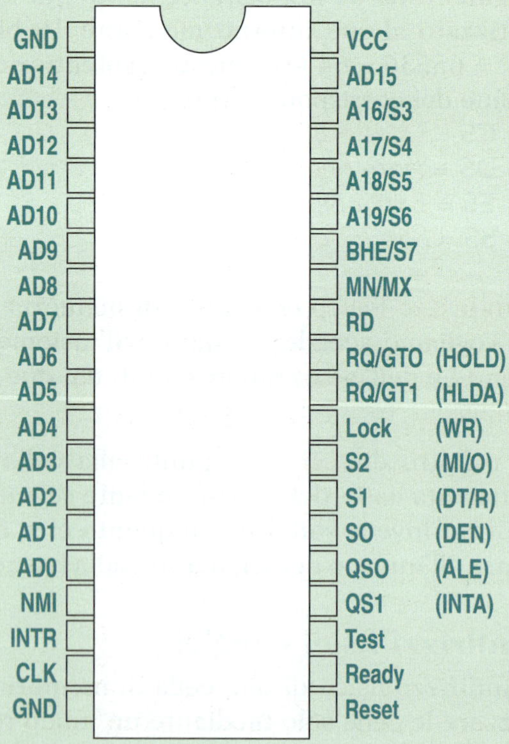

GND: Massa

VCC: Alimentazione

CLK: Segnale di clock

AD_0-AD_{15}: Durante il primo periodo di clock T1, in un ciclo di accesso alla memoria o ai dispositivi di I/O, su questi pin transita l'indirizzo, mentre negli altri periodi di clock T2, T3, T4 transitano i dati.

A_{16}/S3, A_{17}/S4, A_{18}/S5, A_{19}/S6: Durante il T1 su queste linee sono presenti i 4 bit più significativi dell'indirizzo; durante gli altri stati T2, T3, T4 queste linee forniscono informazioni di stato:
- S3 e S4 individua il segmento utilizzato nel ciclo di bus;
- S5 è uguale al flag di interrupt;
- S6 = 0 indica il collegamento dell'8086 al bus;

BHE/S7: *BUS High Enable*, attivo durante lo stato T1, determina il trasferimento tra CPU e memoria di un singolo byte o di tutta la parola a 16 bit. S7 viene utilizzato quando è in corso un DMA o durante il primo ciclo di riconoscimento di un'interruzione.

RD: Read è attivo durante un ciclo di lettura dalla memoria o da un dispositivo di I/O.

READY: Segnale inviato dalla memoria o dal dispositivo di I/O per segnalare che l'operazione richiesta è stata terminata. Questo segnale deve essere sincronizzato con il clock.

TEST: Segnale di ingresso che viene esaminato dall'istruzione Wait. Se TEST è basso l'8086 continua normalmente, altrimenti si arresta e rimane in attesa fino a quando TEST non ritorna a 0.

NMI: Richiesta di interruzione non mascherabile.

INTR: Richiesta di interruzione mascherabile.

RESET: Fa terminare l'attività in corso della CPU. È attivo quando è alto, azzera alcuni registri, elimina la coda di pipeline e mette la CPU in condizione di leggere l'istruzione memorizzata nella locazione FFFF0h. Quando ritorna basso, il microprocessore riprende il suo funzionamento come se fosse stato acceso per la prima volta.

MN/MX: Indica in quale modo deve operare il microprocessore, definendo le funzioni dei piedini da 24 a 31.

Significato dei piedini in modo minimo

M/IO: Indica se l'operazione in corso si riferisce alla memoria o a un dispositivo di I/O.

WR: Indica che il microprocessore sta effettuando un ciclo di scrittura in memoria o in un dispositivo di I/O.

INTA: Riconoscimento di interruzione mascherabile.

ALE: *Address Lach Enable* è generato dal microprocessore per memorizzare esternamente un indirizzo. È attivo durante lo stato T1.

DT/R: *Data Trasmit/Receive* è un segnale usato per controllare il verso di trasmissione dei dati, quando l'8086 è collegato a un tranceiver (trasmettitore-ricevitore) tipo 8286.

DEN: *Data Enable* è attivo durante i cicli di accesso alla memoria o ai dispositivi di I/O e nei cicli di riconoscimento di interrupt.

HOLD: Segnala che un altro master ha richiesto il bus. Il microprocessore riacquista il controllo del BUS quando HOLD ritorna basso.

HLDA: Viene attivato quando l'8086 rilascia il BUS a un altro master. In questo caso tutte le linee di indirizzo e quelle di controllo di tipo OUT (tranne ALE) vengono messe in alta impedenza.

Significato dei piedini in modo massimo

S2, S1, S0: In base alla tabella seguente, questi segnali di stato vengono usati dal controller 8288 per generare i segnali di controllo per l'accesso alla memoria e ai dispositivi di I/O:

AREA *digitale*
Il controller 8288

S2	S1	S0	
0	0	0	INTA
0	0	1	Read I/O
0	1	0	Write I/O
0	1	1	HALT
1	0	0	Codice operativo

RQ/GT0, RQ/GT1: *Request/Grand*: utilizzati separatamente per ricevere la richiesta di un BUS da parte di un altro master e per trasmettere il segnale di accettazione della richiesta.

LOCK: Quando è attivo impedisce che gli altri master prendano il controllo.

QS0, QS1: *Queue status*: indica all'esterno lo stato della coda di pipeline.

■ La configurazione del sistema

Come abbiamo visto la CPU 8086 possiede 40 piedini: si tratta di una limitazione che impone il ◀ multiplexaggio ▶ delle linee indirizzi e dati. Il BUS di sistema è organizzato in modo tale che alcune linee del BUS dati e del BUS indirizzi siano, per così dire, in comune.

Le linee del BUS dati e indirizzi condividono gli stessi segnali AD_0-AD_{15}. Il BUS indirizzi possiede inoltre altre 4 linee A_{16}-A_{19}.

L'8086 opera secondo due diverse configurazioni chiamate modo minimo e modo massimo a seconda del segnale inserito nel pin numero 33. Le due modalità agiscono direttamente sul BUS di controllo, creando per così dire due sistemi diversi. Il significato dei piedini posti tra il numero 24 e il numero 31 cambia a seconda della configurazione scelta.

Il modo minimo si ottiene ponendo l'ingresso MN/MX = 1, mentre il modo massimo si ottiene ponendo il segnale in ingresso MN/MX = 0. In modo massimo la CPU 8086 viene interfacciata alle memorie e ai dispositivi di I/O mediante il controllore di BUS 8288 e può lavorare in tandem con i processori NDP 8087 e IOP 8089.

In modo minimo il microprocessore genera direttamente i segnali di controllo necessari per interfacciare le memorie e i dispositivi di I/O.

◀ Il multiplexaggio è una tecnica che consente di selezionare un singolo segnale elettrico tra diversi segnali in ingresso, in base al valore degli ingressi di selezione. Nella figura seguente si nota che l'uscita è multiplexata tra due linee (A e B). Il segnale sel seleziona quale linea deve essere collegata con l'uscita (out). ▶

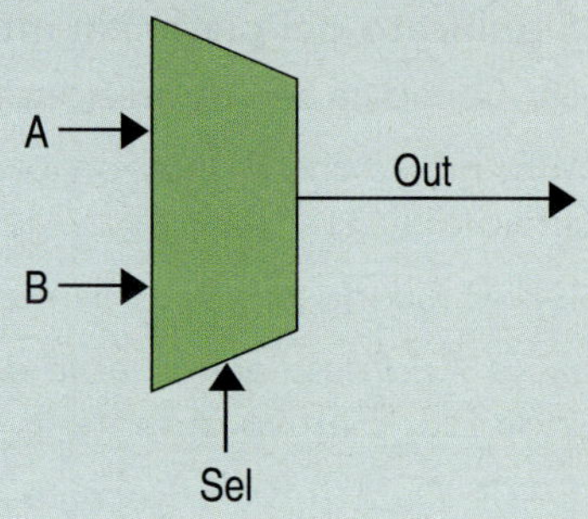

La figura seguente mostra come avviene il multiplexaggio dei bus:

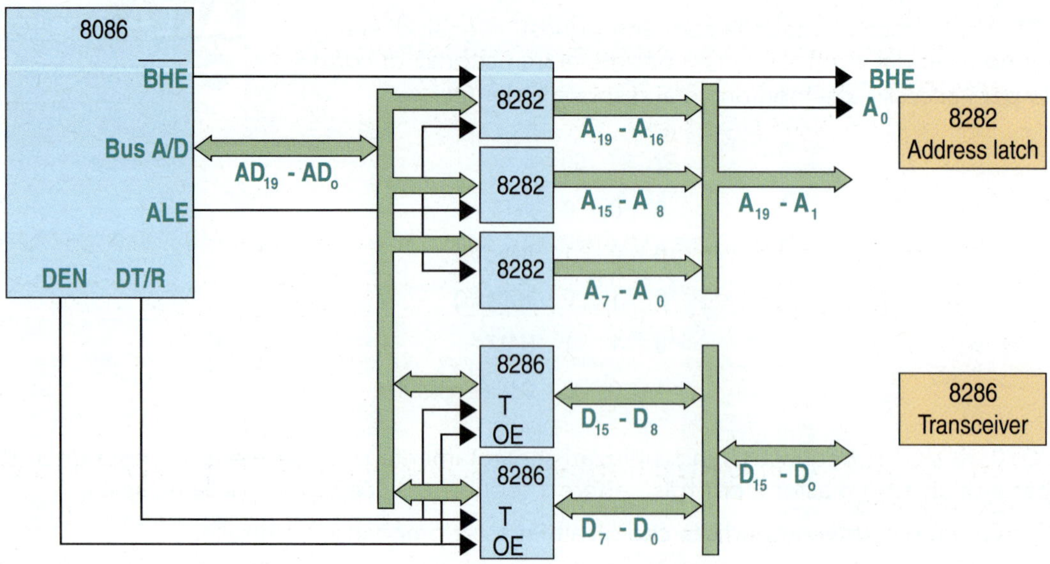

Il ciclo di BUS è l'insieme delle fasi usate dalla CPU per comunicare con la memoria, con un dispositivo di I/O, con l'interrupt controller. Si compone di quattro fasi denominate T_1, T_2, T_3, T_4. Vediamo la sequenza di queste fasi:

T_1	La CPU pone l'indirizzo sul BUS indirizzi (A_{19}-A_{16} e AD_{15}-AD_0).
T_2, T_3, T_4	Il dato viene successivamente posto sul BUS dati (AD_{15}-AD_0).

Durante la fase T_1 la CPU attiva il segnale di controllo ALE (*Address Latch Enable*) che consente di memorizzare l'indirizzo su registri ◀ latch ▶ (8282).

Durante le fasi T_3-T_4 vengono invece attivati i segnali di controllo DEN (*Data Enable*) e DT/R (*Data Tansmit/Receive*), per indicare rispettivamente la presenza di un dato e il suo verso.
Se la CPU non deve accedere all'esterno, i segnali di controllo del BUS sono inattivi e il BUS si trova nello stato di idle o stato di alta impedenza.

◀ Un latch è un circuito elettronico formato da due stati stabili, in grado di memorizzare un bit di informazione nei sistemi a logica sequenziale asincrona. Il latch modifica lo stato logico dell'uscita al variare del segnale di ingresso, mentre il flip-flop, basato sulla struttura del latch, cambia lo stato logico dell'uscita solamente quando il segnale di clock è nel semiperiodo attivo. ▶

Quando l'8086 è in modo minimo ALE, DEN e DT/R vengono forniti direttamente dalla CPU, mentre nel modo massimo vengono forniti dal BUS controller 8288.

Ciclo di lettura

T_1	L'indirizzo della cella da leggere viene messo dalla CPU sul BUS indirizzi.
T_2	La CPU forza il BUS dati in stato di alta impedenza.
T_3, T_4	La memoria invia il dato sul BUS dati e la CPU lo legge.

Ciclo di scrittura

T_1	L'indirizzo della cella su cui scrivere viene messo dalla CPU sul BUS indirizzi.
T_2	La CPU invia il dato da scrivere sul BUS dati.
T_3, T_4	La memoria legge il dato proveniente dal BUS dati e lo memorizza.

Ciclo di wait

Quando la memoria non è ancora pronta a inviare o ricevere un dato, lo segnala alla CPU inserendo un ciclo di attesa (wait) tra i periodi T_3 e T_4. Per comunicare all'8086 la necessità di uno o più cicli di wait, la memoria esterna invia un segnale sul pin READY del microprocessore.

Ciclo idle

Questi cicli di attesa vengono aggiunti automaticamente dalla CPU quando si verificano le seguenti situazioni:

- la CPU non necessita di nuovi dati;
- la coda interna delle istruzioni è piena e non può essere eseguita alcuna fase di prefetch.

Verifichiamo le conoscenze

1. Risposta multipla

1 Quali tra i seguenti fattori è utile per differenziare i microprocessori in base all'ISA? (3 risposte)

a. La dimensione dei codici operativi delle microistruzioni
b. La dimensione della cache
c. L'ampiezza dei BUS
d. La dimensione delle celle di memoria
e. La frequenza di lavoro
f. Versione del BIOS

2 Quale registro consente di memorizzare il codice operativo dell'istruzione da decodificare?

a. SP
b. IR
c. AR
d. IP

3 Il multiplexaggio è una tecnica che:

a. consente di selezionare diversi segnali con un solo segnale in ingresso
b. consente di selezionare un singolo segnale tra i diversi in ingresso
c. consente di effettuare le singole operazioni logiche all'interno della ALU
d. consente di selezionare più segnali tra i diversi in ingresso

4 Se il segnale BHE=1 e il segnale A0=1 del BUS indirizzi otteniamo:

a. situazione impossibile
b. un trasferimento di una word su indirizzo dispari
c. un trasferimento di un byte su indirizzo pari
d. un trasferimento di un byte su indirizzo dispari

5 Quale tra i seguenti indirizzi rappresenta l'indirizzo fisico di B02A:2000?

a. B22A0
b. D02A0
c. B02A
d. D02A0
e. B02A0
f. D22A0

6 Quando viene generato un ciclo WAIT?

a. Quando la CPU non necessita di nuovi dati
b. Quando la coda interna delle istruzioni è piena
c. Quando la CPU non ha completato la lettura di un dato inviato dalla memoria
d. Quando la memoria non ha completato la memorizzazione di un dato

7 Quale tra i seguenti è il registro del segmento di Stack?

a. ES
b. SS
c. SP
d. IR

8 Indica lo spazio di memoria con un BUS indirizzi a 32 bit. (2 risposte)

a. 4096 MB
b. 8 GB
c. 16 GB
d. 4GB

9 Avendo a disposizione un BUS indirizzi a 20 bit, qual è l'indirizzo di memoria valido più alto?

a. FFFFh
b. 0000h
c. 10000h
d. FFFFFh

10 La CPU 8086 entra in modalità Minima o Massima a seconda:

a. del valore in ingresso del pin di Interrupt
b. del valore in ingresso del pin 33
c. del valore ricevuto dal controllore di BUS 8288
d. del valore ricevuto dal coprocessore matematico 8087

11 Quali sono i due sottoinsiemi che lavorano in modo coordinato secondo il processore 8086? (2 risposte)

a. EU
b. UC
c. ALU
d. BIU

12 I registri di segmento sono contenuti nella:

a. CPU
b. BIU
c. EU
d. RAM

AREA digitale

hoepliscuola.it

Esercizi per il recupero / Esercizi per l'approfondimento

L'Assembly x86

LEZIONE 2

In questa lezione impareremo...

- a conoscere il modello di programmazione x86 a 16 e 32 bit
- a definire i registri a 8, 16 e 32 bit
- a riconoscere la struttura dello stack
- a distinguere gli elementi dell'assemblatore

■ L'architettura x86

Esistono diversi modelli di architettura, con i relativi set di istruzioni. Tali modelli vengono anche chiamati ◀ modelli di programmazione ▶ e il modello di programmazione del processore 8086 è chiamato x86 o PC compatibile.

> ◀ Modello di programmazione Il modello di programmazione di una CPU definisce quella parte dell'architettura del microprocessore accessibile al programmatore, che è rappresentata dai registri interni general purpose e dal repertorio delle istruzioni. ▶

Tale modello è coerente con altri modelli di programmazione come per esempio quello di linguaggi più evoluti (C++, Pascal) oppure di linguaggi specifici per lo sviluppo di codice per il microcontrollore PIC 80186.

■ I registri x86

Il modello di programmazione x86 può cambiare a seconda del processore sul quale viene implementato, mentre in generale può essere a 16, 32 bit o 64 bit. I registri che illustriamo di seguito sono riferiti a un processore della famiglia ◀ 80386 ▶ per un sistema operativo a 32 bit.

◀ 80386 Il modello 80386, o modello x86 a 32 bit, non verrà utilizzato nel volume in quanto programmeremo con l'Assembly per x86 a 16 bit; tuttavia è importante conoscere la struttura di tale ISA per eventuali approfondimenti. I registri che possono essere utilizzati nella programmazione a 16 bit possiedono una dimensione massima di 16 bit: sono pertanto esclusi tutti i registri che iniziano con la denominazione E (Extended). ▶

Il modello di programmazione si compone fondamentalmente degli elementi descritti di seguito.

- Registri interni
  L'insieme dei registri per uso generale (general purpose) e dei registri specializzati forma l'ambiente di esecuzione delle istruzioni.
  Le istruzioni, come vedremo in seguito, possono eseguire trasferimenti, operazioni aritmetico/logiche e controllo di flusso del programma.
- Spazio di indirizzamento della memoria
  A ogni programma in esecuzione viene associato uno spazio di memoria che può arrivare a un massimo di 4 GB di memoria avendo a disposizione un BUS indirizzi gestito a 32 bit (2^{32}).
- Spazio di indirizzamento degli I/O
  L'accesso ai dispositivi di I/O è un'operazione privilegiata che tratteremo successivamente.

Vediamo i principali registri del modello x86 a 32 bit:

Registro Accumulator

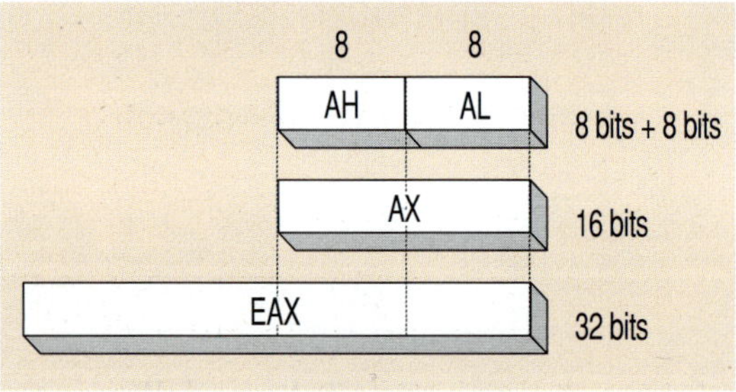

Registro Base

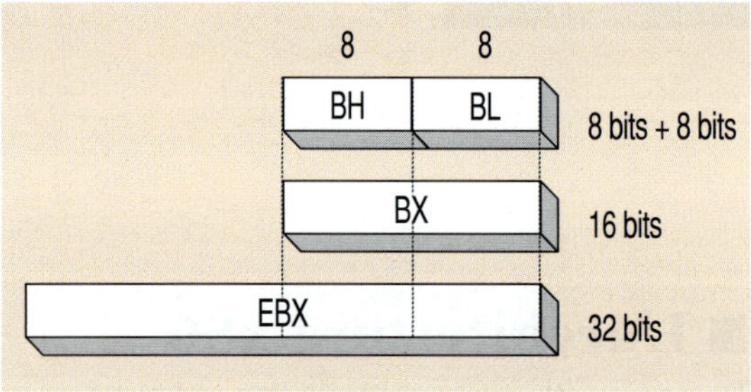

Registro Counter

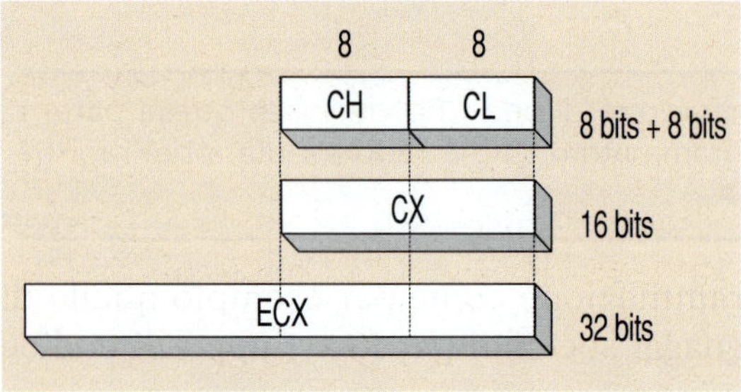

Registro Data

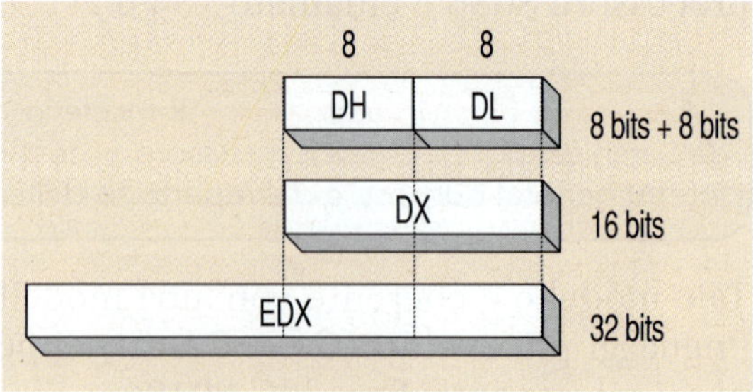

Registro Source Index

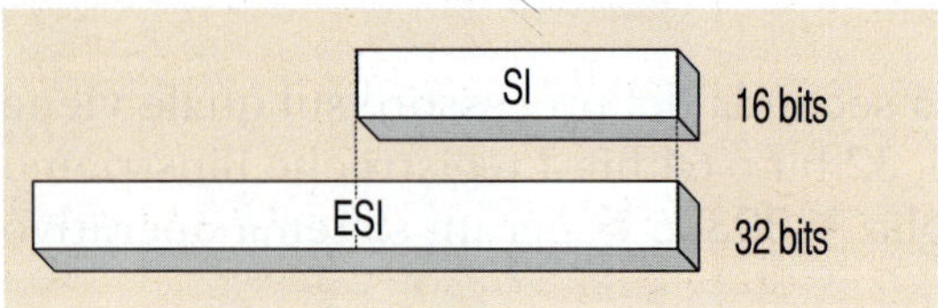

Registro Destination Index

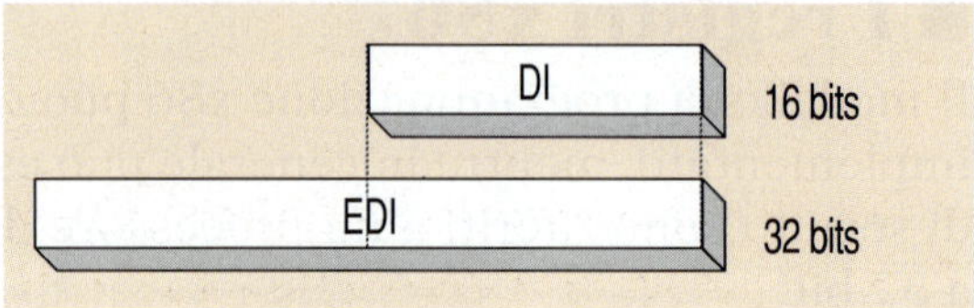

Registro **Base Pointer**

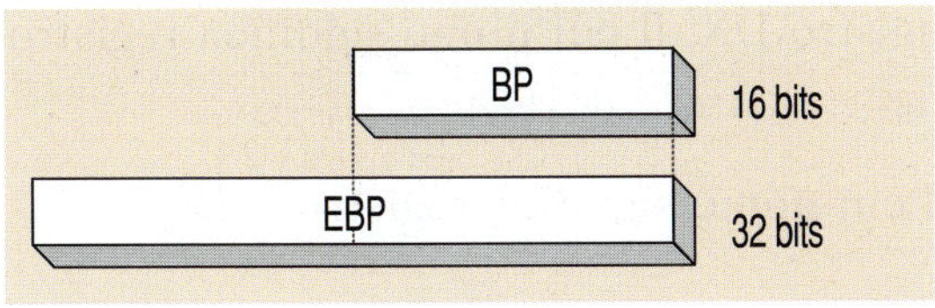

Registro **Stack Pointer**

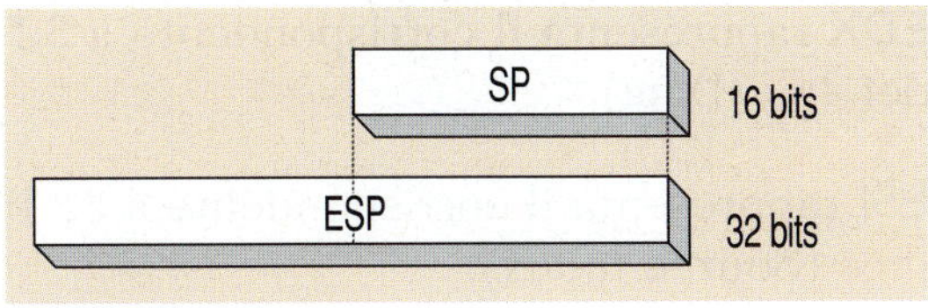

Registro **Instruction Pointer**

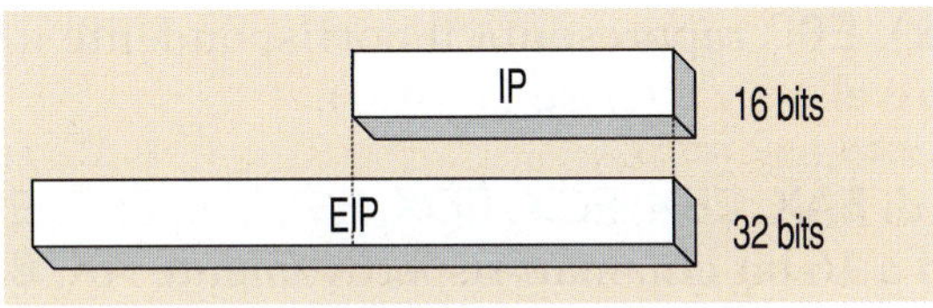

Registro **dei Flag**

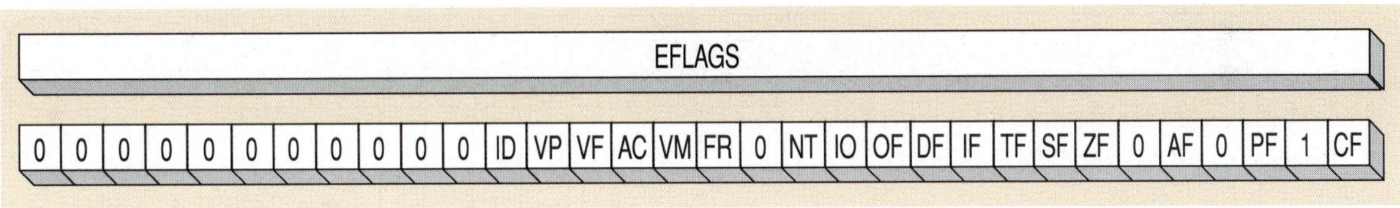

Registri di segmento

Registro **Code Segment**

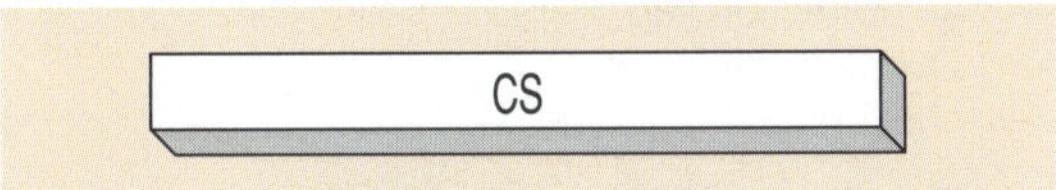

Registro **Data Segment**

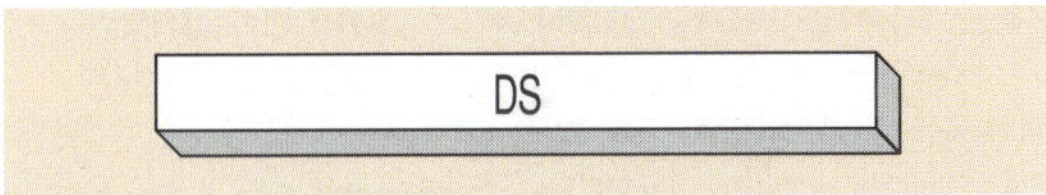

Registro **Stack Segment**

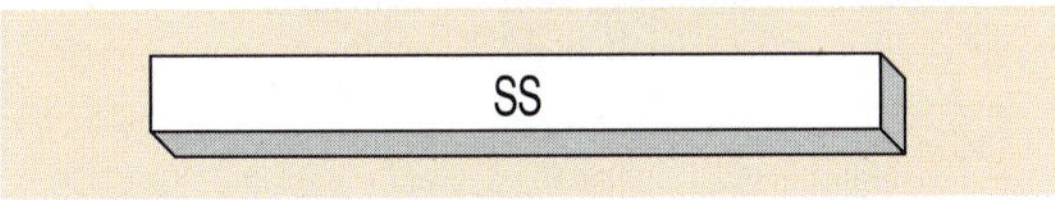

Registro **Extra Segment**

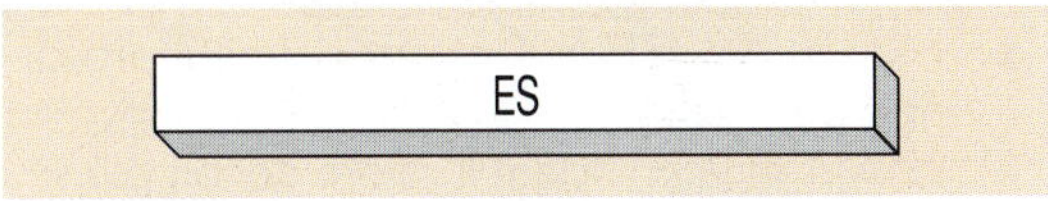

Registro **Extra Segment generico**

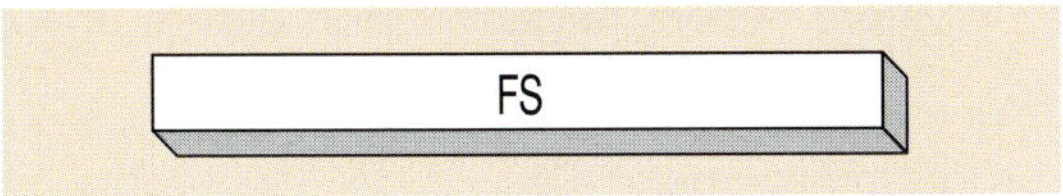

Registro **Extra Segment generico**

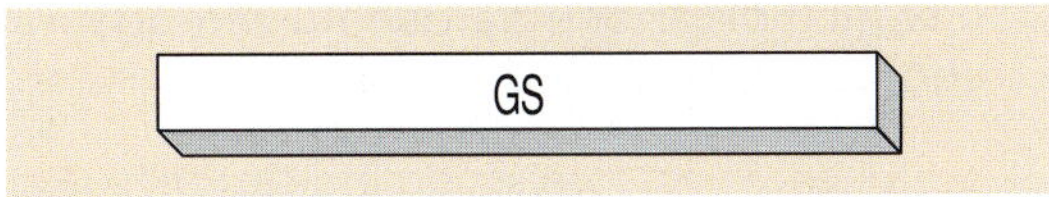

I registri EAX, EBX, ECX, EDX, ESI, EDI, EBP sono registri di tipo general purpose a 32 bit. Servono come sorgente o destinazione per qualunque operazione di trasferimento oppure di calcolo (aritmetico-logica).

> Ricorda che la CPU non è in grado di trasferire direttamente i dati da memoria a memoria; il dato deve sempre passare per un registro, come abbiamo visto precedentemente durante le fasi dei cicli macchina.

EAX significa *Extended AX*, dove AX rappresenta il registro accumulatore (Accumulator). EBX rappresenta il corrispondente a 32 bit di BX, il cui nome significa registro base. ECX rappresenta il corrispondente a 32 di CX, il cui nome significa registro contatore (Counter). EDX rappresenta il corrispondente a 32 bit del registro DX, il cui nome significa registro dei dati (Data).

ESI rappresenta il corrispondente a 32 bit di SI, il cui nome significa registro sorgente indice (Source Index).

EDI rappresenta il corrispondente a 32 bit di DI, il cui nome significa registro destinazione indice (Destination Index). EBP rappresenta il corrispondente a 32 bit di BP, il cui nome significa registro puntatore alla base (Base Pointer).

I 16 bit meno significativi di EAX, EBX, ECX, EDX, ESI, EDI, EBP, ESP, EIP, EFLAGS possono essere visti come i registri a 16 bit chiamati rispettivamente AX, BX, CX, DX, SI, DI, BP, SP, IP e ◀ FLAGS ▶.

◀ FLAGS Il registro dei flag che utilizzeremo nel volume è in realtà rappresentato dai 16 bit meno significativi di tale registro che possono essere così riassunti: ▶

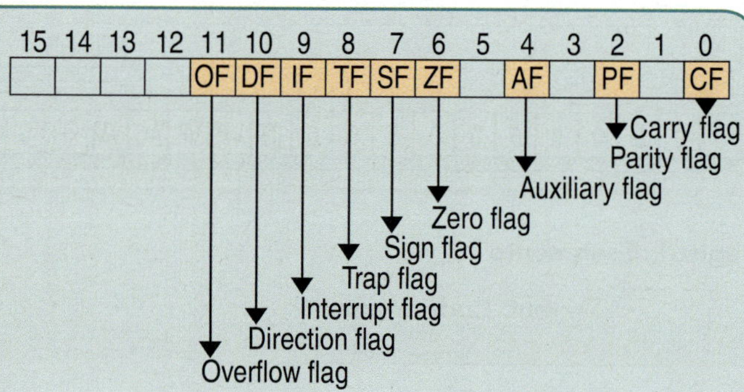

I flag possono essere suddivisi in flag di stato e flag di controllo. I flag di stato forniscono indicazioni sull'ultima istruzione eseguita:

- CARRY FLAG (CF) = 1 quando un'operazione provoca riporto; può essere una condizione per i salti.
- PARITY FLAG (PF) = 1 quando la somma dei bit a 1 presenti nel risultato di un'operazione è pari; viene usato per la trasmissione dei dati.
- AUXILIARY CARRY FLAG (AF) = 1 quando si riproduce un riporto tra il bit 3 e 4 di un operando.
- ZERO FLAG (ZF) = 1 quando il risultato di un'operazione è un valore nullo; può essere una condizione per i salti.
- SIGN FLAG (SF) ripete il valore del bit più significativo di un'operazione; come è noto 0 indica segno +, 1 indica –; può essere una condizione per i salti.
- OVERFLOW FLAG (OF) = 1 quando un'operazione aritmetica dà origine a overflow oppure quando una moltiplicazione tra due numeri ngativi dà luogo a un valore ancora negativo; può essere una condizione per i salti.

I flag di controllo forniscono indicazioni sull'ambiente di programmazione:

- TRAP FLAG (TF) usato in ambienti di debug può richiedere, se = 1, l'interruzione del programma.
- INTERRUPT FLAG (IF) se = 0, usato per disabilitare eventuali interruzioni esterne.
- DIRECTION FLAG (DF) usato nelle operazioni sulle stringhe (MOVS, LODS, STOS) per regolare l'incremento (DF=0) o il decremento (DF=1) dei registri indice. ▶

A sua volta gli 8 bit meno significativi di AX, BX, CX, DX possono essere visti come i registri a 8 bit AL, BL, CL, DL, dove la lettera "L" indica LOW (byte meno significativo). Di conseguenza gli 8 bit più significativi di AX, BX, CX, DX possono essere visti come i registri a 8 bit AH, BH, CH, DH, dove la lettera "H" indica HIGH (byte più significativo).
Il registro EIP (*Extended Instruction Pointer*) è un registro specializzato di tipo puntatore che serve alla CPU per conoscere l'indirizzo della prossima istruzione da prelevare dalla memoria durante una fase di Fetch. Si tratta della versione a 32 bit del registro IP discusso

nelle unità precedenti. Il contenuto di tale registro viene implicitamente modificato dalle istruzioni di salto o di chiamata alle procedure oppure di chiamata alle interruzioni.
Il registro ESP (*Extended Stack Pointer*) è un registro specializzato di tipo puntatore che contiene l'indirizzo della cima dello stack, spazio di memoria indispensabile per la gestione delle procedure, del passaggio dei parametri e delle variabili locali.
Il registro dei flag è chiamato EFLAGS (*Extended Flags*) che contiene i segnali di flag modificati dal risultato delle ultime istruzioni aritmetico-logiche. Nella tabella vi sono alcuni flag non utilizzati riservati per usi futuri.
I registri di segmento CS, DS, SS, ES, FS, GS sono tutti a 16 bit e vengono usati nel modello di programmazione segmentata.

■ I registri dati general purpose

I registri AX, BX, CX, DX vengono chiamati registri dati e possono essere usati per operazioni aritmetiche e logiche sui dati.

Il registro accumulatore AX viene usato principalmente per le operazioni logiche e aritmetiche sui dati. Il suo concetto di uso è analogo al concetto di accumulatore dei linguaggi evoluti e molte operazioni vengono eseguite più velocemente sull'accumulatore.

> A volte il registro accumulatore AX si lega al registro dati DX per formare un numero a 32 bit. Per esempio durante una moltiplicazione a 16 bit il risultato viene memorizzato nella coppia di registri DX:AX, dove il registro AX rappresenta i 16 bit meno significativi e DX i 16 bit più significativi.

Il registro accumulatore viene usato principalmente nelle operazioni in cui è coinvolta un'estensione di segno (si aumenta il numero di bit di un numero senza cambiarne il segno) e nelle operazioni di I/O, in quanto è l'unico registro in grado di inviare o ricevere dati da una periferica.

Esempio di assegnazione

```
MOV AL,0105
MOV AX,'S'
```

Esempio di operazioni aritmetiche

```
INC AX
DEC AX
ADD AX,03
SUB AX,02
```

Esempio di operazioni logiche

```
CMP AX,01
ROL AL,01
AND AX,00FFh
```

Il registro base BX viene usato principalmente per memorizzare l'indirizzo di partenza (base) di una cella di memoria; a tale indirizzo viene sommato un offset in modo da ottenere un indirizzo finale per identificare una cella di memoria sulla quale leggere o scrivere. Gli altri registri base invece non possono essere usati per formare un indirizzamento base più offset.

Esempi di assegnazione

```
MOV BX,01
MOV BX,0FFFFh
MOV BX,CX
```

Esempio che copia in AL il contenuto della cella puntata da BX

```
MOV AX,[BX]
```

Esempio che copia in AH il contenuto della cella puntata da BX più offset rappresentato da SI

```
MOV AH,[BX+SI]
```

Il registro contatore CX viene usato principalmente per effettuare il conteggio all'interno dei cicli oppure per effettuare copie di blocchi di memoria, operazioni di rotazione e scorrimento o per le istruzioni di gestione dell'I/O.

Esempio di ciclo ripetuto CX volte (incrementa il contenuto del registro AL per 10 volte)

```
       MOV CX,0Ah
       MOV AL,00
ciclo: ADD AL,01
       LOOP ciclo
```

Il registro dati DX viene utilizzato in maniera simile al registro accumulatore, quindi principalmente per le operazioni aritmetico-logiche. Inoltre il registro dati viene impiegato per effettuare la lettura e la scrittura sui dispositivi di I/O.

Esempio di assegnazione

```
MOV DX,03
```

Esempio di operazioni aritmetiche

```
INC DX
DEC DX
ADD DX,03
SUB DX,02
```

Esempio di operazioni logiche

```
CMP DX,01
ROL DL,01
AND DH,0Fh
```

Esempio di lettura dato dalla prima porta seriale (COM1)

```
MOV DX,03F8h
IN AL,DX
```

Stack

Il termine stack può essere tradotto in italiano come catasta e indica un'area di memoria collocata all'interno della memoria centrale.
I registri SS e SP definiscono rispettivamente l'indirizzo del segmento e l'offset della cima (top) dello stack.
La dimensione dello stack cresce andando dagli indirizzi di memoria più alti verso quelli più bassi. Non dobbiamo commettere l'errore di pensare che l'indirizzo di bottom dello stack sia rappresentato dal contenuto del registro SS: si tratta dell'indirizzo di segmento SS seguito dall'offset 0000h.
In pratica la base o bottom dello stack possiede l'indirizzo logico SS:0000, mentre la cima possiede l'indirizzo logico SS:SP, come illustrato dalla figura seguente: ▶

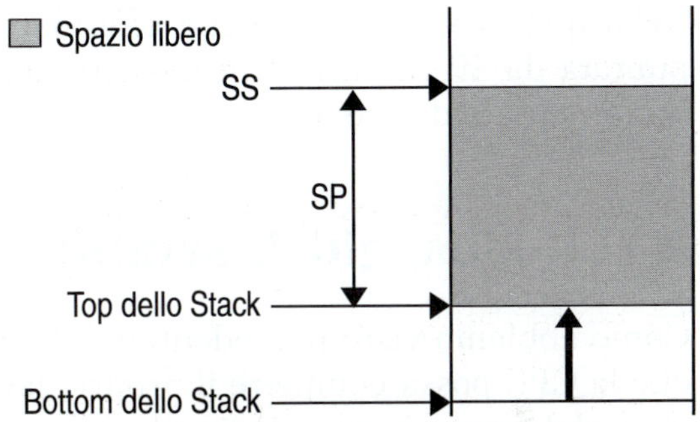

Le istruzioni Assembly PUSH e POP agiscono sullo stack trasferendo 2 byte (1 word) per ciascuna operazione. In particolare l'operazione di PUSH scrive nella cima dello stack un nuovo valore mentre l'operazione di POP preleva il valore posto in cima allo stack.

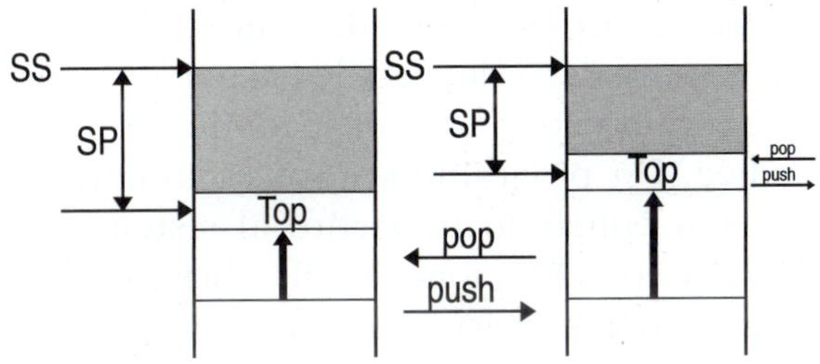

In dettaglio l'operazione di PUSH esegue: ▶
- SP = SP – 2
- Scrive una word alla posizione top dello stack.
- In dettaglio l'operazione di POP esegue:
- SP = SP + 2
- Legge una word dalla posizione top dello stack.

L'esempio seguente mostra una situazione ipotetica nella quale l'indirizzo indicato è a 16 bit e coincide con il segmento per facilitare i calcoli. Ciascun elemento dello stack è formato da due celle: la cella a sinistra possiede l'indirizzo indicato mentre quella a destra possiede l'indirizzo + 1 rispetto a quella alla sua sinistra, quindi la cella più in alto possiede l'indirizzo 010F: ▶

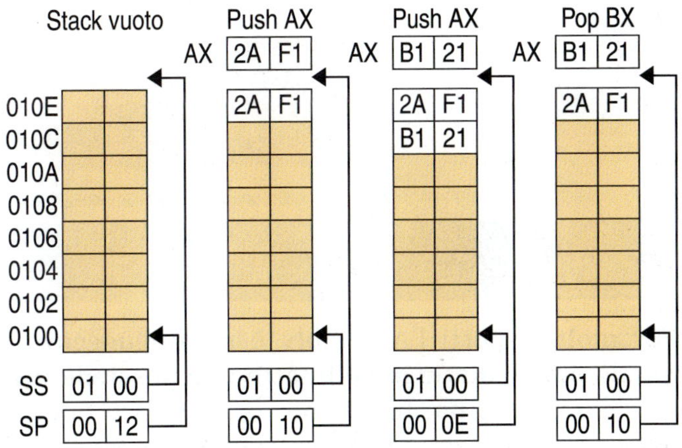

Come possiamo notare, nella situazione iniziale il registro SS punta alla base dello stack e tale valore rimane inalterato per tutte le operazioni di lettura e scrittura. Il registro SP punta alla cima dello stack, rappresentata dall'elemento di offset 0012

(12 in esadecimale equivale alla 18a cella di memoria). Nella seconda situazione viene effettuata una PUSH del contenuto del registro AX: il registro SP viene decrementato di due unità (0010) per puntare alla nuova cima dello stack e il contenuto del registro AX, cioè 2AF1 viene copiato nella cella dello stack puntata da SP.
Nella terza situazione viene effettuata un'altra operazione di PUSH del registro AX (B121): il registro SP viene decrementato di due unità (000E) per puntare alla nuova cima dello stack e il contenuto di AX viene copiato nella cella di offset 000E.
Nella quarta situazione viene effettuata un'operazione di POP nel registro BX: la cella puntata da SP (000E) viene copiata nel registro BX e il contenuto del registro SP viene incrementato di due unità (0010).

Il linguaggio Assembly

Come abbiamo visto precedentemente affinché la CPU possa compiere il proprio lavoro, cioè elaborare, è necessario che in memoria sia presente un programma che indichi al processore che cosa deve fare. Tuttavia il processore deve ricevere le istruzioni formattate in modo opportuno, secondo un preciso codice. Un programma deve contenere, per ciascun comando impartito al sistema, una precisa combinazione di cifre binarie. La figura seguente mostra la collocazione del linguaggio ◀ Assembly ▶ che si trova a metà strada tra il linguaggio evoluto e il linguaggio macchina.

◀ Il termine Assembly deriva dal nome del programma traduttore in linguaggio macchina: assembler, che significa assemblatore. L'assemblatore non fa altro che assemblare il codice macchina partendo dalle istruzioni scritte in linguaggio mnemonico assembly. Con mnemonico intendiamo cha a ciascun codice operativo in linguaggio macchina è associato un codice più facilmente comprensibile. Non dobbiamo confondere i termini assembly e assembler: il primo indica il linguaggio di programmazione mentre il secondo il programma che traduce il sorgente in linguaggio macchina. ▶

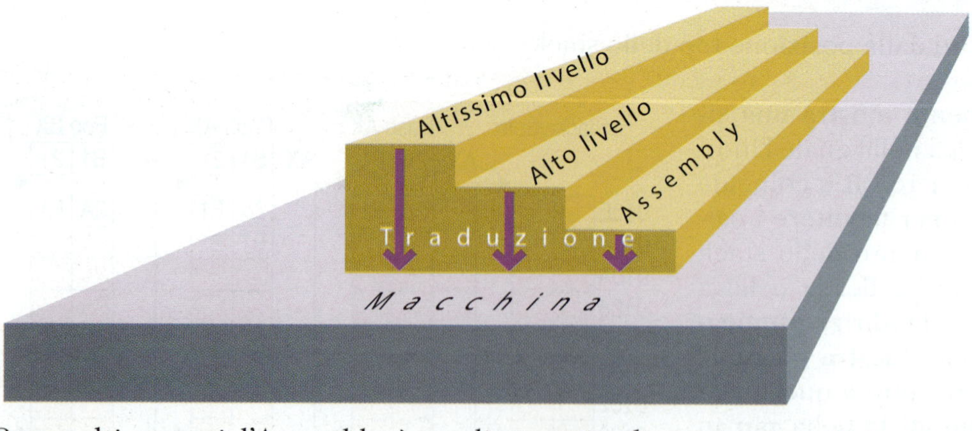

Per molti aspetti l'Assembly è un linguaggio di programmazione come gli altri, ma quello che lo distingue è il fatto che possiede una corrispondenza uno a uno con il linguaggio macchina. Infatti per ogni codice operativo delle istruzioni di una CPU esiste una corrispondente istruzione in Assembly.
La seguente tabella mostra come viene tradotta ogni istruzione dal linguaggio Assembly in linguaggio macchina:

Codice mnemonico Assembly	Linguaggio macchina esadecimale	Linguaggio macchina binario
XOR AX,AX	33 C0	00110011 11000000
INC AX	40	01000000
ADD AL,01	41	01000001

Ciascuna istruzione Assembly può essere tradotta in un'istruzione di macchina, lo stretto legame tra linguaggio Assembly e la CPU appare evidente, come abbiamo visto finora parlando di ISA x86:

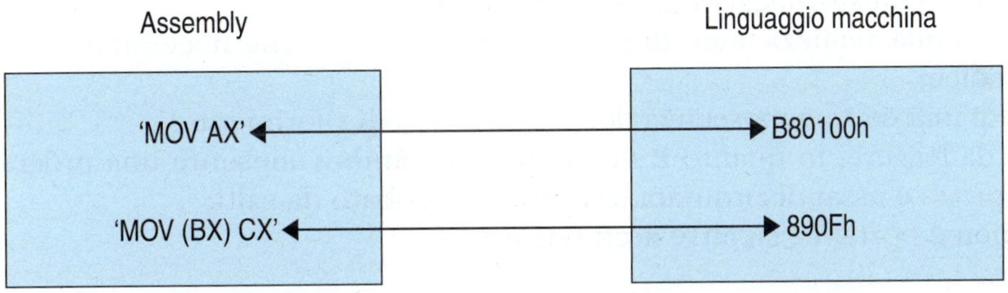

In commercio esistono diversi tipi di Assembly che differiscono per la CPU sulla quale devono lavorare, tuttavia i concetti fondamentali della programmazione in linguaggio Assembly rimangono fondanti per cimentarsi anche in ISA diverse.

Proprio per questa caratteristica, quella cioè di essere strettamente dipendente dal tipo di architettura, possiamo affermare che il linguaggio Assembly non è un linguaggio portabile.

Il set di istruzioni del linguaggio Assembly è una rappresentazione mnemonica dell'ISA del processore, chiamato appunto linguaggio macchina, in cui viene associato a ciascun comando in linguaggio macchina un breve codice, formato generalmente da tre lettere, chiamato codice mnemonico che ne rappresenta il significato.
Di seguito alcuni esempi:

Istruzione Assembly	Comando	Significato
MOV	Move	Sposta o copia da una registro a una variabile o viceversa
ADD	Addiction	Somma il contenuto del registro o della variabile indicata
INC	Increment	Incrementa di una unità il contenuto del registro o della variabile indicata
JMP	Jump	Passa il controllo a un'istruzione non consecutiva indicata
CMP	Compare	Confronta un registro o una variabile con un dato indicato

■ Vantaggi e svantaggi della programmazione in Assembly

Vediamo alcuni vantaggi della programmazione in linguaggio Assembly:

- è il linguaggio più facile da utilizzare per creare applicazioni in diretto contatto con l'hardware (interfacciamenti); inoltre, è per molti un ottimo strumento che può essere applicato in contesti diversi, quali per esempio la programmazione di sistemi cablati o computer embedded;

- è un linguaggio molto veloce in fase di esecuzione in quanto esegue istruzioni che possono essere elaborate direttamente dalla CPU senza dover essere tradotte in un numero assai elevato di altre istruzioni, spesso inutili;
- consente al programmatore il pieno controllo della funzionalità della CPU, della memoria e dei dispositivi di I/O. I linguaggi evoluti non lasciano traccia di come vengono realizzate le istruzioni a basso livello, tale compito è demandato al compilatore;
- i programmi scritti in Assembly occupano meno memoria rispetto ai linguaggi evoluti;
- consente la manipolazione dei singoli bit ricevuti o inviati dai dispositivi di I/O.

Vediamo i principali svantaggi di questo linguaggio:
- non è adatto alla realizzazione di programmi complessi che necessitano di moltissime righe di codice;
- necessita di una certa conoscenza dell'architettura di riferimento;
- è difficile da leggere, in quanto il flusso del programma consente una programmazione non strutturata e assai disordinata, essendo controllato da salti;
- il codice non è portabile su altre architetture.

Istruzioni di base Assembly

Vediamo le istruzioni di base del linguaggio Assembly per l'ISA x86, suddivise per tipo:
- **Istruzioni di spostamento o assegnazione:**
  - MOV, PUSH, POP, XCHG, LEA, LDS, LES;
- **Istruzioni aritmetiche:**
  - ADD, SUB, MUL, IMUL, DIV, IDIV, ADC, SBB, INC, DEC, NEG, BCD, DAA, DAS, AAA, AAS, AAM, AAD;
- **Istruzioni bitwise logiche:**
  - AND, OR, XOR, NOT;
- **Istruzioni bitwise di rotazione/traslazione:**
  - SAL, SAR, SHL, SHR, ROL, ROR, RCL, RCR;
- **Istruzione di confronto:**
  - TST, CMP;
- **Istruzioni di salto:**
  - JMP, Jx, JCXZ, CALL, RET, IRET, LOOP, INT, INTO;
- **Istruzioni di gestione delle stringhe:**
  - LODS, STOS, MOVS, CMPS, SCAS;
- **Istruzione di lettura/scrittura da e per I/O:**
  - IN, OUT;
- **Istruzioni di attesa:**
  - NOP, WAIT.

AREA *digitale*
Le nuove istruzioni Assembly per ISA recenti

Verifichiamo le conoscenze

1. Risposta multipla

1 Qual è la differenza tra i termini Assembly e Assembler?

a. Tutti e due i termini indicano il programma traduttore
b. Il primo indica il programma traduttore ed il secondo invece il linguaggio di programmazione
c. Il primo indica il linguaggio di programmazione ed il secondo invece il programma traduttore
d. Tutti e due i termini indicano il linguaggio di programmazione

2 Quali tra i seguenti sono registri indice? (2 risposte)

a. DX
b. SP
c. BP
d. IP
e. DI
f. SI

3 Che dimensione hanno i registri CX e DX?

a. 32 bit
b. 8 bit
c. 16 bit
d. 20 bit

4 Quali tra le seguenti sono istruzioni Assembly di tipo aritmetico? (3 risposte)

a. NEG
b. AND
c. ROL
d. MUL
e. MOV
f. DIV
g. ADD

5 Cosa accade ogni volta che viene eseguita una istruzione PUSH?

a. Il registro SP viene incrementato di due
b. Il registro BP viene incrementato di due
c. Il registro SP viene decrementato di uno
d. Il registro BP viene incrementato di uno

6 Quali tra le seguenti sono istruzioni Assembly di assegnazione? (2 risposte)

a. MOV
b. CMP
c. LEA
d. TEST

7 I registri BP e BX sono registri di tipo:

a. base
b. puntatore
c. indice
d. segmento

8 Il flag di zero contiene:

a. il risultato dell'ultima operazione aritmetica, 1 se positiva, 0 se negativa
b. il bit meno significativo dell'ultima operazione aritmetica
c. il risultato dell'ultima operazione aritmetica, 0 se = 0, altrimenti 1
d. il risultato dell'ultima operazione aritmetica, 1 se = 0, altrimenti 0

9 Quale tra i seguenti è il registro contatore usato nei cicli loop?

a. AX
b. DI
c. CX
d. DX

10 Quale istruzione delle seguenti è di tipo logico?

a. LOG
b. ADD
c. NOT
d. MOV

11 Il carry flag contiene 1 quando:

a. il risultato dell'ultima operazione vale 1
b. il risultato dell'ultima operazione ha il bit più significativo =0
c. il risultato dell'ultima operazione ha un riporto
d. il risultato dell'ultima operazione ha il bit più significativo =0

12 Quale tra i seguenti è un vantaggio del linguaggio Assembly?

a. Consente di controllare direttamente i registri della CPU
b. È un linguaggio portabile su architetture diverse
c. È un linguaggio facile da programmare
d. È un linguaggio molto evoluto
e. È un linguaggio portabile su architetture diverse

13 Un programma Assembly per essere eseguito deve essere prima di tutto tradotto mediante:

a. compilazione
b. interpretazione
c. assemblaggio
d. testing

14 Quale flag tra i seguenti contiene il bit più significativo dell'ultima operazione?

a. Sign Flag
b. Carry Flasg
c. Trap Flag
d. Zero Flag

hoepliscuola.it

AREA *digitale*

Esercizi per il recupero / Esercizi per l'approfondimento

AREA digitale

LEZIONE 3

La struttura di un programma Assembly

In questa lezione impareremo...

- a conoscere la struttura di un programma
- a distinguere le fasi dell'assemblaggio
- a conoscere le direttive e il formato istruzioni
- a conoscere come rappresentare i metodi di indirizzamento

■ L'assemblaggio di un programma

Per ottenere un programma eseguibile partendo da un programma sorgente in Assembly dobbiamo effettuare due operazioni:

- assemblaggio mediante il programma assemblatore (assembler);
- collegamento mediante il programma collegatore (linker).

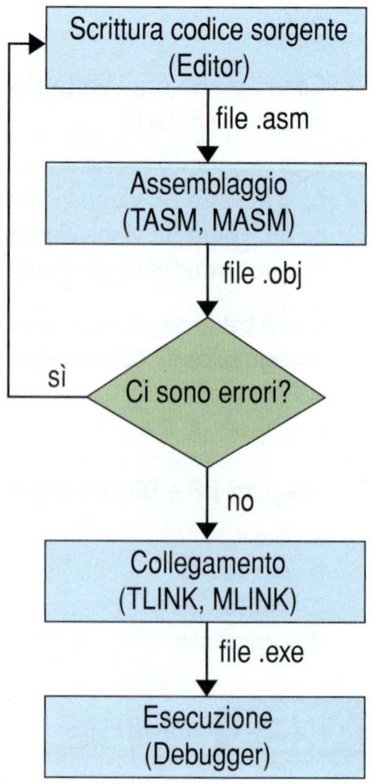

La scrittura del codice sorgente può avvenire con un qualunque editor di tipo ASCII, l'importante è che venga assegnata l'estensione corretta al file, per esempio .asm per i file Assembly secondo la sintassi TASM. Esistono in commercio numerosi assemblatori, uno dei più diffusi è il TASM (*Turbo Assembler*) di Borland che funziona con processori fino a 32 bit (vedi il laboratorio alla fine di questa Unità per l'installazione). Una volta che abbiamo scritto il file sorgente deve essere effettuato l'assemblaggio, e se non vengono segnalati errori significa che possiamo passare all'operazione successiva, cioè il collegamento, altrimenti dobbiamo apportare le modifiche al programma sorgente mediante l'editor. Una volta assemblato il programma il file che viene generato assume l'estensione .obj.

Dopo aver collegato il file (TLINK), otteniamo un file con estensione .exe che rappresenta il programma eseguibile. ▶

L'assemblatore effettua due passi fondamentali:

1. Analisi
   In questa fase effettua il riconoscimento delle macro, delle direttive e della correttezza delle istruzioni ammesse, quindi realizza la creazione della tabella dei simboli (*Symbol Table*) associando l'indirizzo fisico alle etichette e alle variabili.
2. Sintesi
   In questa seconda fase l'assemblatore effettua la traduzione del programma utilizzando la tabella contenente i codici operativi, e sostituisce gli operandi simbolici con i corrispondenti ◀ indirizzi rilocabili ▶, segnalando gli eventuali identificatori non definiti e generando, di conseguenza, il listato e le istruzioni speciali necessarie per il linker, rappresentate da simboli pubblici o esterni.

◀ Indirizzi rilocabili È un indirizzo che una cella di memoria avrebbe se il programma iniziasse in memoria dalla posizione assoluta 0 (zero). Per passare dall'indirizzo rilocabile a quello assoluto basta quindi sommare al primo l'indirizzo di impianto del programma:

indirizzo assoluto = indirizzo rilocabile + indirizzo di impianto

Un programma si dice rilocabile quando può essere eseguito in un punto qualsiasi della memoria, in quanto formato da indirizzi rilocabili. ▶

I file oggetto generati dall'assemblatore contengono le informazioni necessarie al collegamento con altri moduli come per esempio le librerie di sistema e le informazioni necessarie alla rilocazione con le istruzioni macchina e i dati generati dalla traduzione del programma sorgente.

La fase di collegamento (linker) genera un file eseguibile unico collegando più file oggetto tra loro, il quale contiene il codice e i dati rilocabili nonché le direttive per il loader, il programma caricatore che verrà usato dal sistema operativo per collocare in memoria il file eseguibile durante l'esecuzione dello stesso.

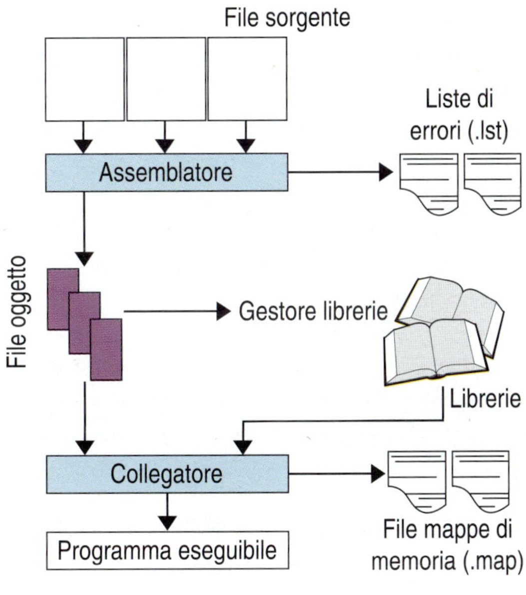

La fase di esecuzione può essere eseguita anche mediante il debugger, un programma che consente di "spulciare" tutte le istruzioni per verificarne il funzionamento, come si vede nella finestra seguente che mostra l'esecuzione del Turbo Debugger di Borland:

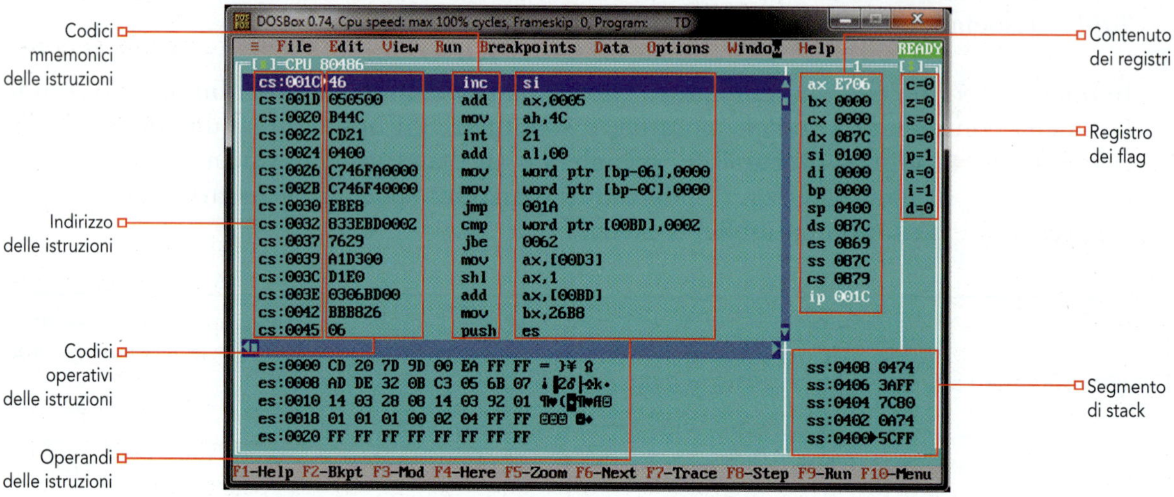

AREA *digitale*

Lo sviluppo di un programma

■ Struttura di un programma Assembly

Un programma, secondo la sintassi Assembly standard, deve dichiarare innanzi tutto come deve essere utilizzata la memoria e come viene suddivisa nei quattro segmenti fondamentali (dati, stack, codice, extra). I segmenti possono essere dichiarati secondo due diverse direttive, chiamate:

- direttive standard;
- direttive semplificate.

Le direttive standard

Le istruzioni comprese tra le direttive SEGMENT ed ENDS vengono associate al segmento indicato.

```
primo SEGMENT
        ...
        dichiarazione di dati
        ...
primo ENDS                          ;termina il segmento chiamato primo
secondo SEGMENT
        ...
        istruzioni
        ...
secondo ENDS                        ;termina il segmento chiamato secondo
terzo SEGMENT
```

```
        ...
        Dati o istruzioni
        ...
terzo ENDS                        ;termina il segmento chiamato terzo
```

In questo esempio sono stati associati tre segmenti chiamati rispettivamente primo, secondo e terzo, tuttavia i nomi possono essere diversi.
La direttiva ASSUME comunica all'assemblatore a quale segmento punta ogni registro di segmento secondo la seguente sintassi.

Il codice di esempio seguente mostra come associare al segmento primo il segmento dei dati rappresentato dal registro DS, come associare al segmento secondo il segmento che conterrà le istruzioni del codice rappresentato dal registro CS, e infine come associare al segmento terzo il segmento dello stack rappresentato dal registro SS.

```
ASSUME DS:primo, CS:secondo, SS:terzo
```

Si tratta di una direttiva che non fa eseguire nessuna istruzione ma è necessaria per il calcolo degli offset degli indirizzi in memoria a cui fa riferimento ciascun segmento.

> Un programma Assembly deve possedere almeno una direttiva per il segmento CS, altrimenti non potrebbe contenere il codice eseguibile.

Le direttive semplificate

L'assembler TASM ha introdotto direttive di segmentazione semplificate che consentono al programmatore di scrivere il codice risparmiando alcune righe di direttive. Si tratta di un formalismo che consente una maggior concisione nella stesura dei programmi; le direttive semplificate si scrivono facendole iniziare con il punto (.). Il codice seguente mostra la sintassi e la struttura tipica di un programma con queste direttive:

```
TITLE programma
.MODEL SMALL
.STACK
;qui vanno le istruzioni o i dati del segmento puntato dal registro SS
.DATA
;qui vanno le istruzioni o i dati del segmento dei dati puntato dal registro DS
.CODE
.STARTUP ;direttiva che determina i valori per DS e ES
;qui vanno le istruzioni del segmento del codice puntato dal registro CS


;servizio DOS di chiusura programma
MOV AH,4Ch
INT 21H
;qui vanno definite le procedure

END
```

La chiusura del programma avviene mediante un servizio del sistema operativo DOS che chiude effettivamente l'esecuzione liberando la memoria in uso dal programma:

```
MOV AH,4Ch
INT 21h
```

Tale servizio deve essere usato anche nei sistemi operativi Windows.

La direttiva .MODEL identifica le dimensioni dei segmenti in uso. In questo caso abbiamo indicato SMALL ma ne esistono anche altri:

- TINY
  Il codice del programma consente salti di tipo NEAR, cioè effettuabili solo all'interno del segmento di codice. Inoltre, poiché i segmenti dati e codice coincidono, viene usato per creare file eseguibili con estensione .com, cioè non rilocabili.
- SMALL
  Il codice del programma consente salti di tipo NEAR, cioè effettuabili solo all'interno del segmento di codice. I segmenti dati e codice sono diversi, cioè in sostanza i registri CS e DS puntano a indirizzi diversi.
- MEDIUM
  Il codice del programma consente salti di tipo FAR, cioè effettuabili anche al di fuori del segmento di codice. I segmenti dati e codice sono diversi, cioè in sostanza i registri CS e DS puntano a indirizzi diversi.
- COMPACT
  Il codice del programma consente salti di tipo NEAR, cioè effettuabili solo all'interno del segmento di codice, mentre il segmento dati consente salti di tipo FAR, cioè effettuabili anche al di fuori del segmento. I segmenti dati e codice sono diversi, cioè in sostanza i registri CS e DS puntano a indirizzi diversi.
- LARGE
  Il codice del programma consente salti di tipo NEAR, cioè effettuabili solo all'interno del segmento di codice, mentre il segmento dati consente salti di tipo FAR, cioè effettuabili anche al di fuori del segmento. I segmenti dati e codice sono diversi, cioè in sostanza i registri CS e DS puntano a indirizzi diversi. Gli array possono avere una dimensione inferiore a 64 k.
- HUGE
  Il codice del programma e il segmento dati consentono salti di tipo FAR, cioè effettuabili anche al di fuori del segmento di codice. I segmenti dati e codice sono diversi, cioè in sostanza i registri CS e DS puntano a indirizzi diversi. Gli array possono avere una dimensione superiore a 64 k.

In sintesi: ▶

Modello di memoria	Codice	Dati	Dati e codice combinati
TINY	NEAR	NEAR	SÌ
SMALL	NEAR	NEAR	NO
MEDIUM	FAR	NEAR	NO
COMPACT o LARGE	NEAR	FAR	NO
HUGE	FAR	FAR	NO

AREA *digitale*

I modelli di memoria

Formato delle istruzioni

Ciascuna istruzione Assembly deve essere scritta cercando di rispettare il seguente incolonnamento che prevede **4 colonne**: una per le etichette (label) che devono terminare con i due punti (:), una per la parola chiave dell'istruzione o per la direttiva, una per l'operando o gli operandi separati dalla virgola, e infine una per i commenti che devono iniziare con il punto e virgola (;).

```
[Etichetta]    Istruzione | Direttiva    [Operando, operando]    [; Commento]
```

Etichetta

Chiamata anche *label*, consente di dare un nome simbolico alle istruzioni, da utilizzare come operando nelle istruzioni di salto o nelle procedure. Termina con i due punti (per esempio ciclo:) e può essere scritta indifferentemente in minuscolo o maiuscolo. È peraltro diffuso lo stile che prevede le etichette scritte interamente in minuscolo.

Istruzione o direttiva

Rappresenta la parola chiave dell'istruzione da eseguire (ADD, MOV ecc.) e può essere scritta indifferentemente in minuscolo o maiuscolo. È peraltro diffuso lo stile che prevede le parole chiave scritte interamente in maiuscolo. Le direttive sono istruzioni particolari che dialogano con l'assemblatore e iniziano con il carattere punto (per esempio .CODE).

Operandi

Sono una combinazione di tre tipi di dati:

- registro;
- memoria;
- ◀ dato immediato ▶.

Per registro si intende un registro della CPU (per esempio AX, CL, BL ecc.). Per memoria si intende una cella di memoria identificata da un registro puntatore scritto tra parentesi quadre (per esempio [SI]) oppure una variabile espressa con un ◀ nome simbolico ▶.

Per dato immediato si intende un valore numerico costante (per esempio 0FFh) oppure di tipo carattere compreso tra gli apici (per esempio 'a'). Quando un'istruzione ammette due operandi il primo rappresenta sempre la destinazione mentre il secondo la sorgente, per esempio:

◀ Dato immediato Sono costanti numeriche rappresentate di default in base 10. Possiamo anche esprimere le costanti numeriche in basi diverse:
in base 16 (esadecimale) mediante il suffisso h alla fine del numero (per esempio 0F1h);
in base 8 (octale) mediante il suffisso o alla fine del numero (per esempio 023o);
in base 2 (binario) mediante il suffisso b alla fine del numero (per esempio 01010100b);
in base 10 (decimale di default) mediante il suffisso d alla fine del numero (per esempio 123d). ▶

◀ Nome simbolico I nomi simbolici ammessi nel linguaggio sono:

- caratteri: A-Z a-z 0-9 $? @;
- il primo carattere di un nome non può essere un numero (0-9);
- ogni nome deve essere univoco;

non deve mai coincidere con una parola riservata, come per esempio il nome di un registro o di un operatore. ▶

```
MOV CX,AX
```

copia il contenuto del registro AX nel registro CX.

Commenti

I commenti servono per rendere più leggibile il programma; tra l'altro essendo il linguaggio Assembly un linguaggio poco leggibile, dobbiamo cercare di spiegare il significato dei blocchi di istruzioni.

■ Metodi di indirizzamento

Prima di tutto è necessario introdurre i ◀ **metodi di indirizzamento** ▶ offerti dal linguaggio Assembly.

◀ Metodi di indirizzamento Si chiamano metodi o modalità di indirizzamento i sistemi usati nelle istruzioni per accedere agli operandi. Gli operandi vengono recuperati dall'UC (unità di controllo) in base al loro indirizzo che può essere specificato in vari modi, detti appunto modalità o metodi di indirizzamento. In generale i metodi di indirizzamento per l'ISA x86 a 16 bit possono essere facilmente ricondotti allo schema seguente:

$$\left\{\begin{matrix} CS: \\ DS: \\ SS: \\ ES: \end{matrix}\right\} \left[\left[\left\{\begin{matrix} BX \\ BP \end{matrix}\right\} \right] + \left[\left\{\begin{matrix} SI \\ DI \end{matrix}\right\} \right] \right] + [spiazzamento]$$

▶

Le istruzioni utilizzabili nell'ISA x86 sono raggruppabili in tre categorie:

- istruzioni di trasferimento;
- istruzioni aritmetico-logiche;
- istruzioni di controllo di flusso.

◀ Bitwise Bitwise significa letteralmente "orientati ai bit": si tratta di operatori che consentono di manipolare direttamente i bit di un numero. Tra di essi distinguiamo quelli di scorrimento (shift) che consentono di far scorrere i bit, quelli di rotazione (rotate) che consentono di ruotare i bit di un numero binario di un certo numero di posizioni, e quelli booleani, come AND, OR, NOT e XOR. ▶

Le prime vengono usate per trasferire dati tra i registri interni, la memoria centrale e le porte di I/O, le seconde servono per manipolare i dati attraverso calcoli aritmetici e logici, detti anche ◀ **bitwise** ▶, eseguiti dall'ALU che può accedere agli operandi presenti nei registri interni o nella memoria centrale ma non nell'I/O, che è accessibile solo con i trasferimenti.
Le terze consentono di variare il flusso sequenziale del programma tramite salti a indirizzi specifici, condizionati o non condizionati, realizzando in tal modo i costrutti della programmazione strutturata (selezione, iterazione).

Le operazioni svolte dalle istruzioni possono essere unarie o binarie: un'operazione unaria è quella che ha un unico operando; un tipico esempio di operazione unaria è il cambio di segno o negazione oppure la complementazione o NOT in cui l'operazione avviene su un unico operatore. Un'operazione binaria consente per esempio di trasferire dati indicando espressamente due elementi (sorgente e destinazione).

Ciascuna istruzione deve specificare alla CPU il metodo di accesso con cui fare le operazioni, cioè il modo in cui può ottenere il dato (nel caso unario) o i dati (nel caso binario). Il metodo di accesso è identificato dal codice operativo dell'istruzione: esistono molte istruzioni simili ma con codice operativo diverso a seconda del metodo di indirizzamento e del registro sul quale operano. Di seguito vengono illustrati i principali metodi di indirizzamento.

Indirizzamento immediato

In questa modalità di indirizzamento l'operando dell'istruzione è contenuto nel codice operativo dell'istruzione stessa ed è quindi una costante. Il dato viene ottenuto tramite letture successive al Fetch del codice operativo. Questo metodo di indirizzamento non può evidentemente essere usato per gli operandi destinazione che sono oggetto di modifica.

Indirizzamento a registro

In questa modalità di indirizzamento l'operando dell'istruzione è contenuto all'interno di un registro. La CPU non deve compiere alcuna operazione attraverso il BUS in quanto l'operando è già disponibile internamente nel registro indicato. Quest'ultimo è una variabile e quindi può essere sia sorgente (operando) che destinazione (risultato) di un'operazione.

Indirizzamento diretto

In questa modalità di indirizzamento l'operando dell'istruzione è contenuto a partire dalla cella di memoria il cui indirizzo è contenuto nel codice dell'istruzione stessa. Il dato è quindi una variabile di posizione costante. Esso viene ottenuto tramite letture successive al Fetch del codice operativo. Questo metodo di accesso può essere usato sia per la sorgente (operando) che per la destinazione (risultato) di un'operazione in quanto ciò che è costante è il suo indirizzo e non il suo valore, che può essere letto o scritto in base alla funzione svolta dall'istruzione.

Indirizzamento indiretto

In questa modalità di indirizzamento l'operando dell'istruzione è contenuto a partire dalla cella di memoria il cui indirizzo è contenuto in un registro puntatore. Il dato è quindi una variabile e la sua posizione è variabile proprio perché può variare il contenuto del registro puntatore. La CPU non deve compiere alcuna operazione attraverso il BUS in quanto l'operando è già disponibile internamente nel registro indicato. Questo metodo di accesso può essere usato sia per la sorgente (operando) che per la destinazione (risultato) di un'operazione facendo letture o scritture all'indirizzo specificato dal registro puntatore. Il vantaggio di questo tipo di accesso rispetto al precedente è che l'indirizzo del dato non è fissato a priori e può cambiare durante l'esecuzione.

Indirizzamento indicizzato

In questa modalità di indirizzamento l'operando dell'istruzione è contenuto a partire dalla cella di memoria il cui indirizzo è calcolato dalla somma di due registri in cui il primo è considerato puntatore alla base di un blocco di memoria mentre il secondo è considerato spiazzamento, cioè spostamento all'interno del blocco di memoria. Il calcolo di questa somma tra registri è effettuato internamente, pertanto il dato è una variabile e la sua posizione è doppiamente variabile perché può variare sia il contenuto del registro puntatore sia quello dell'indice. La CPU non deve compiere alcuna operazione attraverso il BUS in quanto l'operando è già disponibile internamente nel registro indicato. Questo metodo di accesso può essere usato sia per la sorgente (operando) che per la destinazione (risultato) di un'operazione facendo letture o scritture all'indirizzo specificato dal registro puntatore. Questo metodo di accesso viene tipicamente usato per accedere agli array.

Indirizzamento implicito

In questa modalità di indirizzamento l'operando non viene specificato in alcun modo in quanto implicitamente dichiarato nel codice operativo dell'istruzione stessa.

Alcuni esempi

Vediamo adesso alcuni esempi di istruzioni Assembly che coprono l'intera gamma dei metodi di indirizzamento con indicati a fianco il metodo di indirizzamento utilizzato, il codice operativo espresso in base esadecimale e la descrizione del comportamento in base ai metodi di indirizzamento utilizzati.
Nella prima colonna si trova il nome simbolico dell'istruzione, nella seconda il metodo di indirizzamento del primo operando, nella terza il metodo di indirizzamento del secondo operando se l'operazione è binaria, mentre nella quarta colonna si trovano le spiegazioni.

Istruzioni di trasferimento

Istruzione	Indirizzamento primo operando	Indirizzamento secondo operando	Spiegazione
MOV BX,AX	A registro	A registro	Copia il contenuto del registro AX nel registro BX
MOV AX,05	A registro	Immediato	Copia il dato immediato (numero 5) nel registro AX
MOV BX,variabile1	A registro	Diretto	Il contenuto della variabile è copiato nel registro BX
MOV variabile1,AX	Diretto	A registro	Il contenuto del registro BX è copiato nella variabile
MOV AX,[BX]	A registro	Indiretto	Il contenuto delle due celle puntate dal registro BX viene copiato nel registro AX
MOV AL,[BX]	A registro	Indiretto	Il contenuto della cella puntata dal registro BX viene copiato nel registro AL
MOV [BX],AX	Indiretto	A registro	Il contenuto del registro AX viene copiato nelle due celle puntate dal registro BX
MOV [BX],AL	Indiretto	A registro	Il contenuto del registro AH viene copiato nella cella puntata dal registro BX
MOV AL,[BX+SI]	A registro	Indicizzato	Il contenuto della cella puntata dalla somma dei registri BX e SI viene copiato in AL

Istruzione	Indirizzamento primo operando	Indirizzamento secondo operando	Spiegazione
MOV AX,[BX+SI]	A registro	Indicizzato	Il contenuto delle due celle puntate dalla somma dei registri BX e SI viene copiato nel registro AX
MOV [BX+SI],CH	Indicizzato	A registro	Il contenuto del registro CH viene copiato nella cella puntata dalla somma dei registri BX e SI
MOV [BX+SI],CX	Indicizzato	A registro	Il contenuto del registro CX viene copiato nelle due celle puntate dalla somma dei registri BX e SI
MOV ES:[SI],AL	Indicizzato	A registro	Il contenuto del registro AL viene copiato nell'indirizzo assoluto rappresentato dalla coppia di registri ES e SI che insieme formano un indirizzo a 32 bit dove la parte più significativa di tale indirizzo è contenuta nel registro SI
MOV ES:[SI],CX	Indicizzato	A registro	Il contenuto del registro CX viene copiato nelle due celle di indirizzo assoluto rappresentato dalla coppia di registri ES e SI che insieme formano un indirizzo a 32 bit dove la parte più significativa di tale indirizzo è contenuta nel registro SI
DIV CL	Implicito	A registro	Il dividendo è sempre AX (implicito) e il divisore è il registro CL (a 8 bit). Il quoziente viene copiato in AL e il resto nel registro AH
DIV CX	Implicito	A registro	Il dividendo è sempre la coppia di registri DX:AX (considerato come un numero a 32 bit) e il divisore è il registro CX (a 16 bit). Il quoziente viene copiato in AX e il resto nel registro DX
PUSH DX	Implicito		Copia in cima allo stack (implicito) il contenuto di DX
POP AX	Implicito		Copia in AX il contenuto della cima dello stack
IN AL,0FEh	A registro	Diretto	Copia il contenuto della porta di ingresso 2FEh nel registro AL
IN AL,DX	A registro	A registro	Copia il contenuto della porta puntata da DX (16 bit) nel registro AL
OUT 20h,AL	Diretto	A registro	Copia il contenuto di AL nella porta di uscita 20h

Istruzione	Indirizzamento primo operando	Indirizzamento secondo operando	Spiegazione
OUT DX,AL	Indiretto	A registro	Copia il contenuto di AL nella porta di uscita puntata da DX (16 bit)
NEG BL	A registro		Effettua il complemento a due del registro BL
NEG BX	A registro		Effettua il complemento a due del registro BX
NEG variabile1	Diretto		Effettua il complemento a due della variabile
NEG [SI]	Indiretto		Effettua il complemento a due della cella di memoria puntata dal registro SI
JMP etichetta	Immediato		Somma al registro IP lo spiazzamento necessario per raggiungere l'istruzione accanto all'etichetta indicata. Lo spiazzamento è un valore a 8 bit con segno compreso tra –128/+127
JMP BX	A registro		Copia in IP il contenuto di BX, quindi esegue l'istruzione il cui indirizzo è contenuto nel registro BX
JMP [BX]	Indiretto		Copia in IP il contenuto delle due celle puntate da BX, quindi esegue l'istruzione il cui indirizzo è contenuto nelle celle puntate da BX

Adesso vogliamo mostrare alcune istruzioni errate che violano le regole di sintassi oppure di indirizzamento e pertanto non possono essere in nessun caso utilizzate dal programmatore in quanto il programma traduttore (assemblatore o assembler) genererebbe un errore:

Istruzione	Indirizzamento primo operando	Indirizzamento secondo operando	Spiegazione
MOV 09h,DX	Immediato	A registro	Una costante non può essere destinazione
MOV CL,CX	A registro	A registro	I due operandi hanno dimensione diversa
MOV variabile1,variabile2	Diretto	Diretto	In questo caso viene violato un principio fondamentale dell'Assembly: non esiste l'indirizzamento memoria memoria, cioè si deve sempre passare per un registro

Istruzione	Indirizzamento primo operando	Indirizzamento secondo operando	Spiegazione
MOV AL,[BL]	A registro	Indiretto	Il registro puntatore deve essere a 16 bit
MOV [AX],[BX]	Indiretto	Indiretto	In questo caso viene ancora violato un principio fondamentale dell'Assembly: non esiste l'indirizzamento memoria memoria, cioè si deve sempre passare per un registro
MOV [BX+SI],[CX+DI]	Indicizzato	Indicizzato	Anche in questo caso viene violato un principio fondamentale dell'Assembly: non esiste l'indirizzamento memoria memoria, cioè si deve sempre passare per un registro
IN AL,200h	A registro	Diretto	Gli indirizzi di porta sono espressi a 8 bit, pertanto il valore 200h non è ammesso
MOV AL,F1h	A registro	Diretto	I valori esadecimali che iniziano con una lettera dell'alfabeto (tra A e F) devono essere preceduti dallo 0 (0F1h)
OUT 20h,1	Diretto	Immediato	L'operando non può essere una costante ma solo AL o AX
OUT 200h,AL	Diretto	A registro	Il metodo diretto funziona solo per gli indirizzi di porta a 8 bit
NEG 05h	Immediato		L'operando non può essere rappresentato da un dato immediato

Verifichiamo le conoscenze

1. Risposta multipla

1 Per indicare un commento è necessario anteporre ad ogni riga:

a. il simbolo del punto e virgola
b. il simbolo della virgola:
c. il simbolo doppio slash
d. il simbolo della parentesi e asterisco:

2 Che estensione deve avere il file sorgente secondo l'assembler TASM?

a. .asm
b. Qualsiasi
c. .bly
d. .tasm

3 Quale istruzione tra le seguenti assegna il carattere ASCII della lettera "x" al registro AL? (2 risposte)

a. MOV AL,'x'
b. MOV AL,"x"
c. MOV AL,78h
d. MOV AL,0xh

4 Quale fase tra le seguenti rende il file eseguibile?

a. L'assemblaggio del file
b. L'editing del file
c. Il debug del file
d. Il linking del file

5 Nel modello di memoria COMPACT abbiamo che il segmento:

a. codice consente salti di tipo NEAR, e il segmento dati consente salti di tipo FAR
b. codice e il segmento dati consentono salti di tipo FAR
c. codice e il segmento dati consentono salti di tipo NEAR
d. codice consente salti di tipo FAR, e il segmento dati consente salti di tipo NEAR

6 Come si chiamano le due fasi che esegue l'assemblatore?

a. Analisi e sintesi
b. Analisi e debug
c. Sintesi e collegamento
d. Analisi e collegamento

7 Quale tra i seguenti non è un segmento tipico di un programma in esecuzione?

a. Segmento di Stack
a. Segmento di Memoria
a. Segmento Extra
a. Segmento di Codice

8 Indica il significato delle istruzioni seguenti.

```
MOV AH,4Ch
INT 21h
```

a. Indica la fine del segmento codice
b. Termina l'esecuzione del programma ma non libera la memoria in uso
c. Termina l'esecuzione del programma liberando la memoria in uso
d. Indica la fine del segmento dati

9 Quale categoria di istruzioni Assembly tra le seguenti non esiste nell'ISA x86?

a. Istruzioni di trasferimento
b. Istruzioni aritmetico-logiche
c. Istruzioni di controllo dell'input
d. Istruzioni di controllo di flusso

2. Ordinamento

1 Metti in ordine logico crescente l'uso dei seguenti programmi che consentono di sviluppare un programma Assembly:

a. .... Loader
b. .... Linker
c. .... Editor
d. .... Assemble
e. .... Debug

AREA digitale

hoepliscuola.it

Esercizi per il recupero / Esercizi per l'approfondimento

3. Completamento

1 **Completa la seguente tabella indicando il metodo di indirizzamento usato negli operandi indicati.**

Istruzione	Indirizzamento primo operando	Indirizzamento secondo operando
MOV AL,[SI+1]		
CMP byte ptr[SI],01		
MOV AL,variabile1		
MOV variabile1,CX		
MOV AX,[DI]		
MOV [SI],DL		
MOV [BX+SI],AX		
MOV CX,[BX+DI]		
MOV AL,ES:[SI]		
DIV byte ptr[SI]		
PUSH BP		
POP BP		
IN BL,01h		
IN AL,DX		
OUT 20h,AL		
OUT DX,AL		

LEZIONE 4

Le istruzioni di assegnazione Assembly

In questa lezione impareremo...

- a conoscere la sintassi delle istruzioni di trasferimento
- a conoscere il significato di stack e le istruzioni a esso collegate

La sintassi

Le istruzioni utilizzabili in Assembly x86 sono moltissime (oltre 300); abbiamo deciso di illustrare le più significative spiegandone le seguenti caratteristiche:

- Nome simbolico: è una parola chiave riconosciuta dall'assemblatore che individua il tipo di istruzione ed è seguita da nessuno, uno o due operandi. In realtà a uno stesso nome simbolico corrispondono diversi codici operativi perché una stessa istruzione può essere realizzata con diversi metodi di accesso.
- Modalità di indirizzamento: la sintassi indicata per i vari metodi di indirizzamento è la seguente:
  - immediato a 8/16/32 bit;
  - registro a 8/16/32 bit;
  - memoria a 8/16/32 bit.
- Flag alterati: flag alterati dalle istruzioni.
- Esempi di utilizzo: elenco di possibili metodi di accesso e brevi sequenze in cui l'istruzione è utilizzata.

L'assegnazione con MOV

L'istruzione MOV possiede due operandi: l'operando di destra viene copiato in quello di sinistra. L'operando sorgente può essere un valore immediato, un registro o una cella di memoria a cui accedere in modo diretto, indiretto o indicizzato.

L'operando destinazione può essere un registro, una cella di memoria a cui accedere in modo diretto, indiretto o indicizzato ma non un valore immediato. I due operandi devono avere le stesse dimensioni.

Sintassi:

```
MOV destinazione,sorgente
```

Modalità di indirizzamento:
MOV memoria,registro
MOV registro,memoria
MOV registro,immediato
MOV memoria,immediato
MOV registro,registro

Nell'assegnazione di un dato immediato alla memoria è sempre necessario indicare esplicitamente la dimensione della cella di memoria indirizzata. Per fare questo usiamo le parole riservate Word Ptr e Byte Ptr, a seconda che il dato immediato venga assegnato a una word (coppia di celle) oppure a una cella singola (byte). Tale indicazione deve essere posta prima della parentesi quadra: l'esempio che segue mostra come assegnare una word e successivamente un byte a due locazioni di memoria puntate dal registro SI e DI:

```
MOV     Word Ptr[SI],05h
MOV     Byte Ptr[DI],00h
```

Il problema non si pone nel trasferimento dei dati tra memoria e registri in quanto la dimensione del registro è esplicita; pertanto se effettuiamo le seguente istruzione

```
MOV     AX,[SI]
```

le celle che vengono trasferite nel registro AX sono due, in quanto la dimensione del registro rende esplicita l'assegnazione. In pratica è come se avessimo indicato:

```
MOV     AX,Word Ptr[SI]
```

Flag alterati:
nessuno

ESEMPIO 1 *Uso dell'istruzione MOV*

```
MOV BL,AL                   ;copia il contenuto del registro AL nel registro BL (8 bit)
MOV DX,CX                   ;copia il contenuto del registro CX nel registro DX (16 bit)
MOV CX,0F1B1h               ;copia nel registro CX un dato immediato a 16 bit
MOV CL,05h                  ;copia nel registro CL un dato immediato a 8 bit
MOV AL,[SI]                 ;copia nel registro AL il contenuto della cella puntata
                            ;da SI (8 bit)
MOV AX,[SI]                 ;copia nel registro AX il contenuto della cella puntata
                            ;da SI (16 bit)
```

```
MOV AL,variabile1           ;copia nel registro AL il contenuto della variabile di tipo
                            ;byte (8 bit)
MOV AX,variabile2           ;copia nel registro AX il contenuto della variabile di tipo
                            ;word (16 bit)
MOV Byte Ptr[SI],01h        ;copia nella cella puntata dal registro SI il dato
                            ;immediato (8 bit)
MOV Word Ptr[BX],0125h      ;copia nelle due celle puntate dal registro BX il dato
                            ;immediato (16 bit)
MOV [BX+SI],AL              ;copia nella cella puntata dall'indirizzo formato dalla somma
                            ;dei registri BX e SI il contenuto del registro AL (8 bit)
MOV [BX+SI],AX              ;copia nelle due celle puntate dall'indirizzo formato
;dalla somma dei registri BX e SI il contenuto del registro AX (16 bit)
                            ;esempio di accesso indiretto a una cella (8 bit)
MOV SI,0100h
MOV AL,[SI]
;esempio di accesso indiretto a due celle (16 bit)
MOV SI,0100h
MOV AX,[SI]
;esempio di inizializzazione di una variabile di tipo word (16 bit)
MOV AX,0
MOV variabile1,AX
;esempio di inizializzazione a zero alla cella precedente a quella puntata da DI (8 bit)
MOV Byte Ptr[DI-1],0
;esempio di inizializzazione a zero alla word successiva puntata da SI (16 bit)
MOV Word Ptr[SI+2],0        ;l'incremento delle celle come Word è +2
;esempio di scambio di due variabili (var1 e var2) a 8 bit
MOV AL,var1                 ;per scambiare due variabili usiamo due registri temporanei
                            ;in quanto
MOV AH,var2                 ;non abbiamo a disposizione l'indirizzamento memoria
                            ;con memoria
MOV var1,AH
MOV var2,AL
```

Dobbiamo sempre tenere presente la regola generale di organizzazione di memoria Intel: little endian. In base a tale regola se le celle dalla 0100h contengono i dati seguenti:

0100h	15
0101h	27

l'istruzione che segue

```
MOV SI,0100h
MOV BX,[SI]
```

assegna al registro BX il contenuto delle celle puntate da SI. Il registro BX contiene adesso:

BH	BL
27	15

Prova adesso!

- Utilizzare l'istruzione MOV
- Comprendere i metodi di indirizzamento

CREA UN FILE esempio1.asm

1. Scrivi un numero a 8 bit nel registro BL.
2. Sposta il contenuto di BL nella cella di indirizzo 00FEh usando un indirizzamento base + spiazzamento.
3. Scrivi un numero a 16 bit nella cella 0100h e spostalo nel registro DX.
4. Leggi il numero presente nella cella 0101h e scrivilo nel registro AL.
5. Scrivi un numero a 8 bit nella cella 0200h e spostalo nella cella successiva e precedente.
6. Scrivi un numero a 16 nella cella 0200h e spostalo nella cella 0100h.

Le variabili in Assembly

Le variabili sono i simboli con cui il programmatore fa riferimento ai dati. Gli attributi di una variabile sono:

- l'indirizzo;
- il tipo;
- la visibilità.

L'indirizzo possiede due componenti che sono il segmento e lo spiazzamento (offset).

Ogni variabile possiede un tipo che viene verificato a ogni istruzione che coinvolge la variabile stessa; per esempio se la variabile numero viene definita di tipo byte tramite la direttiva DB, l'istruzione seguente

```
MOV AX,numero
```

restituisce un errore durante la fase di assemblaggio in quanto lo statement viola le dimensioni degli operandi che devono essere congrui (AX è a 16 bit mentre numero è a 8 bit).

La visibilità specifica se la variabile deve essere nota solo all'interno, oppure anche all'esterno, del file in cui è definita, o se è stata definita in un altro file attraverso i seguenti valori: INTERNAL, PUBLIC, EXTERN.

Per dichiarare una variabile esistono alcuni tipi primitivi che corrispondono sostanzialmente a quelli offerti direttamente dall'architettura (byte, word, double word). I tipi predefiniti in TASM sono: Byte, Word, DWord.
La sintassi per la dichiarazione di una variabile è la seguente

```
variabile                        DB | DW | DDW  valore iniziale
```

dove variabile può essere un nome qualunque lungo al massimo 8 caratteri che deve sottostare ai nomi simbolici visti nelle unità precedenti. La definizione di una variabile causa l'allocazione in memoria del numero di byte corrispondente al tipo all'interno del Data Segment e deve essere effettuata all'interno della direttiva .DATA, anche se non è obbligatorio. Il valore iniziale definisce il valore attraverso il quale la variabile viene inizializzata.

L'esempio seguente dichiara una variabile e la inizializza contestualmente a zero:

```
.DATA
numero    DB                              00h
```

È possibile lasciare inalterato il valore della cella o delle celle che formano la variabile indicando come valore iniziale il punto di domanda (?):

```
numero    DB              ?
```

Il codice seguente definisce una variabile di tipo byte di nome numeri che è formata da tre elementi, di cui il terzo non ha un valore iniziale specificato, mentre i valori iniziali degli altri sono nell'ordine 5 e 10, memorizzati in indirizzi di memoria contigui crescenti:

```
.DATA
numeri    DB                              5,10,?
```

In tal modo l'istruzione MOV AL, numeri+1 copia in AL il contenuto della cella posizionata all'indirizzo numeri+1, cioè 10.

L'operatore DUP permette di duplicare il valore di inizializzazione per più celle in modo da formare un array. La sintassi è la seguente:

```
.DATA
vettore   DB 100          DUP(0)
```

L'esempio dichiara un vettore di 100 celle (ciascuna formata da un byte) dove ciascun elemento viene inizializzato a zero (0).

ESEMPIO 2

```
var1       DB    0                        ;1 byte inizializzato a 0
var2       DB    1,2,3,4                  ;array di 4 byte inizializzati a 1,2,3,4
stringa    DB    'a','b','c','d'          ;stringa di 4 caratteri o array
stringa1   DB    'abcd'                   ;identico al precedente
stringa2   DB    'salve mondo',0Dh,0Ah,   ;stringa che contiene una coppia
;di caratteri alla fine per andare a capo
vettore    DW    100  DUP(?)              ;array di 100 elementi ciascuno è una
                                          ;word (2 byte)
                                          ;ogni elemento non viene inizializzato (?)
matrice    DB    4    DUP(1,3 DUP(0))     ;matrice 4 per 4
```

Zoom su...

LE COSTANTI

La direttiva EQU permette di assegnare un nome simbolico a una costante attraverso la sintassi:

```
nome      EQU     espressione
```

Il nome della costante può essere utilizzato nel codice al posto della costante stessa; in genere si usano nomi maiuscoli per differenziarle dalle variabili. L'espressione fornisce un valore costante. Per esempio:

```
CR        EQU     0dh                        ;carattere Carriage Return (Invio)
LF        EQU     0ah                        ;carattere Line Feed (Inizio riga)
titolo    DB      'salve mondo',CR,LF        ;variabile che contiene una stringa che
                                             ;va a capo
```

■ Lo scambio con XCHG

L'istruzione XCHG (Exchange) possiede due operandi il cui contenuto viene scambiato in un'unica operazione.

Per effettuare lo scambio viene usato un registro interno invisibile al programmatore. Gli operandi possono essere rappresentati da un registro, da una cella di memoria con indirizzamento diretto, indiretto o indicizzato ma non da un valore immediato.

Sintassi:

```
XCHG operando1,operando2
```

Anche in questo caso i due operandi devono avere le stesse dimensioni, che possono essere: Byte, Word o DWord.

Modalità di indirizzamento:

XCHG registro,registro
XCHG registro,memoria
XCHG memoria,registro

Flag alterati:

nessuno

ESEMPIO 3 *Uso dell'istruzione XCHG*

```
XCHG AL,AH             ;scambia il contenuto dei registri AL e AH (8 bit)
XCHG AX,BX             ;scambia il contenuto dei registro AX e BX (16 bit)
XCHG AL,AH             ;scambia il contenuto della parte alta e bassa del registro AX
                       ;(8 bit)
```

```
XCHG CL,variabile1        ;scambia il contenuto del registro CL e della variabile di tipo
                          ;Byte (8 bit)
XCHG DX,variabile1        ;scambia il contenuto del registro DX e della variabile di tipo
                          ;Word (16 bit)
XCHG BL,[SI]              ;scambia il contenuto del registro BL e la cella puntata
                          ;dal registro SI (8 bit)
XCHG BX,[DI]              ;scambia il contenuto del registro BX e le due celle puntate
                          ;dal registro DI (16 bit)
XCHG AL,[BX+SI]           ;scambia il contenuto del registro AL e la cella puntata
                          ;dall'indirizzo il cui valore è pari alla somma del ;contenuto
                          ;del registro BX e SI (8 bit)
XCHG AX,[BX+SI]           ;scambia il contenuto del registro AX e le due celle ;puntate
                          ;dall'indirizzo il cui valore è pari alla somma ;del contenuto
                          ;del registro BX e SI (16 bit)
;scambia il contenuto di due registri a 16 bit
XCHG CX,DX
;equivale alle seguenti istruzioni che usano il registro AX come variab le temporanea
MOV AX,CX
MOV CX,DX
MOV DX,AX
```

■ Le istruzioni di trasferimento mediante stack

Lo stack, come abbiamo visto, è una struttura dati formata da una base a partire dalla quale si inserisce il primo dato e da una cima in cui si inserisce ogni volta un nuovo dato. Quando lo stack è vuoto la cima coincide con la base mentre l'estrazione di un dato può avvenire solo dalla cima.
L'inserimento di un dato viene chiamato PUSH (che significa "spingere") mentre l'estrazione viene chiamata POP (da *pop out* che significa "saltare fuori").

La figura a lato illustra il principio di funzionamento: pensiamo a un insieme di piatti disposti su un tavolo, l'estrazione del piatto avviene levando l'ultimo piatto inserito, dalla cima: ▶

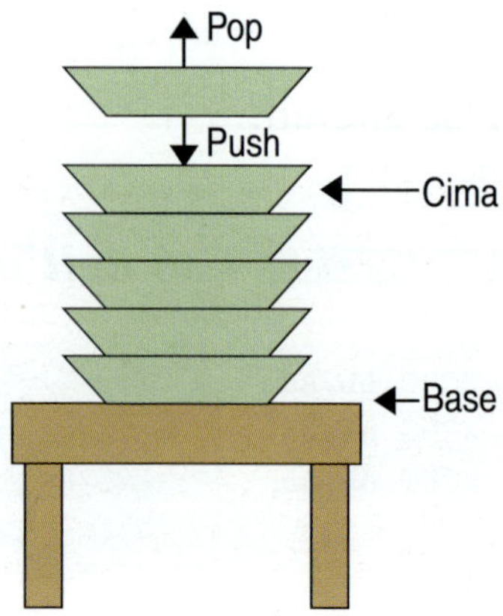

L'istruzione PUSH

Poiché le celle dello stack sono a 16 bit l'operando dell'istruzione PUSH deve essere sempre a 16 bit.

L'istruzione PUSH copia l'operando indicato in cima allo stack e la destinazione del trasferimento è implicita ed è rappresentata dalla cella di memoria puntata dal registro SP. L'operando può essere un registro, una cella di memoria con indirizzamento diretto, indiretto o indicizzato oppure un dato immediato che viene sempre considerato a 16 bit. L'istruzione decrementa il registro SP di 2, mentre nei sistemi a 32 bit di 4.

Sintassi:

```
PUSH operando1
```

Modalità di indirizzamento:
PUSH registro
PUSH immediato
PUSH memoria

Flag alterati:
nessuno

L'istruzione POP

L'istruzione POP trasferisce le due celle presenti nella cima dello stack nella destinazione indicata come operando. La sorgente del trasferimento è implicita ed è la cella di memoria puntata da SP cioè la cima dello stack. Dopo aver copiato il contenuto di quest'ultima incrementa il registro SP di 2 o 4 (nei sistemi a 32 bit). L'operando destinazione è rappresentato da un registro, da una cella di memoria con indirizzamento diretto, indiretto o indicizzato ma non da un valore immediato.

Sintassi:

```
POP operando1
```

Modalità di indirizzamento:
POP registro
POP memoria

Flag alterati:
nessuno

ESEMPIO 4 *Uso delle istruzioni PUSH e POP*

```
PUSH AX                  ;copia il contenuto del registro nello stack (16 bit)
PUSH Word Ptr[SI]        ;copia nello stack il contenuto delle 2 celle puntate
                         ;dal registro SI (16 bit)
PUSH Word Ptr[BX+DI]     ;copia nello stack il contenuto delle 2 celle puntate
                         ;dall'indirizzo dato dalla somma dei registri BX e DI (16 bit)
PUSH variabile1          ;copia nello stack il contenuto della variabile di tipo Word
                         ;(16 bit)
PUSH 05h                 ;copia nello stack il dato immediato 05 espresso come Word
```

```
                              ;(16 bit)
POP AX                        ;copia la cima dello stack nel registro AX (16 bit)
POP Word Ptr[SI]              ;copia la cima dello stack nelle due celle puntate
                              ;dal registro SI (16 bit)
POP Word Ptr[BX+SI]           ;copia la cima dello stack nelle due celle puntate dall'indirizzo
                              ;dato dalla somma dei registri BX e DI (16 bit)
;salvataggio di alcuni registri nello stack
PUSH AX
PUSH BX
PUSH CX
PUSH DX
PUSH SI
PUSH DI
;... qui potrebbero essere alterati i contenuti dei registri salvati...
;ripristino dei registri salvati nello stack
;devono essere indicati nell'ordine invertito rispetto a quello usato da PUSH
POP DI
POP SI
POP CX
POP DX
POP BX
POP AX
```

Zoom su...

LE ISTRUZIONI DI TRASFERIMENTO CON L'I/O

L'istruzione IN copia nel registro AL, AX, EAX il contenuto della porta il cui indirizzo è specificato come operando sorgente. L'operando sorgente rappresenta l'indirizzo della porta e, in alternativa al dato immediato, deve sempre essere usato il registro DX. L'ampiezza della porta deve corrispondere alla dimensione del registro indicato, quindi rispettivamente 8, 16 o 32 bit. La versione con indirizzamento immediato è limitata alle prime 256 porte dello spazio di I/O. Per le porte da 256 a 65336 si deve usare la versione a indirizzamento indiretto che possiede una sintassi piuttosto irregolare in quanto non devono essere esplicitate le parentesi quadre attorno al registro indice.

Sintassi:

```
IN destinazione,sorgente
```

Modalità di indirizzamento:

IN AL,immediato
IN AX,immediato
IN EAX,immediato

IN AL,DX
IN AX,DX
IN EAX,DX

Flag alterati:
nessuno

L'istruzione OUT copia nella porta indicata come operando destinazione il contenuto dell'operando sorgente rappresentato dal registro AL, AX, EAX. L'operando destinazione rappresenta l'indirizzo della porta e, in alternativa al dato immediato, deve sempre essere usato il registro DX. L'ampiezza della porta deve essere rispettivamente 8, 16 o 32 bit. La versione con indirizzamento immediato è limitata alle prime 256 porte dello spazio di I/O. Per le porte da 256 a 65336 si deve usare la versione a indirizzamento indiretto che possiede una sintassi piuttosto irregolare in quanto non devono essere esplicitate le parentesi quadre attorno al registro indice.

Modalità di indirizzamento:
OUT immediato,AL
OUT immediato,AX
OUT immediato,EAX
OUT DX,AL
OUT DX,AX
OUT DX,EAX

Flag alterati:
nessuno

ESEMPIO 5 ***Uso delle istruzioni IN e OUT***

```
IN AL,20h       ;lettura dalla porta di indirizzo 20h nel registro AL (8 bit)
IN AX,20h       ;lettura dalla porta di indirizzo 20h nel registro AX (16 bit)
IN AL,DX        ;lettura dalla porta di indirizzo contenuto nel registro DX
                ;nel registro AL (8 bit)
IN AX,DX        ;lettura dalla porta di indirizzo contenuto nel registro DX
                ;nel registro AX (16 bit)
OUT 20h,AL      ;invio alla porta di uscita di indirizzo 20h del dato presente
                ;nel registro AL (8 bit)
OUT 20h,AX      ;invio alla porta di uscita di indirizzo 20h del dato presente
                ;nel registro AX (16 bit)
OUT DX,AL       ;invio alla porta di uscita di indirizzo contenuto in DX
                ;del dato presente nel registro AL (8 bit)
OUT DX,AX       ;invio alla porta di uscita di indirizzo contenuto in DX
                ;del dato presente nel registro AX (16 bit)
;lettura di una porta oltre l'indirizzo 0FFh
MOV DX,3F8h
IN AL,DX
;inizializzazione di una porta di uscita al valore 0
MOV AL,0
OUT 20H,AL
```

Verifichiamo le conoscenze

1. Risposta multipla

1 Quale affermazione tra le seguenti, riguardo all'istruzione PUSH, è vera?

a. Memorizza nello stack sempre un valore a 8 bit oppure a 16 bit a seconda del parametro indicato
b. Legge dallo stack un valore a 8 bit e lo pone nel parametro indicato
c. Memorizza nello stack sempre un valore a 16 bit
d. Legge dallo stack un valore a 16 bit e lo pone nel parametro indicato

2 La seguente istruzione:

```
MOV AL,[SI]
```

a. trasferisce il contenuto della cella puntata dal registro SI nel registro AL
b. trasferisce il contenuto della cella puntata dal registro SI nella cella puntata dal registro AL
c. è errata in quanto il registro AL è a 8 bit mentre il registro SI è a 16 bit
d. è errata in quanto il registro AL è a 8 bit mentre SI punta sempre a due celle (16 bit)

3 Il registro AL contiene 12h, il registro AH contiene FF. Indica cosa contiene il registro BX al termine delle seguenti istruzioni.

```
PUSH AX
POP BX
```

a. FF12
b. 12
c. FF
d. 12FF

4 Quale affermazione tra le seguenti, riguardo all'istruzione POP, è vera?

a. Legge dallo stack un valore a 16 bit e lo pone nel parametro indicato
b. memorizza nello stack sempre un valore a 8 bit oppure a 16 bit a seconda del parametro indicato
c. Legge dallo stack un valore a 8 bit e lo pone nel parametro indicato
d. Memorizza nello stack sempre un valore a 16 bit

5 Indica cosa contiene il registro BL al termine del codice che segue:

```
.DATA
base    DB    51h,1Ah,2Bh
.CODE
MOV BL,base+2
```

a. 53h
b. 1Ah
c. 02h
d. 2Bh

6 La memoria contiene i seguenti dati:

0100h	03h
0101h	15h

Indica cosa conterrà il registro CX dopo le istruzioni che seguono:

```
MOV SI,0201h
MOV CL,[SI]
MOV CH,[SI-1]
```

a. 15h
b. 03h
c. 1503h
d. 0315h

7 Il codice seguente dichiara una variabile di nome N, quindi la assegna al registro BX. Indica cosa contiene al termine il registro AX.

```
.DATA
N    DW      2Ah
.CODE
MOV BX,N
MOV AL,BH
MOV AH,BL
```

a. 2A00h
b. 002Ah
c. 0000h
d. Errore

AREA *digitale*

hoepliscuola.it

Esercizi per il recupero / Esercizi per l'approfondimento

8 Cosa effettuano le seguenti istruzioni?

```
MOV DI,0200h
MOV Word Ptr[DI],0
```

a. Viene azzerata la cella 0200h
b. Viene azzerato il contenuto del registro DI
c. Viene azzerata la cella 0201h
d. Vengono azzerate le celle 0200h e 0201h

Verifichiamo le competenze

1 Data una variabile di nome base di tipo Word e una seconda variabile di nome altezza, sempre di tipo Word, scrivere un programma che scambi la parte meno significativa della prima variabile con la parte più significativa della seconda e viceversa. Per fare questo utilizza le istruzioni di gestione dello stack (PUSH e POP)

2 Scrivi un programma Assembly che, dopo aver assegnato un valore al registro AX ne scambi il contenuto della parte alta e bassa (registri AH e AL).

3 Scrivi un programma Assembly che, assegni quattro valori diversi ai registri AX, BX, CX e DX, quindi li assegni a quattro variabili di tipo Word definite nella sezione .DATA.

4 Scrivi un programma Assembly che, dopo aver dichiarato due variabili Byte e due variabili Word ne scambi il contenuto a due a due.

5 Dopo aver caricato con dei valori a piacere 4 celle di memoria a partire dalla locazione 0100h , scrivi un programma Assembly che memorizzi nello stack il contenuto delle 4 celle di memoria.

6 Dopo aver caricato con dei valori a piacere a 16 bit 2 celle di memoria a partire dalla locazione 0100h , scrivi un programma Assembly che memorizzi nello stack il contenuto delle 2 celle di memoria.

7 Scrivi un programma assembler che, dato un numero a 16 bit memorizzato nella cella 0100h lo sposti nella cella successiva.

8 Scrivi un programma assembler che, dato un numero a 8 bit memorizzato nella cella 0100h lo copi nella cella successiva.

9 Scrivi un programma assembler che, dato un numero a 16 bit memorizzato nella cella 0100h lo copi nella cella successiva.

10 Scrivi un programma assembler che, dati due numeri a 8 bit memorizzati a partire dalla cella 0100h li copi invertiti nelle celle successive.

11 Scrivi un programma assembler che, dati due numeri a 16 bit memorizzati a partire dalla cella 0100h li copi invertiti nelle celle successive.

12 Scrivi un programma assembler che, dati due numeri a 8 bit memorizzati a partire dalla cella 0100h li copi nello stack e quindi nel registro BX.

13 Scrivi un programma assembler che, dati due numeri a 16 bit memorizzati a partire dalla cella 0100h li trasferisca nello stack e da quest'ultimo nei registri AX e BX, quindi in due variabili di tipo word dichiarate ad inizio programma.

14 Scrivi un programma Assembler che, dati due numeri a 16 bit memorizzati a partire dalla cella 0200h li trasferisca nei registri AX e BX, e da questi ultimi nello stack, infine in due variabili di tipo word dichiarate ad inizio programma

15 Scrivi un programma assembly che legga il contenuto di una cella e lo trasferisca nella parte alta del registro BX, quindi colloca una costante che hai dichiarato byte nella parte bassa del registro, infine trasferisci tale registro nello stack.

LEZIONE 5

Le istruzioni di salto

In questa lezione impareremo...

- a conoscere e utilizzare le istruzioni di salto condizionato e incondizionato
- a saper realizzare i cicli in assembly

■ Le istruzioni che controllano il flusso

In questa unità studieremo le istruzioni di controllo del flusso di un programma. La selezione e l'iterazione sono controllate dai salti condizionati e incondizionati che, insieme con il controllo dei flag, forniscono al programmatore un metodo per ottenere cicli e selezioni, analogamente a quanto avviene con i linguaggi evoluti. Innanzitutto però è necessario comprendere come operano le istruzioni di salto e pertanto esaminare l'istruzione CMP, che permette di confrontare due valori.

■ L'istruzione di confronto CMP

L'istruzione CMP, che permette di confrontare tra loro due valori espressi dai due operandi, effettua una sottrazione tra il secondo operando e il primo senza memorizzare il risultato. Il suo scopo è infatti quello di alterare i flag per utilizzarli nelle istruzioni di salto condizionato che seguono l'istruzione CMP stessa.
Il primo operando può essere un registro, una cella di memoria indirizzata in modo diretto, indiretto o indicizzato; il secondo operando può consistere in un registro, una cella di memoria indirizzata in modo diretto, indiretto o indicizzato o un dato immediato. È importante sottolineare che anche in questo caso i due operandi devono avere le stesse dimensioni, che possono essere Byte, Word o DWord.

Sintassi:

```
CMP operando1,operando2
```

Sebbene tutti i flag vengano alterati, i più significativi sono ZF e CF:

ZF = 0 quando i due operandi sono diversi, cioè quando operando1 <> operando2

ZF = 1 quando i due operandi sono uguali, cioè quando operando1 = operando2

CF = 0 quando il secondo operando è minore o uguale al primo, cioè quando operando1 >= operando2.

CF = 1 quando il secondo operando è maggiore del primo, cioè quando operando1 < operando2.

Modalità di indirizzamento:

CMP registro,registro

CMP registro,memoria

CMP registro,immediato

CMP memoria,registro

CMP memoria,immediato

Flag alterati:

ZF, CF, SF, OF, PF

ESEMPIO 6 ***Uso di CMP***

```
CMP AL,BL                    ;confronto tra due registri (8 bit)
                             ;se ZF = 1 e CF = 1 allora significa che AL = BL
                             ;se ZF = 1 e CF = 0 allora significa che AL = BL
                             ;se ZF = 0 e CF = 1 allora significa che AL < BL
                             ;se ZF = 0 e CF = 0 allora significa che AL > BL
CMP CX,BX                    ;confronto il registro CX con BX (16 bit) identiche modalità
                             ;viste sopra (16 bit)
CMP DL,02h                   ;confronto il registro DL con il dato immediato 02h (8 bit)
CMP CX,05h                   ;confronto il registro CX con il dato immediato 05h (16 bit)
CMP BH,[SI]                  ;confronto il registro BH con la cella puntate dal registro
                             ;SI (8 bit)
CMP BX,[SI]                  ;confronto il registro BX con le due celle puntate
                             ;dal registro SI (16 bit)
CMP AL,variabile1            ;confronto il registro AL con la variabile di tipo Byte (8 bit)
CMP BX,variabile2            ;confronto il registro BX con la variabile di tipo Word (16 bit)
CMP Byte Ptr[SI],0FFh        ;confronto la cella puntata da SI con il dato immediato 0FFh
                             ;(8 bit)
CMP Word Ptr[SI],0FFFh       ;confronto le 2 celle puntate da SI con il dato immediato
                             ;0FFFh (16 bit)
CMP variabile1,BL            ;confronto la variabile di tipo Byte con il registro BL (8 bit)
```

```
CMP variabile2,CX           ;confronto la variabile di tipo Word con il registro CX (16 bit)
CMP variabile1,01h          ;confronto la variabile di tipo Byte con il dato immediato
                            ;01h (8 bit)
CMP variabile2,01h          ;confronto la variabile di tipo Word con il dato immediato
                            ;01h (16 bit)
;verifica se una variabile di tipo byte contiene 0
CMP variabile1,0
;verifica se il registro SI contiene un numero maggiore di 10
CMP SI,0Ah
;verifica se la cella di indirizzo formato dalla somma di BX e DI contiene un numero
minore di 20
CMP Byte Ptr[BX+DI],14h
;verifica se il valore contenuto nelle 2 celle puntate da DI contiene 0
CMP Word Ptr[DI],0
```

L'istruzione di salto incondizionato JMP

Le istruzioni di salto si dividono in istruzioni di salto condizionato e incondizionato. I salti incondizionati saltano all'etichetta indicata senza verificare il contenuto dei flag (potremmo dire che saltano qualunque cosa accada).

Tecnicamente un'istruzione di salto copia l'operando indicato, rappresentato da un'etichetta tradotta in un indirizzo, nel registro IP.

> L'operando è l'indirizzo in cui si trova l'istruzione successiva da eseguire; pertanto l'esecuzione del programma non procederà sequenzialmente, come avviene nella maggior parte delle altre istruzioni, ma a partire dall'istruzione specificata dall'etichetta.

Le etichette o label possono essere poste in un punto qualunque del programma e devono terminare con i due punti, per esempio "ciclo:". Un'etichetta non può essere distante più di 127 byte dall'indirizzo della chiamata. Mediante un'etichetta si realizza un salto relativo, in quanto il salto riguarderà un numero di celle successive o precedenti indicate dall'etichetta.
Possiamo anche effettuare un salto assoluto indicando espressamente l'indirizzo di Offset della cella da raggiungere mediante una cella di memoria oppure un registro a 16 bit.

Sintassi:

```
          JMP etichetta oppure spiazzamento
          ...
etichetta:
```

Modalità di indirizzamento:
JMP etichetta
JMP [registro]
JMP memoria

Flag alterati:
nessuno

ESEMPIO 7 ***Uso di JMP***

```
JMP ciclo           ;salto incondizionato relativo all'etichetta chiamata ciclo:
JMP SI              ;salto incondizionato assoluto all'istruzione di indirizzo indicato
                    ;dal registro SI
JMP Word Ptr[DI]    ;salto incondizionato assoluto all'istruzione di indirizzo indicato
                    ;dal registro DI
                    ;salto incondizionato di un ciclo infinito
infinito:  NOP
           JMP infinito
```

L'istruzione di salto condizionato J

L'istruzione di salto condizionato determina una modifica nella sequenza di esecuzione del programma a seconda dell'esito di una determinata condizione: se quest'ultima è soddisfatta il controllo passa alla riga in cui è presente l'etichetta indicata come operando dell'istruzione; in caso contrario il controllo passa all'istruzione successiva. Le condizioni valutate dall'istruzione sono relative al contenuto del flag indicato; esistono infatti numerose istruzioni di salto condizionato, una per ogni flag che deve essere verificato.
Quando vogliamo effettuare un salto condizionato dobbiamo necessariamente effettuare un'istruzione CMP prima del salto per ottenere una variazione dei flag in relazione allo stato degli elementi che formano la condizione.
Per effettuare una condizione che verifichi, per esempio, se un registro contiene zero è necessario anteporre all'istruzione di salto condizionato un'istruzione CMP tra i due valori, in modo che il flag di zero venga settato se i due valori sono uguali:

```
CMP AL,0h        ;se AL = 0 viene settato il flag di zero
JZ salto         ;se il flag di zero è settato il controllo passa all'etichetta salto:
```

Vediamo ora la sintassi e il significato delle istruzioni di salto condizionato, tenendo presente che abbiamo effettuato preventivamente un'istruzione di confronto: CMP op1,op2.

JA ;Jump if above (salta se CF=0 e ZF=0, cioè se op1>op2) Opera su numeri senza segno
JAE ;Jump if above or equal (salta se CF=0, cioè se op1>=op2) Opera su numeri senza segno
JB ;Jump if below (salta se CF=1, cioè se op1<op2) Opera su numeri senza segno
JBE ;Jump if below or equal (salta se CF=1 or ZF=1, cioè se op1<=op2) Opera su numeri senza segno
JC ;Jump if carry (salta se CF=1)
JE ;Jump if equal (salta se ZF=1, cioè se op1=op2)

JG ;Jump if greater (salta se ZF=0 and SF=OF, cioè se op1>op2) Opera su numeri con segno

JGE ;Jump if greater or equal (salta se SF=OF, cioè se op1>=op2) Opera su numeri con segno

JL ;Jump if less (salta se SF<>OF, cioè se op1<op2) Opera su numeri con segno

JLE ;Jump if less or equal (salta se ZF=1 or SF<>OF, cioè se op1<=op2) Opera su numeri con segno

JNA ;Jump if not above (salta se CF=1 or ZF=1, cioè se op1 non è > op2) Opera su numeri ;senza segno

JNAE ;Jump if not above or equal (salta se CF=1, cioè se op1 non è >= op2) Opera su numeri ;senza segno

JNB ;Jump if not below (salta se CF=0, cioè se op1 non è < op2) Opera su numeri senza segno

JNBE ;Jump if not below or equal (salta se CF=0 and ZF=0, cioè se op1 non è <= op2) Opera su numeri ;senza segno

JNC ;Jump if not carry (salta se CF=0)

JNE ;Jump if not equal (salta se ZF=0, cioè se op1<>op2)

JNG ;Jump if not greater (salta se ZF=1 or SF<>OF, cioè se op1 non è > op2) Opera su numeri senza segno

JNGE ;Jump if not greater or equal (salta se SF<>OF, cioè se op1 non è >= op2) Opera su numeri senza ;segno

JNL ;Jump if not less (salta se SF=OF, cioè se op1 non è < op2) Opera su numeri senza segno

JNLE ;Jump if not less or equal (salta se ZF=0 and SF=OF, cioè se op1 non è <= op2) Opera su numeri ;senza segno

JNO ;Jump if not overflow (salta se OF=0)

JNP ;Jump if not parity (salta se PF=0)

JNS ;Jump if not sign (salta se SF=0)

JNZ ;Jump if not zero (salta se ZF=0)

JO ;Jump if overflow (salta se OF=1)

JP ;Jump if parity (salta se PF=1)

JPE ;Jump if parity even (salta se PF=1)

JPO ;Jump if parity odd (salta se PF=0)

JS ;Jump if sign (salta se SF=1)

JZ ;Jump if zero (salta se ZF = 1)

Modalità di indirizzamento:

Jx etichetta

Flag alterati:

nessuno

ESEMPIO 8 *Uso dei salti condizionati*

```
;se la cella di indirizzo 0100h contiene un valore diverso da zero poniamo 'a' in AL
;altrimenti poniamo 'z' in AL
            MOV SI,0100h
```

```
            CMP Byte Ptr[SI],0
            JNZ non_zero
            MOV AL,'z'                ;istruzione eseguita se la cella contiene 0
            JMP dopo
non_zero:   MOV AL,'a'                ;istruzione eseguita se la cella non contiene 0
dopo:       ...

;se la cella di indirizzo 0100h contiene un valore maggiore della cella di indirizzo 0101h
;poniamo 'M' in AL, altrimenti 'm' in AL
            MOV SI,0100h
            MOV BL,[SI]
            CMP BL,[SI+1],
            JA maggiore
            MOV AL,'m'                ;istruzione eseguita se la cella 0100 non contiene
                                      ;un numero > della cella 0101
            JMP dopo
maggiore:   MOV AL,'M'                ;istruzione eseguita se la cella 0100 contiene
                                      ;un numero > della cella 0101
dopo:       ...
```

■ Cicli con istruzione LOOP

L'istruzione LOOP consente di effettuare un ciclo a contatore ripetuto un numero di volte pari al contenuto del registro CX. A ogni istruzione LOOP avviene un decremento di CX; se CX è zero il ciclo termina, altrimenti effettua un salto all'etichetta indicata. La sintassi è le seguente:

```
LOOP ciclo      ;salta se CX <> 0
LOOPZ ciclo     ;salta se CX <> 0 e ZF = 1
LOOPNZ ciclo    ;salta se CX <> 0 e ZF = 0
```

Questa istruzione, se posta al termine di una sequenza, consente di realizzare un ciclo a uscita per falso di tipo post-condizionato di (Do ... While).

Modalità di indirizzamento:
LOOP etichetta

Flag alterati:
nessuno

ESEMPIO 9 *Uso dei cicli LOOP*

In questo esempio vediamo come applicare l'istruzione LOOP per ripetere un ciclo 20 volte. La seconda parte effettua lo stesso ciclo usando un'istruzione aritmetica (che verrà illustrata in seguito), DEC, che decrementa di 1 il contenuto di un registro, per cui se il flag di zero non viene settato salta all'etichetta. In questo caso possiamo notare che non abbiamo usato l'istruzione CMP, perché l'istruzione DEC setta automaticamente il flag di zero quando il risultato è effettivamente zero.

```
;ciclo ripetuto per 20 volte
           MOV CX,14h        ;inizializzazione del contatore CX
ciclo:     ...               ;istruzioni da ripetere
           LOOP ciclo        ;salta se CX <> 0

;il ciclo sopra equivale alle seguenti istruzioni realizzate senza costrutto LOOP
           MOV CX,14h        ;inizializzazione del contatore CX
ciclo:     ...               ;istruzioni da ripetere
           DEC CX            ;decrementa il contenuto di CX di 1 unità
           JNZ ciclo         ;salta se CX <> 0
```

La selezione semplice in Assembly

I costrutti di selezione semplice consentono di alterare il flusso sequenziale del programma eseguendo segmenti di programma in modo condizionato in base alla valutazione di un'espressione. La selezione semplice permette di eseguire o non eseguire una sequenza in base al risultato della valutazione di un'espressione:

se (condizione)
  Istruzioni
fine se

ESEMPIO 10 *Selezione semplice*

Il codice che segue compie una selezione semplice in Assembly (collocata a destra) paragonata alla selezione semplice scritta in un linguaggio evoluto (collocata a sinistra). Il programma esegue il blocco di istruzioni se la condizione è verificata, cioè se la variabile contiene zero:

Codifica in linguaggio C	Codifica in Assembly		
`int var;`	`.DATA`		
`...`	`var`	`DB ?`	`;dichiarazione variabile di tipo Byte`
`if (var==0)`	`.CODE`		
`{`		`CMP var,00h`	`;confronto con zero`
`...`		`JNZ esci`	`;se ZF=0 salta all'etichetta esci, cioè se var<>0`
`istruzioni`		`...`	`;se var==0 esegue questo blocco`
`...`		`istruzioni`	
`}`		`...`	
	`esci:`	`...`	`;prosecuzione programma`

Il programma esegue il blocco di istruzioni se la condizione è verificata, cioè se la variabile è maggiore di 10:

Codifica in linguaggio C	Codifica in Assembly
int var;	.DATA
...	var DB ? ;dichiarazione variabile di tipo Byte
if (var>10)	.CODE
{	CMP var,0Ah ;confronto con 10
...	JNA esci ;se var non è > 10 salta all'etichetta esci
istruzioni	... ;se var>10 esegue questo blocco
...	istruzioni
}	...
	esci ... ;prosecuzione programma

Il programma esegue il blocco di istruzioni se la condizione è verificata, cioè se la variabile è compresa tra 10 e 20:

Codifica in linguaggio C	Codifica in Assembly
int var;	.DATA
...	var DB ? ;dichiarazione variabile di tipo Byte
if (var>=10) && (var<=20)	.CODE
{	CMP var,0Ah ;confronto con 10
...	JB esci ;se var<10 salta all'etichetta esci
istruzioni	CMP var,14h ;confronto con 20
...	JA esci ;se var>20 salta all'etichetta esci
}	... ;se var>=10 e <=20 esegue questo blocco
	istruzioni
	...
	esci: ... ;prosecuzione programma

■ La selezione doppia in Assembly

Il costrutto di selezione doppia consente di eseguire in alternativa una delle due sequenze che formano il costrutto in base al risultato della valutazione di una condizione:

se (condizione)
  Istruzioni blocco vero
  altrimenti
  Istruzioni blocco falso
fine se

AREA digitale
La selezione doppia

■ La selezione multipla in Assembly

Il costrutto di selezione multipla consente di eseguire una sequenza tra le molte che formano il costrutto in base al risultato della valutazione di un'espressione che viene sempre considerato intero:

scelta (valutazione di una espressione)
  caso 1:
    Istruzioni blocco1
  caso 2:
    Istruzioni blocco2
  ...
  altrimenti:
    Istruzioni blocco altrimenti
fine scelta

ESEMPIO 11 *La selezione multipla*

Il codice che segue compie una selezione doppia in Assembly (collocata a destra) paragonata alla selezione semplice scritta in un linguaggio evoluto (collocata a sinistra). Il programma esegue il blocco1 di istruzioni se la condizione è verificata, cioè se la variabile contiene zero, altrimenti esegue il blocco2:

Codifica in linguaggio C	Codifica in Assembly
int var;	.DATA
...	var DB ? ;dichiarazione variabile di tipo Byte
switch var {	.CODE
case 0:	CMP var,00h ;confronto con 0
istruzioni blocco1	JZ blocco1 ;se ZF=1 salta all'etichetta blocco1
break;	CMP var,01h ;confronto con 1
case 1:	JZ blocco2 ;se ZF=1 salta all'etichetta blocco2
istruzioni blocco2	...
break;	CMP var,n ;confronto con "n" valore
...	JZ bloccoN ;se ZF=1 salta all'etichetta bloccoN
case "n":	JMP altrimenti ;salto incondizionato per saltare a blocco default
istruzioni blocco"n"	blocco1: ... ;blocco eseguito se var=0
default:	istruzioni blocco 1
istruzioni blocco alternativo	...
	JMP fine
}	blocco2: ... ;blocco eseguito se var=1
	istruzioni blocco 2
	...
	JMP fine
	bloccoN: ... ;blocco eseguito se var = "n"
	istruzioni blocco "n"
	...
	JMP fine

Codifica in linguaggio C	Codifica in Assembly
	altrimenti: ... ;blocco eseguito se var<>da tutti i valori
	istruzioni blocco "default"
	...
	fine: ... ;prosecuzione programma

La condizione è costituita da una sequenza di controlli sulla stessa variabile; il primo test che soddisfa la condizione determina il salto. In questo esempio emerge l'importanza del fatto che CMP non altera gli operandi, cosicché non è necessario ricaricare ogni volta il dato. Se nessun caso è soddisfatto, un salto incondizionato salta all'etichetta di default. Ogni blocco deve terminare con un salto incondizionato perché altrimenti verrebbe eseguito anche il caso successivo.

■ I costrutti iterativi in Assembly

I costrutti iterativi consentono di ripetere un blocco di istruzioni più volte modificando il flusso sequenziale del programma attraverso dei salti condizionati in base a una condizione.

Il ciclo precondizionato per vero

Il costrutto precondizionato per vero consente di ripetere una sequenza per una quantità indeterminata di volte uscendo dal ciclo solo quando la condizione è falsa. Essendo posto all'inizio del ciclo, la condizione prevede che la variabile sulla quale opera debba essere necessariamente dichiarata e inizializzata prima di entrare nel ciclo ed è possibile che il ciclo non venga del tutto eseguito se la condizione si dimostra subito falsa.

mentre (condizione)
  Istruzioni
fine mentre

ESEMPIO 12 *Il ciclo Mentre Fai*

Il codice che segue compie un ciclo precondizionato per vero ripetuto mentre la variabile è maggiore di 10; pertanto deve essere inizializzata a un valore maggiore o uguale a 10 affinché il ciclo venga ripetuto almeno una volta. Il costrutto precondizionato svolto in linguaggio Assembly (collocato a destra) viene paragonato al relativo costrutto scritto in un linguaggio evoluto (collocato a sinistra). Il programma esegue il blocco di istruzioni mentre la condizione è verificata, cioè se la variabile è maggiore di 10, altrimenti esce.

Codifica in linguaggio C	Codifica in Assembly
int var;	.DATA
...	var DB 14h ;dichiarazione variabile di tipo Byte e inizializzazione
var=20;	;a 20
while (var>10)	.CODE
{	ciclo: CMP var,0Ah ;confronto con 0
...	JBE fine ;se var<=10 salta all'etichetta fine
istruzioni blocco	DEC var ;decremento variabile di 1 unità

var=var-1;	...
}	istruzioni blocco
	...
	JMP ciclo ;salto incondizionato che ritorna a "While"
	fine: ... ;prosecuzione programma

Nella codifica in Assembly il ciclo viene ripetuto fino a quando la variabile non risulta essere minore o uguale a 10. Il controllo iniziale prevede una condizione invertita rispetto a quella presentata nella codifica in linguaggio C; infatti il salto condizionato JBE opera un salto quando la variabile contiene un numero minore o uguale a 10, esattamente al contrario rispetto al linguaggio evoluto.

Il ciclo post condizionato per vero

Il costrutto post condizionato per vero consente di ripetere una sequenza per una quantità indeterminata di volte uscendo dal ciclo solo quando la condizione è falsa. La condizione di uscita dal ciclo è posta alla fine del ciclo stesso, pertanto il ciclo viene sempre eseguito almeno una volta.

fai
    Istruzioni n
mentre (condizione)

ESEMPIO 13 *Il ciclo Fai ... Mentre*

Il codice che segue esegue un ciclo post condizionato per vero ripetuto mentre la variabile è minore di 10: all'interno del ciclo essa viene incrementata, in tal modo il ciclo verrà ripetuto 10 volte (da 0 a 9). Il costrutto post condizionato svolto in linguaggio Assembly (collocato a destra) viene paragonato al relativo costrutto scritto in un linguaggio evoluto (collocato a sinistra). Il programma esegue il blocco di istruzioni mentre la condizione è verificata, cioè se la variabile è minore di 10, altrimenti esce:

Codifica in linguaggio C	Codifica in Assembly
int var=0;	.DATA
...	var DB 0h ;dichiarazione variabile di tipo Byte ed inizializzazione
do	.CODE
{	ciclo: INC var ;incremento variabile di 1 unità
...	...
istruzioni blocco	istruzioni blocco
var=var+1;	...
} while (var<10)	CMP var,0Ah ;confronto con 10
...	JB ciclo ;se var<10 salta all'etichetta ciclo
	... ;prosecuzione programma

Il ciclo viene ripetuto mentre la variabile var risulta inferiore a 10. La variabile viene subito incrementata, mentre invece il controllo è posto proprio alla fine del ciclo.

Verifichiamo le conoscenze

1. Risposta multipla

1 Se il primo operando è >= del secondo di una istruzione CMP abbiamo che:

a. CF=0
b. ZF=1
c. ZF=0 o CF=0
d. ZF=0 e CF=1

2 Indica in quale condizione il seguente frammento di codice effettuerà il salto all'etichetta ciclo.

```
CMP AL,0Ah
JBE ciclo
```

a. Salta se AL è minore di dieci
b. Salta se AL è maggiore di dieci
c. Salta se AL è minore o uguale a dieci
d. Salta se AL è maggiore o uguale a dieci

3 L'istruzione di salto JG opera su numeri con segno e salta quando:

e. ZF=1 o SF=OF
f. CF=1 e ZF=1
g. ZF=0 e CF=1
h. ZF=0 e SF=OF

4 A quale blocco di istruzioni seguenti equivale l'istruzione LOOP ciclo?

a.
```
DEC CX
JNZ ciclo
```

b.
```
INC CX
JNZ ciclo
```

c.
```
INC CX
CMP CX,n
JNE ciclo
```

d.
```
DEC CX
JZ ciclo
```

5 Se il primo operando non è <= del secondo di una istruzione CMP abbiamo che:

e. ZF=1
f. CF=0 e ZF=0
g. CF=1 e SF=ZF
h. CF=0 o ZF=0

6 Indica a quale costrutto equivale il seguente frammento di codice.

```
      CMP CL,0Ah
      JBE esci
      INC AX
      DEC CL
esci:
```

a. Ciclo precondizionato
b. Selezione semplice
c. Selezione doppia
d. Selezione multipla

7 Indica a quale costrutto equivale il seguente frammento di codice.

```
      CMP AL,0Ah
      JB qua
      MOV AL,01h
      JMP fine
qua:  MOV AL,02h
fine: ...
```

a. Selezione multipla
b. Selezione doppia
c. Selezione semplice
d. Ciclo precondizionato

8 Indica a quale costrutto equivale il seguente frammento di codice.

```
       MOV DL,0FFh
ciclo: INC AL
       DEC numero
       MOV DH,CL
       MOV BX,AX
       CMP AL,DL
       JB ciclo
```

a. Ciclo postcondizionato
b. Selezione multipla
c. Selezione doppia
d. Ciclo precondizionato

9 Indica a quale costrutto equivale il seguente frammento di codice.

```
      MOV AL,20h
qua:  CMP AL,0
      JZ fine
      DEC AL
      MOV CX,AX
      INC SI
      MOV [SI],AX
      JMP qua
fine: ...
```

a. Selezione multipla
b. Ciclo precondizionato
c. Ciclo postcondizionato
d. Selezione doppia

10 Indica quante volte viene ripetuto il seguente ciclo.

```
       MOV DL,0Ah
       MOV AL,00h
ciclo: INC AL
       DEC numero
       MOV DH,CL
       MOV BX,AX
       CMP AL,DL
       JBE ciclo
```

a. 11 volte
b. 10 volte
c. 9 volte
d. 1 volta

11 Indica quante volte viene ripetuto il seguente ciclo.

```
MOV DL,0Ah
MOV AL,09h
ciclo:      INC AL
            DEC numero
            MOV DH,CL
            MOV BX,AX
            CMP AL,DL
            JB ciclo
```

a. 11 volte
b. 10 volte
c. 9 volte
d. 1 volta

Verifichiamo le competenze

1 Scrivi un programma Assembly che moltiplichi tra di loro due numeri presenti in un registro e in una variabile utilizzando il solo ciclo LOOP visto nella lezione.

2 Dopo aver inserito dieci numeri nelle celle di indirizzo da 0100 a 0109 scrivi un programma Assembly che cerchi il numero maggiore e lo copi nella cella successiva (010Ah).

3 Dopo aver inserito dieci numeri nelle celle di indirizzo da 0200 a 0209 scrivi un programma Assembly che cerchi il numero minore e lo copi nel registro BX.

4 Scrivi un programma Assembly che incrementi il contenuto delle celle di indirizzo dispari e decrementi il contenuto delle celle di indirizzo pari di tutte le celle a partire dall'indirizzo 0100h fino a quando non incontra una cella che contiene zero.

5 Dopo aver inserito dieci numeri diversi nelle celle che vanno da 0300h a 0309h, scrivi un programma Assembly che conti quanti numeri sono diversi da zero e quanti sono maggiori di 10, immettendo i valori calcolati nelle celle successive (030Ah e 030Bh).

6 Dopo aver inserito dieci numeri a 16 bit nelle celle che iniziano da 0200h, scrivi un programma Assembly che conti quanti numeri sono maggiori di 10, compresi tra 10 e 20 e maggiori di 20, immettendo i valori calcolati nelle celle successive.

7 Scrivi un programma Assembly che incrementi il contenuto delle celle che contengono un numero compreso tra 100 e 200 e decrementi il contenuto delle celle che contengono un valore maggiore di 200, a partire dall'indirizzo 0300h. La cella precedente alla 0300h contiene il numero di celle da controllare.

8 Scrivi un programma Assembly che scambi il contenuto delle celle di memoria poste a partire dall'indirizzo 0100h con quelle poste a partire dall'indirizzo 0300h, solo per le celle che contengono un valore minore di 100. Il numero di celle da verificare è contenuto nella cella precedente alla 0100h.

9 Scrivi un programma Assembly che azzeri tutte le celle che contengono un carattere alfabetico minuscolo (carattere ASCII tra 97 e 122) a partire dalla cella 0100h per un totale di 20 celle.

10 Scrivi un programma Assembly che porti a 1 tutte le celle che contengono un carattere alfabetico maiuscolo (carattere ASCII tra 65 e 90) a partire dalla cella 0200h. La cella precedente alla 0200h contiene la lunghezza della tabella.

11 Scrivi un programma Assembly che incrementi il contenuto delle celle di indirizzo pari e decrementi il contenuto delle celle di indirizzo dispari di tutte le celle a partire dall'indirizzo 0100h fino a quando non incontra una cella che contiene un numero maggiore di 100.

12 Scrivi un programma Assembly che memorizzi in una tabella, a partire dall'indirizzo 0100h, un numero imprecisato di caratteri ASCII terminanti con il simbolo '$'. Il programma deve determinare se i caratteri formano una parola palindroma, come per esempio:
otto; radar; ingegni; anilina; itopinonavevanonipoti

AREA *digitale* hoepliscuola.it

Esercizi per il recupero / Esercizi per l'approfondimento

Le istruzioni aritmetiche

LEZIONE 6

In questa lezione impareremo...

- a utilizzare le principali istruzioni aritmetiche
- a utilizzare i principali servizi DOS di lettura e scrittura a video/tastiera

■ L'incremento con l'istruzione INC

L'istruzione INC effettua un'addizione tra l'operando e la costante implicita 1 copiando il risultato nell'operando. Il precedente contenuto del primo operando viene quindi sostituito dalla sua somma con la costante 1. L'operando può essere un registro, una cella di memoria indirizzata in modo diretto, indiretto o indicizzato. Negli ultimi due casi è necessario specificare la dimensione dell'operando che non può essere dedotta dall'istruzione. Il Carry flag non viene in alcun modo alterato da questa istruzione.

Sintassi:

```
INC operando
```

Modalità di indirizzamento:
INC registro
INC memoria

Flag alterati:
ZF, SF, OF, PF

L'istruzione DEC effettua una sottrazione tra l'operando e la costante costante implicita 1 copiando il risultato nell'operando. Il precedente contenuto del primo operando viene quindi sostituito dalla sua differenza con il dato immediato 1. L'operando può essere un registro, una cella di memoria indirizzata in modo diretto, indiretto o indicizzato. Negli ultimi due casi è necessario specificare la dimensione dell'operando che non può essere dedotta dall'istruzione. Il Carry flag non viene in alcun modo alterato da questa istruzione.

Sintassi:

```
DEC operando
```

Modalità di indirizzamento
DEC registro
DEC memoria

Flag alterati:
ZF, SF, OF, PF

ESEMPIO 14 *Uso dell'istruzione INC*

L'esempio che segue effettua un ciclo per contare, all'interno di una lista di celle che inizia dalla cella di indirizzo 0100, quante celle contengono un valore uguale a zero, inserendo il risultato nel registro DL. Nel ciclo l'istruzione INC incrementa il puntatore SI alla cella successiva e per contare quante celle, che risultano essere pari a zero, sono state trovate. Il ciclo termina quando sono state lette "n" celle.

```
.DATA
n          DB                    0FFh
.CODE
.STARTUP
           MOV CX,00             ;azzeramento registri usati
           MOV DX,00
           MOV SI,0100h          ;inizializzazione puntatore alla cella iniziale
                                 ;della tabella (0100)
           MOV CL,n              ;assegnazione di n a CX per effettuare un ciclo LOOP
ciclo:     CMP Byte Ptr[SI],0    ;confronto tra contenuto cella puntata da SI e 0 (8 bit)
           JNZ dopo              ;se la cella è <> 0 salta all'etichetta dopo
           INC DL                ;se la cella = 0 incremento contatore DL
dopo:      INC SI                ;incremento contenuto del puntatore alla cella (SI)
           LOOP ciclo            ;se CX <> 0 salta a ciclo e decrementa CX
```

- Uso di cicli
- Uso dell'istruzione INC
- Uso di istruzioni aritmetiche e puntatori

Prova adesso!

1 Modifica l'esempio 14 in modo tale da cercare anche quante celle sono diverse da zero nel registro DH.

AREA digitale
Esempio di decremento

L'addizione con l'istruzione ADD

L'istruzione ADD permette di sommare il primo operando con il secondo operando, quindi colloca il risultato nel primo operando. Il precedente contenuto del primo operando viene in questo modo sostituito dalla sua somma con il secondo operando (accumulo) mentre il secondo operando rimane inalterato. Il primo operando può essere un registro, una cella di memoria indirizzata in modo diretto, indiretto o indicizzato; il secondo operando può consistere in un registro, una cella di memoria indirizzata in modo diretto, indiretto o indicizzato o un dato immediato. Anche in questo caso i due operandi devono avere le stesse dimensioni, che possono essere Byte, Word o DWord.

Sintassi:

```
ADD operando1,operando2
```

Modalità di indirizzamento:
ADD registro,registro
ADD registro,memoria
ADD memoria,registro
ADD registro,immediato
ADD memoria,immediato

Flag alterati:
ZF, CF, SF, OF, PF

ESEMPIO 15 *Uso dell'istruzione ADD per sommare due celle*

L'esempio che segue mostra come sommare il contenuto di due variabili a 8 bit, ponendo il risultato in un registro a 16 bit (AX). È necessario fare attenzione in quanto la somma di due valori a 8 bit potrebbe risultare maggiore di 8 bit, con conseguente perdita di dati. Per risolvere questo problema utilizziamo due registri a 16 bit che contengono nella parte bassa le variabili a 8 bit. La parte alta dei registri viene azzerata:

```
.DATA
numero1         DB      0Ah
numero2         DB      0Bh
.CODE
.STARTUP
MOV AL,numero1          ;copia della variabile a 8 bit nella parte bassa di AX (AL)
MOV AH,00h              ;azzeramento della parte alta di AX (AH)
MOV DL,numero2          ;copia della seconda variabile nella parte bassa di DX (DL)
MOV DH,00h              ;azzeramento della parte alta di DX (DH)
ADD AX,DX               ;somma tra AX e DX con risultato in AX
```

ESEMPIO 16 *Uso dell'istruzione ADD per effettuare la somma a 16 bit*

L'esempio che segue mostra come accumulare nel registro DX il contenuto degli elementi della tabella formata dalle "n" celle che incominciano dalla cella di indirizzo 0100h. In questo esempio useremo uno stratagemma per sommare un valore a 8 bit, rappresentato dal singolo elemento della cella, con il registro DX che è invece a 16 bit. Per fare questo collochiamo nella parte bassa di AX (registro AL) il dato letto dalla cella; azzerando la parte alta di AX (registro AH) otteniamo il risultato voluto, cioè un dato a 8 bit in un registro a 16. In tal modo il registro AX può essere indirizzato al registro DX nell'istruzione ADD. Il ciclo di lettura della tabella utilizza un'istruzione LOOP ripetuta CX volte.

```
.DATA
n           DB              0Ah
.CODE
.STARTUP
            MOV CL,n        ;caricamento in CX di un valore a 8 bit assegnandolo
                            ;alla parte bassa del registro
            MOV CH,00h      ;la parte alta di CX viene azzerata
            MOV SI,0100h    ;inizializzazione puntatore a inizio tabella
            MOV DX,00h      ;azzeramento accumulatore DX
ciclo:      MOV AL,[SI]     ;copia della cella nella parte bassa di AX
            MOV AH,00h      ;azzeramento di AH per trasferire il dato a 8 bit letto
                            ;dalla cella su 16 bit (AX)
            ADD DX,AX       ;accumulo del dato letto in AX (16 bit)
            INC SI          ;passiamo a puntare alla cella successiva
            LOOP ciclo      ;decremento di CX e se CX <> 0 salta a ciclo
```

Prova adesso!

- Uso di cicli
- Uso dell'istruzione ADD
- Uso di istruzioni aritmetiche e puntatori

1 Modifica l'esempio 16 in modo tale che vengano sommati solo i valori contenuti nelle celle se maggiori di 10.

AREA digitale

L'istruzione ADC

La sottrazione con l'istruzione SUB

L'istruzione SUB effettua una sottrazione tra il primo ed il secondo operando copiando il risultato nel primo operando. Il precedente contenuto del primo operando viene quindi sostituito dalla sua sottrazione con il secondo operando mentre il secondo operando rimane inalterato. Il primo operando può essere un registro, una cella di memoria indirizzata in modo diretto, indiretto o indicizzato; il secondo operando può consistere in un registro, una cella di memoria indirizzata in modo diretto, indiretto o indicizzato o un dato immediato. I due operandi devono avere le stesse dimensioni, che possono essere Byte, Word o DWord.

Sintassi:

```
SUB operando1,operando2
```

Modalità di indirizzamento:
SUB registro,registro
SUB registro,memoria
SUB registro,immediato
SUB memoria,registro
SUB memoria,immediato

Flag alterati:
ZF, CF, SF, OF, PF

ESEMPIO 17 *Uso dell'istruzione SUB per convertire un carattere ASCII in un numero*

L'esempio che segue legge da tastiera un valore ASCII attraverso il servizio DOS 01h. Il servizio genera nel registro AL un codice ASCII che rappresenta il tasto premuto ed è formato da due istruzioni:

```
;Legge da tastiera e mette il valore ASCII nel registro AL
MOV AH,01h
INT 21h
;Scrive a video il contenuto del registro DL
MOV AH,02h
INT 21h
```

Come abbiamo visto esiste anche un servizio DOS in grado di effettuare l'operazione contraria, cioè stampare a video un carattere ASCII che deve essere preventivamente collocato nel registro DL.

Se l'utente per esempio preme il tasto "0" il carattere ASCII restituito è 30h. Se il numero è il "9" il carattere è 39h. Pertanto per effettuare la conversione da ASCII a numero dobbiamo sottrarre 30h al carattere letto. Il ciclo termina quando l'utente preme INVIO, dato dal carattere ASCII 13 (0Dh). I numeri letti da tastiera vengono memorizzati nelle celle a partire dall'indirizzo 0100h. L'esempio conta nella variabile totale quanti numeri sono stati letti.

```
.DATA
totale  DB              00h
.CODE
.STARTUP
        MOV CX,00h      ;azzeramento registro CX che viene usato come contatore
        MOV SI,0100h    ;inizializzazione puntatore a 0100h
ciclo:  MOV AH,01h      ;servizio DOS che legge un carattere ASCII da tastiera
        INT 21h         ;e lo pone nel registro AL
        CMP AL,0Dh      ;verifica se il carattere è INVIO (0Dh)
        JE fine         ;salto condizionato che salta all'etichetta fine se AL contiene 0Dh
        SUB AL,30h      ;trasformazione da carattere ASCII a numero sottraendo 30h (48)
        MOV [SI],AL     ;inserimento numero nella memoria all'indirizzo puntato da SI
                        ;(8 bit)
        INC SI          ;incremento puntatore a cella successiva
```

```
        INC CL          ;contatore di numeri letti
        JMP ciclo       ;salto incondizionato all'etichetta ciclo per inserire un altro
                        ;numero
fine:   MOV totale,CL   ;assegnazione alla variabile totale del numero di celle lette
```

ESEMPIO 18 ***Stampa a video di numeri***

L'esempio che segue stampa a video i numeri letti dalla memoria come caratteri ASCII attraverso il servizio DOS 02h. Il servizio legge il contenuto del registro DL, lo converte in ASCII sommando 48 (30h) e lo stampa. L'esercizio completa il precedente che aveva memorizzato nella variabile totale il numero di celle di memoria lette da tastiera.

```
.CODE
.STARTUP
        MOV SI,0100h    ;inizializzazione puntatore a 0100h
ciclo:  SUB totale,1    ;decremento della variabile totale
        CMP totale,0    ;verifica se siamo arrivati alla fine della tabella
        JE fine         ;salto condizionato che salta all'etichetta fine quando totale=0
        MOV DL,[SI]     ;copia la cella da stampare nel registro DL
        ADD DL,30h      ;trasformazione da numero a carattere ASCII sommando 30h (48)
        MOV AH,02h      ;servizio DOS che stampa un carattere ASCII a video
        INT 21h         ;presente nel registro DL
        INC SI          ;incremento puntatore a cella successiva
        JMP ciclo       ;salto incondizionato all'etichetta ciclo per passare al numero
                        ;successivo
fine:   ...
```

Prova adesso!

- Uso di cicli
- Uso dell'istruzione SUB
- Uso di istruzioni aritmetiche e puntatori
- Uso dei servizi DOS 01h e 02h

1 Modifica l'esempio 18 in modo tale che vengano stampati solo i numeri diversi da zero.

La divisione con l'istruzione DIV

L'istruzione DIV effettua una divisione ponendo a denominatore l'operando indicato. Se l'operando è a 8 bit effettua la divisione tra AX e l'operando. Se l'operando è a 16 bit effettua la divisione tra il numero a 32 bit formato dalla coppia di registri DX:AX e l'operando. Nella divisione a 8 bit il quoziente viene collocato nel registro AL e il resto nel registro AH. Nella divisione a 16 bit il quoziente viene collocato nel registro AX e il resto nel registro DX. Nella divisione a 8 bit il registro DX deve essere sempre azzerato prima di effettuare la divisione, a causa di un bug dell'assemblatore Intel che non è stato ancora risolto. I flag CF e OF sono settati se il valore occupa la parte alta del risultato.

> ◀ ISR (Interrupt Service Routine) Le Interrupt Service Routine sono particolari procedure che vengono attivate quando si verifica un'interruzione. Le ISR sono routine di sistema che possono tuttavia essere scritte anche dall'utente, anche se la loro gestione è relativa al sistema operativo DOS; pertanto con versioni di Windows a partire da XP non possono più essere gestite. ▶

> Nella versione IDIV viene applicata la regola del segno, cioè se i segni degli operandi sono concordi il risultato è positivo mentre se sono discordi è negativo.

L'operazione di divisione non può essere effettuata per denominatori pari a zero e inoltre il quoziente della divisione potrebbe eccedere la dimensione del registro implicito; in entrambi i casi la CPU lancia un interrupt interno (INT 0) che esegue una ◀ ISR ▶, cioè una procedura che consente una gestione dell'errore da parte del sistema operativo.

Sintassi:

```
DIV operando
```

Modalità di indirizzamento:
DIV registro
DIV memoria

Flag alterati:
CF, OF

ESEMPIO 19 *Determinazione di numeri pari e dispari*

L'esempio che segue effettua un ciclo per contare quanti numeri pari sono presenti in una tabella di elementi a partire dall'indirizzo di memoria 0100h. La variabile "n" indica la lunghezza della tabella. Il ciclo innanzitutto legge i numeri, quindi effettua una divisione a 8 bit per due usando la variabile di tipo Byte due che contiene proprio la costante 2. Se il resto è uguale a zero viene incrementato il contatore di numeri pari (registro BL).

```
.DATA
n       DB          0FFh
due     DB          02h
.CODE
.STARTUP
        MOV SI,0100h ;inizializzazione puntatore SI a inizio tabella (0100)
        MOV CX,0
        MOV CL,n     ;inizializzazione contatore CX alla dimensione della tabella
ciclo:  MOV AL,[SI]  ;copia del valore da verificare nel registro AL (8 bit) dalla
                     ;cella puntata da SI
        MOV AH,0     ;azzeramento parte alta di AX
        MOV DX,0     ;azzeramento di DX
        DIV due      ;divisione per due (8 bit)
        CMP AH,0     ;confronto del resto (AH) con zero
        JNZ dopo     ;se resto <> 0 numero dispari quindi salta a dopo
```

```
        INC BL        ;se resto = 0 incrementa il contatore di numeri pari (BL)
dopo:   INC SI        ;incremento puntatore celle di una unità
        LOOP ciclo    ;decremento di CX. Se CX <> 0 salta a ciclo
```

Prova adesso!

- Uso di cicli
- Uso dell'istruzione DIV
- Uso di istruzioni aritmetiche e puntatori

1. Modifica l'esempio 19 in modo tale che la ricerca dei numeri pari avvenga su celle da 16 bit.
2. Modifica l'esempio 19 contando anche quanti numeri dispari sono presenti nel registro BL.

ESEMPIO 20 *Conversione di un numero da decimale a binario*

L'esempio che segue mostra il codice necessario per la conversione di un numero in binario e la stampa dello stesso a video. Il numero è presente in memoria nella cella 0100h. L'algoritmo prevede che il numero venga diviso per due fino a quando il quoziente è pari a zero. I resti verranno stampati a video mediante il servizio DOS 02h. Il ciclo si ripete fino a quando il quoziente (AL) è zero. All'interno del ciclo vengono salvati nello stack tutti i resti, in modo che possano essere estratti al contrario dalla catasta per essere stampati. La variabile conta viene utilizzata per conoscere le cifre del numero in binario, utili al ciclo di stampa che deve essere ripetuto un numero corretto di volte, per non incorrere in un'istruzione POP a vuoto che provocherebbe un errore di esecuzione.

```
.DATA
due       DB            02h
conta     DB            0
.CODE
.STARTUP
          MOV SI,0100h  ;inizializzazione puntatore alla cella che contiene numero
                        ;da stampare
          MOV AX,0      ;azzeramento registro
          MOV AL,[SI]   ;AL contiene numero da convertire
ciclo:    MOV AH,0      ;azzeramento della parte alta di AX necessario per fare
                        ;la divisione a 8 bit
          DIV due       ;divisione a 8 bit tra AX e variabile due (2)
          MOV BL,AL     ;salvataggio del quoziente in BL
          CMP AH,0      ;verifica se resto = 0
          JE zero       ;se resto = 0 salto a etichetta zero
          MOV AL,'1'    ;se resto <> 0 collochiamo '1' come carattere ASCII in AL
          PUSH AX       ;salvataggio del resto
          JMP dopo      ;salto incondizionato all'etichetta successiva
zero:     MOV AL,'0'    ;se resto = 0 collochiamo '0' come carattere ASCII in AL
```

```
         PUSH AX       ;salvataggio del resto
dopo:    MOV AX,0      ;azzeramento di AX
         MOV AL,BL     ;recupero quoziente salvato in BL
         INC conta     ;incremento contatore di cifre binarie
         CMP AL,0      ;confronto se quoziente = 0
         JE stampa     ;se quoziente = 0 allora termine divisioni e salto a stampa
         JMP ciclo     ;se quoziente <> 0 salto a ciclo per continuare le divisioni per 2
stampa:  MOV CL,conta  ;colloco il conta cifre binarie in CX
         MOV CH,0
ciclo_s: POP AX        ;recupero resto da stack
         MOV DL,AL     ;copio resto in DL per servizio DOS
         MOV AH,02h    ;servizio DOS 02 che stampa a video DL
         INT 21h
         LOOP ciclo_s  ;decremento CX, se CX <> 0 salta a ciclo_s
         MOV AH,4Ch    ;servizio DOS che termina programma
         INT 21h
END
```

Prova adesso!

- Uso di cicli
- Uso dell'istruzione DIV
- Uso di istruzioni aritmetiche e puntatori

1 Modifica l'esempio 20 in modo tale che il numero da convertire sia a 16 bit e sia presente nella cella puntata dal registro DI.

La moltiplicazione con l'istruzione MUL

L'istruzione MUL effettua una moltiplicazione tra l'operando indicato e il registro implicito AL o AX a seconda della dimensione dell'operando. Se l'operando è a 8 bit viene moltiplicato il registro AL per l'operando e il prodotto viene collocato nel registro AX. Se l'operando è a 16 bit viene moltiplicato il registro AX per l'operando e il prodotto viene collocato nella coppia di registri DX:AX, dove DX rappresenta i 16 bit più significativi e AX i 16 bit meno significativi del prodotto (32 bit). I flag CF e OF sono settati se il valore occupa la parte alta del risultato. Nella versione IMUL viene applicata la regola del segno, cioè se i segni degli operandi sono concordi il risultato è positivo mentre se sono discordi è negativo. Per esempio, se con MUL di tipo Byte si moltiplica 0FFh per 0FFh si ottiene 0FE01H, mentre facendo la stessa operazione con la IMUL si ottiene:

$$-1\ (FFh) * -1\ (FFh) = 1\ (0001h)$$

Sintassi:

```
MUL operando
```

Flag alterati:
CF, OF

Modalità di indirizzamento:
MUL registro
MUL memoria

ESEMPIO 21 *Lettura da tastiera di un numero a più cifre*

L'esempio che segue mostra il codice necessario per leggere da tastiera un numero a più cifre (fino a 16 bit) da collocare nel registro BX. Il problema non è di banale interpretazione in quanto il servizio DOS di lettura da tastiera consente l'immissione di un solo carattere ASCII per volta. L'algoritmo di soluzione prevede che il ciclo termini quando l'utente preme il tasto INVIO (carattere ASCII 13 o 0Dh). Nel ciclo innanzitutto viene moltiplicato per 10 il contenuto del registro di accumulo del risultato (BX), quindi viene sommato al registro il valore numerico della cifra letta da tastiera.
Per esempio, per il numero 62341 il programma compie i seguenti passi:

Legge il carattere 6
- se diverso da INVIO
  BX = BX * 10 + 6 = 6

Legge il carattere 2
- se diverso da INVIO
  BX = BX * 10 + 2 = 6 * 10 + 2 = 62

Legge il carattere 3
- se diverso da INVIO
  BX = BX * 10 + 3 = 62 * 10 + 3= 623

Legge il carattere 4
- se diverso da INVIO
  BX = BX * 10 + 6 = 623 * 10 + 4= 6234

Legge il carattere 1
- se diverso da INVIO
  BX = BX * 10 + 6 = 6234 * 10 + 1 = 62341

Legge il carattere INVIO
- se = INVIO
  BX contiene il risultato = 62341

```
.DATA
dieci     DW          0Ah
.CODE
.STARTUP
          MOV BX,0    ;azzero registro di accumulo della cifra a 16 bit
ciclo:    MOV AH,01h  ;servizio DOS di lettura da tastiera
          INT 21h
          CMP AL,0Dh  ;il carattere ASCII letto viene confrontato con INVIO (carattere 13)
          JE fine     ;se INVIO premuto la cifra è terminata salto a fine
          PUSH AX     ;salvo il numero letto nello stack
          MOV AX,BX   ;moltiplico per 10 il numero accumulato in BX
```

```
         MUL dieci    ;AX * 10
         MOV BX,AX    ;colloco in BX il risultato della moltiplicazione per 10
         POP AX       ;riprendiamo in AX l'ultima cifra letta
         SUB AL,30h   ;la cifra viene aggiustata da ASCII a numero sottraendo 30h
         MOV AH,0     ;azzero parte alta di AX
         ADD BX,AX    ;somma del valore di accumulato in BX con l'ultima cifra letta
         JMP ciclo    ;salto incondizionato al ciclo di lettura da tastiera
fine:    ...          ;prosecuzione programma
```

Prova adesso!

- Uso di cicli
- Uso dell'istruzione DIV
- Uso di istruzioni aritmetiche e puntatori

1 Modifica l'esempio 21 in modo tale che il numero presente in BX venga stampato a video usando il servizio DOS 02h.

2 Confronta la tua soluzione con quella proposta di seguito:

```
.DATA
dieci    DW          0Ah
.CODE
.STARTUP
         MOV AX,BX   ;poniamo in AX il numero da stampare
         MOV CL,00   ;azzeramento contatore di cifre
sta:     MOV DX,0    ;azzeramento parte alta della cifra a 32 bit che viene
                     ;divisa per 10
         DIV dieci   ;divisione a 16 bit per fare DX:AX/10. Resto in DX.
                     ;Quoziente in AX
         PUSH DX     ;salvataggio del resto nello stack
         INC CL      ;aggiornamento contatore cifre
         CMP AX,0    ;verifica se quoziente = 0
         JNE sta     ;salta a etichetta sta se quoziente <> 0
rip:     POP DX      ;recupero resto da stampare
         ADD DL,30h  ;aggiustamento cifra come carattere ASCII sommando 48 (30h)
         MOV AH,02h  ;servizio DOS di stampa a video
         INT 21h
         DEC CL      ;decremento contatore cifre
         JNZ rip     ;se diverso da zero ripeto la stampa di un'altra cifra
         ...         ;altrimenti termine programma
```

Verifichiamo le conoscenze

1. Risposta multipla

1 Indica il contenuto del registro AX alla fine del seguente frammento di codice.

```
MOV AL,0Ah
MOV AH,01h
MOV DX,0h
MOV SI,0100h
MOV Byte Ptr[SI],0Ah
DIV Byte Ptr[SI]
```

a. 1Ah
b. 06h
c. 1A06h
d. 061Ah

2 Indica il contenuto dei registri DX e AX alla fine del seguente frammento di codice.

```
MOV AX,0105h
MOV DX,0h
MOV SI,0100h
MOV Word Ptr[SI],02h
DIV Word Ptr[SI]
```

a. AX=82h, DX=1
b. AX=82,5h, DX=0
c. AX=1, DX=82h
d. AX=80h, DX=1

3 Indica la funzione dell'istruzione seguente.

```
DEC [DI]
```

a. È errata in quanto non indica la dimensione della memoria coinvolta
b. È errata in quanto la cella non può essere indirizzata con la parentesi quadra, bensì con la parentesi tonda
c. Decrementa di una unità il registro DI
d. Decrementa di una unità la cella puntata dal registro DI

4 Cosa contiene il registro BH al termine del seguente programma?

```
MOV BX,01FFh
MOV CX,0FFh
ciclo:   DEC BX
         LOOP ciclo
```

a. 0Eh
b. 0Fh
c. FCh
d. 01h
e. 10h

5 Quale affermazione tra le seguenti riguardo all'istruzione ADC è corretta?

a. Esegue la somma tra il registro AX e l'operando indicato
b. Se si verifica un riporto esso viene collocato nel Sign flag
c. Esegue la somma tra gli operandi indicati ed il risultato viene posto nel secondo operando
d. Esegue la somma tra due operandi ed il contenuto del Carry Falg

6 Indica il funzionamento del seguente programma.

```
MOV SI,0000h
MOV word ptr[SI],0200h
MOV DI,[SI]
MOV BX,0F125h
ADC BX,Word Ptr[DI]
```

a. Somma a 16 bit tra la DWord di indirizzo 0200, il registro BX ed il Carry flag
b. Somma a 16 bit tra la DWord di indirizzo 0000, il registro BX ed il Carry flag
c. Somma a 16 bit tra la DWord di indirizzo 0200, il registro BX ed il registro DI
d. Somma a 16 bit tra la DWord di indirizzo 0000, il registro DI ed il Carry flag

7 Cosa contiene il registro BL al termine del seguente programma?

```
MOV AX,0h
MOV DX,0FFFCh
MOV BL,10h
MOV CX,04h
ciclo:   ADD DX,02h
         ADC AX,0h
         DEC CX
SUB BL,AL
CMP CX,0h
JNZ ciclo
```

a. 0Fh
b. 0Dh
c. 0Eh
d. FFh

AREA digitale

8 Scegli quale risposta tra le seguenti interpreta l'esecuzione del seguente frammento di codice.

```
MOV DL,'C'
MOV AH,02h
INT 21h
```

a. Visualizza il numero 50h
b. Legge un carattere da tastiera e lo pone nel registro AL
c. Legge un carattere da tastiera e lo pone nel registro DL
d. Visualizza il carattere Ascii "C"

9 Scegli quale risposta tra le seguenti interpreta l'esecuzione del seguente frammento di codice.

```
MOV DL,'D'
MOV AH,01h
INT 21h
```

a. Visualizza il numero 50h
b. Legge un carattere da tastiera e lo pone nel registro AL
c. Legge un carattere da tastiera e lo pone nel registro DL
d. Visualizza il carattere Ascii "C"

10 Scegli quale risposta tra le seguenti interpreta l'esecuzione del seguente frammento di codice.

```
MOV SI,0200h
MOV BX,0325Eh
MOV CX,04321h
ADD BX,Word Ptr[SI]
ADC CX,Word Ptr[SI+2]
```

a. Esegue una somma a 32 bit tra i registri BX, CX e 2 celle di memoria di indirizzo 0200h
b. È errato in quanto non è possibile sommare 4 celle di memoria
c. Esegue una somma a 16 bit tra i registri BX, CX ed il Carry flag
d. Esegue una somma a 32 bit tra i registri BX, CX e 4 celle di memoria di indirizzo 0200h

Verifichiamo le competenze

1 Scrivi un programma Assembly che legga una stringa da tastiera, terminante con il carattere dollaro ('$'), la memorizzi a partire dalla cella 0100, quindi la trasformi in maiuscolo e la stampi a video.

2 Scrivi un programma Assembly che dopo aver letto da tastiera N numeri, terminanti con il simbolo dollaro ('$'), li memorizzi a partire dalla cella 0100, quindi estragga i soli numeri con indirizzo divisibile per tre e li sommi tra di loro, ponendo il risultato a partire dall'indirizzo 0300h.

3 Scrivi un programma Assembly che stampi a video la tabellina del numero inserito da tastiera.

4 Scrivi un programma Assembly che stampi a video la tavola pitagorica dei primi 10 numeri. Per andare a capo utilizza il carattere 0Dh e 0Ah, chiamati rispettivamente, Carriage Return e Line Feed.

5 Scrivi un programma Assembly contenente due tabelle lunghe "n" elementi, una inizia dalla cella di indirizzo 0100h mentre l'altra dall'indirizzo 0300h. Il programma deve dividere a due a due gli elementi presenti nella stessa posizione relativa delle due tabelle, collocando i quozienti a partire dall'indirizzo 0400 e il resto a partire dall'indirizzo 0500h.

6 Scrivi un programma Assembly che moltiplichi per due gli elementi di una tabella, posta a partire dalla cella di indirizzo 0100h, se tali valori sono minori di 100, li divida per due se maggiori di 100 e li lasci inalterati se uguali a zero.

7 Date due tabelle di indirizzo 0100h e 0200h e di dimensione collocata nella cella precedente alla prima, scrivi un programma Assembly che conti quanti elementi uguali ci sono nelle due tabelle e scriva il totale alla fine della seconda tabella.

8 Date due tabelle poste a partire dagli indirizzi 0100h e 2000h, di dimensione "n", scrivi un programma Assembly che stampi a video, usando il servizio DOS, gli elementi della prima tabella maggiori dei corrispettivi elementi della seconda tabella.

9 Dopo aver riempito due celle di memoria (a e b) con valori numerici, scrivi un programma Assembly che calcoli l'espressione (a+5)*b e la collochi nella cella successiva.

10 Scrivi un programma Assembly che, dopo aver letto un numero N da tastiera (tra 1 e 255), calcoli la somma dei primi N numeri interi e stampi a video il risultato.

11 Scrivi un programma Assembly che legga un numero a più cifre e ponga il risultato nella cella 0200h. Dopo aver moltiplicato tale numero per 2 visualizza il risultato a video usando l'algoritmo di scrittura a video di un numero visto nell'unità.

12 Data una tabella di 100 elementi scritta in memoria a partire dall'indirizzo 0200h, scrivi un programma Assembly che calcoli quanti numeri primi (divisibili per 1 o per se stessi) vi sono tra loro, inserendo il totale alla fine della tabella stessa.

13 Data una tabella di 100 elementi scritta in memoria a partire dall'indirizzo 0200h, scrivi un programma Assembly che stampi a video un elemento della tabella stessa, la cui posizione relativa è data dal numero letto da tastiera.

14 Scrivi un programma Assembly che stampi a video la posizione relativa del primo valore diverso da zero presente in una tabella di 100 elementi posta a partire dall'indirizzo 0100h.

15 Scrivi un programma Assembly contenente due tabelle lunghe 250 elementi, delle quali una inizia dalla cella di indirizzo 0100h mentre l'altra dall'indirizzo 0300h. Il programma deve trasferire dalla tabella 1 tutti i numeri moltiplicando per due solo quelli pari.

16 Scrivi un programma Assembly contenente due tabelle lunghe "n" elementi, delle quali una inizia dalla cella di indirizzo 0100h mentre l'altra dall'indirizzo 0200h. Il programma deve trasferire dalla tabella 1 tutti i numeri dividendo per due solo quelli pari.

17 Scrivi un programma Assembly contenente tre tabelle lunghe 100 elementi, che iniziano dagli indirizzi 0100, 0200 e 0300. Il programma deve dividere i valori contenuti nella tabella 1 per 3, la tabella 2 conterrà i quozienti mentre la tabella 3 i resti.

AREA *digitale* hoepliscuola.it

Esercizi per il recupero / Esercizi per l'approfondimento

Le istruzioni logiche e di manipolazione dei bit

LEZIONE 7

In questa lezione impareremo...

- a utilizzare le principali istruzioni bit wise e logiche
- a utilizzare le principali istruzioni di scorrimento e rotazione
- a utilizzare i principali servizi DOS di stampa stringa a video

Lo scorrimento aritmetico e logico

Le operazioni di scorrimento o shift operano sui singoli bit dell'operando e coinvolgono il flag di carry. Esistono due tipi di scorrimento:

- logico: tratta i bit come entità binarie, prive di un significato numerico;
- aritmetico: tratta i bit come parte di una parola avente un significato numerico.

La seguente figura mostra il significato di uno scorrimento logico a sinistra:

L'esempio seguente mostra l'applicazione di uno scorrimento a sinistra (Shift left):

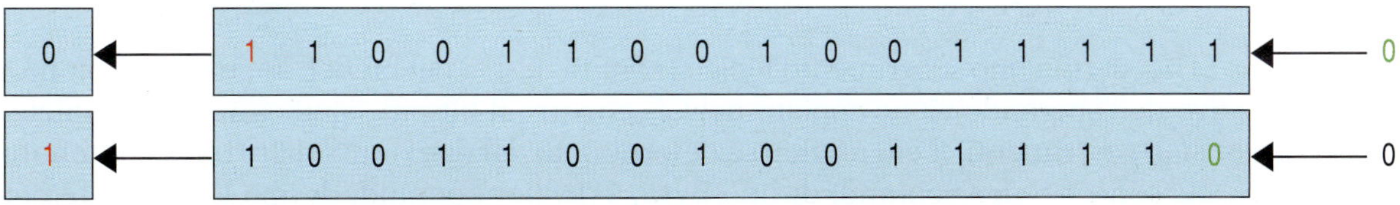

La seguente figura mostra il significato di uno scorrimento logico a destra:

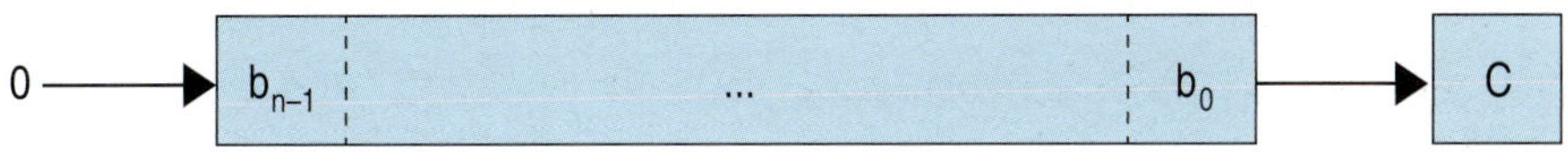

L'esempio seguente mostra l'applicazione di uno scorrimento a destra (Shift right):

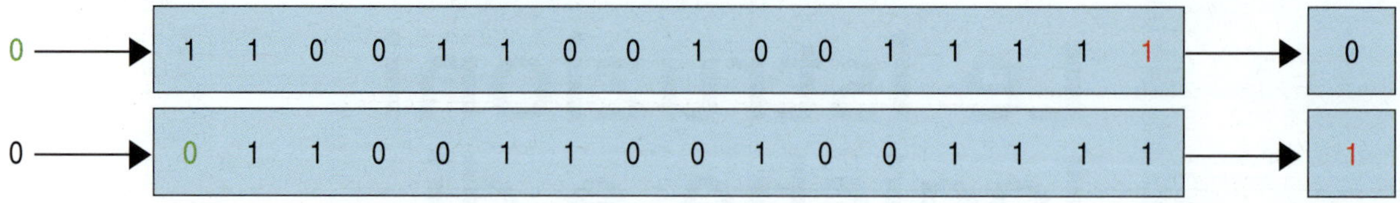

Lo shift aritmetico a destra viene usato invece per conservare il segno del numero originale, come possiamo notare il bit meno significativo viene conservato:

L'esempio seguente mostra l'applicazione di uno scorrimento aritmetico a destra:

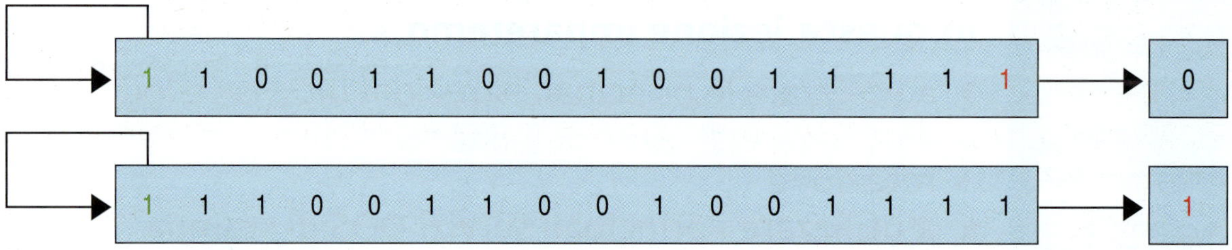

L'istruzione SHL effettua uno scorrimento logico (shift) a sinistra dei bit dell'operando. Il bit più significativo dell'operando viene copiato nel CF, mentre il bit meno significativo viene inizializzato a zero. Gli scorrimenti, il cui numero è determinato dal dato immediato o dal contenuto del registro CL, sono 1-8 per operandi di tipo Byte, 1-16 per operandi di tipo Word, 1-32 per operandi di tipo DWord. L'operazione coincide con una moltiplicazione per una potenza del 2 (2, 4, 8, 16, 32, 64, 128 ecc.). Vediamo che cosa accade eseguendo la seguente istruzione:

```
SHL AL,2            ;equivale a moltiplicare AL per 4
```

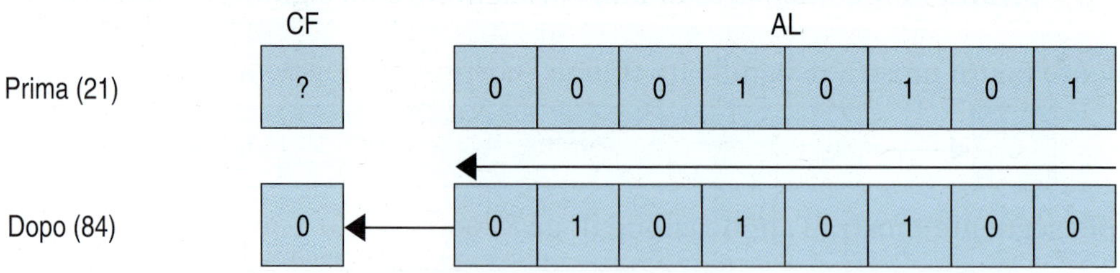

L'istruzione SHR effettua uno scorrimento logico (shift) a destra dei bit dell'operando. Il bit meno significativo dell'operando viene copiato nel CF, mentre il bit più significativo viene inizializzato a zero. Gli scorrimenti, il cui numero è determinato dal dato immediato o dal contenuto del registro CL, sono 1-8 per operandi di tipo Byte, 1-16 per operandi di tipo Word, 1-32 per operandi di tipo DWord. L'operazione coincide con una divisione per una potenza del 2 (2, 4, 8, 16, 32, 64, 128 ecc.). Vediamo che cosa accade eseguendo la seguente istruzione:

```
SHR AL,3            ;equivale a dividere AL per 8
```

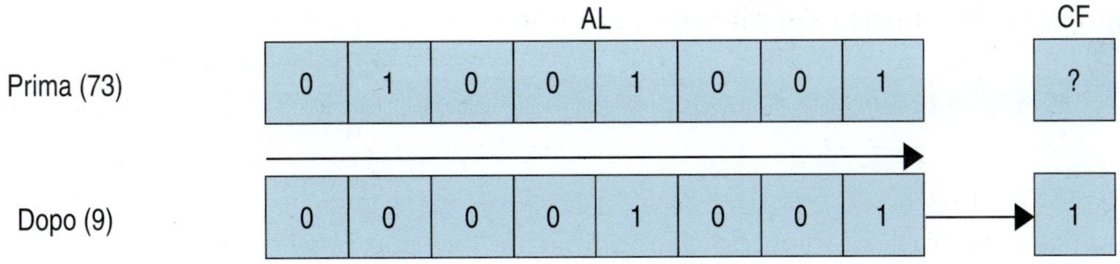

Sintassi:

```
SHL operando,bit
SHR operando,bit
```

Modalità di indirizzamento:
SHL registro,immediato
SHL registro,CL
SHR registro,immediato
SHR registro,CL

Flag alterati:
ZF, CF, SF, OF, PF

> L'istruzione che effettua lo scorrimento aritmetico a sinistra è SAL (*Shift Arithmetic Left*), mentre l'istruzione che effettua lo scorrimento aritmetico a destra è SAR (*Shift Arithmetic Right*). La sintassi è identica rispetto alle istruzioni di scorrimento logico.

ESEMPIO 22 *Uso dello scorrimento per verificare la parità di un numero*

L'esempio seguente utilizza le istruzioni di scorrimento per verificare se un numero è pari o dispari. Effettuando infatti uno scorrimento a destra di 1 bit (SAR) possiamo valutare in base al contenuto del CF se il numero sia pari oppure no. Se il Carry flag è attivo significa che il numero è dispari, dal momento che il bit meno significativo dei numeri dispari è sempre pari a 1. In questo caso vogliamo conoscere quante celle contengono numeri pari utilizzando questo metodo. Il totale deve essere poi memorizzato alla fine della tabella. La dimensione della tabella è contenuta nella variabile "n".

```
.DATA
n        DB           01Fh
.CODE
         MOV BX,0h    ;azzeramento registro contatore numeri pari
         MOV SI,0100h ;inizializzazione registro puntatore a inizio tabella
ciclo:   MOV AL,[SI]  ;copia del valore da controllare in AL
         SHR AL,1     ;scorrimento a destra
         JC dispari   ;se CF attivo allora il numero è dispari
         INC BL       ;altrimenti se è pari incremento contatore numeri pari (BL)
dispari:INC SI        ;incremento puntatore
         DEC n        ;decremento dimensione tabella
         JNZ ciclo    ;se dimensione <>0 salto a ciclo per prossimo numero da controllare
         MOV [SI],BL  ;copia del risultato alla fine della tabella
```

> Lo scorrimento a sinistra può essere usato invece per valutare se un numero espresso con segno è positivo oppure negativo: se CF=1 numero negativo, se CF=0 numero positivo.

Prova adesso!

- Uso delle istruzioni SHL e SHR
- Uso dei puntatori
- Uso del servizio DOS di stampa

1. Modifica l'esempio 22 in modo da moltiplicare per due i risultati usando lo shift a sinistra. Rispondi alla seguente domanda: tutti i numeri possono essere moltiplicati per due con questo metodo?
2. Modifica infine il codice in modo che possa contare quanti numeri minori di 128 ci sono nella tabella (possiedono il bit più significativo a zero).

La rotazione attraverso le istruzioni ROL, ROR, RCL, RCR

L'istruzione ROL effettua una rotazione (rotate) a sinistra dei bit dell'operando interpretando il CF come bit più significativo dell'operando. A ogni scorrimento il CF passa nel bit meno significativo e il bit più significativo passa nel CF.
L'istruzione RCL effettua una rotazione (rotate) a sinistra dei bit dell'operando. A ogni scorrimento il bit più significativo passa nel bit meno significativo e viene anche copiato nel CF.
L'istruzione ROR effettua una rotazione (rotate) a destra dei bit dell'operando interpretando il CF come bit meno significativo dell'operando. A ogni scorrimento il CF passa nel bit più significativo e il bit meno significativo passa nel CF.
L'istruzione RCR effettua una rotazione (rotate) a destra dei bit dell'operando. A ogni scorrimento il bit meno significativo passa nel bit più significativo e viene anche copiato nel CF.
Il numero di rotazioni è determinato dalla costante immediata o dal contenuto del registro CL (1-8 per operazioni Byte, 1-16 per operazioni Word, da 1-32 per operazioni DWord).

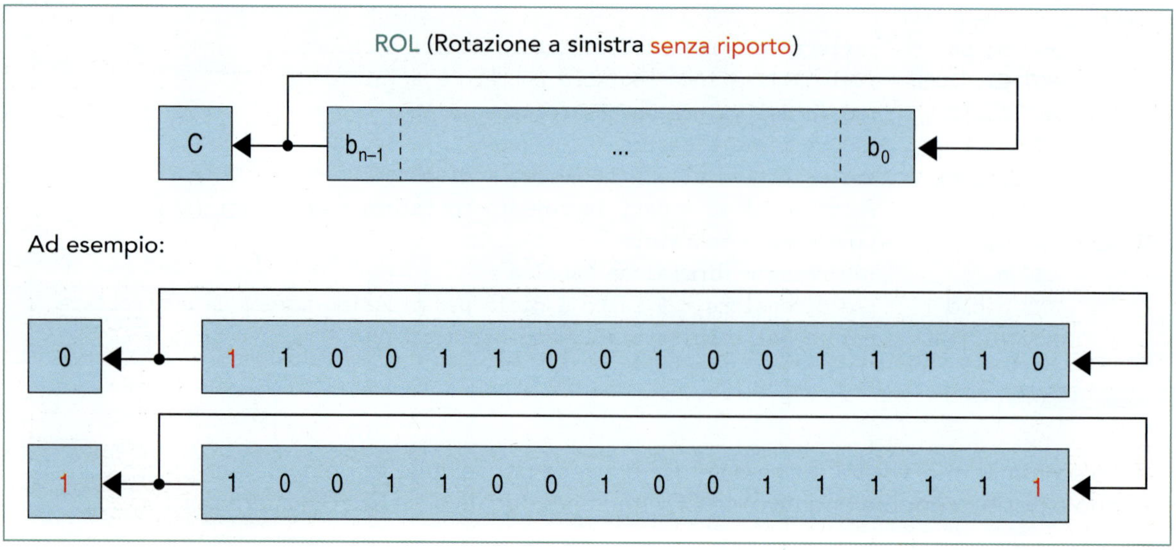

ROR (Rotazione a destra senza riporto)

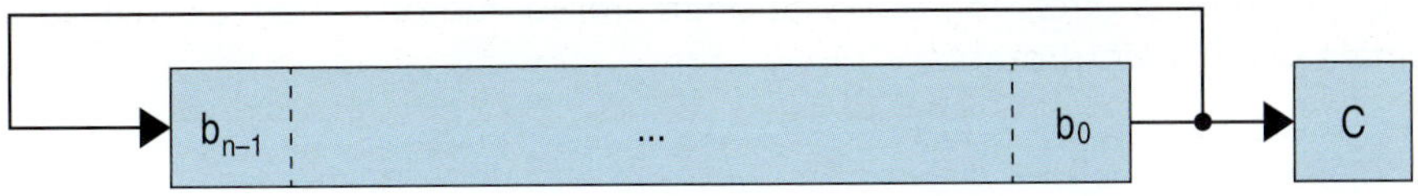

Ad esempio:

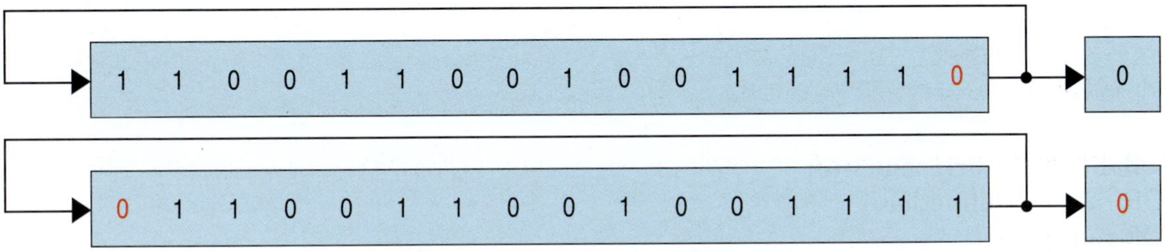

RCL (Rotazione a sinistra con riporto)

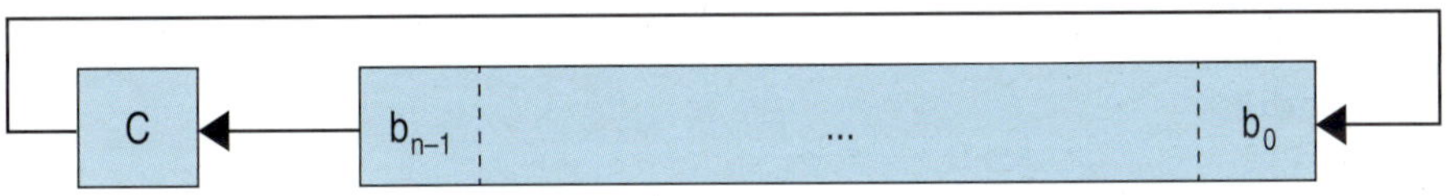

Ad esempio:

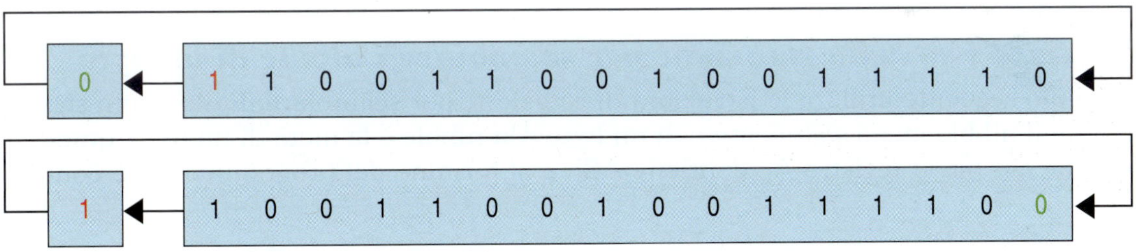

RCR (Rotazione a destra con riporto)

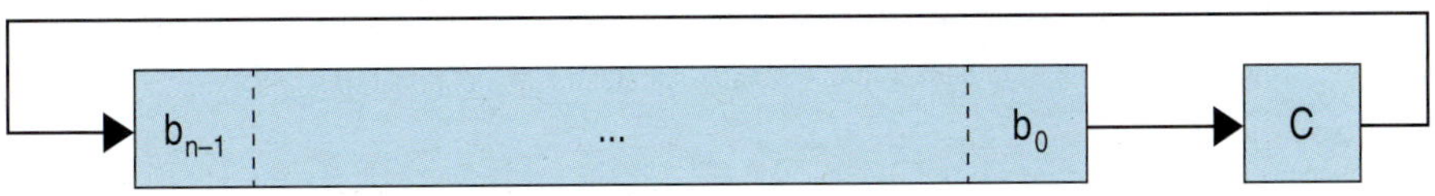

Ad esempio:

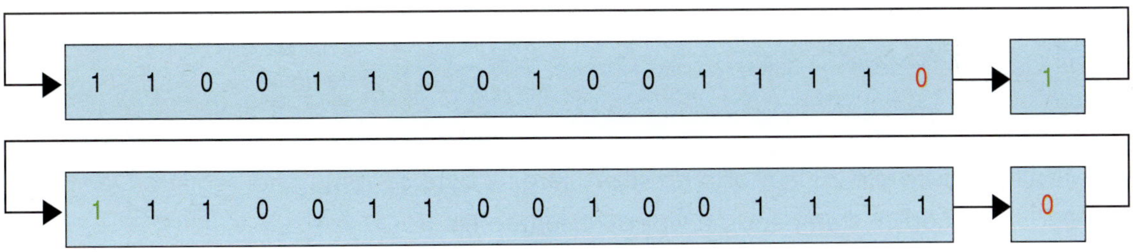

L'istruzione di rotazione non è distruttiva come un'istruzione di scorrimento. Infatti, procedendo con una rotate nella direzione opposta dello stesso numero di bit, possiamo ricostruire la cifra originale che è stata ruotata.

Sintassi:

```
ROR operando,bit
RCR operando,bit
ROL operando,bit
RCL operando,bit
```

Modalità di indirizzamento:

ROR registro,immediato
ROR registro,CL
RCR registro,immediato
RCR registro,CL
ROL registro,immediato
ROL registro,CL
RCL registro,immediato
RCL registro,CL

Flag alterati:

CF

ESEMPIO 23 *Uso della rotazione per scambiare i nibble di un byte*

L'esempio seguente utilizza le istruzioni di rotazione per scambiare il nibble più significativo con il nibble meno significativo di un byte. Un nibble è la metà di un byte, quindi corrisponde a 4 bit. Il registro AL contiene ABh e al termine del programma deve contenere BAh.

```
.CODE
      MOV AL,0ABh   ;numero da scambiare nei nibble meno significativo e più significativo
      MOV CL,04h    ;CL viene inizializzato a 4
      ROL AL,CL     ;rotazione di 4 bit a sinistra (AL contiene ora BAh)
```

Prova adesso!

- Uso delle istruzioni ROL e ROR
- Uso dei puntatori
- Uso del servizio DOS di stampa

1. Modifica l'esempio 23 in modo da scambiare i 2 byte contenuti nel registro DX.
2. Modifica il codice stampando a video il risultato finale.

■ La congiunzione logica con l'istruzione AND

L'istruzione AND esegue l'And logico bit a bit tra il primo e il secondo operando, chiamato maschera, e copia il risultato nel primo operando. Il precedente contenuto del primo operando viene quindi sostituito dal risultato che contiene 1 nei bit che erano a 1 tanto nel primo quanto nel secondo operando, mentre il secondo operando rimane inalterato. Il primo operando può essere un registro, una cella di memoria indirizzata in modo diretto, indiretto o indicizzato; il secondo operando può consistere in un registro, una cella di memoria indirizzata in modo diretto, indiretto o indicizzato o un dato immediato. I due operandi devono avere le stesse dimensioni, che possono essere di tipo Byte, Word o DWord. La tecnica di mascheramento dei bit mediante l'istruzione AND consente di stabilire il valore di un bit posto in una determinata posizione. Per esempio, per verificare se il bit posto alla posizione 7 di un numero binario è zero basta effettuare un'istruzione AND con una maschera rappresentata da una sequenza di zeri eccetto il bit da verificare. Se il flag di zero viene settato il bit alla posizione 7 è 1, altrimenti è zero. L'esempio seguente stampa 1 oppure zero a seconda del valore assunto dal bit di posizione 7 presente nella variabile numero:

```
      MOV AX,numero               ;numero da verificare
      AND AX,0000000001000000b    ;il flag di zero dipende solo dal bit di posizione 7
      JZ uno                      ;se flag di zero attivo significa che bit = 1
      MOV DL,'0'                  ;altrimenti bit = 0. Metto '0' nel registro DL per
                                  ;stamparlo
      JMP dopo                    ;salto all'etichetta dopo
uno:  MOV DL,'1'                  ;se flag di zero attivo metto '1' nel registro DL per
                                  ;stamparlo
dopo: MOV AH,02h                  ;servizio DOS che stampa a video il contenuto del
                                  ;registro DL
      INT 21h
```

Sintassi:

```
AND operando,maschera
```

Modalità di indirizzamento:
AND registro,immediato
AND registro,memoria
AND memoria,immediato
AND memoria,registro

Flag alterati:
ZF, CF = 0, SF, OF, PF

ESEMPIO 24 *Conversione da ASCII in numero con AND logico*

L'esempio che segue mostra come ottenere il valore numerico di un carattere ASCII compreso fra 30h e 39h. Tali valori rappresentano l'alternativa alla più classica sottrazione per 30h. Mascherando infatti i 4 bit più significativi di un carattere ASCII mediante un'istruzione AND si ottiene il numero.

Consideriamo l'esempio seguente:

Carattere ASCII del numero 9 (39h)
0 1 1 1 1 0 0 1

Maschera (0Fh)
0 0 0 0 1 1 1 1

AND tra carattere ASCII e maschera (9)
0 0 0 0 1 0 0 1

```
.DATA
carattere  DB   '9'
numero     DB   0
.CODE
.STARTUP
           MOV AL,carattere
           AND AL,0Fh
           MOV numero,AL
```

ESEMPIO 25 *Generazione di un valore casuale in base all'ora del Timer*

In questo esempio utilizziamo l'istruzione TEST che equivale in tutto e per tutto a un'istruzione AND, con la sola differenza che viene settato il registro dei flag, ma il risultato non viene posto nell'operando. Per simulare la generazione di un numero casuale si utilizza il seguente stratagemma: attraverso il servizio DOS 2Ch si ottiene l'ora di sistema, che viene memorizzata nel registro DH. Leggendo il bit meno significativo di tale registro (DH) è possibile ottenere un numero abbastanza casuale (0 o 1). A seconda del valore letto si stampa la stringa "Testa" oppure "Croce" attraverso il servizio 09h.

AREA digitale
Stampa di una stringa

Vediamo il codice completo dell'esempio proposto:

```
.DATA
stringa1 DB               'Testa',0Dh,0Ah,'$'
stringa2 DB               'Croce',0Dh,0Ah,'$'
.CODE
.STARTUP
         MOV AH,2Ch       ;servizio DOS 2Ch che genera in DH i centesimi di sec
                          ;dell'ora di sistema
         INT 21h
         TEST DH,01h      ;AND tra DH e 1 per mascherare il bit meno significativo
         JZ testa         ;se flag di zero settato allora testa
         LEA DX,stringa2  ;altrimenti croce, quindi assegnazione a DX dell'indirizzo
                          ;della stringa ('Croce')
         JMP dopo         ;salto per evitare conflitto di assegnazioni
testa:   LEA DX,stringa1  ;se flag di zero settato assegnazione in DX dell'indirizzo
                          di stringa1 ('testa')
```

```
dopo:     MOV AH,09h          ,servizio DOS di stampa stringa a video
          INT 21h
          MOV AH,4Ch          ;chiusura programma
          INT 21h
END
```

Prova adesso!

- Uso di cicli
- Uso dell'istruzione LEA
- Uso dell'istruzione AND
- Uso dei servizi DOS 2Ch e 09h

1 Modifica l'esempio 25 in modo tale che i valori casuali siano 4 (Quadri, Cuori, Fiori, Picche) a seconda del valore dei 2 bit meno significativi generati dal servizio DOS 2Ch che genera l'ora di sistema, mascherati con AND.

ESEMPIO 26 *Trasformazione da minuscolo a maiuscolo*

L'esempio seguente mostra come utilizzare una maschera di AND (BFh) per convertire un carattere da minuscolo a maiuscolo. Per fare questo è necessario usare la maschera 01001111 con il carattere per sottrarre 30h al valore originale. Il programma infine stampa a video il carattere ASCII con il servizio DOS 02h.

```
.DATA
carattere DB   'a'
.CODE
          MOV AL,carattere    ;copio il carattere ASCII da convertire in AL (61h, cioè
                              ;01100001b)
          AND AL,1011111b     ;maschera di AND (BFh)
          MOV DL,AL           ;copio il carattere nel registro DL per la stampa a video
          MOV AH,02h          ;servizio DOS di stampa a video
          INT 21h
          MOV AH,4Ch          ;chiusura del programma
          INT 21h
END
```

La disgiunzione logica con l'istruzione OR

L'istruzione OR esegue l'or logico bit a bit tra il primo e il secondo operando, chiamato maschera, e copia il risultato nel primo operando. Il precedente contenuto del primo operando viene quindi sostituito dal risultato che contiene 1 nei bit che erano a 1 nel primo o nel secondo operando, mentre il secondo operando rimane inalterato. Il primo operando può essere un registro, una cella di memoria indirizzata in modo diretto, indiretto o indicizzato; il secondo operando può consistere in un registro, una cella di memoria indirizzata in modo diretto, indiretto o indicizzato o un dato immediato. I due operandi devono avere le stesse dimensioni, che possono essere di tipo Byte, Word o DWord.

Sintassi:

```
OR operando,maschera
```

Modalità di indirizzamento:
OR registro,immediato
OR registro,memoria
OR registro,immediato
OR memoria,immediato
OR memoria,registro

Flag alterati:
ZF, CF = 0, SF, OF, PF

ESEMPIO 27 *Mascheramento dei 4 bit più significativi di un numero per ottenere il carattere ASCII*

L'esempio che segue mostra come ottenere il carattere ASCII di un numero compreso tra 0 e 9. Tali valori rappresentano l'alternativa alla più classica addizione per 30h. Mascherando infatti i 2 bit meno significativi del nibble più significativo (30h) si ottiene il carattere ASCII del numero mediante un'istruzione OR. Consideriamo l'esempio seguente:

Numero da trasformare: 7
0 0 0 0 0 1 1 1

Maschera (30h)
0 0 1 1 0 0 0 0

OR tra numero (7) e maschera: 37h
0 0 1 1 0 1 1 1

```
.DATA
carattere  DB              0
numero     DB              7
.CODE
.STARTUP
           MOV AL,numero
           OR AL,30h
           MOV carattere,AL
```

ESEMPIO 28 *Trasformazione da maiuscolo a minuscolo*

L'esempio seguente mostra come utilizzare una maschera di OR (40h) per convertire un carattere da maiuscolo a minuscolo. Per fare questo è necessario usare la maschera 01000000 con il carattere per ottenere il relativo carattere minuscolo. Il programma infine stampa a video il carattere ASCII con servizio DOS 02h.

```
.DATA
carattere  DB               'A'
.CODE
           MOV AL,carattere  ;copio il carattere ASCII da convertire in AL (41h, cioè
                             ;01000001b)
           OR AL,01000000b   ;maschera di OR (40h)
           MOV DL,AL         ;copio il carattere nel registro DL per la stampa a video
           MOV AH,02h        ;servizio DOS di stampa a video
           INT 21h
           MOV AH,4Ch        ;chiusura del programma
           INT 21h
END
```

L'istruzione XOR consente di eseguire una Or esclusiva bit a bit tra il primo e il secondo operando copiando il risultato nel primo operando. Il precedente contenuto del primo operando viene quindi sostituito dal risultato che contiene 0 per ciascun bit uguale nei due operandi. Pertanto un'operazione di Or esclusivo su di uno stesso operando provoca un azzeramento dell'operando stesso. Il primo operando può essere un registro, una cella di memoria indirizzata in modo diretto, indiretto o indicizzato; il secondo operando può consistere in un registro, una cella di memoria indirizzata in modo diretto, indiretto o indicizzato o un dato immediato. I due operandi devono avere le stesse dimensioni, che possono essere di tipo Byte, Word o DWord. Il codice che segue mostra come utilizzare l'istruzione XOR per azzerare il contenuto di un registro:

```
XOR DX,DX                  ;azzeramento del registro DX
```

Il codice che segue mostra come utilizzare l'istruzione XOR per verificare se due variabili contengono dati diversi:

```
MOV AL,variabile1
XOR AL,variabile2          ;se AL = 0 le due variabili sono uguali
```

■ La negazione logica con l'istruzione NOT

L'istruzione NOT effettua una negazione o complemento a 1 bit a bit dell'operando. Il risultato viene posto nell'operando, che può essere rappresentato da un registro, una cella di memoria indirizzata in modo diretto, indiretto o indicizzato. Negli ultimi due casi è necessario specificare la dimensione dell'operando che non può essere dedotta dall'istruzione.

Sintassi:

```
NOT operando
```

Flag alterati:
nessuno

Verifichiamo le conoscenze

1. Risposta multipla

1 A cosa equivale una operazione di shift a sinistra?

a. A una divisione per 2
b. A una divisione per 10
c. A una moltiplicazione per 10
d. A una moltiplicazione per 2

2 Indica cosa conterrà il registro AL al termine del seguente frammento di codice.

```
MOV CL,0FEh
MOV AL,0F0h
ADD CL,02h
RCR AL,1
```

a. F7h
b. F8h
c. 08h
d. 0Eh

3 Le istruzioni di rotazione rispetto alle istruzioni di scorrimento:

a. consentono sempre di dividere un valore per 2
b. consentono sempre di moltiplicare un valore per 2
c. non sono distruttive, infatti consentono di recuperare il numero iniziale
d. sono distruttive, infatti non consentono di recuperare il numero iniziale

4 Barra la risposta che esprime il significato dell'istruzione SAL.

a. Lo shift a destra copiando il bit meno significativo nel carry e contemporaneamente nel bit più significativo
b. Lo shift a sinistra considerando il Carry come bit supplementare
c. Lo shift a destra considerando il Carry come bit supplementare
d. Lo shift a sinistra copiando il bit più significativo nel carry e contemporaneamente nel bit meno significativo

5 Cosa contiene (in decimale) il registro AL al termine del seguente frammento di codice?

```
MOV CH,0FEh
MOV AL,07h
ADD CH,02h
RCL AL,1
```

a. 7
b. 13
c. 15
d. 8

6 Cosa contengono (in decimale) i registri DL e AL al termine del seguente frammento di codice?

```
MOV AL,070h
MOV DL,07h
SHR DL,1
RCR AL,1
```

a. DL=5 AL=184
b. DL=5 AL=56
c. DL=14 AL=56
d. DL=14 AL=128

7 Cosa contiene (in decimale) il registro AX al termine del seguente frammento di codice?

```
MOV CL,01h
MOV AX,00FFh
SHR CL,1
ROL AX,1
```

a. 511
b. 510
c. 495
d. 256

8 Cosa contengono i registri AX e BX al termine del seguente frammento di codice?

```
MOV BX,01FEh
MOV AX,0Fh
SHR BL,1
RCR AX,1
```

a. AX=807Fh BX=0FFh
b. AX=8006h BX=0FFh
c. AX=80F7h BX=0FEh
d. AX=8007h BX=01FEh

9 Cosa effettua il seguente frammento di codice?

```
MOV AX,n
SHR AH,1
JC questo
MOV DL,'p'
MOV AH,02h
```

AREA digitale

```
         INT 21h
         JMP quello
questo:  MOV DL,'n'
         MOV AH,02h
         INT 21h
quello:  ...
```

a. Se il numero presente in AX è negativo stampa 'p', se positivo stampa 'n'
b. Se il numero presente in AX è pari stampa 'n', se dispari stampa 'p'
c. Se il numero presente in AX è positivo stampa 'p', se negativo stampa 'n'
d. Se il numero presente in AX è pari stampa 'p', se dispari stampa 'n'

10 Una istruzione di rotazione può anche essere usata per verificare quale tra le seguenti condizioni? (2 risposte)

a. Verificare se un numero è uguale a zero
b. Verificare se un numero è divisibile per 3
c. Verificare se un numero è pari o dispari
d. Verificare se un numero è maggiore di 2
e. Verificare se un numero in complemento a due è positivo o negativo

Verifichiamo le competenze

1 Scrivi un programma Assembly che dopo aver letto un numero a 8 bit da tastiera conteggi il totale dei bit a 1 presenti nella cifra. Tale valore deve essere memorizzato nella cella 0100h.

2 Scrivi un programma Assembly che dopo aver letto un numero a 16 bit da tastiera conteggi il totale dei bit a 0 presenti nella cifra. Tale valore deve essere memorizzato nella cella 0100h.

3 Scrivi un programma Assembly che stampi a video il corrispondente in binario di un numero a 16 bit presente nella cella 0200 utilizzando le operazioni di scorrimento.

4 Scrivi un programma Assembly che effettui la moltiplicazione per due di un numero letto da tastiera. L'operazione deve essere effettuata solo utilizzando le operazioni di scorrimento/rotazione.

5 Scrivi un programma Assembly che converta quattro numeri a 8 bit ciascuno, presenti nelle celle a partire dalla 0100h, dal formato Little Endian a quello Big Endian.

7 Dati quattro numeri (byte) a partire dalla locazione di memoria 0100h, scrivi un programma Assembly che maschéri questi Byte con una maschera inserita dall'utente. Infine poni il risultato del mascheramento nelle 4 celle successive.

8 Scrivi un programma Assembly in grado di convertire un carattere ASCII (lettera minuscola) inserito da tastiera in una lettera maiuscola usando la maschera logica.

9 Scrivi un programma Assembly in grado di convertire un carattere ASCII (lettera maiuscola) inserito da tastiera in una lettera minuscola, effettuando il controllo sulla correttezza durante l'inserimento. Se il carattere inserito è già minuscola ripeti l'inserimento.

10 Data una tabella di caratteri ASCII che inizia dalla cella di indirizzo 0100h, di dimensione "n", scrivi un programma Assembly in grado di contare quanti caratteri maiuscoli vi sono.

11 Data una tabella di numeri a 16 bit che inizia dalla cella di indirizzo 0100h, di dimensione "n", scrivi un programma Assembly in grado di contare quanti numeri negativi vi sono.

12 Data una tabella di numeri che inizia dalla cella di indirizzo 0100h, di dimensione "n", scrivi un programma Assembly in grado di contare quanti numeri pari e dispari vi sono inserendo il risultato nelle celle successive alla fine della tabella.

13 Dato un numero a 4 byte inserito da tastiera, che rappresenta una classe di indirizzo IP, scrivi un programma Assembly che verifichi a quale classe appartiene utilizzando la tecnica del mascheramento, sapendo che i bit più significativi del primo byte sono:

CLASSE A |0|

CLASSE B |10|

CLASSE C |110|

CLASSE D |1110|

CLASSE E |1111|

Il programma deve stampare a video una stringa che specifichi la classe usando il servizio DOS 09h.

14 Scrivi un programma Assembly in grado giocare con il computer. Il programma genera un numero da 1 a 4, l'utente deve indovinare il numero inventato dal programma. Poi inserisce il numero con il servizio DOS di lettura e il sistema comunica una stringa, mediante il servizio DOS 09h, che dice se l'utente ha vinto oppure no.

15 Data una tabella a partire dalla cella di indirizzo 0100h, di dimensione pari a "n", scrivi un programma che mascheri con OR a F1h tutti i numeri della tabella.

AREA *digitale* hoepliscuola.it

Esercizi per il recupero / Esercizi per l'approfondimento

LEZIONE 8

Le procedure Assembly

In questa lezione impareremo...

- a saper gestire le procedure in assembly
- ad applicare le procedure a diverse situazioni operative
- a utilizzare il passaggio dei parametri in assembly

■ La definizione delle procedure

Per dichiarare una ◀ procedura ▶ è necessario racchiuderne il codice tra le parole chiave seguenti:

◀ Le procedure sono un insieme di istruzioni che possono essere richiamate in altri punti del programma. Vengono anche chiamate routine o sottoprogrammi. ▶

```
nome    PROC     tipo      ;inizio procedura
        ...                ;corpo della procedura
        Istruzioni
        ...
        RET                ;ritorno all'istruzione successiva alla chiamata
nome    ENDP
```

Il tipo identifica il metodo di chiamata, che può essere di tipo NEAR oppure di tipo FAR. Il metodo NEAR indica che la chiamata avviene all'interno dello stesso segmento, mentre FAR indica che la chiamata può avvenire da istruzioni presenti in altri segmenti.

Se la procedura è di tipo NEAR l'istruzione di ritorno dovrà effettuare solo il prelievo di IP dallo stack, mentre se è di tipo FAR dovrà prelevare anche CS. Se non specifichiamo nulla la chiamata è di tipo NEAR.

L'istruzione RET restituisce il controllo all'istruzione successiva a quella che ha effettuato il salto alla procedura, prelevando dallo stack l'indirizzo di ritorno che viene collocato nei registri CS e IP se la procedura è di tipo FAR, soltanto IP se la procedura è di tipo NEAR.

È importante sottolineare che una procedura deve essere dichiarata in una zona del codice che non viene eseguita durante il normale svolgimento del programma. Tale sezione esiste in modo esplicito nei linguaggi evoluti mentre l'Assembly non la prevede: per questo motivo le procedure devono essere definite tra la chiamata del sistema operativo per la chiusura del programma (servizio DOS 4Ch) e l'istruzione END:

```
.CODE
.STARTUP
        ...
        Istruzioni
        ...
        MOV AH,4Ch
        INT 21h
        ...              ;sezione per le procedure
        nome  PROC

        nome  ENDP
        ...
        END
```

■ La chiamata alle procedure

L'istruzione CALL effettua un salto incondizionato all'etichetta indicata che identifica una procedura. Prima che avvenga il salto l'indirizzo dell'istruzione successiva alla chiamata viene salvato nella cima dello stack, mentre il registro SP viene decrementato di 4. Se la chiamata è di tipo FAR viene anche salvato il contenuto del registro di segmento CS: in questo caso SP verrà decrementato di 6. L'indirizzo dell'etichetta che rappresenta la procedura viene copiato nel registro IP per passare così il controllo alla prima istruzione del sottoprogramma. Al termine dell'esecuzione della procedura l'istruzione RET estrae dalla cima dello stack l'indirizzo di ritorno copiandolo nel registro IP, incrementando quindi il registro puntatore della cima dello stack di 4. Se la procedura è di tipo FAR l'istruzione RET estrae anche il valore di CS salvato precedentemente, incrementando pertanto il registro SP di 6. In questo modo possiamo anche richiamare una procedura quando siamo all'interno di un'altra procedura; la cima dello stack conterrà sempre l'indirizzo di rientro alla procedura chiamante.

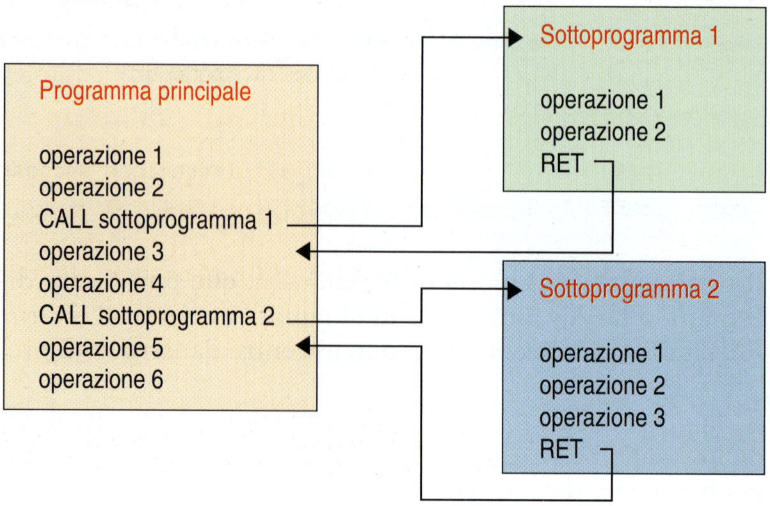

In Assembly non esiste una distinzione tra procedure e funzioni, che vengono chiamate sempre procedure; è infatti compito del programmatore costruirle in modo tale che realizzino una procedura o una funzione.

L'esempio seguente mostra come richiamare una procedura da un punto qualsiasi del programma; come di può vedere, dopo la parola chiave CALL viene indicata l'etichetta che indica il nome della procedura:

```
.CODE
.STARTUP
        ...
        CALL proce    ;chiamata procedura con conseguente salvataggio di IP nello stack
        ...
        MOV AH,4Ch
        INT 21h
proce   PROC          ;inizio procedura
        ...
        RET           ;uscita dalla procedura con ripristino di IP dallo stack
proce   ENDP
END
```

All'ingresso di una procedura è buona norma salvare nello stack tutti i registri utilizzati, in modo che all'uscita della stessa vengano ripristinati al valore corrente prima della chiamata. In alternativa si possono utilizzare le istruzioni PUSHA e POPA che salvano e ripristinano tutti i registri. La regola da rispettare è che le procedure non devono alterare il contesto attuale del programma, cioè lo stato delle variabili e dei registri usati nel programma chiamante.

ESEMPIO 29 *Lettura e stampa di un numero a 16 bit*

In questo esempio vengono usate due procedure, una per la lettura di un numero a 16 bit, chiamata leggi, e l'altra per la stampa a video di un numero a 16 bit. Alla prima procedura viene passato il numero da leggere attraverso il registro BX. Il registro BX viene restituito modificato dalla prima procedura al programma principale. Lo stesso registro (BX) viene usato come parametro per passare alla procedura scrivi il valore da stampare a video. Il programma principale dopo aver ricevuto il numero da tastiera lo divide per due e quindi lo passa alla seconda procedura per la stampa a video.

```
.DATA
numero   DW              0h
stringa  DB              'inserisci un numero da dividere per due','$'
due      DW              02h
temp     DW              0h
.CODE
.STARTUP
         MOV AH,09h      ;stampa a video stringa per l'utente
         LEA DX,stringa  ;con servizio DOS 09h
```

```
        INT 21h
        CALL leggi      ;chiamata procedura che legge il numero da tastiera in BX
        MOV AX,BX       ;copia di BX in AX per la divisione per due
        MOV DX,0h       ;azzeramento registro DX per divisione a 16 bit
        DIV due         ;divide AX per 2
        MOV BX,AX       ;inserimento quoziente in BX
        CALL scrivi     ;chiamata procedura che stampa a video il numero passato
                        ;tramite BX
        MOV AH,4Ch      ;chiusura programma principale
        INT 21h

;sezione delle procedure

;procedura di lettura numero da tastiera
leggi   PROC
        PUSHA           ;salvataggio di tutti i registri
        MOV BX,0        ;azzero registro di accumulo della cifra a 16 bit
ciclo:  MOV AH,01h      ;servizio DOS di lettura da tastiera
        INT 21h
        CMP AL,0Dh      ;il carattere ASCII letto viene confrontato con INVIO
                        ;(carattere 13)
        JE fine         ;se INVIO premuto la cifra è terminata salto a fine
        PUSH AX         ;salvo il numero letto nello stack
        MOV AX,BX       ;moltiplico per 10 il numero accumulato in BX
        MUL dieci       ;AX * 10
        MOV BX,AX       ;colloco in BX il risultato della moltiplicazione per 10
        POP AX          ;riprendiamo in AX l'ultima cifra letta
        SUB AL,30h      ;la cifra viene aggiustata da ASCII a numero sottraendo 30h
        MOV AH,0        ;azzero parte alta di AX
        ADD BX,AX       ;somma del valore di accumulato in BX con l'ultima cifra letta
        JMP ciclo       ;salto incondizionato al ciclo di lettura da tastiera
fine:   MOV temp,BX     ;salvataggio del registro da restituire in uscita nella
                        ;variabile temporanea
        POPA            ;ripristino di tutti i registri
        MOV BX,temp     ;al registro BX viene di nuovo copiato il valore da restituire
                        ;salvato nella
                        ;istruzione precedente alla POPA nella variabile temp
        RET             ;uscita dalla procedura e ritorno a programma chiamante
leggi ENDP              ;fine procedura leggi

;procedura di stampa a video
scrivi  PROC
        PUSHA           ;salvataggio di tutti i registri
        MOV AX,BX       ;poniamo in AX il numero da stampare prelevandolo da BX
        MOV CL,00       ;azzeramento contatore di cifre
sta:    MOV DX,0        ;azzeramento parte alta della cifra a 32 bit che viene divisa
                        ;per 10
        DIV dieci       ;divisione a 16 bit per fare DX:AX/10. Resto in DX. Quoziente
                        ;in AX
        PUSH DX         ;salvataggio del resto nello stack
```

```
         INC CL        ;aggiornamento contatore cifre
         CMP AX,0      ;verifica se quoziente = 0
         JNE sta       ;salta a etichetta sta se quoziente <> 0
rip:     POP DX        ;recupero resto da stampare
         ADD DL,30h    ;aggiustamento cifra come carattere ASCII sommando 48 (30h)
         MOV AH,02h    ;servizio DOS di stampa a video
         INT 21h
         DEC CL        ;decremento contatore cifre
         JNZ rip       ;se diverso da zero ripeto la stampa di un'altra cifra
         POPA          ;ripristino di tutti i registri
         RET           ;uscita dalla procedura e ritorno a programma chiamante
scrivi   ENDP          ;fine procedura scrivi
```

Prova adesso!

- Uso di procedure
- Uso dei servizi DOS 01h, 02h e 09h

1. Modifica l'esempio 29 aggiungendo una procedura che stampi la stringa.
2. Modifica l'esempio 29 aggiungendo la stampa del quoziente separato dal resto della divisione con una stringa che indichi il tipo di dato stampato.

Il passaggio dei parametri

Il principio di funzionamento di una procedura prevede che possa essere utilizzata più volte nello stesso programma o richiamata da altri programmi per formare quella che viene generalmente chiamata una libreria di procedure. I parametri passati a una procedura la rendono svincolata dal contesto nel quale si trova. *Possiamo paragonare una procedura a una grande scatola contenente un esecutore al quale passiamo una serie di dati scritti su un foglietto attraverso una fessura di ingresso; l'esecutore effettua i calcoli e ci restituisce il foglietto con i risultati tramite la fessura di uscita.* La scatola (o l'oggetto in questione) può essere utilizzata da chiunque, a patto che inserisca i dati nel modo corretto. Dobbiamo ricordarci del concetto appena enunciato ogniqualvolta definiamo una nuova procedura, cercando quindi il più possibile di renderla svincolata dal contesto.

L'uso dei parametri svincola una procedura dal contesto e ne accresce l'utilità, in quanto sarà possibile utilizzarla in qualunque programma variando i valori dei parametri in ingresso. Il passaggio dei parametri può avvenire secondo due metodi:
- usando i registri;
- usando lo stack.

Il primo metodo è adatto a situazioni nelle quali i parametri sono pochi; infatti, non solo i registri della CPU sono in numero ridotto, ma dobbiamo sempre tenere conto della necessità di limitarne l'impiego allo stretto indispensabile per non rischiare di ridurne l'utilità. Inoltre bisogna ricordarsi di assegnare al registro il valore appena precedente alla chiamata della procedura. Nell'esempio 30 è stato usato proprio questo metodo: per esempio il numero da leggere è stato scritto nel registro BX, prima dell'istruzione RET.

> Quando una procedura restituisce un parametro tramite un registro deve collocarne il valore dopo aver ripristinato i registri mediante l'istruzione POPA e prima dell'uscita con RET: l'istruzione POPA infatti ripristina tutti i registri al valore iniziale.

Il metodo che si serve dello stack per il passaggio dei parametri consente di passare un numero di parametri assai elevato e non pone limitazioni al programmatore nell'uso dei registri. Chiameremo parametri in input quelli passati alla procedura e parametri di output quelli restituiti dalla procedura stessa.

I parametri da passare alla procedura (parametri di input) devono essere caricati nello stack prima della chiamata della procedura stessa. Se una procedura ammette parametri di output dobbiamo necessariamente riservare dello spazio nello stack prima di chiamare la procedura. Al termine della procedura il programma chiamante deve estrarre dallo stack tutti i valori inseriti prima della chiamata.

> Dobbiamo tenere presente che se anche il parametro è lungo soltanto un byte bisogna codificarlo su 16 bit perché sia possibile salvarlo nello stack. Per fare questo si associa il valore alla parte bassa di un registro o di una cella di memoria, azzerandone la parte alta.

Come abbiamo visto al momento della chiamata della procedura, con l'istruzione CALL vengono salvati nello stack gli indirizzi che consentono alla CPU di riprendere a eseguire il programma all'istruzione successiva all'ultima CALL. Tali valori vengono copiati nello stack dopo i parametri passati e pertanto si posizionano in cima allo stack. Vediamo che cosa contiene lo stack in seguito a una chiamata di tipo FAR con due parametri passati:

```
PUSH param1                     ;primo parametro nello stack
PUSH param2                     ;secondo parametro nello stack
CALL procedura    FAR           ;chiamata alla procedura
```

cima dello stack	IP	<- SP
	CS	
	param2	
	param1	
base dello stack		

Per estrarre i parametri dallo stack la procedura non può usare l'istruzione POP, che andrebbe a creare conflitti di sistema. Per accedere ai parametri direttamente nello stack, la procedura sfrutta l'indirizzamento base + spiazzamento, dove la base è rappresentata dal registro BP che finora non abbiamo mai usato.
Per fare questo all'inizio della procedura salviamo il contenuto precedente di BP nello stack (PUSH BP) e quindi associamo al registro BP il puntatore alla cima dello stack (MOV

BP,SP). In riferimento all'esempio precedente, al termine di queste due istruzioni, lo stack contiene i seguenti dati:

```
procedura       PROC     FAR
                PUSH BP
                MOV BP,SP
                ...
```

cima dello stack	BP	<- SP
	IP	
	CS	
	param2	
base dello stack	param1	

Per indirizzare il primo parametro dobbiamo sommare 6 (4 nel caso di procedura di tipo NEAR) al contenuto di BP. Nell'esempio il secondo parametro viene copiato nel registro AX, mentre il primo nel registro BX:

```
procedura  PROC     FAR
           PUSH BP             ;salvataggio vecchio BP
           MOV BP,SP           ;adesso il registro BP punta alla cima dello stack
           PUSHA               ;salvataggio di tutti i registri
           MOV AX,[BP + 6]     ;copia del secondo parametro in AX
           MOV BX,[BP + 8]     ;copia del primo parametro in BX
           ...
           POPA                ;ripristino di tutti i registri
           POP BP              ;ripristino registro BP
           RET                 ;fine procedura salto a CS e IP e liberazione stack
procedura  ENDP
```

Come abbiamo visto, l'accesso ai parametri successivi avviene incrementando lo spiazzamento, [BP + 6] per l'ultimo, [BP + 8] per il penultimo e così via.

Per evitare di dover usare in ogni istruzione il riferimento all'indirizzo dello stack, possiamo utilizzare l'istruzione EQU che permette di associare un nome simbolico a un'espressione:

```
nome EQU espressione
```

Si può usare EQU per assegnare un nome simbolico all'espressione che individua l'indirizzo di ciascun parametro per poi accedere ai parametri stessi tramite il nome associato:

```
procedura       PROC
                PUSH BP
                MOV BP,SP
                parametro EQU [BP+6]
                ..
                MOV AX,parametro          ;equivale a MOV AX,[BP + 6]
                ...
```

ESEMPIO 30 *Procedura che somma due numeri*

In questo esempio viene usata una procedura che prevede che nello stack vengono passati due parametri da sommare, e un terzo parametro che conterrà il risultato. L'esempio simula un passaggio di parametri per riferimento: infatti, all'uscita della procedura, il terzo parametro verrà modificato nel contenuto in quanto conterrà il risultato della somma.

```
.DATA
risultato  DW   0h
numero1    DB   100h
numero2    DB   78h
.CODE
.STARTUP
           MOV BX,0         ;passo nello stack il primo parametro che conterrà
                            ;il risultato
                            ;(il registro può essere uno qualunque a 16 bit
           PUSH BX          ;serve solo per assegnare zero al primo parametro nello stack)
           MOV AL,numero1   ;copia nella parte bassa di AX il primo parametro
           MOV AH,0h        ;azzero la parte alta di AX
           PUSH AX          ;passo nello stack il secondo parametro (il primo numero
                            ;da sommare)
           MOV AL,numero2   ;ripeto le stesse operazioni per il secondo parametro
           MOV AH,0h        ;azzero la parte alta di AX
           PUSH AX          ;passo nello stack il terzo parametro (il secondo numero
                            ;da sommare)
           CALL addizione   ;chiamata NEAR della procedura con salvataggio dello stack di IP
           POP AX           ;recupero primo parametro non modificato
           POP AX           ;recupero secondo parametro non modificato
           POP tot          ;recupero terzo parametro (risultato della somma) modificato
           MOV AH,4Ch
           INT 21h
;inizio procedura
addizione PROC
           PUSH BP          ;salvataggio vecchio valore di BP nello stack
           MOV BP,SP        ;assegnazione a BP della cima dello stack
           PUSHA            ;salvataggio di tutti i registri
           n3 EQU [BP + 4]  ;assegnazione nome simbolico al terzo parametro
           n2 EQU [BP + 6]  ;assegnazione nome simbolico al secondo parametro
           n1 EQU [BP + 8]  ;assegnazione nome simbolico al primo parametro
           MOV AX,n2        ;copio il primo parametro in AX per fare la somma a 16 bit
           ADD AX,n1        ;somma tra primo parametro (AX) e il secondo parametro,
                            ;risultato in AX
           MOV n3,AX        ;trasferimento del risultato nel terzo parametro
           POPA             ;ripristino registri prima di uscita
           POP BP           ;ripristino di BP
           RET              ;ritorno a programma chiamante
addizione ENDP
```

Prova adesso!

- Uso di procedure
- Passaggio dei parametri
- Indirizzamento diretto nello stack

1. Modifica l'esempio 30 aggiungendo una procedura che stampi il risultato passato usando lo stack.
2. Modifica l'esempio 30 aggiungendo l'inserimento dei numeri da sommare mediante una procedura alla quale vengono passati i parametri per riferimento usando lo stack.

ESEMPIO 31 *Procedura che legge un vettore*

In questo esempio viene usata una procedura alla quale viene passato nello stack un indirizzo di memoria e una dimensione di un vettore da caricare di numeri a 8 bit da tastiera. L'esempio simula un passaggio di parametri per riferimento in quanto al termine della procedura il vettore di elementi che è stato passato risulta modificato.

```
.DATA
dimensione DB 64h
dieci      DB 0Ah
.CODE
.STARTUP
           MOV DL,dimensione     ;nel primo parametro inseriamo la dimensione
                                 ;del vettore (il registro può essere uno qualunque a 16 bit)
           MOV DH,0H             ;serve solo per azzerare la parte alta di DX
           PUSH DX               ;copio il primo parametro nello stack (dimensione)
           MOV DX,0100h          ;copio in DX l'indirizzo iniziale del vettore in memoria
           PUSH DX               ;passo nello stack il secondo parametro (indirizzo
                                 ;vettore in memoria)
           CALL carica           ;chiamata NEAR della procedura con salvataggio dello
                                 ;stack di IP
           POP AX                ;recupero primo parametro non modificato
           POP AX                ;recupero secondo parametro non modificato
           MOV AH,4Ch
           INT 21h
;inizio procedura
carica     PROC
           PUSH BP               ;salvataggio vecchio valore di BP nello stack
           MOV BP,SP             ;assegnazione a BP della cima dello stack
           PUSHA                 ;salvataggio di tutti i registri
           indirizzo EQU [BP +4 ] ;assegnazione nome simbolico al primo parametro
                                 ;(indirizzo)
           dimensione EQU [BP + 6] ;assegnazione nome simbolico al secondo parametro
                                 ;(dimensione)
           MOV SI,indirizzo      ;il registro SI punta alla prima locazione del vettore
```

```
          MOV CX,dimensione        ;il registro contatore contiene il numero di celle
                                   ;da leggere
ciclo:    MOV AH,01h               ;servizio DOS di lettura da tastiera
          INT 21h
          CMP AL,0Dh               ;il carattere ASCII letto viene confrontato con INVIO
                                   ;(carattere 13)
          JE fine                  ;se INVIO premuto la cifra è terminata salto a fine
          PUSH AX                  ;salvo il numero letto nello stack
          MOV AL,BL                ;moltiplico per 10 il numero accumulato in BL
          MUL dieci                ;AL * 10
          MOV BL,AL                ;colloco in BL il risultato della moltiplicazione per 10
          POP AX                   ;riprendiamo in AX l'ultima cifra letta
          SUB AL,30h               ;la cifra viene aggiustata da ASCII a numero
                                   ;sottraendo 30h
          ADD BL,AL                ;somma del valore di accumulato in BL con l'ultima
                                   ;cifra letta
          JMP ciclo                ;salto incondizionato al ciclo di lettura da tastiera
fine:     MOV[SI],BL               ;scrittura nel vettore del nuovo numero
          INC SI                   ;incremento SI per passare alla cella del vettore
                                   ;successiva
          MOV BL,0h                ;azzero BL per accumulare cifre nuovo numero
          LOOP ciclo               ;decremento CX e se CX <>0 torno a ciclo
          POPA                     ;ripristino registri prima di uscita
          POP BP                   ;ripristino di BP
          RET                      ;ritorno a programma chiamante
addizione ENDP
```

Prova adesso!

- Uso di procedure
- Passaggio dei parametri
- Indirizzamento diretto nello stack

1 Modifica l'esempio 31 aggiungendo una procedura che stampi il vettore passandone l'indirizzo iniziale e la dimensione mediante lo stack.

Verifichiamo le conoscenze

1. Risposta multipla

1 Cosa contengono le celle di indirizzo 0100h e 0102h al termine della procedura indicata?

```
MOV SI,0100h
MOV DI,0102h
MOV Word ptr[SI],05h
MOV Word ptr[DI],03h
PUSH SI
PUSH DI
CALL sottoprog
...
sottoprog   PROC
            PUSH BP
            MOV BP,SP
            MOV SI,[BP+4]
            MOV DI,[BP+6]
            MOV AX,[DI]
            ADD [SI],AX
            POP BP
            RET
sottoprog   ENDP
```

a. [0100]=03, [0102]=08
b. [0100]=08, [0102]=03
c. [0100]=05, [0102]=03
d. [0100]=05, [0102]=08

2 Quale frammento di codice seguente rappresenta l'esecuzione di una istruzione CALLdi tipo NEAR?

a.
```
PUSH IP
JZ proc
```

b.
```
PUSH IP
JMP proc
```

c.
```
PUSH IP
JNC proc
```

d.
```
PUSH BP
PUSH IP
JMP proc
```

3 Il codice di una procedura Assembly viene collocato:

a. nella sezione identificata dalla direttiva .CODE prima di .STARTUP
b. nella sezione identificata dalla direttiva .CODE prima di MOV AH,4Ch e dopo END
c. nella sezione .CODE dopo MOV AH,4Ch e prima di END
d. nella sezione identificata dalla direttiva .CODE e prima di .STARTUP

4 Nelle chiamate a procedure di tipo FAR l'assemblatore memorizza:

a. i registri CS e IP
b. i registri DS e SS
c. il solo registro IP
d. il solo registro CS
e. i registri CS, IP e FLAGS

5 Indica quale tipo di passaggio parametri è ammesso in linguaggio Assembly.(2 risposte)

a. Tramite stack
b. Per registri
c. Tramite variabili
d. Tramite dato immediato

6 Il codice seguente mostra alcuni parametri salvati nello stack prima di chiamare una procedura in modo NEAR:

```
PUSH param1
PUSH param2
CALL proc
```

Quale risposta tra le seguenti è quella che consente di collocare nel registro CX il secondo parametro (param2)?

a. MOV AX,[BP+8]
b. Ripetendo due volte POP AX
c. MOV AX,[BP+6]
d. MOV AX,[BP+4]

7 Quale istruzione tra le seguenti salva il contesto minimo e predispone alla lettura dei parametri passati?

a.
```
PUSHA
PUSH BP
MOV BP,SP
```

b.
```
PUSH BP
PUSHA
MOV BP,SP
```

c.
```
PUSH BP
MOV BP,SP
PUSHA
```

d.
```
POP BP
MOV BP,SP
```

8 Indica il metodo più valido per passare una tabella con 256 elementi a una procedura?

a. Passaggio per registro passando l'indirizzo della prima cella del vettore nel registro SI
b. Passaggio per riferimento, inserendo nello stack solo l'indirizzo della prima cella del vettore
c. Passaggio per valore, inserendo i 256 elementi nello stack
d. Passaggio per riferimento, inserendo nello stack l'indirizzo della prima cella e il numero di parametri

9 Cosa contengono i registri BX e AX al termine della procedura indicata?

```
MOV AX,03h
MOV BX,05h
PUSH AX
PUSH BX
CALL sottoprog
...
sottoprog   PROC
            PUSH BP
            MOV BP,SP
            MOV CX,[BP+4]
            MOV DX,[BP+6]
            ADD CX,DX
            POP BP
            RET
sottoprog   ENDP
```

a. AX=3, BX=3
b. AX=3, BX=5
c. AX=8, BX=5
d. AX=3, BX=8

10 Quale istruzione tra le seguenti chiude una procedura riportando l'esecuzione alla riga successiva alla chiamata?

a. RET
b. IRET
c. POPA
d. ENDP

Verifichiamo le competenze

1 Scrivi un programma Assembly che cripti un messaggio immesso da tastiera basandosi sul seguente algoritmo. Chiameremo X l'alfabeto con il quale costruiremo il messaggio in chiaro e Y quello con cui eseguiamo il criptaggio e fissiamo un valore per k, il criptaggio si ottiene sostituendo la lettera in posizione n in X con quella in posizione n + k in Y. Per esempio, posto:
X: " ABCDEFGHIJKLMNOPQRSTUVWXYZ"
Y: "GTHE QUICKBSOWNFXJMPDVRLAZY"
k = 1
Se il messaggio da criptare è: "ATTACK AT DAWN", il testo cifrato risulta essere: "HVVH OTHVTQHAF".
Il programma deve leggere una riga da tastiera e presentare a video il risultato della criptatura.

2 Scrivi un programma Assembly che costruisca la serie di Fibonacci per i primi n numeri. La serie di Fibonacci inizia con i due numeri 0 e 1 e ottiene ogni numero successivo sommando i due precedenti. Ad esempio, per *n* = 10 la serie è:

0; 1; 1; 2; 3; 5; 8; 13; 21

Il numero n deve essere dato da tastiera. Il programma deve presentare a video la serie completa.

3 Scrivi un programma Assembly che data una tabella di numeri in memoria a partire dall'indirizzo 0100h costruisca a partire dall'indirizzo passato come parametro la tabella dei soli numeri pari usando una procedura.

4 Scrivi un programma Assembly che data una tabella di numeri in memoria a partire dall'indirizzo 0100h ne calcoli la media aritmetica e la restituisca per registro usando una procedura.

5 Scrivi un programma Assembly che data una tabella di numeri in memoria a partire dall'indirizzo 0100h passi a una procedura l'indirizzo iniziale e la lunghezza di tale tabella, quindi proceda a ordinare gli elementi usando un algoritmo conosciuto.

6 Scrivi un programma Assembly che data una tabella di numeri in memoria a partire dall'indirizzo 0100h passi a una procedura la dimensione, l'indirizzo di inizio della tabella e un numero da cercare e restituisca per registro il numero di occorrenze trovate.

7 Scrivi un programma Assembly che data una tabella di numeri in memoria a partire dall'indirizzo 0100h costruisca a partire dall'indirizzo 0200h la tabella dei valori divisi per il valore passato alla procedura solo se compresi tra 100 e 200.

8 Scrivi un programma Assembly che data una tabella di numeri in memoria a partire dall'indirizzo 0100h costruisca a partire dall'indirizzo 0200h la tabella dei valori moltiplicati per il valore passato alla procedura solo se compresi tra 10 e 20.

9 Scrivi un programma Assembly che utilizzi due procedure, una per ricevere una serie di valori da inserire in una tabella, e una che stampi i numeri presenti in una tabella. Una terza tabella deve dividere tutti i numeri per 2 se maggiori di 150, mentre moltiplicare per due tutti i numeri maggiori o uguali a 150.

10 Scrivi un programma Assembly che utilizzi una procedura in grado di leggere un nome da tastiera e un'altra che determini se la tabella di caratteri ASCII è palindroma o meno.

11 Scrivi un programma Assembly che utilizzi una procedura in grado di mostrare a video i primi 20 numeri primi.

12 Scrivi un programma Assembly in grado di far giocare un utente a testa o croce. Una procedura deve generare il valore casuale, utilizzando il servizio DOS 2Ch. Il giocatore a ogni vittoria raddoppia il capitale e a ogni sconfitta dimezza il capitale.

13 Scrivi un programma Assembly che data una tabella di numeri in memoria a partire dall'indirizzo 0100h ne calcoli il minimo e il massimo restituendoli come parametri usando lo stack mediante una procedura.

14 Scrivi un programma Assembly che data una tabella di numeri in memoria a partire dall'indirizzo 0100h ne restituisca i soli numeri primi come parametri usando lo stack mediante una procedura.

15 Scrivi un programma Assembly che utilizzi una procedura in grado di generare in una tabella restituita tramite lo stack (in realtà indirizzo iniziale e dimensione) le sequenza dei primi quattro numeri perfetti.

Un numero si dice perfetto quando è uguale alla somma di tutti i suoi divisori escluso sé stesso. Per esempio, il numero 496, divisibile per 1, 2, 4, 8, 16, 31, 62, 124 e 248 è un numero perfetto:

496 = 1, 2, 4, 8, 16, 31, 62, 124 e 248

Lo stesso vale per il 6 che è divisibile per 1, 2 e 3.

$6 = 1 + 2 + 3$

AREA *digitale*

Esercizi per il recupero / Esercizi per l'approfondimento

LEZIONE 9

Conosciamo la scheda Arduino

In questa lezione impareremo...

- a riconoscere il ruolo dell'interfacciamento dei sensori e degli attuatori
- a individuare gli elementi che costituiscono la scheda di sviluppo
- a conoscere le principali istruzioni per la programmazione della scheda Arduino

■ L'interfacciamento

> ◀ L'interfacciamento rappresenta il collegamento tra dispositivi che operano con grandezze fisiche diverse e che si realizza attraverso una scheda di interfacciamento, spesso chiamata semplicemente interfaccia. ▶

Lo scopo dell'◀ interfacciamento ▶ è quello di mettere in comunicazione il nostro computer, più in generale il PC, con altri dispositivi, come ad esempio periferiche diverse da quelle comunemente utilizzate.

Le schede di interfacciamento sono il tipico esempio di dispositivi che permettono di trasmettere o ricevere informazioni da dispositivi periferici. Una interfaccia è caratterizzata da un canale o mezzo di trasmissione, come ad esempio un cavo, da due connettori e due porte poste agli estremi della trasmissione. È necessario inoltre stabilire una modalità di trasmissione che è in genere di tipo seriale o parallela. In generale possiamo distinguere tra due tipi di interfacce, quelle proprietarie, come ad esempio una normalissima scheda video di un PC e quelle custom, realizzate per connettere dispositivi diversi, come ad esempio sensori o attuatori.
La realizzazione di schede custom è un processo assai complesso che prevede la conoscenza approfondita delle porte di comunicazione del PC, dei protocolli usati, dell'elettronica e dei linguaggio di programmazione a basso livello (Assembly e C++). Attraverso l'uso di schede di sviluppo possiamo invece agevolmente far comunicare il computer con disposi-

tivi esterni, grazie a un componente che svolge il compito di interfaccia generica per numerose applicazioni, chiamato ◀ microcontrollore ▶.

◀ Si tratta di un sistema a microprocessore integrato in un solo chip e progettato per essere autosufficiente e funzionare per una specifica applicazione. I microcontrollori vengono usati soprattutto per applicazioni particolari, tipiche del controllo industriale. Essi comprendono: una unità di calcolo, un modulo di memoria (RAM e ROM) e ulteriori periferiche di I/O (Input/Output), come ad esempio convertitori analogico/digitali, timer, interfacce seriali e parallele. ▶

Le schede di sviluppo più note (Raspberry, Arduino, Edison ecc.) rappresentano una valida alternativa alle schede custom, in quanto consentono di sviluppare agevolmente prototipi di prova per la trasmissione dei dati con dispositivi esterni di vario genere. Tali schede sono formate da un microcontrollore e una circuiteria di corredo per poterla connettere alle porte di comunicazione del PC.

■ Il progetto Arduino

Arduino è una piattaforma hardware programmabile con cui possiamo interfacciare il computer, rappresentata da una scheda base e da un software. La scheda possiede una memoria che contiene il programma che viene eseguito dal microcontrollore ATmega328.
Il codice sorgente del programma viene scritto mediante l'ambiente di sviluppo scaricabile gratuitamente dal sito www.arduino.cc.
La procedura che segue mostra come installare l'ambiente di sviluppo:

1. Per prima cosa navighiamo nel sito www.arduino.cc.
2. Nella finestra Download, selezioniamo il sistema operativo in cui installare il software, in questo caso Windows:

NOTA STORICA

Arduino nasce nel 2005 da un team di progettisti il cui leader, Massimo Banzi, era all'epoca un docente di un istituto scolastico di Ivrea (Interaction Design Institute). Il nome ha un'origine molto curiosa: è infatti il nome di una antica caffetteria del centro di Ivrea dove il team si ritrovava.

Download the Arduino Software

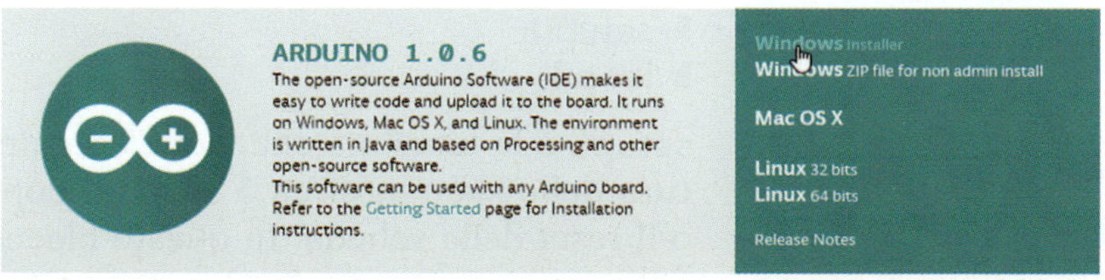

Consigliamo tuttavia di scaricare il file compresso indicato nella voce Windows zip: in tale maniera otteniamo il file .zip che contiene tutto il necessario e che può essere trasportato più comodamente.

3. Il file che otteniamo è il seguente, in questo caso abbiamo scaricato il programma per Windows 64 bit: ▶

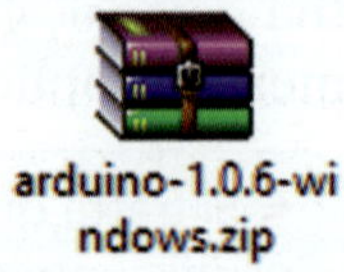

4. Dopo aver scompattato il file passiamo all'installazione dei driver necessari per poter utilizzare la porta seriale USB necessaria per la comunicazione con la scheda. Per fare questo dobbiamo aprire la sotto cartella drivers ed eseguire il file dpinst-amd64.exe.

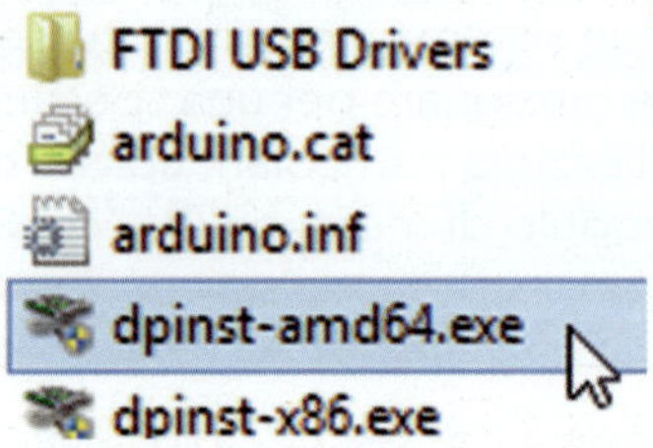

Il file dpinst-amd64.exe è adatto a Windows versione 64 bit. Se invece il sistema operativo che utilizziamo è a 32 bit il file da utilizzare è invece dpinst-x86.exe.

5. In questa finestra dobbiamo fare click su Avanti: ▶

6. Facendo click su Fine terminiamo l'installazione dei drivers: ▼

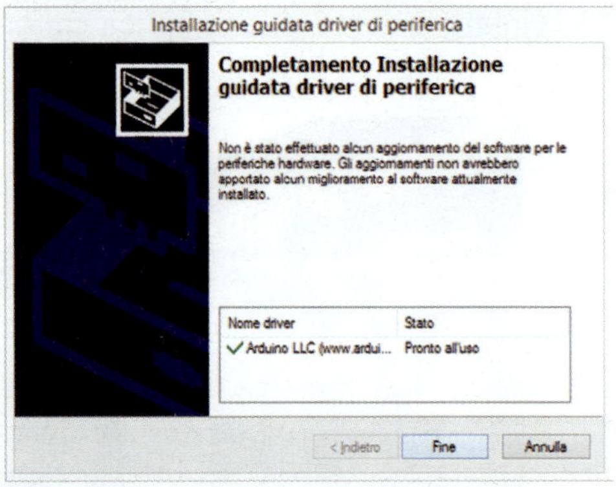

L'ambiente di sviluppo

◀ Sketch Termine derivante dalla lingua inglese, significa bozza o composizione per pianoforte. Rappresenta il programma che viene eseguito sulla scheda Arduino. ▶

Il programma scritto nell'editor, compilato e trasferito nella scheda Arduino viene eseguito ciclicamente finché non viene tolta l'alimentazione alla scheda.

L'ambiente di sviluppo Arduino consente di scrivere i programmi, chiamati ◀ sketch ▶, all'interno di un editor, di compilarli e di copiarli nella memoria della scheda Arduino.

Il codice sorgente è formato da due sezioni:

- setup();
- loop().

setup() è la funzione che viene eseguita solo all'apertura dello sketch, circa 5 secondi dopo l'accensione o il reset della scheda. In questo blocco possiamo effettuare le inizializzazioni necessarie al programma, come ad esempio l'impostazione dei valori iniziali delle variabili, le modalità di uso dei pin (input, output ecc.) e l'inizializzazione delle librerie utilizzate.

loop() è il programma principale, le istruzioni contenute al suo interno vengono eseguite ciclicamente fino allo spegnimento della scheda. Quando lo colleghiamo a una fonte di alimentazione, come ad esempio un cavo USB connesso al computer oppure una batteria da 9 V, viene avviato il programma caricato. La scheda Arduino è in grado di interagire con l'ambiente in cui si trova ricevendo informazioni da una grande varietà di sensori, ma anche luci, LED, motori e altri attuatori.

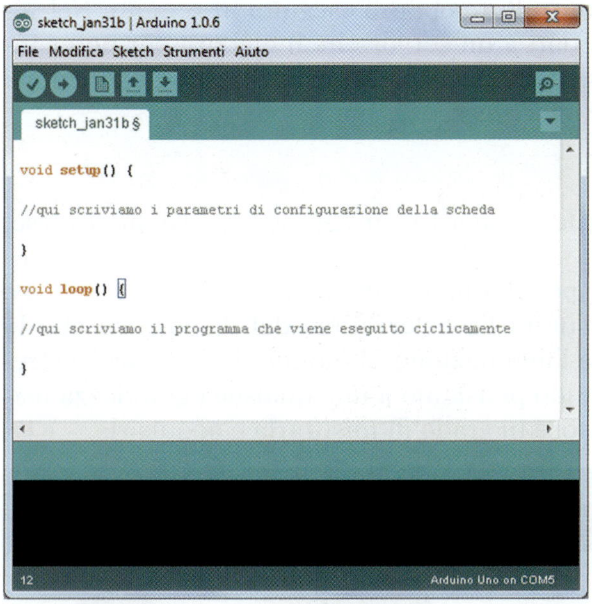

Come possiamo notare vi sono alcuni pulsanti posti sotto alla barra dei menu, il cui significato è il seguente:

- Verifica: esegue la verifica e la compilazione del codice sorgente dello sketch;
- Carica: carica nella memoria della scheda il programma;
- Nuovo: consente la creazione di un nuovo sketch.
- Apri: apre uno sketch esistente;
- Salva: salva il codice dello sketch corrente nel computer, all'interno della directory prescelta.

Arduino e il Physical Computing

Uno dei campi di applicazione delle schede di interfaccia, e quindi della scheda Arduino, è il Physical Computing, che ha come scopo quello di realizzare sistemi in grado di interagire con il mondo esterno attraverso l'uso di hardware e di software. Il sistema interagisce con l'esterno in due direzioni, acquisendo e misurando grandezze reali attraverso l'utilizzo dei sensori e intervenendo verso l'esterno mediante l'uso di attuatori.

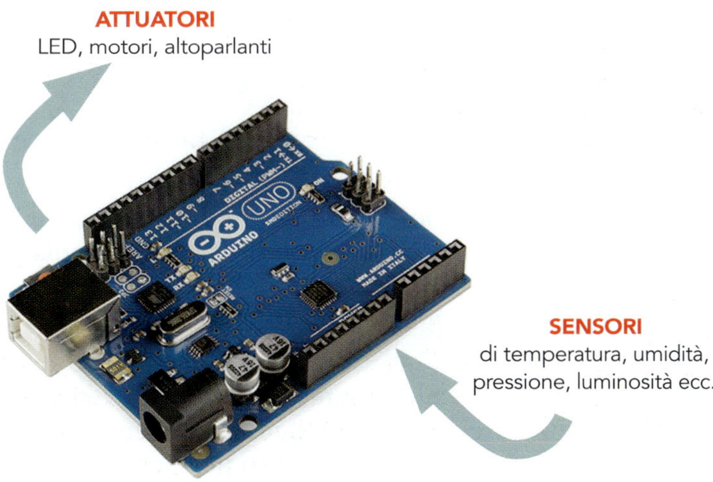

Il Physical Computing prevede l'utilizzo di sensori e attuatori in relazione al funzionamento di un sistema per eseguire le seguenti fasi:

- acquisizione dati dal mondo reale mediante sensori;
- esecuzione di valutazioni su di essi;
- azione conseguente, mediante gli attuatori.

La valutazione dei dati acquisiti avviene per mezzo di una elaborazione o processing che può essere eseguita direttamente dal microcontrollore oppure eseguita in remoto. Nel secondo caso, il sistema embedded trasmette i dati a un server che li elabora per poter inviare successivamente un comando sulla base della decisione presa. Questa elaborazione avviene secondo il modello chiamato internet of Things.

Sensori

I sensori sono dispositivi che consentono di rilevare e acquisire grandezze fisiche diverse, come ad esempio di temperatura, luminosità, prossimità, velocità, posizione, forza, infrarossi. Un sensore molto noto presente nei dispositivi mobili come tablet e smartphone, è l'accelerometro attraverso il quale viene misurata l'accelerazione del dispositivo che lo ospita e viene usato ad esempio per valutarne l'inclinazione. Il mondo dei sensori è estremamente vasto e in continua evoluzione, quando pensiamo a una qualsiasi grandezza fisica, esiste molto probabilmente il relativo sensore in grado di misurarla e acquisirla.

Temperatura	Luminosità	Prossimità	Posizione: accelerometro	Posizione: giroscopio

Possiamo suddividere i sensori in due categorie: analogici e digitali. Il sensore analogico restituisce un valore continuo nel tempo, al contrario di quello digitale che fornisce un valore numerico discreto.

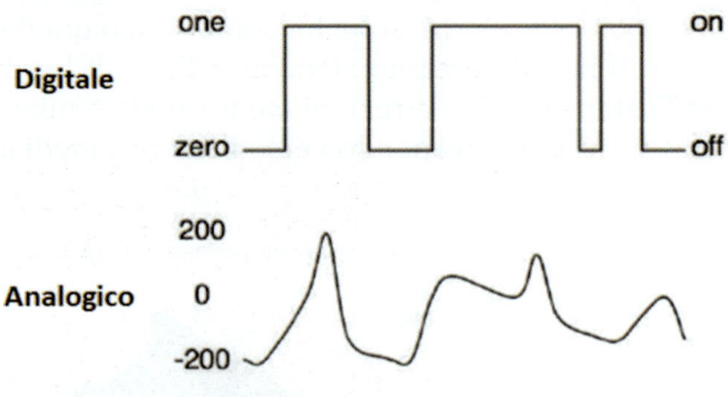

Mentre un sensore digitale riceve in ingresso una grandezza fisica, che è sempre per definizione analogica, e restituisce un risultato digitale, un sensore analogico restituisce ancora una grandezza analogica. Tuttavia possiamo connettere direttamente alla scheda Arduino anche sensori analogici in quanto provvederà la circuiteria interna alla scheda a effettuare la conversione analogico/digitale mediante campionamento.

Attuatori

Gli attuatori consentono di agire sull'ambiente modificandone eventualmente lo stato: accendere un LED oppure far muovere un motore sono altri esempi di utilizzo di attuatori. In un sistema di sicurezza, ad esempio, un LED acceso può segnalare all'utente che è stata segnalata una intrusione, oppure mediante un motore può essere chiusa una porta di sicurezza, oppure ancora in un sistema di riscaldamento il LED può segnalare la temperatura elevata e mediante un motore può essere azionata una ventola di raffreddamento.

La scheda Arduino

Vediamo da quali elementi elettronici è costituita la scheda di sviluppo Arduino Uno, tra cui il più importante è il microcontrollore ATmega328.

> All'interno di questo chip risiede un firmware chiamato Bootloader, in grado di caricare le istruzioni dello sketch nella memoria della scheda. Possiamo paragonarlo al BIOS del nostro PC.

Vediamo tutti i componenti principali di cui essa è formata:

- microcontrollore ATmega328P;
- alimentazione: 3,3 V oppure 5 V;
- memorie:
  - 32 KB di memoria FLASH,
  - 2 KB di memoria RAM,
  - 1 KB di memoria EEPROM;
- frequenza di lavoro del processore 16 MHz;
- possiede 14 ◀ pin ▶ configurabili come ingressi/uscite digitali (0 oppure 5 V);
- 6 pin di ingressi analogici (da 0 a 5 V);
- 6 pin di uscite analogiche simulate con tecnica PWM (da 0 a 5 V);
- 1 porta USB.

> È intuibile che la scheda non possiede né schermo né tastiera e neppure mouse, quindi il programma (sketch) che vogliamo inserire deve essere scritto sul computer e trasferito sulla scheda utilizzando l'ambiente di sviluppo visto nei paragrafi precedenti.

> ◀ Il termine pin indica il forellino di una basetta, in corrispondenza del quale può essere inserito un cavetto flessibile (jumper). ▶

Vediamo da quali componenti hardware è costituita la scheda Arduino Uno:

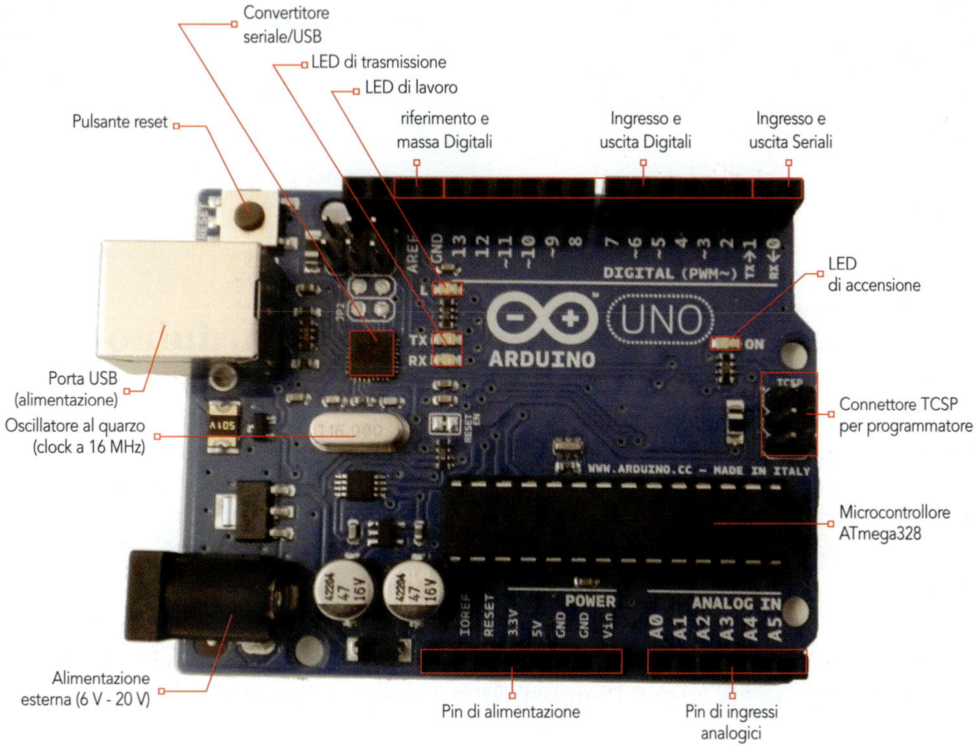

Per connettere la scheda al computer è sufficiente utilizzare il cavo USB di cui è dotata, da un capo lo connettiamo alla scheda: ▶

Mentre dall'altro capo alla porta USB del computer: ▼

Esiste anche un cavo di alimentazione che può essere collegato a un alimentatore esterno, tuttavia non è necessario utilizzarlo quando colleghiamo la scheda al computer mediante il cavo USB, dato che quest'ultima è già alimentata.

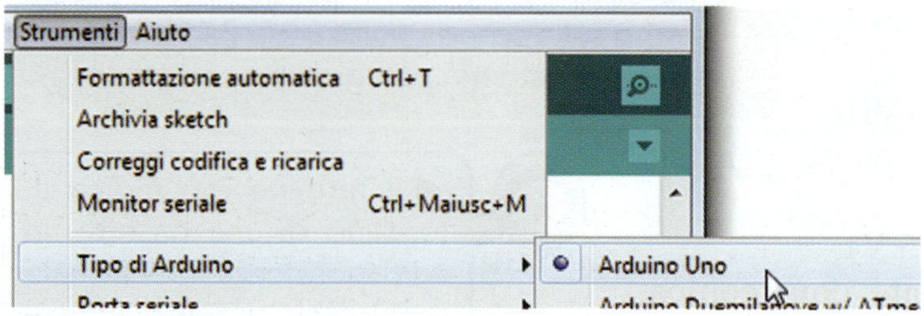

Collegata la scheda dobbiamo informare l'ambiente di sviluppo riguardo alla tipologia di scheda Arduino utilizzata e su quale porta USB è connessa. Per fare questo utilizziamo il menu Strumenti e selezioniamo la voce Tipo di Arduino, in questo caso utilizziamo la scheda Arduino Uno.

Sempre attraverso il menu Strumenti possiamo definire la porta seriale alla quale abbiamo connesso la nostra scheda, mediante la voce Porta seriale. In questo caso selezioniamo la porta COM5: ▶

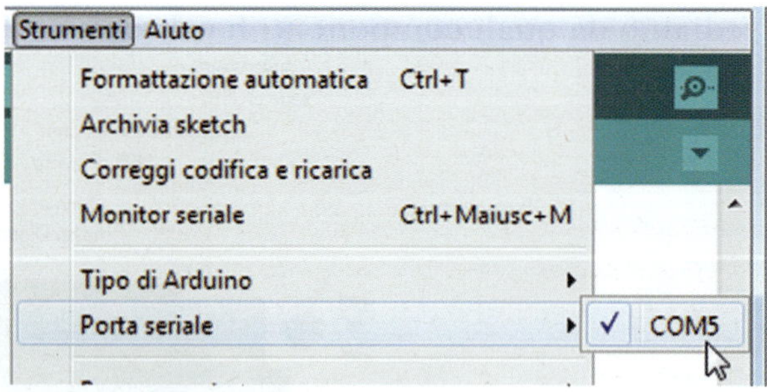

■ Il linguaggio di programmazione per Arduino

Il linguaggio usato per la creazione degli sketch deriva dal linguaggio C dal quale linguaggio eredita gran parte della sintassi delle istruzioni. Come abbiamo visto un programma, o per meglio dire uno sketch, si compone di due sezioni principali, una chiamata setup() e una seconda chiamata loop().

Possono tuttavia essere create anche altre funzioni personalizzate, scrivendole alla fine del blocco loop().

La funzione setup() serve per inizializzare variabili, per impostare lo stato dei pin, per far partire le librerie da usare e per l'impostazione delle comunicazioni seriali. La funzione di setup() è sempre la prima a essere eseguita dopo ogni accensione o reset della scheda Arduino. La funzione loop() esegue ciclicamente il codice scritto al suo interno, permette quindi l'esecuzione del programma, interagendo con la scheda Arduino. L'esempio che segue mostra l'uso di queste due funzioni mediante un semplice programma:

```
int pulsante = 3;
int LED = 8;
void setup()
{
   pinMode(pulsante, INPUT);
   pinMode(LED, OUTPUT);
}
void loop()
{
   if (digitalRead(pulsante) == HIGH)
      digitalWrite(LED, HIGH);
   if (!digitalRead(pulsante) == HIGH)
      digitalWrite(LED, LOW);
}
```

Inizialmente vengono definite due variabili di tipo intero (pulsante e LED) che contengono l'indirizzo del pin digitale della scheda relativi a un pulsante collegato al piedino 3 e a un LED collegato col piedino 8. Nella funzione di inizializzazione (setup) vengono configurati i due piedini, uno in input e l'altro in output, in quanto il LED rappresenta il nostro attuatore (OUTPUT) mentre il pulsante il nostro sensore (INPUT). Nella sezione loop viene verificato il valore letto dal piedino collegato al pulsante: se il pulsante è premuto viene acceso il LED altrimenti viene spento.
Come possiamo notare la lettura dal piedino 3 avviene mediante la funzione digitalRead(n° piedino), mentre l'output verso il piedino a cui è collegato un LED avviene mediante la funzione digitalWrite(n°piedino).

Riassumendo, oltre a tutte le istruzioni del linguaggio C, rappresentate dai blocchi (parentesi graffe), selezione (if), cicli (for, while, do) e tipi di variabili, abbiamo le seguenti funzioni riservate tipiche di questo linguaggio necessarie per la gestione dell'I/O.

Ingressi / Uscite digitali

pinMode(pin, mode)

Utilizzato nella funzione setup(), serve per configurare un determinato pin e stabilire se deve essere un ingresso o un'uscita.

digitalRead(pin)

L'istruzione permette di leggere lo stato di un pin di input e restituisce un valore HIGH se al pin è applicata una tensione o un valore LOW se non è applicato nessun segnale. Il pin può essere specificato come variabile o costante.

digitalWrite(pin, valore)

Attiva o disattiva un pin digitale, quindi l'istruzione pone il pin di uscita a livello logico HIGH o LOW. Il pin può essere specificato come una variabile o una costante.

Ingressi / Uscite analogiche

analogRead(pin)

Legge il valore di tensione applicato a un pin di input analogico con una risoluzione pari a 10 bit. Questa funzione restituisce un numero intero compreso tra 0 e 1023.

analogWrite(pin, value)

Cambia la percentuale della modulazione di larghezza di impulso PWM (Pulse Width Modulation) su uno dei pin contrassegnati dalla sigla PWM.

Orologio interno

delay(ms)

Mette in pausa un programma per la quantità di tempo specificato in millisecondi. Il valore 1000 è pari a 1 secondo. Ad esempio l'istruzione

```
delay(500);
```

attende per mezzo secondo.

DelayMicroseconds(us)

Mette in pausa il programma per la quantità specificata di microsecondi. Ad esempio l'istruzione:

```
delayMicroseconds (15);
```

attende per 15 millisecondi.

Millis()

Restituisce il numero di millisecondi da quando la scheda Arduino ha iniziato l'esecuzione del programma corrente. Il tipo di dato è un unsigned long.

ESEMPIO ***Accendiamo e spegniamo un LED***

In questo esempio utilizzeremo la scheda Arduino Uno per comandare un attuatore, in questo caso rappresentato da un semplice ◀ LED ▶.

abc fghilm

◀ I LED (*Light Emitting Diode*) sono paragonabili a piccole lampadine che emettono luce quando un flusso di corrente si crea tra i due capi, chiamati anodo e catodo. La corrente può scorrere solo in una direzione, quando è illuminato la tensione presente tra anodo e catodo è di circa 1,8 V. ▶

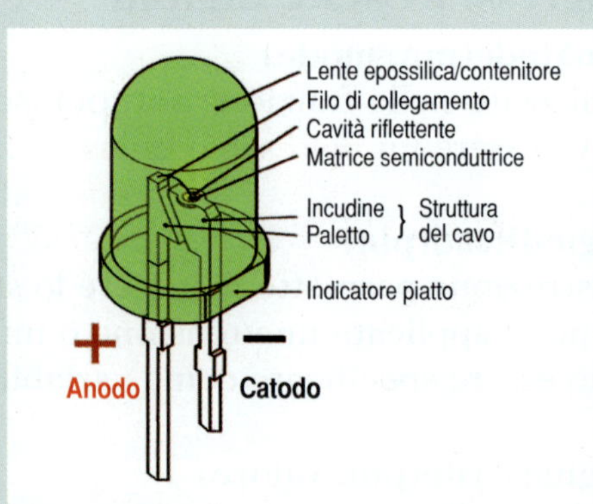

Il LED viene montato direttamente tra il piedino di uscita digitale 13 e la massa, quest'ultima rappresentata dal piedino GND (Ground), come possiamo notare dall'immagine riportata sotto.

Come possiamo notare l'anodo del LED viene montato a massa, mentre il catodo sul pin numero 13.
Il nostro programma (skecth) deve provvedere ad accendere e spegnere il LED in sequenza con un ritardo di mezzo secondo (500 ms) tra l'accensione e lo spegnimento. Scrivi il codice seguente e, dopo aver collegato la scheda Arduino alla porta USB, fai click sul pulsante Carica per compilare e mandare in esecuzione lo sketch:

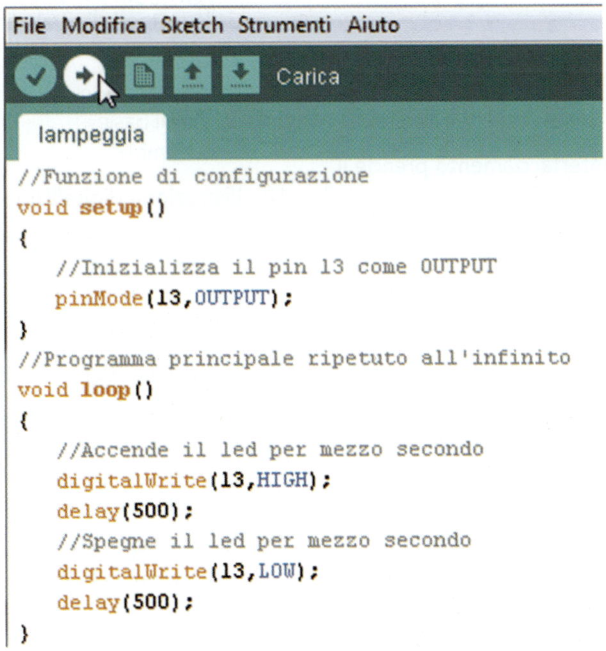


```
//Funzione di configurazione
void setup()
{
   //Inizializza il pin 13 come OUTPUT
   pinMode(13,OUTPUT);
}
//Programma principale ripetuto all'infinito
void loop()
{
   //Accende il led per mezzo secondo
   digitalWrite(13,HIGH);
   delay(500);
   //Spegne il led per mezzo secondo
   digitalWrite(13,LOW);
   delay(500);
}
```

Come puoi notare il LED continuerà a lampeggiare fino a quando la scheda verrà alimentata.

Verifichiamo le conoscenze

1. Risposta multipla

1 Quali affermazioni sui microcontrollori sono vere? (3 risposte)

a. Non sono integrabili su un solo chip
b. Possiedono schede di interfaccia incorporate
c. Contengono memorie
d. Sono microprocessori
e. Contengono un sistema operativo
f. Non possono essere usati per applicazioni industriali
g. Contengono una unità di calcolo

2 Quale tra le seguenti non è una scheda di sviluppo?

a. Edison
b. Arduino
c. Raspberry
d. VGA

3 Il progetto Arduino risale al:

a. 1995
b. 1980
c. 2005
d. 2012

4 Ciascun programma di interfacciamento prende il nome di:

a. sketch
b. slide
c. suite
d. sprite

5 Quale affermazione riguardo alla funzione setup() è vera?

a. Contiene codice compilato e non sorgente
b. Rappresenta il programma principale
c. Contiene istruzioni di configurazione
d. Viene ripetuta all'infinito fino a quando la scheda è alimentata

6 Quale affermazione riguardo alla funzione loop() è vera? (2 risposte)

a. Contiene codice compilato e non sorgente
b. Rappresenta il programma principale
c. Contiene istruzioni di configurazione
d. Viene ripetuta all'infinito fino a quando la scheda è alimentata

7 La scheda Arduino può essere connessa a sensori analogici?

a. No
b. Sì, la circuiteria interna della scheda provvede alla conversione analogico/digitale
c. Sì, tuttavia la scheda non provvede alla conversione analogico/digitale
d. No, in quanto la scheda può interpretare solo dati digitali

8 Quali elementi tra i seguenti possono essere considerati attuatori? (2 risposte)

a. Accelerometri
b. LED
c. Giroscopi
d. Motori

9 Il linguaggio per programmare Arduino deriva dalla sintassi di quale linguaggio?

a. C
b. Pascal
c. Visual Basic
d. Assembly

10 L'istruzione digitalWrite():

a. legge dai piedini analogici
b. pone 0 o 1 sui pin digitali
c. pone 0 o 1 sui pin analogici
d. legge dai piedini digitali

11 L'istruzione digitalRead():

a. legge dai piedini analogici
b. pone 0 o 1 sui pin digitali
c. pone 0 o 1 sui pin analogici
d. legge dai piedini digitali

12 Quale frase tra le seguenti rappresenta, nell'ordine, l'ultima a essere eseguita secondo il Physical Computing?

a. Azione mediante attuatori
b. Acquisizione mediante sensori
c. Esecuzione di valutazioni sui dati
d. Inizializzazione scheda

Verifichiamo le competenze

2. Completamento

Scegli tra le parole indicate quelle che completano le frasi.

interfacciamento • *6* • *batteria da 9V* • *RAM, FLASH, EEPROM* • *14* • *fisiche* •
ATmega328 • *sistemi* • *sensori* • *attuatori*

1 Una interfaccia collega dispositivi che utilizzano grandezze .... diverse.
2 Il microcontrollore contenuto nella scheda Arduino è ....
3 Per fare eseguire un programma alla scheda Arduino possiamo alimentarla con una .... oppure con un cavo collegato alla porta USB del computer
4 Il Physical Computing che ha come scopo quello di realizzare .... in grado di interagire con il mondo esterno attraverso l'uso di hardware e di software.
5 Lo scopo dell'.. è quello di mettere in comunicazione il computer con dispositivi esterni di input chiamati .... e di output chiamati ....
6 I tre tipi di memoria presenti nella scheda Arduino sono di tipo ....
7 La scheda Arduino possiede .... pin di ingressi analogici, ... pin di ingressi/uscite digitali.

Esercitazioni di Laboratorio 1

USARE L'AMBIENTE TURBO ASSEMBLER

Il ciclo di vita di un programma

Il ciclo di vita di un programma assembly può essere così schematizzato: ▶

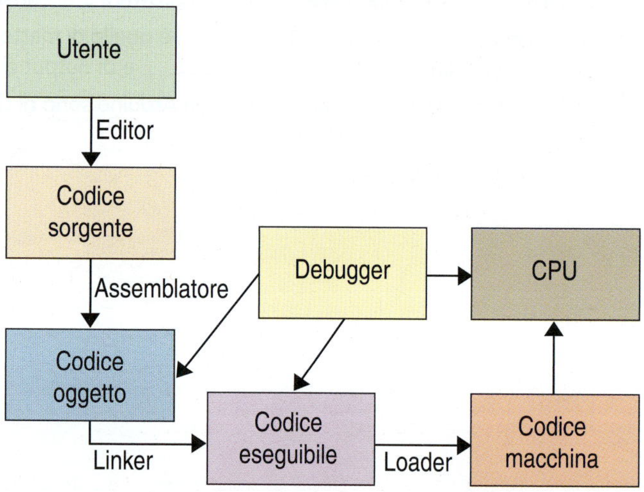

Come possiamo notare la CPU svolge un ruolo effettivo essendo a diretto contatto con l'esecuzione del Codice macchina. Inoltre l'esecuzione del debug del programma è strettamente legata alla struttura e all'architettura fisica del processore, come vedremo in seguito: il Turbo Debugger, lo strumento usato da noi per effettuare il debug del programma, dispone infatti gli elementi della CPU rivolti al programmatore (Registri e Flag).

Le fasi della programmazione in assembly secondo la sintassi TASM sono le seguenti:

1. scrittura del codice sorgente con un Editor scelto tra i tanti disponibili in commercio (da Notepad++ a Scite);
2. salvataggio del file sorgente con estensione .asm;
3. assemblaggio del file sorgente con Turbo Assembler (TASM.exe);
4. linking del file oggetto con Turbo Linker (TLINK.exe);
5. verifica del codice eseguibile con Turbo Debugger (TD.exe) o in alternativa esecuzione.

Turbo Assembler (TASM) è un ambiente gratuito che consente l'assemblaggio, il linking e infine il debug di un sorgente in linguaggio assembly. Tuttavia, perché possa funzionare con sistemi operativi superiori a Windows XP è necessario usare degli emulatori MS-DOS, come per esempio DOSBox.

Installare DosBox

DOSBox è un emulatore che ricrea una macchina virtuale per MS-DOS compatibile e completa, in grado di gestire le schede video e audio, la grafica e anche un'interfaccia di rete di base. Grazie all'emulatore è possibile eseguire programmi per MS-DOS senza doverli modificare. Innanzitutto occorre scaricare DosBox: in questo caso utilizziamo la versione 0.74 per Windows sia a 32 bit che a 64 bit, disponibile all'indirizzo web http://www.dosbox.com/wiki/Releases.

La procedura riportata a lato illustra come installare il software DosBox. ▶

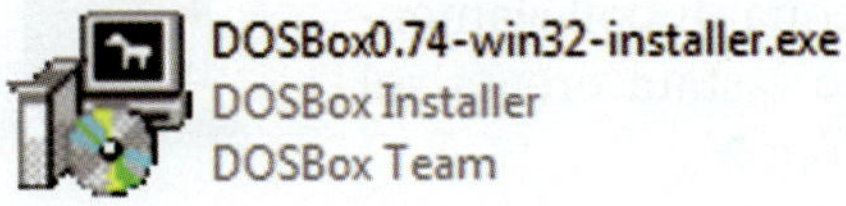

❶ Dopo aver scaricato il software apposito, fai doppio clic sul file di installazione e successivamente, nella finestra che appare, fai clic su Esegui: ▶

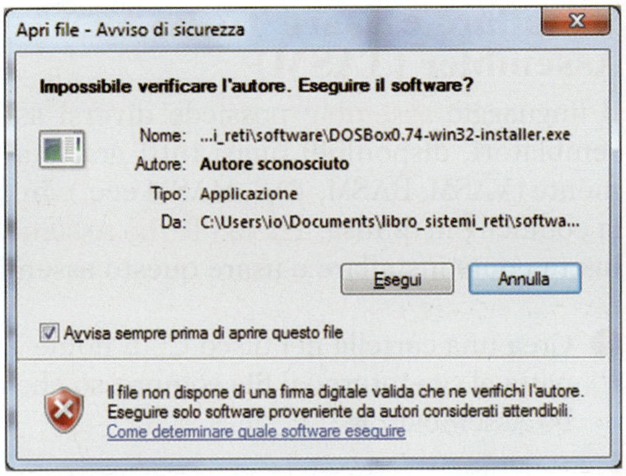

❷ Leggi il contratto di licenza e fai clic su Next per sottoscriverlo: ▼

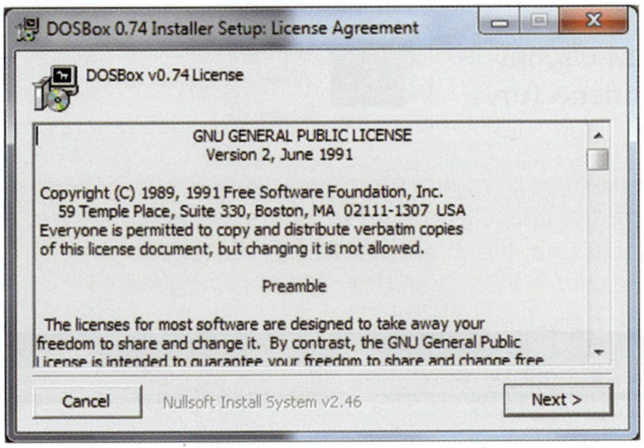

❸ La finestra a lato richiede se si desidera collocare sul desktop un collegamento a DOSBox; è consigliabile fare clic su Next lasciando attivate le opzioni proposte, contrassegnate dai segni di spunta: ▶

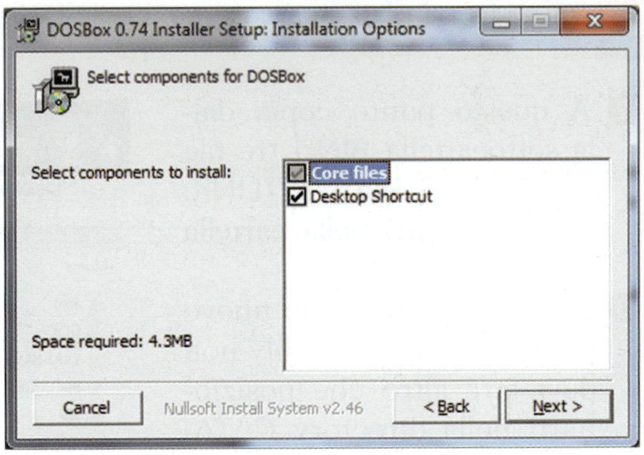

❹ In questo caso la directory di installazione è quella indicata per un sistema a 64 bit. Fai clic su Installa per procedere alla copia dei file necessari all'esecuzione: ▶

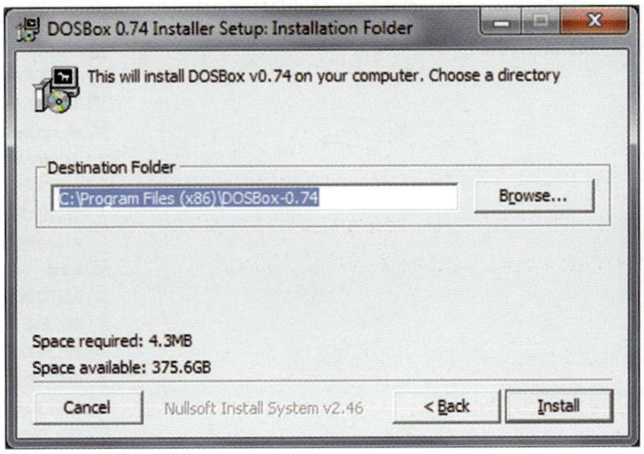

5 Ha inizio la fase d'installazione. A operazione ultimata fai clic su Close: ▶

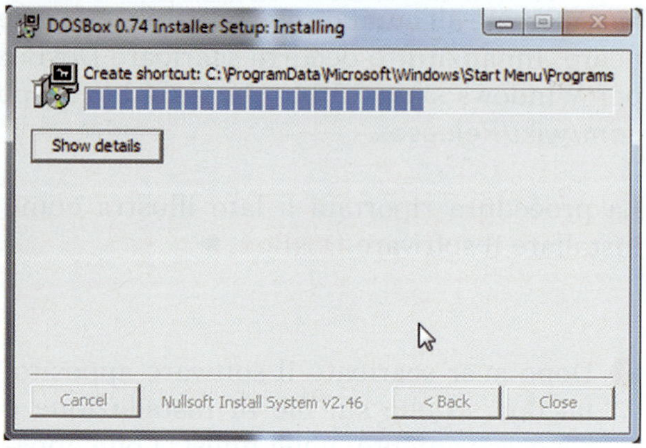

6 Per utilizzare DOSBox dovrai fare doppio clic sull'icona di collegamento che è stata creata sul desktop: ▶

Installare e usare Turbo Assembler (TASM)

Il linguaggio assembly possiede diversi assemblatori, disponibili quasi tutti gratuitamente (VASM, BASM, TAS, MASM ecc.). In questo volume i codici presentati sono scritti con la codifica più diffusa, TASM (Turbo Assembler). La procedura riportata di seguito descriveillustra come installare e usare questo assemblatore.

1 Crea una cartella nel disco C: di nome TASM e scompatta al suo interno il file compresso che contiene Turbo Assembler: ▶

Per maggiore comodità, si raccomanda di creare una cartella posizionata nella radice del disco fisso in quanto consente un più facile accesso ai file in ambiente DOSBox.

2 A questo punto copia dalla sottocartella BIN i tre file principali (TASM.exe, TLINK.exe e TD.exe) nella cartella superiore (C:\TASM).

3 Adesso per creare un nuovo programma in assembly non devi fare altro che posizionarti nella directory C:\TASM usando Esplora risorse oppure Computer (schermata a lato). ▶

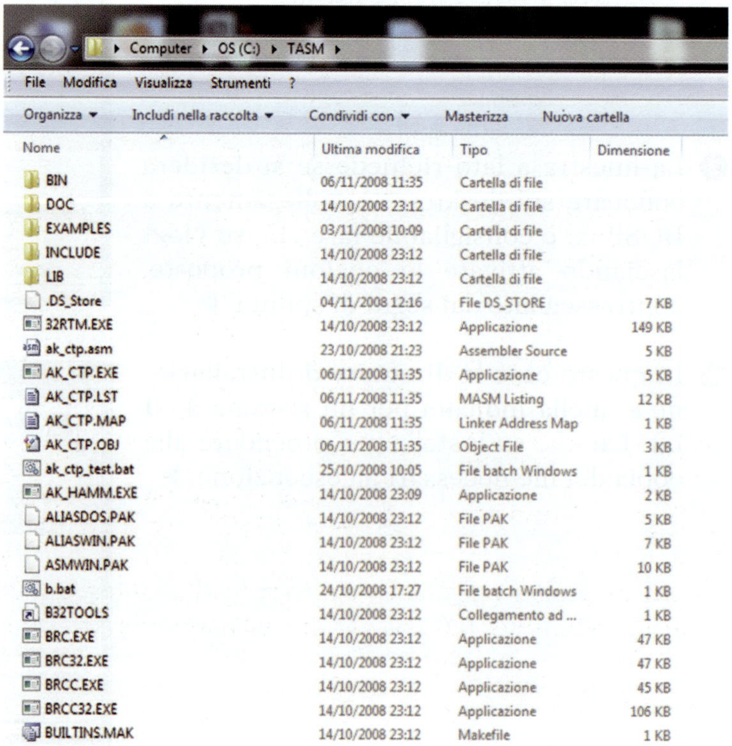

❹ Per creare un nuovo file senza utilizzare un editor, devi fare clic con il tasto destro del mouse, quindi selezionare le voci Nuovo e Documento di testo.

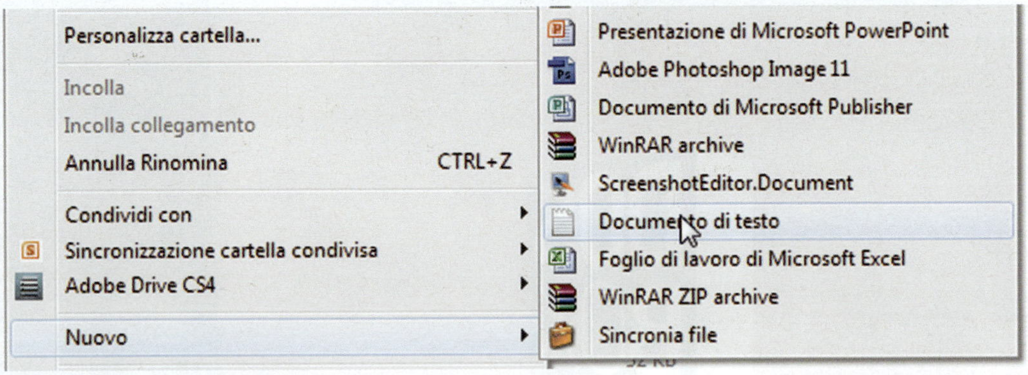

❺ Scrivi il codice sorgente e salvalo, sempre all'interno della cartella C:\TASM, con il nome che preferisci, tenendo comunque presente che non deve superare gli 8 caratteri e che l'estensione deve essere .asm:

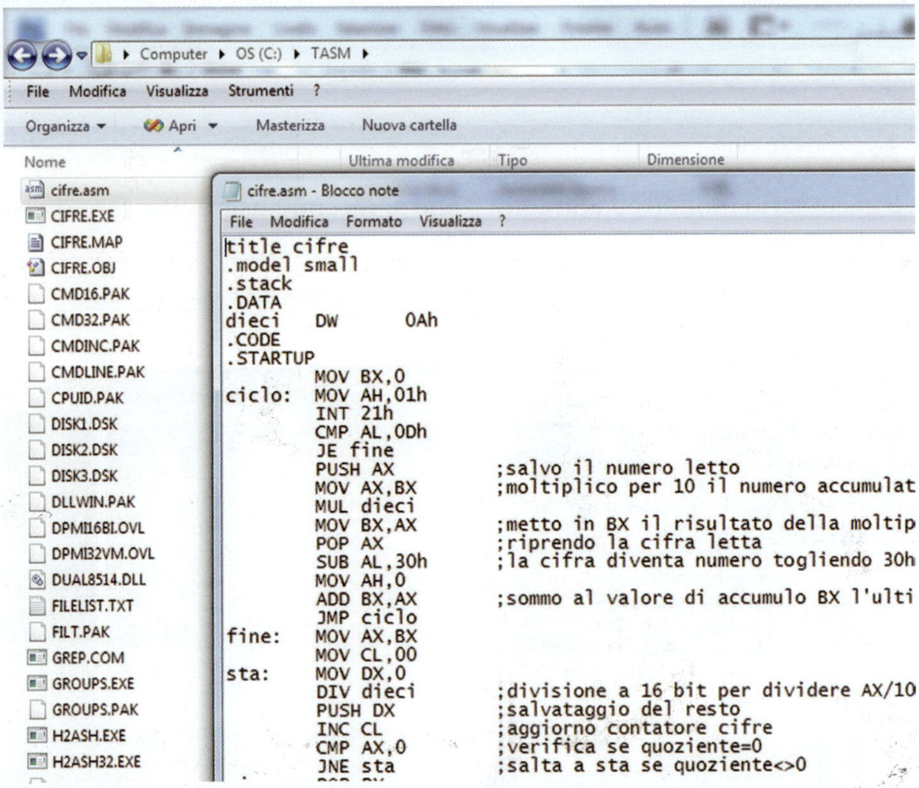

❻ Per assemblare il file devi ricorrere all'ambiente DOSBox che consente di eseguire i file eseguibili dell'assemblatore. Fai clic sull'icona di DOSBox sul desktop. ▶

7 Appare la finestra della macchina virtuale MS-DOS (DOSBox):

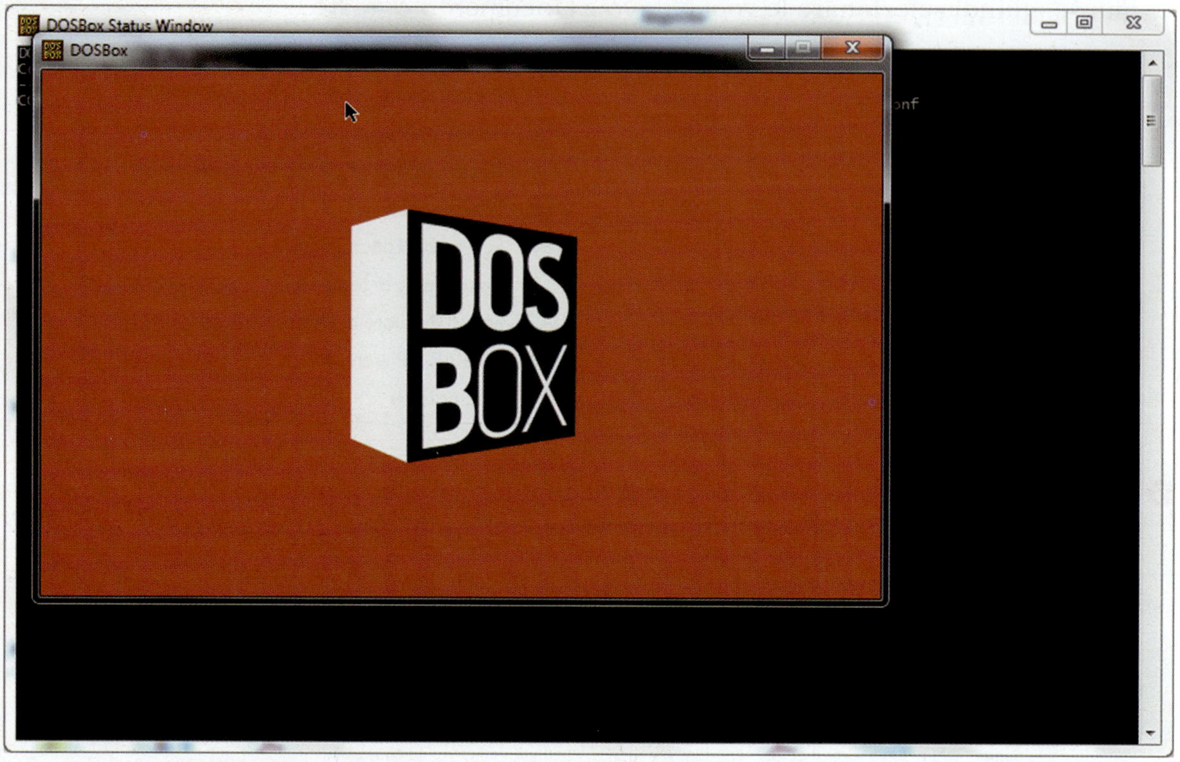

8 Adesso è necessario montare la directory che si intende usare. Per fare questo digita la seguente istruzione dal prompt dei comandi:

```
Z:>mount c c:\tasm
```

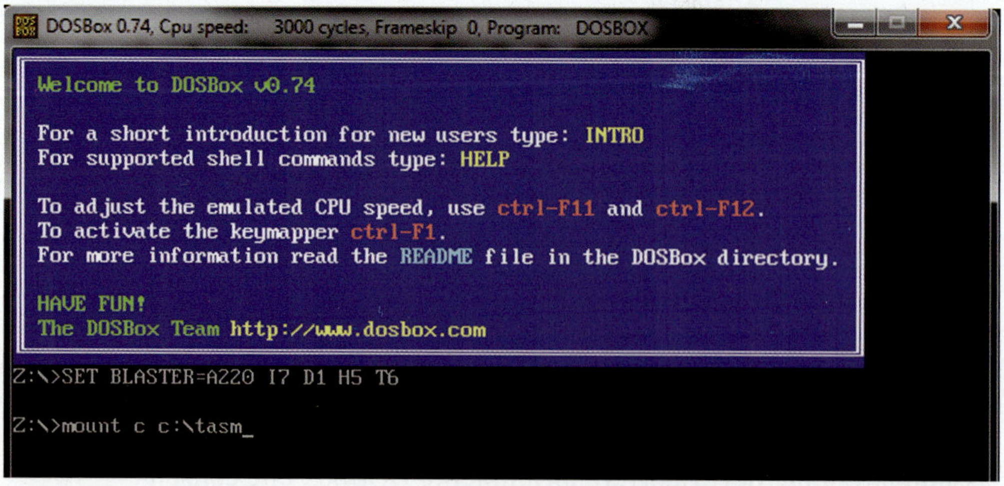

Per attivare l'emulatore a tutto schermo puoi premere ALT + INVIO; premendo una seconda volta la stessa combinazione di tasti ritornerai alla dimensione normale.

9 Dopo aver premuto INVIO ottieni la schermata riportata a lato, che conferma l'attivazione della directory. ▶

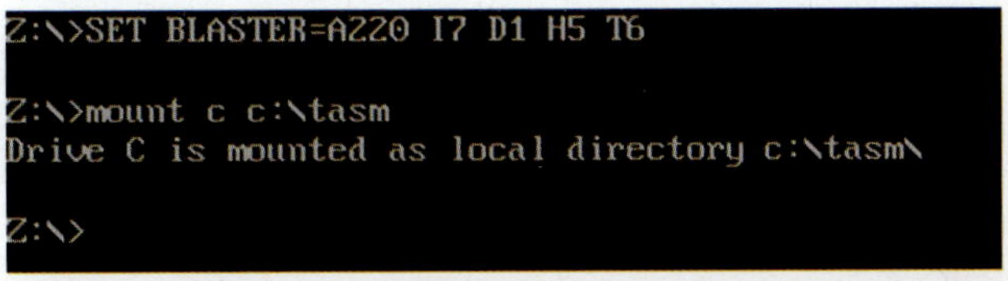

10 A questo punto digita C: e premi INVIO per posizionarti nella directory dell'assemblatore. ▶

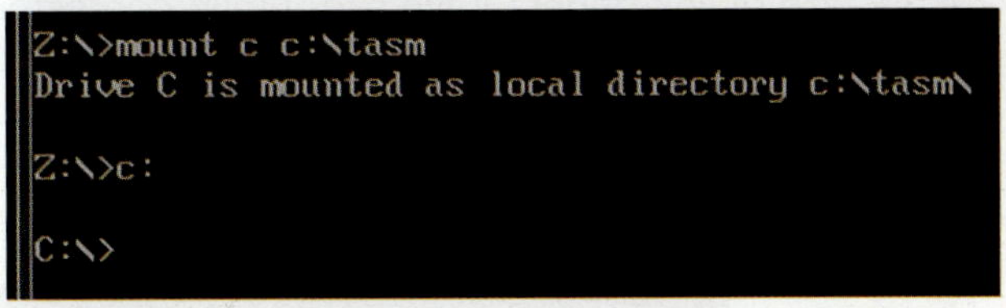

L'operazione di mount della directory deve essere ripetuta ogniqualvolta si intende utilizzare l'emulatore. Tuttavia aprendo il file dosbox.conf con un editor qualsiasi puoi fare in modo che la directory venga montata automaticamente all'apertura di DOSBBox. Devi aggiungere nella sezione [autoexec] (posta alla fine del documento) le righe riportate di seguito.

```
[autoexec]
mount c c:\tasm
c:
```

A questo punto salva il file dosbox.conf ed esegui DOSBox. Successivamente verificane il funzionamento.

11 Adesso vediamo come assemblare il file sorgente. In questo caso il file sorgente è stato salvato con il nome cifre.asm: l'assemblaggio avviene con il comando TASM, da digitare al prompt dei comandi:

```
TASM cifre
```

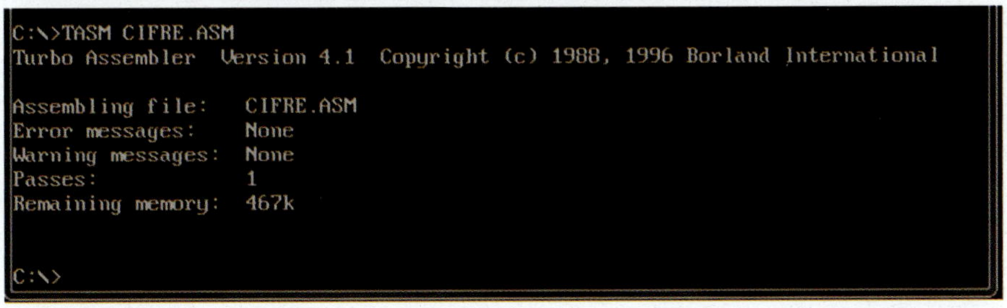

12 Come si può notare, nella schermata di cui sopra, appaiono alcune righe che indicano gli eventuali errori rilevati. In questo caso il TASM è esente da errori, tuttavia se così non fosse dovremmo prima modificare il codice sorgente, poi salvarlo nuovamente per poterlo di nuovo assemblare. La fase successiva è il linking (collegamento) del file oggetto che è stato creato automaticamente dall'assemblatore (cifre.obj). Per ottenere questo risultato digita il comando TLINK al prompt dei comandi:

```
TLINK cifre
```

```
C:\>TLINK CIFRE
Turbo Link  Version 7.1.30.1. Copyright (c) 1987, 1996 Borland International

C:\>
```

La fase di link genera il file eseguibile con estensione .exe. Per generare file con estensione .com devi scrivere il codice sorgente senza la direttiva .STACK e con .MODEL TINY già affrontati in questa Unità. La sintassi per generare un file con estensione .com è la seguente (TLINK /t):

```
C:\>tlink /t cifre2
Turbo Link  Version 7.1.30.1. Copyright (c) 1987, 1996 Borland International

C:\>dir *.com
Directory of C:\.
CIFRE2   COM              66 15-03-2012 16:03
```

⓭ Infine non ti resta che eseguire il programma scrivendone semplicemente il nome al prompt, oppure eseguire il Turbo Debugger per verificarne il funzionamento passo passo con il comando TD al prompt dei comandi:

```
TD cifre.exe
```

```
C:\>TD CIFRE_
```

⓮ Come possiamo notare si apre la finestra del Turbo Debugger:

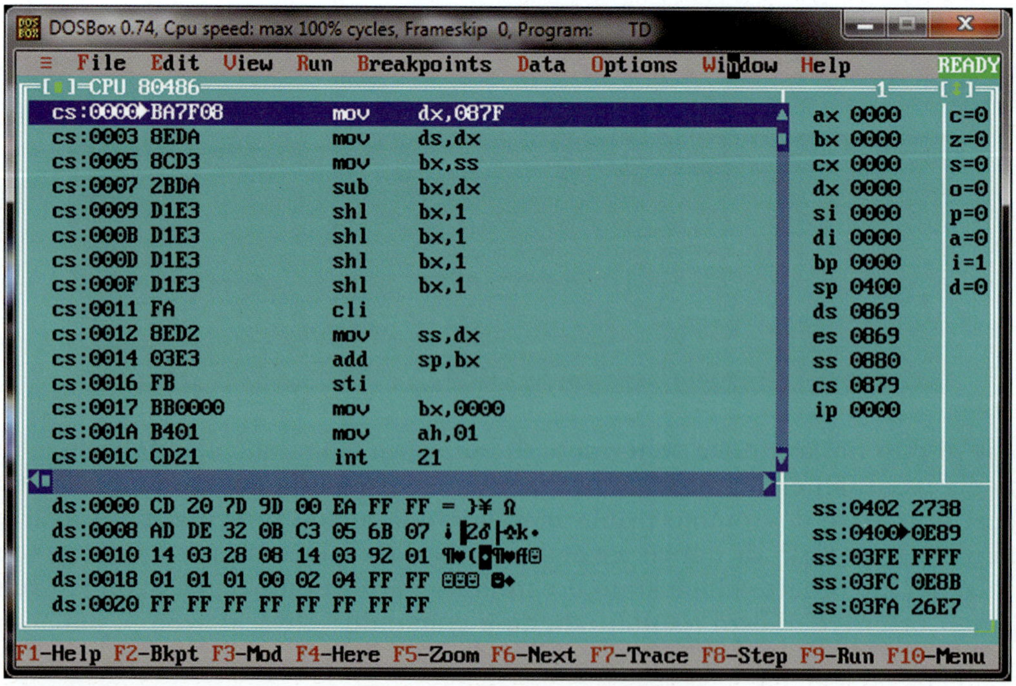

Esercitazioni di Laboratorio 2

UTILIZZIAMO LA SCHEDA ARDUINO

Usiamo Arduino per interagire con l'I/O

ESEMPIO *Realizziamo una animazione con diversi LED*

In questo esempio vogliamo creare uno sketch in grado di far accendere un LED alla volta, degli otto LED complessivi, che andremo a posizionare sulla scheda esterna. L'obiettivo dell'esercitazione è quello di simulare una animazione nella quale il LED si accende per mezzo secondo, quindi si accende il LED a fianco e via così fino all'ottavo LED, quindi il programma riparte daccapo fino a quando la scheda è alimentata. Per realizzare questo piccolo esempio dobbiamo munirci di alcuni componenti elettronici. Vediamoli nel dettaglio:

Una breadboard

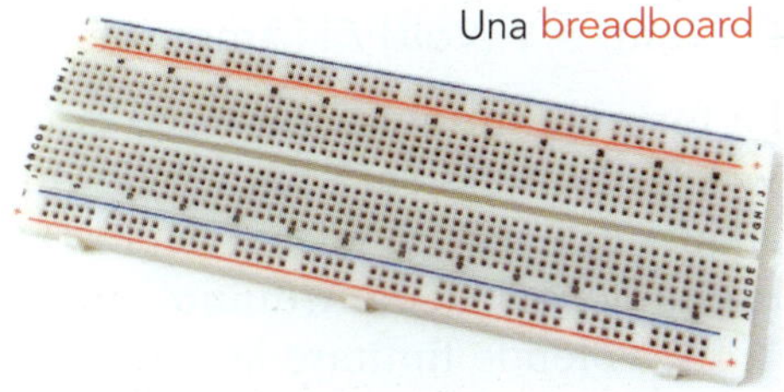

Una serie di LED, almeno 8, colorati

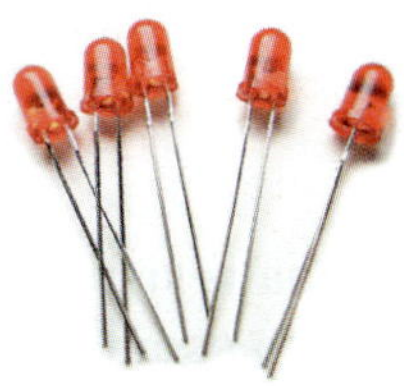

Alcune resistenze da 220 Ω

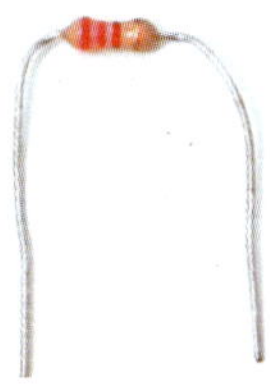

Alcuni jumper flessibili

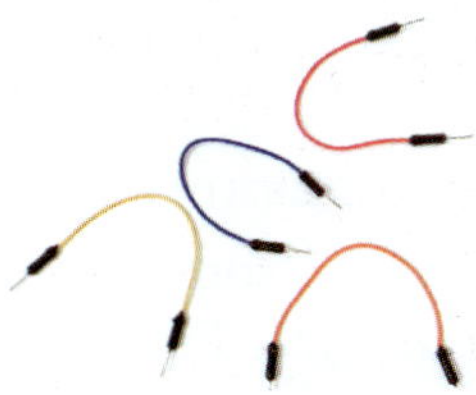

Breadboard

La basetta sperimentale, senza saldature, chiamata comunemente Breadboard, è uno strumento utilizzato per creare prototipi di circuiti elettrici. Le basette sperimentali sono formate da diversi forellini collegati elettricamente tra di loro mediante linee di trasmissione chiamate strips. La figura a fianco mostra le linee di collegamento.

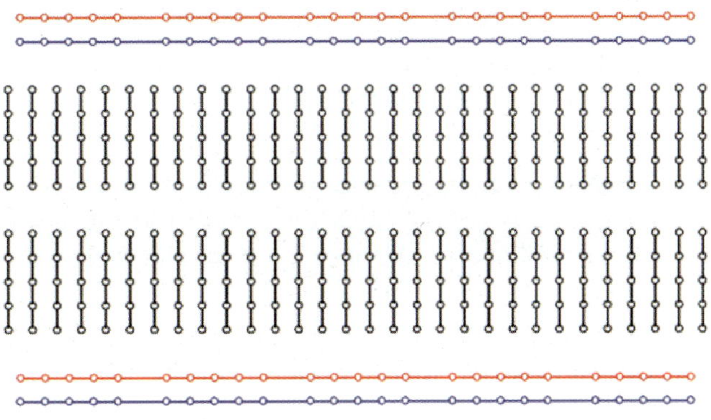

Possiamo individuare delle linee orizzontali poste ai lati usate in genere per l'alimentazione e collegate lungo tutta la verticale, e le linee dedicate ai componenti, collegate in orizzontale e più corte.

Collegandosi al sito www.virtualbreadboard.com è possibile scaricare un software di simulazione della breadboard.

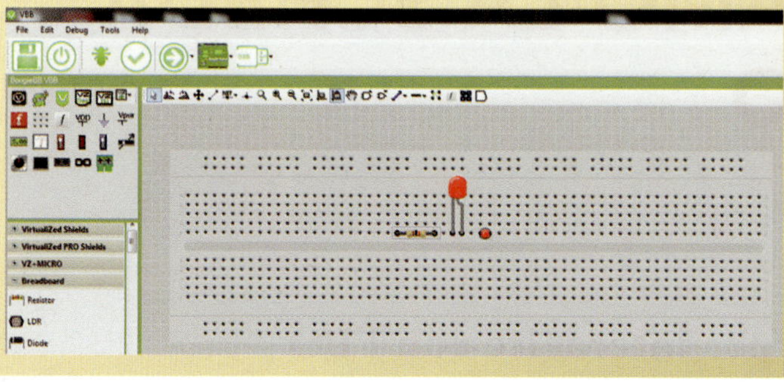

I LED (Light Emitting Diod)

Per utilizzare al meglio il nostro LED, evitando di bruciarlo, dobbiamo tenere presente che, in base alla legge di Ohm:

R (Ohm) = V (Volt) / I (Ampere)

La formula tuttavia non tiene conto della caduta di tensione ai capi del LED, pertanto la V della formula sarà data dalla differenza tra la tensione di alimentazione (V_S), meno la caduta di tensione ai capi del LED (V_d). Sapendo che la tensione massima sui pin digitali di uscita della scheda Arduino è di 5 V e che la caduta di tensione ai capi del LED è di circa 1.8 V, volendo limitare la corrente a 15 mA abbiamo che:

$R = (V_S - V_d) / 0.015$
$R = (5 - 1.8) / 0.015$
$R = 220$ Ohm

Le resistenze o resistori

Le resistenze sono componenti elettrici destinati a fornire una specifica resistenza elettrica al passaggio della corrente elettrica che si misura in Ohm. Nel nostro esempio inseriremo una resistenza tra l'anodo del LED e i pin in uscita dalla scheda Arduino, cioè i pin che forniranno i segnali in grado di accendere i LED.

Vediamo come collocare i componenti sulla basetta sperimentale, prima di tutto cerchiamo di posizionare i LED in fila, inserendo il catodo (pin più corto) nel forellino laterale e l'anodo nel forellino orizzontale.

Questo tipo di collocazione non è la più consona in quanto siamo costretti a piegare leggermente i due pin del LED, tuttavia rende più agevole avere tutti i catodi allineati sulla stessa fila di forellini che saranno collegati alla massa della scheda (GND).

Adesso colleghiamo le resistenze in modo tale che formino un ponticello con la serie orizzontale successiva. Infine colleghiamo i jumper dalle 8 resistenze ai piedini digitali in uscita della scheda Arduino (pin da 2 a 9) come illustrato dalle immagini successive:

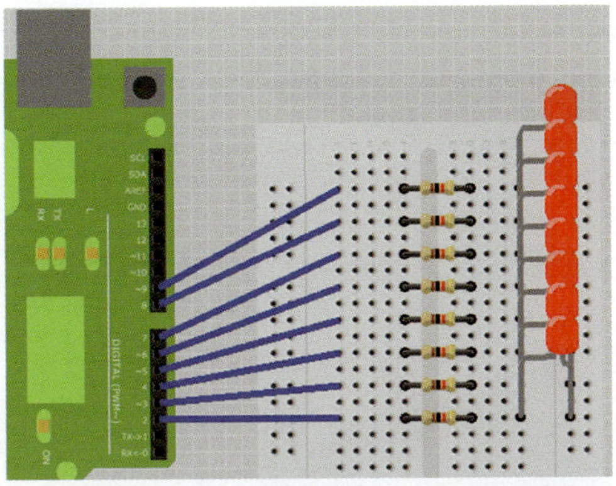

Adesso dobbiamo scrivere il programma necessario, per fare questo apriamo l'ambiente di sviluppo per Arduino, facendo doppio click sul file arduino.exe: ▶

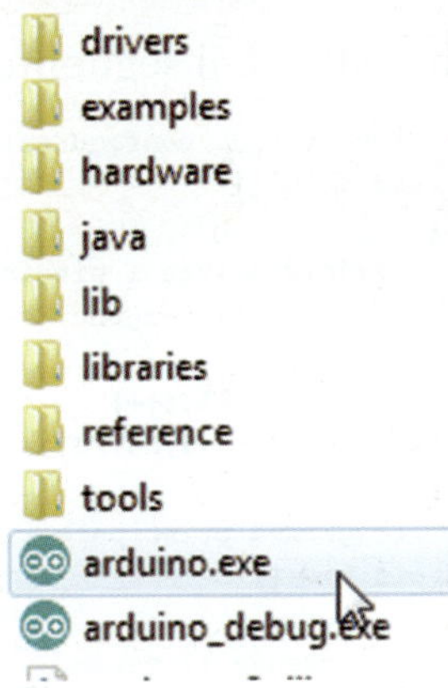

All'interno della finestra di editor scriviamo il codice seguente: ▼

ciclo_blink §

```
//Funzione di configurazione
void setup()
{
   //Inizializza i piedini da 2 fino a 9 come output
   //Ai quali vengono collegati gli 8 LED
   int i;
   for (i=2;i<10;i++)
   {
      pinMode(i, OUTPUT);
   }
}
//Programma principale ripetuto all'infinito
void loop()
{
   int i;
   for(i=2;i<10;i++)
   {
     //Accende l'i esimo LED
     digitalWrite(i, HIGH);
     //Il LED rimane aceso per 500 ms
     delay(500);
     //Spegne l'iseimo LED
     digitalWrite(i, LOW);
   }
}
```

Come possiamo notare prima di tutto vengono configurati gli 8 pin digitali (da 2 a 9) in uscita (OUTPUT) mediante l'istruzione:

```
pinMode(i,OUTPUT);
```

presente nel ciclo all'interno della funzione setup(). L'animazione vera e propria avviene nella funzione loop() attraverso un ciclo for ripetuto per tutti gli 8 piedini che accende un LED per mezzo secondo:

```
digitalWrite(i,HIGH);
delay(500);
```

quindi lo spegne e passa al successivo, in modo iterativo.

ESEMPIO *Simulazione di un semaforo*

In questo esempio vogliamo creare uno sketch in grado di far accendere le luci di un semaforo, rappresentate da un LED di colore giallo, verde e rosso. L'animazione prevede che venga acceso il verde, quindi il giallo insieme al verde e infine il rosso. Come possiamo vedere colleghiamo i tre LED ai pin digitali della scheda Arduino numerati da 2 a 4, quindi attraverso tre resistenze da 220 Ohm al catodo del LED. Infine i tre anodi vengono collegati alla massa della scheda (pin GND). Lo schema è riportato nella figura. ▶

Il codice è il seguente:

```
//Funzione di configurazione
void setup()
{
   //Inizializza i piedini da 2 a 4 come OUTPUT
   //Ai quali vengono collegati i 3 LED
   int i;
   for(i=2;i<5;i++)
      pinMode(i,OUTPUT);
}
//Programma principale ripetuto all'infinito
void loop()
{
   //Accende il verde
   digitalWrite(2,HIGH);
   //Il verde rimane acceso per 3 secondi
   delay(3000);
   //Si accende il giallo per 2 secondi
   digitalWrite(3,HIGH);
   delay(2000);
   //Spengo giallo e verde
   digitalWrite(3,LOW);
   digitalWrite(2,LOW);
   //Accendo il rosso per 4 secondi
   digitalWrite(4,HIGH);
   delay(4000);
   //Spengo il rosso
   digitalWrite(4,LOW);
}
```

ESEMPIO *Simulazione di un semaforo con buzzer*

In questo esempio vogliamo aggiungere come attuatore del sistema un altoparlante acustico, rappresentato da un buzzer piezoelettrico.

Si tratta di un altoparlante con uno schema logico assai semplice, rappresentato da un anodo (piedino +) e un catodo (piedino –), collegati rispettivamente con il pin digitale numero 5 con un jumper di colore blu, e collegato a massa (GND).

> Anche per il buzzer l'anodo (+) è rappresentato dal piedino più lungo mentre il catodo (–) da quello più corto.

Lo schema è il seguente, in cui possiamo notare che, rispetto all'esempio precedente, è stato aggiunto il buzzer: ▶

Vediamo il codice dello sketch. Prima di tutto vengono configurati i pin digitali da 2 a 5 in OUTPUT per connettere i tre LED del nostro semaforo (pin 2,3,4), mentre l'anodo del buzzer verrà collegato al pin digitale numero 5, sempre in OUTPUT.

```
void setup()
{
   //led verde,giallo,rosso (pin 2,3,4) in OUTPUT
   //pin 5 per il buzzer
   int i;
   for(i=2;i<6;i++)
      pinMode(i,OUTPUT);
}
```

A questo punto vediamo il programma principale. Viene dichiarata la variabile i unicamente per essere usata all'interno del ciclo for. Quindi, dopo aver acceso il LED verde, viene creato un ciclo for (ripetuto 10 volte) per far assumere al buzzer (pin 5) il caratteristico suono intermittente che accompagna la visione del colore verde. Per fare questo viene acceso e spento per 10 volte il pin 5 con un ritardo di 150 millisecondi. A questo punto viene acceso il LED giallo per 2 secondi, quindi mediante un altro ciclo for viene ripetuto il suono intermittente, questa volta con una maggiore frequenza. Quindi vengono spenti il buzzer, il LED verde e il LED giallo e acceso il LED rosso.

```
//Programma principale ripetuto all'infinito
void loop()
{
  int i;
   //Accende il verde
   digitalWrite(2,HIGH);
   for(i=0;i<10;i++) {
      digitalWrite(5,HIGH);
      delay(150);
      digitalWrite(5,LOW);
      delay(150);
   }
   //Si accende il giallo per 2 secondi
   digitalWrite(3,HIGH);
   //Si accende il buzzer per 2 secondi
   for(i=0;i<25;i++) {
      digitalWrite(5,HIGH);
      delay(50);
      digitalWrite(5,LOW);
      delay(50);
   }
   digitalWrite(5,LOW);
   //Spengo giallo e verde
   digitalWrite(3,LOW);
   digitalWrite(2,LOW);
   //Accendo il rosso per 4 secondi e il buzzer continuo
   digitalWrite(4,HIGH);
   delay(4000);
   //Spengo il rosso e il buzzer
   digitalWrite(4,LOW);
}
```

ESEMPIO *Simulazione di un semaforo con buzzer e pulsante di richiesta*

In questo esempio vogliamo completare l'esercizio precedente, aggiungendo un micropulsante di richiesta per far partire la procedura del semaforo. Per poter leggere un valore dall'esterno dobbiamo prima di tutto utilizzare un dispositivo elettronico come sensore, rappresentato da un micro pulsante, chiamato anche ◀ microswitch ▶.

Il pulsante è un componente che collega due punti in un circuito quando viene premuto. I quattro pin che vediamo nell'immagine, chiamati A, B, C e D, sono collegati a due a due (A con B e C con D). Si dividono in due categorie:

◀ Il microswitch è un dispositivo elettromeccanico simile a un interruttore, ma dotato di una molla che lo riporta alla posizione di partenza quando viene rilasciato. ▶

- NO (*Normally Open*): questo pulsante possiede i piedini normalmente aperti o scollegati tra di loro. Quando il pulsante viene premuto i piedini (a due a due) vengono connessi tra di loro in quanto si chiude il circuito.

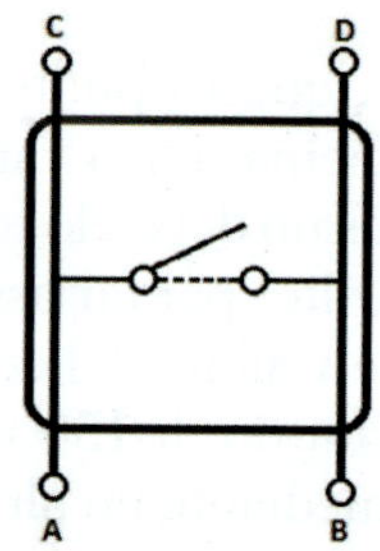

- NC (*Normally Closed*): questo pulsante possiede i piedini normalmente chiusi dove tutti i piedini sono connessi tra loro. Quando il pulsante viene premuto tutti piedini non saranno connessi tra di loro ma solo A con C, B con D.

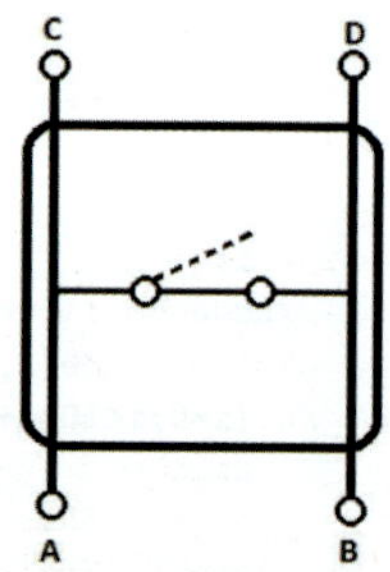

Il circuito e il programma che faremo consentirà di far partire il ciclo di accensione in sequenza dei vari LED del semaforo quando il micro switch viene premuto. Vediamo come collegare il micro switch.

Connessione del micro switch

Attraverso un jumper (colore rosso) colleghiamo il pin di alimentazione della scheda Arduino (+5 V) al piedino di alimentazione della breadboard. Da questo forellino laterale posto nella Breadboard, sempre attraverso un altro jumper (colore rosso) colleghiamo l'alimentazione al pin A del pulsante. Colleghiamo l'altro capo del pulsante, il piedino B, mediante un jumper (colore bianco), al pin digitale numero 8 in ingresso della scheda Arduino. In tal modo quando il pulsante è aperto, cioè quando non è premuto, non vi è alcuna connessione tra i due piedini del pulsante e leggeremo un valore LOW. Quando il pulsante viene chiuso (ossia premiamo), leggeremo un valore HIGH in ingresso al pin numero 8. Il circuito da realizzare è il seguente:

Creazione dello sketch

La prima parte del codice, nella funzione setup(), inizializza i pin digitali dal 2 al 5 in OUTPUT, per collegarli nel modo seguente:
pin 2: LED verde
pin 3: LED giallo
pin 4: LED rosso
pin 5: buzzer

Il pin numero 8 viene invece programmato in INPUT per collegare a esso il micro switch.

```
void setup()
{
   //Inizializza i piedini da 2 a 5 come OUTPUT
   //pin 2,3,4 led (verde,giallo,rosso) pin 5 (buzzer)
   //Il piedino 8 legge il pulsante
   int i;
   for(i=2;i<6;i++)
      pinMode(i,OUTPUT);
   pinMode(8,INPUT);
}
```

La seconda parte del codice prima di tutto verifica se il pulsante è stato premuto. Per fare questo legge dal pin digitale numero 8 mediante la funzione digitalRead(). Se il valore è HIGH viene eseguito il codice che esegue l'animazione del semaforo vista già nell'esempio precedente:

```
void loop()
{
   //Verifica se pulsante premuto
   int leggi=digitalRead(8);
   if (leggi==HIGH) {
      int i;
      //Accende il verde
      digitalWrite(2,HIGH);
      //Fa suonare il buzzer ad intermittenza
      for(i=0;i<10;i++) {
         digitalWrite(5,HIGH);
         delay(150);
         digitalWrite(5,LOW);
         delay(150);
      }
      //Si accende il giallo per 2 secondi
      digitalWrite(3,HIGH);
      //Fa suonare il buzzer ad intermittenza rapida
      for(i=0;i<25;i++) {
         digitalWrite(5,HIGH);
         delay(50);
         digitalWrite(5,LOW);
         delay(50);
      }
```

L'ultima parte del codice spegne i LED e il buzzer attivando il colore rosso del semaforo.

```
        digitalWrite(5,LOW);
        //Spengo giallo e verde
        digitalWrite(3,LOW);
        digitalWrite(2,LOW);
        //Accendo il rosso per 4 secondi e il buzzer continuo
        digitalWrite(4,HIGH);
        delay(4000);
        //Spengo il rosso e il buzzer
        digitalWrite(4,LOW);
    }
}
```

- Conoscere la sintassi del linguaggio per Arduino
- Interfacciare in uscita degli attuatori LED
- Realizzare schede espansione con breadboard

Prova adesso!

CREA UN PROGETTO Super car

1. Collega 10 LED alla breadboard, collegando le resistenze corrette da applicare in serie tra i LED e i pin di uscita digitali.
2. Crea uno sketch che illumini i LED in sequenza partendo dall'esterno verso l'interno e viceversa, secondo una animazione chiamata "Supercar", dalla nota serie televisiva.

3

Fondamenti di Networking

Conoscenze

- Conoscere gli elementi fondamentali di una rete
- Conoscere le topologie di rete
- Acquisire il concetto di protocollo
- Apprendere le tecniche di multiplazione
- Apprendere le tecniche di commutazione
- Comprendere il concetto di architettura stratificata

Competenze

- Classificazione delle reti in base alla topologia
- Riconoscere i dispositivi di rete
- Saper classificare le reti in base all'uso dei mezzi trasmissivi
- Classificare le tecniche di trasferimento dell'informazione

Abilità

- Riconoscere le funzioni in relazione ai diversi livelli protocollari
- Confrontare il modello ISO-OSI con il modello TCP-IP
- Delineare i compiti dei livelli ISO-OSI e TCP-IP

AREA *digitale*

- Esercizi
- La rete Internet come GAN
- I protocolli

Soluzioni (prova adesso, esercizi, verifiche)
Puoi scaricare il file anche da hoepliscuola.it

LEZIONE 1

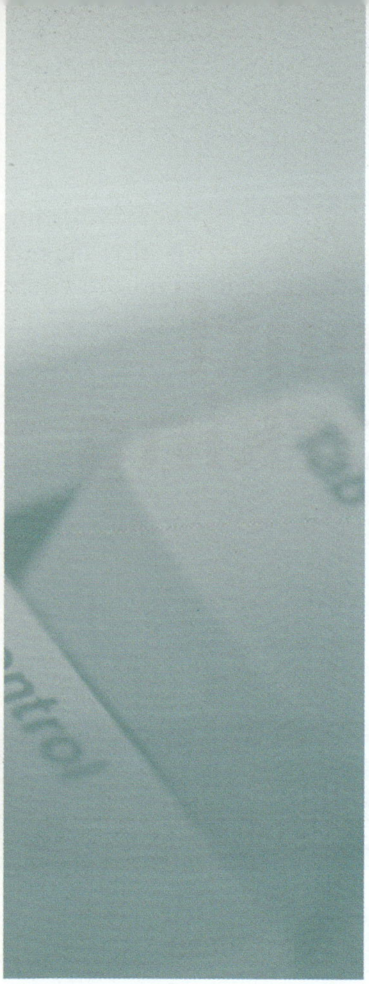

Introduzione al Networking

In questa lezione impareremo...

- a conoscere gli elementi fondamentali di una rete
- a classificare la reti
- a individuare le topologie di rete

Introduzione

"Non c'è nessun buon motivo per cui una persona dovrebbe tenersi in casa un computer." Con questa frase nel 1977 Kenneth Henry Olsen, fondatore della Digital Equipe Corporation (DEC), prevedeva un'era in cui i computer sarebbero stati utilizzati unicamente in ambito scientifico o aziendale. Mai una previsione fu più errata. Olsen, che è scomparso lo scorso anno all'età di 84 anni, pur essendo tra gli ideatori del ◀ minicomputer ▶, non poteva certo immaginare quale impatto sconvolgente avrebbe avuto la tecnologia informatica nella vita di tutti i giorni.

◀ Minicomputer È un tipo di computer con capacità e costi intermedi tra i mainframe e i microcomputer: inizia a diffondersi negli anni '60 con l'avvento dei circuiti integrati. Molte innovazioni fondamentali dell'informatica moderna sono state concepite e sperimentate per la prima volta su di esso (per esempio il sistema operativo Unix, il linguaggio C, il mouse). Come primo minicomputer viene oggi riconosciuto il PDP-8, realizzato dalla DEC nel 1964, grazie alle intuizioni di Olsen. ▶

Oggi le tecniche e la velocità di comunicazione giocano un ruolo fondamentale e la possibilità che viene offerta ai calcolatori di comunicare tra distanze considerevoli come se fossero nello stesso locale ha impresso una svolta determinante allo sviluppo di reti di comunicazione informatiche.

L'ultimo decennio ha evidenziato la necessità fondamentale di mobilità e connettività, cioè l'esigenza di connettere i propri dispositivi, che siano personal computer o altri oggetti come gli smatphone, in reti diverse dalla propria "casalinga" o "aziendale": l'utente vuole sempre avere la possibilità di "connettersi" con la propria organizzazione o con il resto del mondo in qualunque posto si trovi.
Per offrire queste possibilità le reti informatiche si sono evolute cercando soluzioni alternative all'utilizzo dei cavi di collegamento: si è realizzata la connessione wireless, cioè una comunicazione senza l'utilizzo del cavo, che permette ai dispositivi mobili di connettersi semplicemente a opportuni punti di accesso alla rete (*access point*).

Con la diffusione delle connessioni, e quindi del trasferimento di informazioni, è sorto un insieme di problematiche connesse alla sicurezza delle informazioni stesse: l'introduzione di sistemi distribuiti, l'uso delle reti e delle apparecchiature di comunicazione per il trasferimento dei dati fra terminale utente e computer centrale o tra computer, via cavo e soprattutto via etere, richiedono di adottare le necessarie misure di sicurezza per proteggere i dati durante la trasmissione.
Lo standard per le reti wireless venne introdotto nel 1990 quando l'◀ IEEE ▶ costituì un apposito comitato (l'802.11) per definirne l'omonimo standard: esso si manifestò carente soprattutto in termini di sicurezza e venne ignorato per molto tempo al punto che non vi furono investimenti significativi nella tecnologia wireless per reti di dati per oltre un decennio dalla sua pubblicazione.

◀ IEEE Si tratta di una sigla che identifica l'associazione internazionale di scienziati professionisti con l'obiettivo di cercare nuove applicazioni e teorie in diverse discipline scientifiche (informatica, telecomunicazioni, biomedica ecc.). È l'acronimo di Institute of Electrical and Electronic Engineers (Istituto degli ingegneri elettrici ed elettronici).
Si occupa di definire e pubblicare gli standard delle discipline indicate per migliorare la qualità della vita dell'uomo favorendo la conoscenza e l'applicazione delle nuove tecnologie. Le pubblicazioni dello IEEE rappresentano una buona parte della documentazione ingegneristica mondiale; infatti coprono quasi tutti gli aspetti dell'informatica e delle telecomunicazioni moderne, avendo definito oltre mille standard industriali. ▶

■ Reti: definizioni e concetti di base

La sempre crescente diffusione di strumenti tecnologici, ricchi di molteplici funzionalità, necessita di una solida struttura che permetta loro di comunicare potendo facilmente scambiarsi informazioni.

- Prima di addentrarci a fondo in contenuti tecnici complicati definiamo in modo preciso che cosa si intende per ◀ rete informatica ▶.

◀ Rete informatica Combinazione di hardware, software e cablaggio che, assieme, permettono a più dispositivi di elaborazione di comunicare tra loro (W. Odom). ▶

Questa definizione si può applicare a molti tipi di rete diversi tra loro: le reti hanno lo scopo di fornire un servizio di trasferimento delle informazioni a una popolazione di utenti distribuiti su un'area geografica più o meno ampia.

Tra le reti informatiche rivestono particolare importanza quelle che hanno una modesta estensione territoriale dove i computer collegati tra loro sono nello stesso luogo, per esempio all'interno di un'area aziendale, di un'abitazione privata o semplicemente di un edificio: queste reti prendono il nome di reti locali, o ◀ LAN ▶.

◀ LAN Una rete locale (o LAN, Local Area Network) è un sistema di comunicazione che permette ad apparecchiature indipendenti di comunicare tra loro, entro un'area delimitata, utilizzando un canale fisico a velocità elevata e con basso tasso d'errore. ▶

La connessione tra le reti prende il nome di ◀ networking ▶.

◀ Networking L'insieme dei sistemi di rete, ovvero le connessioni, di solito permanenti, tra i computer di tutto il mondo. ▶

La comunicazione tra i dispositivi di una rete avviene mediante lo scambio di segnali codificati in binario sotto forma di onde elettromagnetiche, come in ogni altro sistema di telecomunicazioni (TLC).
Le entità sorgenti e destinazioni sono chiamate nodi terminali (end systems oppure hosts) del sistema mentre tutti gli altri nodi del sistema sono chiamati nodi di commutazione (switching nodes): per raggiungere l'host di destinazione il dato inviato dall'host sorgente "viaggia" sul canale fisico e viene ritrasmesso dai nodi di commutazione (inoltro dei dati).

L'informazione generata dalle sorgenti viene trasferita alle destinazioni sotto forma di segnali: il segnale è l'entità fisica che trasporta l'informazione dalle sorgenti alle destinazioni.

Aspetti hardware delle reti

Possiamo iniziare lo studio delle reti classificandole secondo due criteri:
- tecnologia trasmissiva;
- scala dimensionale.

Tecnologia trasmissiva

A seconda della modalità di trasmissione dei dati, le reti si possono dividere in due tipologie, elencate di seguito.

1. Reti broadcast: nelle reti broadcast gli host sono direttamente connessi al canale di comunicazione, condiviso da tutti. Colui che deve trasmettere un messaggio, che di solito consiste in un breve pacchetto di dati, inserisce l'indirizzo del destinatario e lo spedisce a tutti; naturalmente solo il destinatario lo leggerà mentre verrà ignorato dagli altri host. Si potrebbe però verificare la situazione nella quale esiste la necessità di inviare un messaggio a più destinatari contemporaneamente: in questo caso si chiama comunicazione multicast ed è il caso tipico di trasmissioni radio, televisive o videoconferenze. ▼

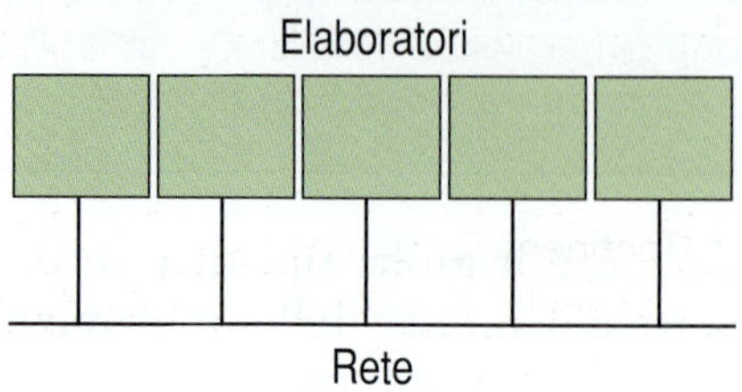

Nelle reti broadcast, oltre alla comunicazione tra terminali conosciuti, esiste anche la possibilità di richiedere o di offrire un servizio agli altri utenti, secondo le seguenti modalità:

- solicitation: la stazione che necessita di un servizio invia un messaggio broadcast per chiedere se esiste una stazione adiacente che lo eroga (e questa risponde);
- advertisement: la stazione che offre un servizio trasmette periodicamente un messaggio broadcast per informare tutte le stazioni adiacenti che quel servizio è disponibile.

2 Reti punto a punto: nelle reti punto a punto gli host sono connessi tra loro a coppie, mediante un insieme di canali di trasmissione. Per arrivare alla corretta destinazione un messaggio viene inviato dal mittente all'host al quale è direttamente connesso (oppure a uno degli host nel caso di connessione multipla), che ritrasmette il messaggio alla ricerca del destinatario.

Quindi il percorso che il messaggio deve compiere non è noto a priori, anzi, dato che le connessioni sono multiple e generano un grafo, sicuramente esisteranno più percorsi alternativi per raggiungere la destinazione. La scelta dei percorsi viene fatta da appositi algoritmi di instradamento (◀ routing ▶) che rivestono un ruolo determinante per il funzionamento della rete. ▶

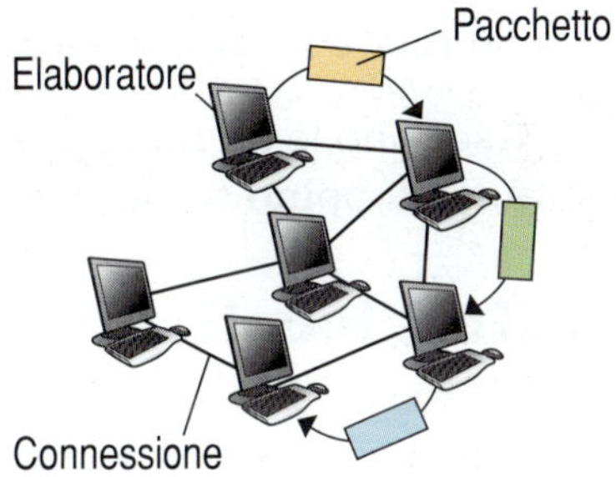

◀ Routing Con il termine routing si intende il reinstradamento automatico del "messaggio" in base alla rilevazione e all'analisi della situazione corrente della rete: un algoritmo di routing decide quale connessione usare per instradare il "messaggio" dalla macchina sorgente alla macchina destinazione in base al "traffico" presente e ad altri parametri che saranno oggetto di studio nel prossimo anno di corso. ▶

- Non è una regola ma nella pratica, per le reti geograficamente localizzate, si privilegia la struttura a broadcast mentre per quelle molto estese geograficamente è preferibile il punto a punto.
- Come eccezione possiamo ricordare le reti satellitari, che sono broadcast, e le reti locali ATM, che sono punto a punto.

Scala dimensionale

Un criterio alternativo di classificazione è la dimensione dell'area geografica in cui sono dislocati i PC: le reti possono essere classificate in reti locali LAN, reti metropolitane MAN e reti geografiche WAN (e GAN), come mostrato nella tabella a lato. ▶

Classificazione delle reti in base alla distanza

Area coperta	Distanza	Tipo di rete
Stanza	10 metri	LAN
Edificio	100 metri	LAN
Campus	1 chilometro	LAN
Città	10 chilometri	MAN
Area metropolitana	100 chilometri	MAN
Stato o nazione	1000 chilometri	WAN
Continente	5000 chilometri	WAN
Pianeta	10.000 chilometri	GAN

- LAN (Local Area Network): si tratta di un insieme di computer collegati tra loro e ubicati fisicamente nello stesso luogo, per esempio all'interno di un'area aziendale, di un'abitazione privata o semplicemente di un edificio.
- MAN (Metropolitan Area Network): in questo caso i computer si trovano all'interno di un'area urbana di grandi dimensioni oppure sono dislocati in più comuni limitrofi. Tra i vari esempi, prendiamo in considerazione quello riguardante più computer, interconnessi tra loro e collegati a un server centrale, dislocati nell'intero territorio comunale, e quello relativo ai PC delle segreterie delle facoltà universitarie dislocate in una determinata area metropolitana.
- WAN (Wide Area Network): in questo caso l'area geografica può comprendere diverse città, fino a interessare l'intero territorio nazionale o addirittura gli Stati con esso confinanti.
- GAN (Global Area Network): è facile intuire, dalla traduzione stessa dell'acronimo, che si tratta di reti che collegano computer dislocati in tutti i continenti. Internet, la Rete delle reti, è un tipico esempio di GAN.

Diverse sono le tecnologie impiegate per interconnettere le macchine: dal cavo in rame del comune doppino telefonico agli avanzati sistemi satellitari.

Reti locali

Le reti locali LAN sono generalmente delle reti private che connettono i PC di un'organizzazione, sia pubblica che privata, come un'azienda, una fabbrica, una scuola ecc. Hanno un'estensione limitata (locale) che può raggiungere anche qualche chilometro e, di norma, si estendono in un singolo edificio o in un piccolo gruppo di immobili adiacenti (campus).

Hanno tre caratteristiche che le differenziano dagli altri tipi di rete:

- dimensione: come vedremo in seguito, esistono dei limiti dimensionali massimi dipendenti dalla natura dei mezzi trasmissivi utilizzati e dalle modalità di connessione dei dispositivi utilizzati;
- tecnologia trasmissiva: la trasmissione nella LAN avviene generalmente in broadcast, tranne in particolari casi di reti dedicate a speciali applicazioni. La velocità tipica di trasmissione è da 10 a 100 Mps, anche se oggi si vanno diffondendo le Giganet, reti con velocità di trasmissione dell'ordine dei 1000 Mps;
- topologia: con topologia si intende la "forma geometrica" con la quale i calcolatori (host) sono tra loro connessi, cioè la "disposizione geometrica dei nodi".

Le diverse topologie, descritte di seguito, sono raggruppabili in due tipi:

- topologia a bus: gli host sono connessi direttamente su "un pezzo di cavo" comune (segmento) e solo un calcolatore alla volta può trasmettere. Nel caso in cui due o più PC vogliano trasmettere contemporaneamente si contendono il segmento di cavo e si "sincronizzano" mediante un sistema chiamato "a collisione" (arbitraggio distribuito). Il protocollo standard per le topologie a BUS broadcast con arbitraggio distribuito è l'IEEE 802.3, descritto nel seguito della trattazione;
- topologia ad anello: i calcolatori sono collegati in un anello e i dati vengono trasmessi "circolarmente" a tutti i PC; anche in questo caso i dati vengono trasmessi uno alla volta. Per poter trasmettere è necessario possedere il gettone (token), unico per tutta la rete, che abilita alla trasmissione. Lo standard per questo tipo di reti è l'IEEE 802.5 che deriva dalle "vecchie" reti proprietarie dell'IBM (la Token Ring).

■ Topologia delle reti locali

L'aspetto più evidente di una rete è sicuramente la topologia delle connessioni, ovvero la disposizione geometrica dei vari elementi (nodi) di cui è composta.
Al crescere del numero dei nodi aumentano le geometrie possibili: ciascun tipo sarà più o meno adatto a una particolare esigenza; non è quindi possibile una classificazione rigorosa delle topologie di rete, possiamo solo individuare alcune tipologie fondamentali di riferimento.
Alcune reti utilizzano i collegamenti punto a punto, cioè la connessione diretta tra coppie di nodi, con canali riservati, senza stazioni intermedie. Altre prevedono i collegamenti multipunto, in altre parole utilizzano un canale comune su cui possono accedere più nodi.

Le topologie più importanti sono descritte di seguito.

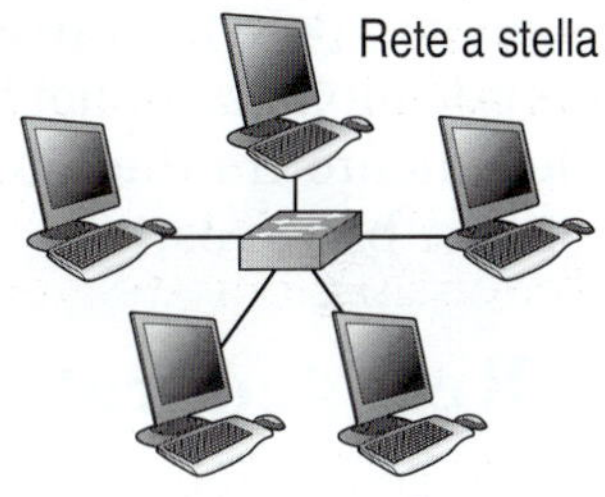

- Reti a stella: il numero di canali è uguale al numero di nodi meno uno (c = n – 1). In questo tipo di rete la *fault tolerance*, cioè la capacità di sopperire automaticamente a una situazione di errore, è inesistente: nel caso in cui il canale si guasti, la funzionalità della rete viene compromessa. Al centro della stella si trova il dispositivo concentratore hub o switch. ▶

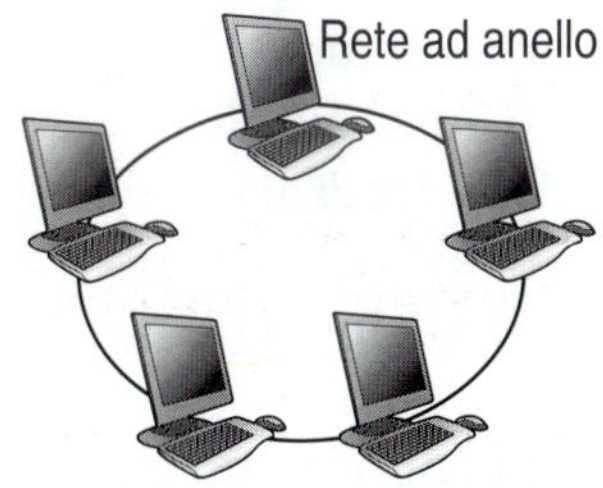

- Reti ad anello: nella topologia ad anello ogni nodo è collegato con altri nodi in modo da formare una struttura circolare. Ogni informazione da trasferire deve percorrere l'anello fino al destinatario: per esempio, se consideriamo il messaggio di risposta per la conferma, ogni scambio di informazioni coinvolge tutti i nodi della rete, che devono cooperare alla comunicazione anche se non sono direttamente interessati al messaggio. Il guasto di un nodo quindi causa la "caduta" dell'intera rete anche se è facile "ponticellare" l'ingresso e l'uscita di un nodo per escluderlo (inserendo un segmento di cavo di rete che faccia "saltare" il nodo guasto, cortocircuitandolo). ▶

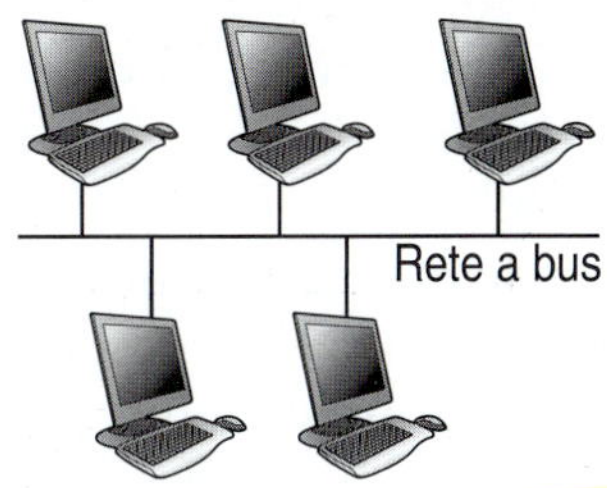

- Reti a bus: i computer sono connessi a un unico canale comune, condiviso da tutte le comunicazioni. I messaggi, organizzati in pacchetti, vengono inviati sul canale e tutti i nodi possono valutarli, ma solo il nodo che riconosce di essere il destinatario acquisisce il messaggio. Ovviamente solo un nodo alla volta può trasmettere sul canale. ▶

- Reti a maglia: una topologia a maglia completamente connessa è caratterizzata dal fatto che ogni nodo è collegato con tutti gli altri; ciò significa che esistono tutte le possibili connessioni tra i vari nodi della rete. È impensabile adottare una topologia di questo tipo per una rete medio-grande, proprio per il fatto che il numero di collegamenti tra i vari nodi diverrebbe troppo elevato: già nel caso di una rete con mille nodi sono necessari circa un milione di collegamenti. La topologia a maglia completamente connessa offre però un significativo vantaggio: in questo caso non esistono, nella pratica, problemi di commutazione, in quanto l'individuazione del canale che collega due interlocutori qualsiasi si risolve andando a scegliere proprio "il cavo" che collega direttamente i due utenti. Inoltre, la presenza di un così alto numero di canali rende questa topologia molto adatta a tollerare la presenza temporanea di eventuali guasti. ▶

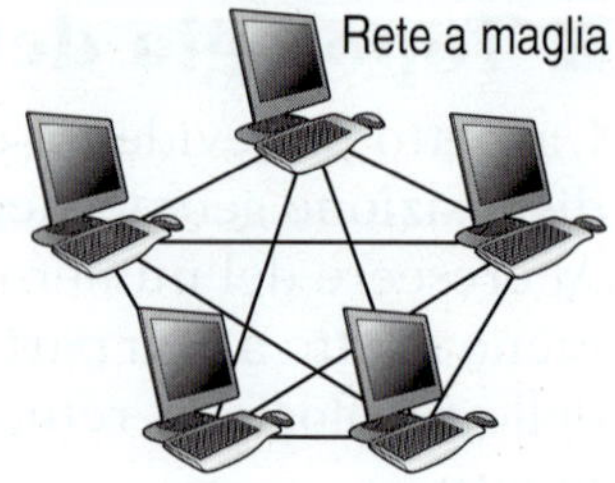

- Reti ad albero: eliminando da una topologia a maglia completamente connessa tutti i canali che non sono indispensabili per permettere ai nodi di comunicare, si arriva a una topologia ad albero. In questo caso tra due nodi qualsiasi esiste un unico percorso fisico, quindi se un canale si satura o si guasta la rete non è più in grado di funzionare. I vantaggi della topologia ad albero derivano dalla semplicità della topologia e della commutazione, perché l'esistenza di un unico cammino tra due nodi rende molto semplici le procedure per la costruzione di un collegamento tra due utenti. Il ridotto numero di canali implica anche bassi costi. ▶

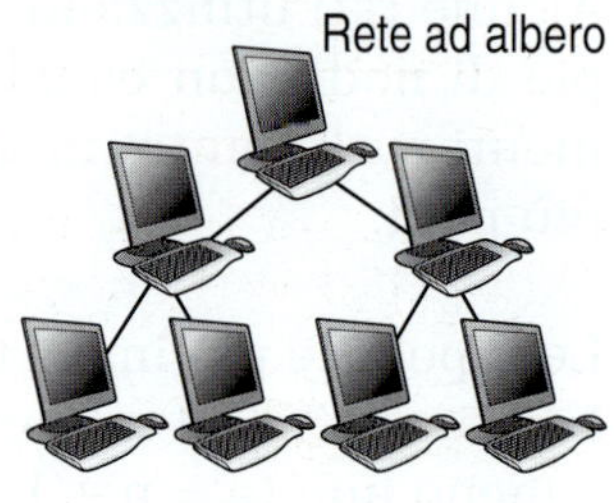

Reti geografiche

Le reti geografiche WAN (*Wide Area Network*) si estendono a livello di una nazione oppure di un continente fino al limite dell'intero pianeta (GAN, *Global Area Network*), come la rete Internet.

In una WAN possiamo individuare due componenti:
- un insieme di host (ospiti) sui quali vengono eseguiti i programmi degli utenti (end system);
- un insieme di connessioni (subnet) che li collega tra loro e permette il trasferimento delle informazioni da un host sorgente (il mittente) a un host ricevente (il destinatario) attraverso altri host o dispositivi che trasmettono i dati fino a che non sono giunti a destinazione. Questo meccanismo prende anche il nome di comunication subnet.

Ogni subnet può essere vista come composta da due elementi:
- la linea di trasmissione: è il canale di comunicazione, che può essere costituito dal filo di rame, da fibra ottica oppure dall'etere, come nelle comunicazioni wireless o negli avanzati sistemi satellitari;
- i dispositivi di commutazione: sono i componenti che permettono al messaggio di "spostarsi" attraverso subnet diverse, cioè il dispositivo che riceve il segnale lo analizza e decide su quale altra subnet lo deve trasmettere affinché possa giungere a destinazione. Questi dispositivi sono i repeater, i bridge e i router.

Nella figura è rappresentata una tipica MAN che interconnette più LAN e WAN. ▶

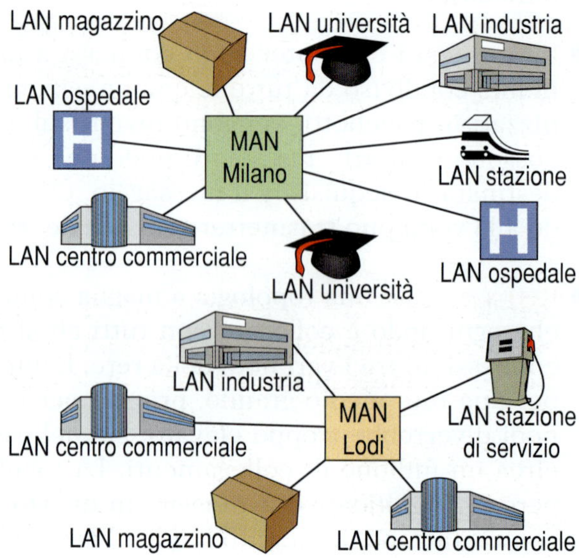

■ Reti wireless

Le reti wireless rappresentano oggi una forma di connessione sempre più importante per molte attività e per la vita domestica, sia per il lavoro che per l'home entertainment (videogame, home theatre ecc.): praticamente ogni dispositivo oggi presente sul mercato, dal PC portatile al telefono cellulare, ha un'interfaccia wireless che gli permette di connettersi in rete.

L'ideologia fondamentale che ha aperto una nuova era di comunicazione con la tecnologia wireless è la connessione sempre e ovunque (*anytime & anywhere*).

Le reti senza fili prendono genericamente il nome di WLAN (*Wireless Local Area Network*), cioè reti che sfruttano la tecnologia wireless.

Più precisamente, le tipologie di reti wireless sono due e si classificano in base alle dimensioni:
- PAN (*Personal Area Network*);
- WLAN propriamente dette, cioè *wireless LAN*.

Le reti PAN sono composte da collegamenti a portata ridotta, tipicamente limitata agli oggetti indossati da una persona o a quelli presenti in un'automobile o su una scrivania. Bluetooth è la tecnologia più utilizzata per questo tipo di collegamento, specificamente progettata per realizzare la comunicazione senza fili per apparecchi di piccole dimensioni. Il concetto chiave ispiratore di questa tecnologia è quello di eliminare completamente i cavi necessari alla comunicazione tra apparecchi. Questi collegamenti senza fili sono effettuati usando un ricetrasmettitore che opera nella frequenza di 2.4 GHz, ma le frequenze utilizzate variano da Paese a Paese, in relazione alle normative nazionali. ▶

Le LAN aziendali, invece, sono spesso sostituite o integrate da reti wireless e prendono il nome di WLAN: questo sistema di connessione è vantaggioso negli edifici più vecchi, dove non esiste o non è possibile installare un impianto di cablaggio strutturato.
La tecnologia WLAN più diffusa è nota con il nome commerciale Wi-Fi (*Wireless Fidelity*): con questo termine si indicano i dispositivi che possono collegarsi alle WLAN basate sullo specifico standard IEEE 802.11 (parecchio rielaborato e completato rispetto alla sua prima versione del 1990).

Generalmente i sistemi wireless utilizzano per comunicare onde radio a bassa potenza in radiofrequenza (RF). Lo strumento che consente l'accesso alla rete tramite linea wireless prende il nome di access point (AP). ▶

AREA *digitale*

La rete Internet come GAN

Verifichiamo le conoscenze

1. Risposta multipla

1 **A seconda della modalità di trasmissione dei dati, le reti si possono dividere in:**
a. reti broadcast
b. reti multicast
c. reti unicast
d. reti punto a punto

2 **WAN è l'acronimo di:**
a. *White Area Network*
b. *Wide Area Network*
c. *Wire Area Network*
d. *Wine Area Network*

3 **Quale, tra le seguenti, non è una caratteristica che differenzia le LAN dagli altri tipi di rete?**
a. Dimensione
b. Velocità
c. Tecnologia trasmissiva
d. Topologia

4 **Un minicomputer è:**
a. più piccolo di un mainframe
b. più piccolo di un microcomputer
c. più piccolo di un home computer
d. più piccolo di un personal computer

5 **L'acronimo IEEE significa:**
a. *Internet Electrical and Electronic Engineers*
b. *Industrial Electrical and Electronic Engineers*
c. *Institute of Electrical and Electronic Engineers*
d. *International Electrical and Electronic Engineers*

6 **LAN è l'acronimo di:**
a. *Limited Area Network*
b. *Local Area Network*
c. *Limited Access Network*
d. *Local Access Network*

2. Associazione

1 **Indica per ciascuna area il tipo di rete:**

a. locale	....	1. LAN
b. nazione	....	2. MAN
c. pianeta	....	3. GAN
d. campus	....	4. WAN
e. immobile	....	
f. continente	....	
g. città	....	

2 **Indica lo standard IEEE per ciascuna tipologia:**

a. rete ad anello	....	1. 802.11
b. rete a bus	....	2. 802.3
c. rete wireless	....	3. 802.5

3. Vero o falso

1 Nelle reti multicast la scelta dei percorsi viene fatta da appositi algoritmi di instradamento. V F
2 Il termine campus indica un piccolo gruppo di immobili adiacenti. V F
3 La trasmissione nella LAN avviene generalmente in multicast. V F
4 Le LAN sono reti informatiche che hanno una modesta estensione territoriale. V F
5 Le entità sorgenti e destinazioni sono chiamate nodi terminali. V F
6 Con *end system* si intendono solo gli host di destinazione. V F
7 I nodi di commutazione sono anche chiamati *switching nodes*. V F
8 Il segnale è l'entità fisica che trasporta l'informazione dalle sorgenti alle destinazioni. V F
9 Nelle reti broadcast gli host sono connessi al canale di comunicazione mediante un router. V F
10 Nelle reti broadcast i messaggi arrivano a tutti gli host. V F
11 Nelle reti broadcast solicitation, la stazione che necessita di un servizio invia un messaggio. V F
12 Nelle reti broadcast advertisement, la stazione che offre un servizio trasmette un solo messaggio a tutti. V F

Il trasferimento dell'informazione

LEZIONE 2

In questa lezione impareremo...

- le generalità sui protocolli
- le tecniche di multiplazione
- le tecniche di accesso
- le tecniche di commutazione

La trasmissione delle informazioni

Il sistema più semplice per realizzare la trasmissione di informazioni può essere schematizzato come nella figura seguente:

La comunicazione tra due calcolatori si realizza mediante lo scambio di dati sul canale di comunicazione: per poter essere trasmessi i dati sono stati opportunamente codificati e trasformati in un segnale che può essere elettrico (una tensione oppure una corrente) o una qualsiasi grandezza fisica capace di convogliare un'informazione (per esempio un'onda luminosa).

Le informazioni che vengono trasmesse attraverso una rete vengono denominate "traffico", utilizzando come metafora la circolazione dei mezzi di trasporto sulla rete stradale delle nostre città.

Modalità di comunicazione

Le modalità di comunicazione tra entità si dividono in due grandi classi:

- modalità a connessione (*connection-oriented*);
- modalità senza connessione (*connectionless*).

Nella modalità connection-oriented, prima dell'inizio della trasmissione delle informazioni, si deve stabilire una connessione tra il mittente e il destinatario, che viene "rilasciata" al termine delle comunicazioni.
Possiamo quindi individuare tre fasi distinte:
- apertura della connessione: è la fase più delicata durante la quale si "cerca l'accordo" tra i due host e si stabilisce la connessione;
- trasferimento dell'informazione: è la parte centrale durante la quale avviene la comunicazione;
- chiusura della sessione: viene rilasciata la risorsa e terminata la comunicazione.

Un esempio tipico di funzionamento con modalità connection-oriented è la telefonata. Nella modalità connectionless il mittente effettua il trasferimento delle informazioni in modo autonomo, senza che avvenga un preventivo accordo con il destinatario. Non si verifica quindi una "sincronizzazione" tra mittente e destinatario e il mittente ignora se la sua trasmissione sia andata o meno a buon fine, a meno che successivamente il destinatario non inoltri un messaggio di conferma ricezione.

Un esempio tipico di funzionamento con modalità connectionless è il servizio postale.

Modalità di utilizzo del canale

La trasmissione dei dati, a seconda della modalità di utilizzo dei canali di comunicazione, può essere classificata in:
- simplex: la trasmissione può avvenire solo in un senso; è il caso tipico delle trasmissioni televisive o radiofoniche dove i ricevitori sono i televisori o le radio. Tranne in casi particolari (televisione interattiva), non è possibile che un apparecchio ricevitore invii messaggi al trasmettitore;
- half-duplex: la trasmissione può avvenire nei due sensi, ma in tempi diversi; l'esempio tipico è il "walkie-talkie", dov'è possibile parlare solo uno alla volta. Il canale di comunicazione è unico e viene utilizzato in modo alternato tra le due stazioni che si scambiano anch'esse la modalità di funzionamento, passando da trasmettitore a ricevitore;
- full-duplex: la trasmissione può avvenire nei due sensi contemporaneamente (per esempio nella trasmissione telefonica). Viene realizzata mediante due canali di trasmissione, uno per la trasmissione in un senso e l'altro per quella in senso contrario.

> Nelle reti vengono utilizzate generalmente le ultime due modalità, in quanto a ogni trasmissione è sempre richiesta una risposta e quindi la comunicazione deve sempre essere nei due sensi.

Nelle comunicazioni tra calcolatori le tecnologie utilizzate sono di vario tipo e impiegano metodologie e componenti diversi anche sulla stessa rete: vengono introdotti dei meccanismi che permettono l'interazione tra dispositivi e computer eterogenei, indipendentemente dall'hardware utilizzato, dal tipo e dalla natura dei computer connessi, e dai sistemi operativi che sono installati su di essi. Il primo che analizziamo è il concetto di protocollo.

AREA *digitale*
I protocolli

■ Tecniche di trasferimento dell'informazione

Nelle reti informatiche possiamo individuare due tipi di risorse utilizzate per effettuare la comunicazione del messaggio da un mittente a un destinatario:

- risorse trasmissive: il mezzo trasmissivo utilizzato per il collegamento e quindi la trasmissione del segnale;
- risorse elaborative: i dispositivi necessari per effettuare le operazioni di indirizzamento e utilizzo del mezzo trasmissivo.

La maggior parte delle elaborazioni avviene nei nodi interni della rete che, in base alla destinazione del messaggio, "instradano" i dati sui diversi "segmenti" della rete, gestendo di fatto la trasmissione e l'utilizzo delle connessioni.
Come spesso accade, le risorse non sono mai disponibili "in abbondanza", anche perché ogni utente gradirebbe avere una linea completamente dedicata, veloce ed efficiente. È quindi necessario introdurre alcune tecniche che permettano di gestire al meglio le risorse disponibili per massimizzare l'efficienza del funzionamento del sistema.

Analizziamo quindi come avviene il trasferimento dei dati sulla rete da parte di due applicazioni che vogliono scambiarsi dati.

MODI DI TRASFERIMENTO

Con modo di trasferimento si intendono le modalità (strategie) adottate dalla rete per permettere lo scambio di dati tra due applicazioni.

Un modo di trasferimento è individuato quando sono specificate le tre componenti seguenti:

1. la tecnica di multiplazione adottata dalla rete:
   - multiplazione statica;
   - multiplazione dinamica;
2. le modalità di accesso al canale (o architettura protocollare):
   - centralizzato;
   - distribuito (o multiplo):
     - protocollo deterministico senza contesa:
       - protocolli di accesso multiplo a divisione di tempo (TDMA);
       - protocolli di accesso multiplo a divisione di frequenza (FDMA);
       - tecniche di passaggio del testimone;
     - protocolli ad accesso casuale o contesa:
       - Aloha:
         - puro;
         - slotted;
       - CSMA/CD (*Carrier Sense Multiple Access/Collision Detection*);
     - CDMA (*Code Division Multiple Access*);
3. la tecnica di commutazione:
   - a commutazione di circuito;
   - a commutazione di messaggio;
   - a commutazione di pacchetto.

Multiplazione (multiplexing)

Nelle reti la connessione fisica tra due elaboratori (linee bifilari, collegamenti in fibra ottica, collegamenti radio ecc.) deve essere utilizzata in modo tale che più applicazioni possano contemporaneamente trasmettere informazioni sullo stesso canale: si pone quindi il problema di sfruttare la capacità del mezzo a disposizione per ottenere più canali di livello fisico (o logico) sullo stesso mezzo trasmissivo.

MULTIPLAZIONE

La multiplazione (multiplexing) è l'implementazione del concetto di condivisione di risorse trasmissive.

Lo schema di multiplazione definisce le modalità secondo cui i dati generati da più applicazioni distinte possono essere trasmessi ordinatamente attraverso uno stesso canale presente nella rete, cioè il modo in cui condividono le risorse di trasmissione (banda e tempo) messe a disposizione da ogni singolo canale.

> In caso di multiplazione il canale prende appunto il nome di canale multiplato.

Una prima classificazione delle modalità di multiplazione è quella che viene fatta tra:
- multiplazione statica;
- multiplazione dinamica.

Nella multiplazione statica la suddivisione del canale avviene in parti fisse, in tanti canali fisici quanti sono noti a priori, come per esempio nelle trasmissioni via satellite o televisive.

Nella multiplazione dinamica la suddivisione del canale avviene in base alle richieste, quindi in tempo reale, e a seconda delle condizioni di traffico, in canali logici che vengono assegnati temporaneamente a un coppia di host che li rilasciano non appena hanno terminato di comunicare.
Esistono due modalità di assegnamento dinamico:
- assegnazione a domanda: è la modalità che permette di massimizzare le prestazioni nel caso in cui un'applicazione alterni l'utilizzo della risorsa con momenti di pausa: durante il periodo di non utilizzo il canale viene rilasciato per altre attività e viene riassegnato a seguito di una successiva richiesta. In questo caso non avviene un *inizio attività* e una *fine attività*, ma esiste un frazionamento in sottoparti del messaggio, in "unità informative autonome" che volta per volta si contendono il canale;

> Questa modalità è conveniente per un utente con bassa utilizzazione del canale rispetto al tempo di vita dell'attività.

- preassegnazione: la risorsa viene assegnata all'inizio dell'attività, su richiesta, e viene riservata per tutta la durata dell'attività stessa (per esempio, una comunicazione telefonica).

Tecniche di accesso o protocolli di accesso

Dopo aver determinato la modalità di assegnazione del canale il problema più importante è quello della formazione del flusso multiplato in base alla modalità di accesso al canale.

Le tecniche di accesso descrivono le modalità con le quali i nodi terminali utilizzano il mezzo trasmissivo al fine di realizzare una corretta trasmissione delle informazioni e una gestione ottimale del traffico all'interno di una rete locale: l'obiettivo è quello di smaltire velocemente il traffico dati.

Esistono due alternative:
- accesso centralizzato: esiste un multiplatore che prima acquisisce (e memorizza) tutte le richieste e successivamente assegna alle sorgenti, in modo dinamico o statico, la banda richiesta del canale trasmissivo attraverso un'opportuna politica di scheduling; ▶
- accesso distribuito o multiplo: sono le sorgenti che generano il flusso multiplato accedendo direttamente alla rete; questa tecnica richiede l'utilizzo di particolari protocolli per assegnare la banda a disposizione a tutti i richiedenti, cercando di minimizzare le attese delle sorgenti e di ottimizzare l'utilizzo della banda disponibile. ▶

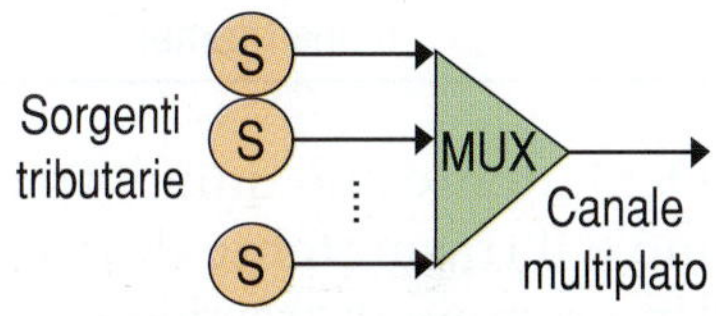

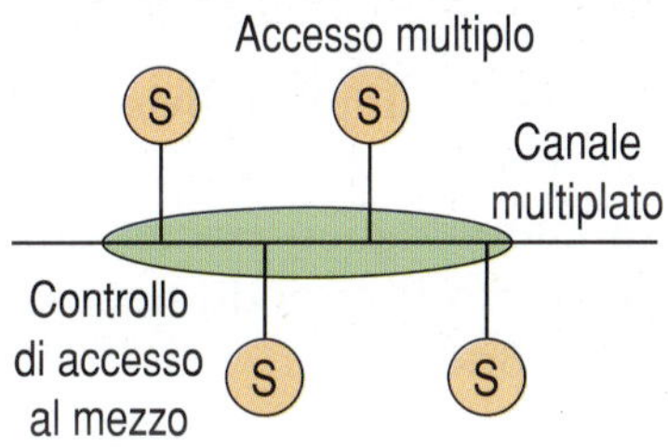

> In questo volume analizziamo solo protocolli di multiplazione con accesso multiplo.

Classificazione delle tecniche di accesso multiplo

Le tecniche di accesso multiplo si dividono in tre classi:
- protocolli deterministici senza contesa: evitano la possibilità che due utenti accedano al canale contemporaneamente (collisione) programmando l'accesso di ogni utente;
- protocolli ad accesso casuale o contesa: si possono avere interferenze tra le stazioni trasmittenti che sono gestite con particolari procedure;
- CDMA (*Code Division Multiple Access*): le stazioni operano in continua sovrapposizione e interferenza ma codificando appositamente i segnali. ▶

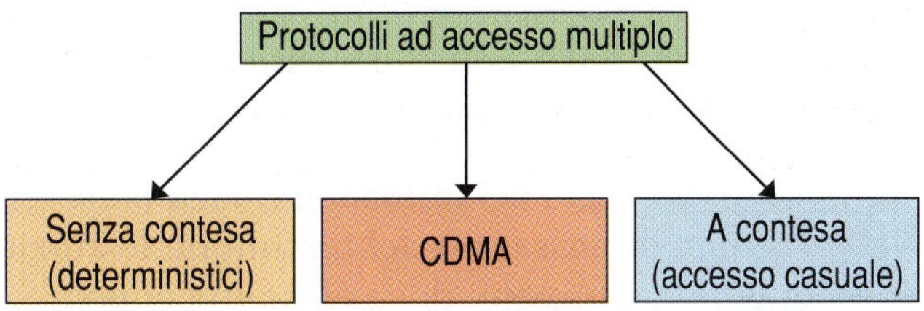

Accesso multiplo senza contesa: protocolli deterministici

I principali protocolli di accesso multiplo di tipo deterministico sono:
- a divisione di tempo TDMA (*Time Division Multiple Access*): gli utenti trasmettono in intervalli di tempo diversi;
- a divisione di frequenza FDMA (*Frequency Division Multiple Access*): gli utenti utilizzano frequenze diverse per trasmettere;
- a passaggio del testimone (a gettone).

Accesso multiplo a divisione di tempo TDMA

Nel protocollo a divisione di tempo TDMA viene effettuata una doppia suddivisione del tempo di trasmissione: il primo livello è il frame, suddiviso in un numero fisso di intervalli più piccoli chiamati slot.

> A ogni utente viene assegnato un particolare slot all'interno del frame sia per la trasmissione che per la ricezione.

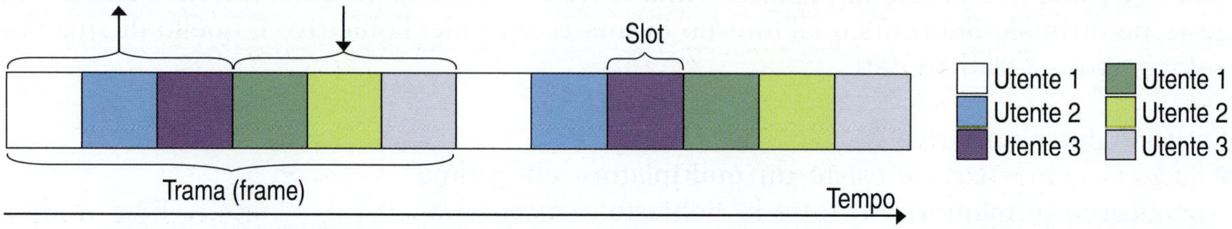

Ogni utente può quindi trasmettere per un intervallo di tempo pari a uno slot per ogni frame e il trasmittente deve essere sincronizzato con il ricevente.
Un esempio di trasmissione che usa questa tecnica è quella telefonica GSM (la durata del frame è di 4.62 ms e con n. slot/frame = 8 si ottiene che ogni slot ha una durata di 0,577 ms).

Accesso multiplo a divisione di frequenza FDMA

Nel protocollo a divisione di frequenza FDMA attorno alla frequenza caratterizzante del canale vengono create delle sottobande uguali, concesse in modo esclusivo a un utente per tutto il periodo necessario alla trasmissione; una è per la trasmissione e l'altra per la ricezione.

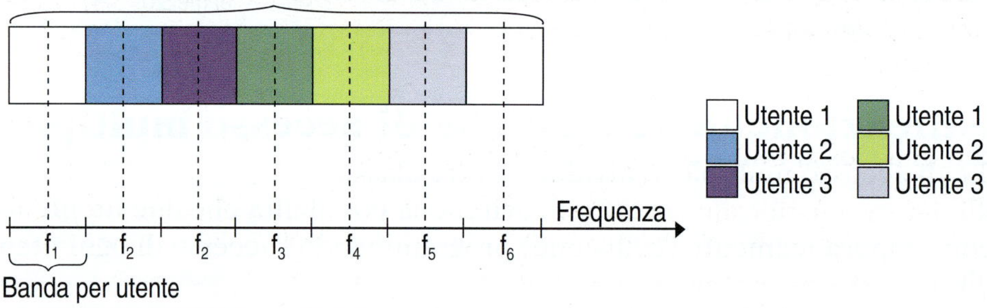

In questo protocollo non è necessaria la sincronizzazione tra le varie stazioni in quanto hanno un "canale dedicato".

Tecniche di passaggio del testimone (token passing)

Nella tecnica di passaggio del testimone le stazioni compongono un circolo, dove ciascuna conosce solo l'indirizzo delle due a essa adiacenti, cioè quella che precede e quella che segue.
Per poter comunicare, una stazione deve essere in possesso del gettone (o token), consistente in un apposito pacchetto che gli viene consegnato dalla stazione che la precede. ▶

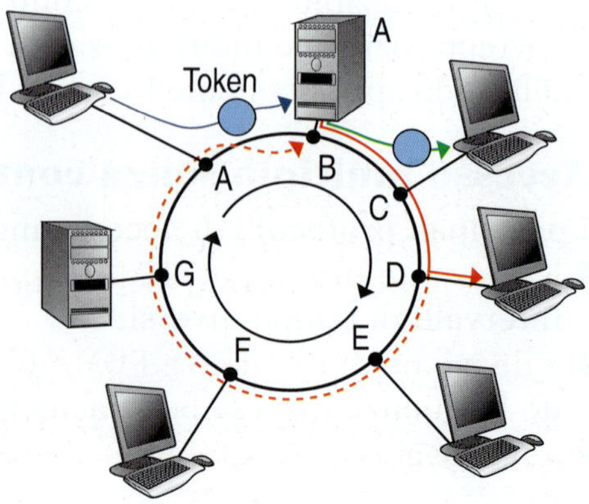

> L'ordine logico con cui si dispongono le stazioni prende il nome di anello (ring).

Se la stazione che possiede il token ha necessità di trasmettere, immetterà sul canale comune un pacchetto nel quale indicherà l'indirizzo della stazione destinataria: nell'esempio A è abilitato a trasmettere (ha il token) e invia un messaggio a B, dopodiché aspetta che il pacchetto percorra tutto l'anello, in modo da essere sicuro che giunga a destinazione: quando ha terminato di trasmettere tutti i dati o dopo un certo tempo massimo, cede il token al suo vicino, cioè B, che inizierà a sua volta la trasmissione del suo messaggio.

Le stazioni sono perennemente in lettura sull'anello e quando riconoscono in un pacchetto il loro indirizzo se ne impossessano.

Accesso multiplo con contesa: metodi casuali

Nelle tecniche con contesa l'accesso del canale non viene regolato da nessuna gestione centralizzata o suddivisione preventiva del canale: le stazioni che devono trasmettere accedono al canale e "provano" a trasmettere immettendo il loro messaggio, senza preoccuparsi delle altre stazioni. Inevitabilmente se due stazioni trasmettono contemporaneamente avvengono delle sovrapposizioni di segnale che prendono il nome di collisioni: entrambe si sospendono, attendono un intervallo di tempo casuale (generato da un apposito algoritmo) e successivamente riprovano a trasmettere "sperando" di trovare libero il canale.
In alcuni protocolli la stazione che deve trasmettere prima di immettere il suo messaggio "testa" la linea per vedere se è libera o occupata; in tal caso sospende la sua attività e riprova successivamente.

Dato che gli accessi sono casuali, per la realizzazione di questa tecnica è sempre necessario garantire un meccanismo che escluda la possibilità di blocco e permettere che, prima o poi, tutte le stazioni possano comunicare.

Le tecniche di accesso multiplo casuali più note sono:
- Aloha (puro e slotted);
- CSMA/CD (*Carrier Sense Multiple Access/Collision Detection*).

Aloha

Questo protocollo prende il nome dalla rete Aloha, realizzata presso l'Università delle Hawaii nel 1971 (aloha in hawaiano significa hello) per coprire le esigenze di comunicazione tra le isole dell'arcipelago delle Hawaii.
Il meccanismo che sta alla base del protocollo Aloha è quello di trasmissione con attesa di conferma di ricezione da parte del ricevente.
Il mittente inizia a trasmettere senza curarsi degli altri e quindi senza controllare la disponibilità del canale: se la trasmissione si sovrappone anche solo parzialmente a quella di un altro host avviene la collisione. ▶
In questo caso il destinatario non riceverà il messaggio e quindi non potrà inviare nessuna conferma di ricezione (◀ ACK ▶) al mittente che, al termine del tempo di attesa (pari al tempo di

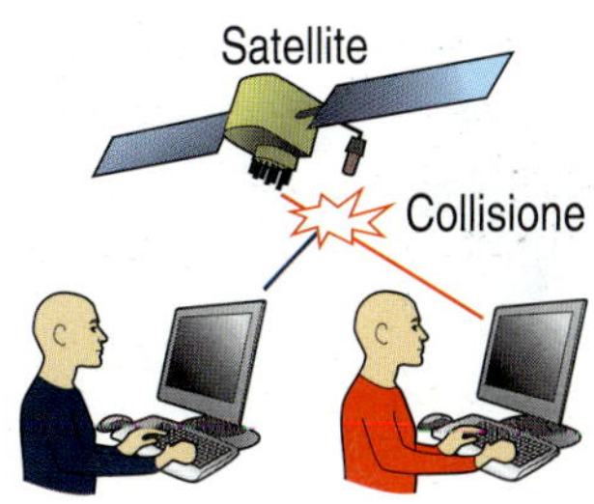

abc fghilm ◀ ACK è l'abbreviazione di acknowledge (riconoscere) ed è il simbolo che identifica un segnale emesso in risposta alla ricezione di un'informazione. ▶

andata e ritorno), si accinge a ripetere la trasmissione, eventualmente introducendo un tempo di attesa affinché si liberi il canale trasmissivo (il tempo di ritardo viene generato da un apposito algoritmo, chiamato di backoff). ▶

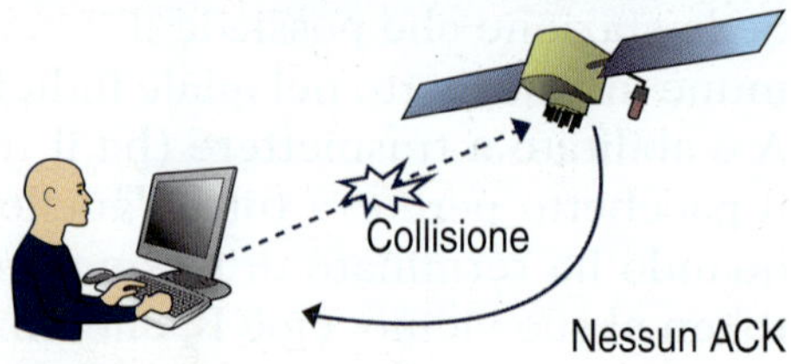

Aloha slotted

Un miglioramento del protocollo Aloha viene realizzato introducendo una suddivisione del tempo (*time slot*) in parti di lunghezza uguale al tempo necessario per effettuare la trasmissione di un pacchetto: una stazione inizia a trasmettere in corrispondenza all'inizio del tempo di slot e quindi la collisione avviene solo se due stazioni provano a trasmettere nello stesso slot.

> Questo protocollo è molto più efficiente dell'Aloha puro, ma richiede un meccanismo di sincronizzazione tra le stazioni che comporta una complessità e un costo maggiore delle stesse.

CSMA

Il CSMA, o accesso multiplo con ascolto della portante, richiede a ogni stazione di ascoltare il canale prima di iniziare una trasmissione per verificare se è libero: in questo modo non vengono completamente eliminate le collisioni in quanto è necessario tener conto dei tempi di propagazione del segnale tra due stazioni. Il nuovo host B che inizia a trasmettere potrebbe sentire la linea libera mentre invece, come si vede dal seguente disegno, è già occupata da A anche se B non ha ancora ricevuto il messaggio inviato da A.

A sta trasmettendo: B ascolta il canale e, sentendolo libero perché il segnale di A non gli è ancora arrivato, inizia a sua volta a trasmettere. ▶

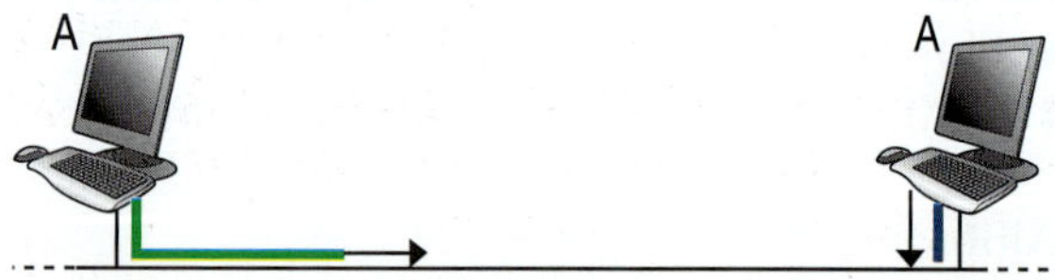

> Nelle reti che utilizzano questo protocollo acquistano fondamentale importanza i ritardi di propagazione: infatti una stazione si accorge che la linea è occupata solo quando il segnale gli arriva, cioè trascorso il tempo necessario alla propagazione sulla linea.

Nella tecnica CSMA esiste una "finestra temporale" di collisione che corrisponde al tempo necessario per percorrere la distanza massima tra due stazioni: questo è il motivo per cui il CSMA viene utilizzato in reti di piccole dimensioni e con lunghezza di pacchetti elevata.

DIAMETRO DELLA RETE

Con diametro della rete si indica la massima distanza esistente tra due host presenti sulla rete stessa. ▶

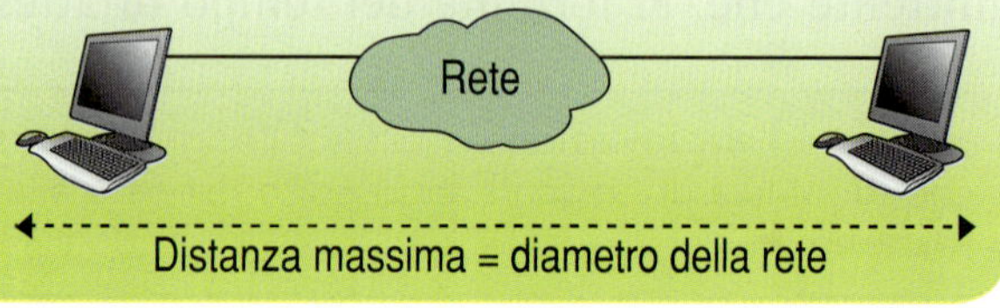

Esistono diverse varianti del CSMA:
a) 1-persistent CSMA;
b) Non-persistent CSMA;
c) P-persistent CSMA;
d) CSMA/CD (Collision Detection) CSMA con rivelazione delle collisioni.

Descriviamo brevemente solo l'ultima, che viene utilizzata nella rete Ethernet e alla quale dedichiamo un'intera Lezione.

Nel CSMA/CD, a differenza delle prime tre varianti dove le stazioni non si accorgono quando avviene una collisione e quindi continuano a trasmettere tutto il pacchetto inutilmente, viene eliminato questo spreco di banda dotando ogni stazione di un hardware che permetta di rilevare una collisione.
In sintesi il meccanismo è il seguente:
a) ogni stazione ascolta il canale anche quando sta trasmettendo;
b) se si accorge di una collisione, cessa immediatamente la trasmissione e invia sul mezzo un segnale di disturbo (segnale di jamming) per occupare la linea e comunicare alle altre stazioni che il canale è occupato;
c) si mette in attesa per un periodo di tempo casuale (backoff) prima di ritentare l'accesso.

Come vedremo, con un opportuno dimensionamento della linea e del pacchetto trasmesso in funzione della velocità di trasferimento dei dati, è possibile garantire il corretto trasferimento dei dati in ogni situazione di collisione.

CDMA

Nel protocollo CDMA a ogni terminale viene associato un opportuno codice (chiamato chip) che identifica l'utente. Con esso vengono codificati e decodificati messaggi che le stazioni continuano a inviare in sovrapposizione e interferenza. ▶

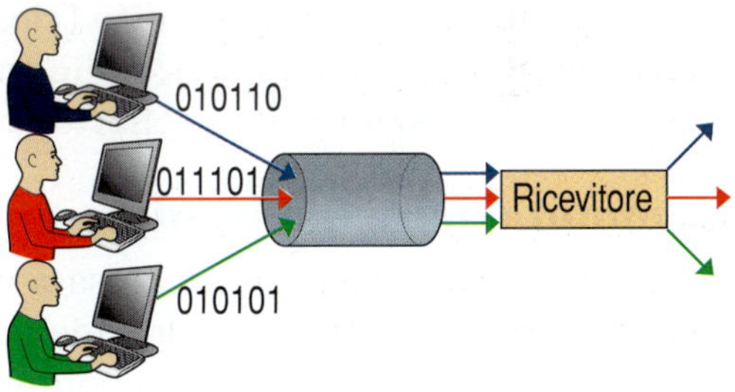

■ La commutazione (switching)

Per trasferire i dati dal nodo sorgente al nodo di destinazione vengono utilizzate particolari tecniche di commutazione (switching) nei nodi interni alla rete in modo da gestire la trasmissione delle singole unità di informazione (UI). La commutazione ha come fine quello di trasferire (inoltrare) i dati che sono presenti sui canali di ingresso di un nodo verso uno specifico canale di uscita, in modo tale che l'UI possa procedere verso la destinazione finale.

COMMUTAZIONE

La commutazione definisce la *strategia* secondo la quale i dati provenienti da ciascun specifico canale di ingresso al nodo sono trasferiti a uno specifico canale di uscita del nodo. Si definisce nodo di commutazione un qualsiasi nodo di rete che realizzi l'operazione di commutazione.

Nell'esempio della figura a lato il nodo ha m canali in ingresso e n canali in uscita: deve quindi trasferire l'UI in arrivo da una linea di IN verso la giusta linea di OUT effettuando la commutazione: ▶

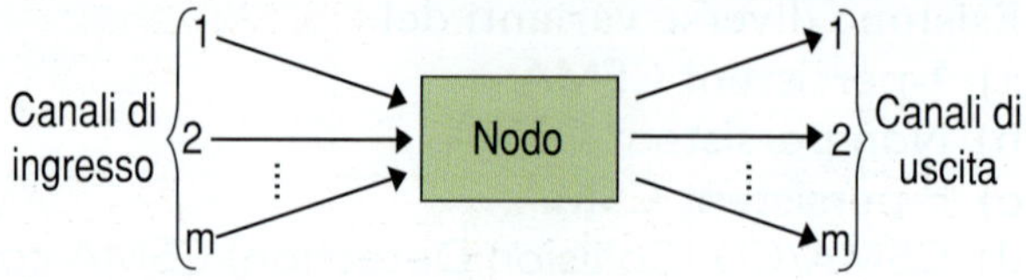

Questa operazione viene realizzata in due "momenti" che vengono chiamati:
- inoltro: con questo termine si intendono le operazioni che vengono effettuate sul dato in ingresso per decidere su quale canale di uscita deve essere inoltrato;
- attraversamento: è la funzione che "fisicamente" trasferisce il dato dal canale di ingresso allo specifico canale di uscita.

I nodi di commutazione vengono classificati, a seconda delle modalità con cui effettuano l'operazione di commutazione, in:
- bridge;
- router.

Graficamente vengono rappresentati negli schemi con i seguenti simboli:

BRIDGE

ROUTER

Esistono tre tecniche di commutazione, in base alle quali le reti sono state suddivise in:
- reti a commutazione di circuito (circuit switching);
- reti a commutazione di messaggio (message switching);
- reti a commutazione di pacchetto (packet switching).

Commutazione di circuito

Il circuit switching è la tecnica usata nella rete telefonica: consiste nel creare un percorso tra il nodo chiamante e il nodo chiamato prima di iniziare la comunicazione per poi mantenerlo per tutta la durata della comunicazione.
Una rete che utilizza il modo di trasferimento "a circuito" mette a disposizione di ciascuna coppia di applicazioni comunicanti un circuito fisico che rimane a esse dedicato per tutta la durata della comunicazione.

Nella figura seguente è riportato lo schema di una rete a commutazione di circuito dove sono indicati con:
- **DTE** (*Data Terminal Equipment*): la porta della stazione dati che si interfaccia con la rete;
- **DCE** (*Data Circuit Termination Equipment*): la porta della rete che si interfaccia verso la stazione dati;
- **A, B, C, D, E, F**: i nodi di commutazione;
- ——: la connessione fisica.

> I nodi interni alla rete sono semplicemente degli autocommutatori che cortocircuitano una porta di ingresso con una porta di uscita.

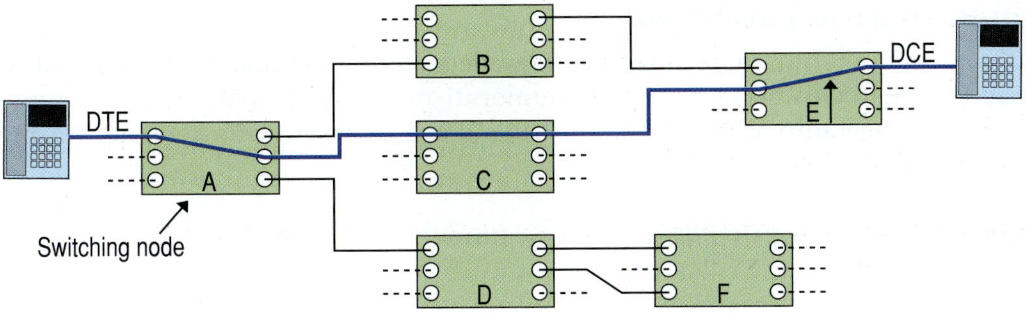

Il modo di trasferimento "a circuito" offre un servizio di trasferimento con una strategia di multiplazione di tipo "statico" dove possiamo individuare le specifiche fasi che caratterizzano il servizio:

- fase di instaurazione della connessione;
- fase di trasferimento dei dati;
- fase di abbattimento della connessione.

Commutazione di messaggio

Nel message switching tra trasmettitore e ricevitore viene stabilita una connessione logica e non fisica in quanto il collegamento fisico può variare a seconda dello stato della rete: può quindi cambiare ogni volta il percorso che viene compiuto dai dati. Le comunicazione viene "spezzata" in componenti elementari autonomi (messaggi) che vengono instradati volta per volta dai nodi di commutazione: quindi "un particolare circuito" dura solo il tempo necessario per la trasmissione del singolo messaggio; questa tecnica è vantaggiosa quando è necessario trasmettere messaggi brevi rispetto ai periodi di assenza di trasmissione.

Il messaggio è composto da due parti:

- un'intestazione (header): ha una lunghezza fissa e contiene gli indirizzi della stazione trasmittente e ricevente e tutte le informazioni necessarie per trasmettere il messaggio;
- un campo informativo (payload): ha una lunghezza variabile e contiene i dati da trasferire.

Il terminale dati DTE invia il messaggio contenente l'indirizzo della stazione chiamante, della stazione chiamata e i dati da trasmettere ai nodi di commutazione, che dapprima lo memorizzano in memorie permanenti e successivamente lo trasmettono.

Intestazione	Campo informativo
(header)	(payload)

Questa modalità di funzionamento prende anche il nome di *store and forward* (accumulo e invio).

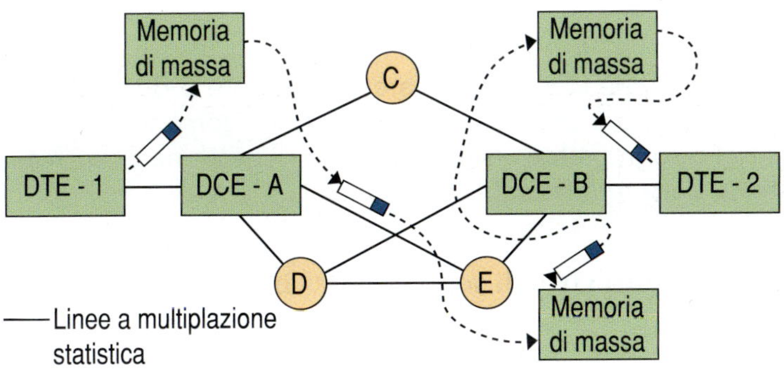

I messaggi tra due DTE possono seguire percorsi diversi: inoltre nella commutazione di messaggio non è necessaria una fase preventiva di instaurazione della connessione e quindi neppure una fase di abbattimento della connessione.

Commutazione di pacchetto

Le packet switching sono un'evoluzione di quelle a commutazione di messaggio dove ogni messaggio viene suddiviso in pacchetti numerati progressivamente e questo numero di sequenza viene aggiunto all'intestazione assieme agli indirizzi della stazione trasmittente e ricevente.

Possiamo distinguere due tipologie di reti a commutazione di pacchetto:
- di tipo datagram;
- a canali virtuali.

Nella commutazione di pacchetto di tipo datagram i pacchetti ottenuti da un messaggio possono seguire percorsi diversi, dato che ogni singolo pacchetto è instradato indipendentemente dagli altri e può quindi arrivare al ricevitore in ordine diverso rispetto a quello con cui è stato spedito: sarà compito del ricevitore ristabilire il messaggio ordinando i pacchetti una volta che li ha acquisiti tutti.

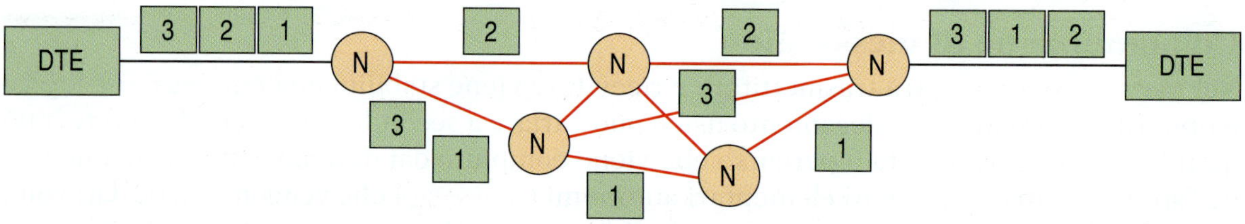

Tra gli esempi di reti a commutazione di pacchetto di tipo datagram ricordiamo ARPANET (USA) e DATAPAC (Canada).

Nella commutazione di pacchetto a canali virtuali i pacchetti ottenuti da un messaggio seguono tutti *lo stesso percorso*, che viene stabilito prima della trasmissione: quindi vengono ricevuti nello stesso ordine con cui sono stati trasmessi.

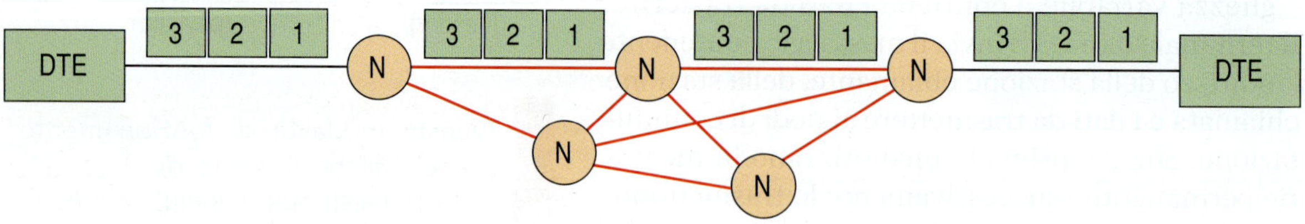

> A differenza del circuit switching, il circuito che si viene a creare tra mittente e destinatario è virtuale e non fisico e quindi non è dedicato a una sola connessione: le risorse trasmissive vengono utilizzate solo al momento del bisogno attraverso una politica di gestione dinamica, molto utile in condizioni di congestione della rete (multiplexing statistico).

Esempi di reti pubbliche che utilizzano i circuiti virtuali sono ITAPAC in Italia, TRANSPAC in Francia, TELENET e TYMNET in USA.

Zoom su...

RETI DATAGRAMMI "CONTRO" RETI A CIRCUITI VIRTUALI

Vantaggi offerti dalla rete di tipo datagram:

1. non è necessario stabilire un collegamento iniziale, quindi è preferibile per piccole comunicazioni;
2. consente di effettuare collegamenti senza connessioni;
3. è più sicura, in quanto se "cade" un nodo si instaura un percorso alternativo per i datagrammi.

Vantaggi offerti dalla rete a circuiti virtuali:

1. l'individuazione del percorso viene effettuata solo all'inizio del collegamento;
2. i pacchetti sono ricevuti sempre nello stesso ordine in cui sono stati generati;
3. fornisce un servizio orientato alla connessione.

Verifichiamo le conoscenze

1. Risposta multipla

1 Le risorse di trasmissione sono:

a. banda
b. protocollo
c. tempo
d. canale

2 Esistono due modalità di assegnamento dinamico:

a. assegnazione a domanda
b. assegnazione a tempo
c. preassegnazione
d. postassegnazione

3 CSMA/CD significa:

a. *Carrier Signal Multiple Access/Collision Detection*
b. *Carrier Sense Multiple Access/Collision Detection*
c. *Common Signal Multiple Access/Collision Detection*
d. *Common Sense Multiple Access/Collision Detection*

4 Quale tra le seguenti non è una tecnica di accesso multiplo?

a. Deterministico senza contesa
b. Deterministico con contesa
c. Ad accesso casuale
d. CDMA

5 Le tecniche di commutazione sono (*indica la risposta errata*):

a. a commutazione di circuito
b. a commutazione di dispositivo
c. a commutazione di messaggio
d. a commutazione di pacchetto

6 Gli elementi di un sistema di trasmissione sono:

a. trasmettitore
b. messaggio
c. canale
d. ricevitore

7 A seconda della modalità di utilizzo dei canali di comunicazione la trasmissione dei dati è:

a. simplex
b. half-simplex
c. full-simplex
d. duplex
e. half-duplex
f. full-duplex

8 Quale componente tra i seguenti non individua nessun modo di trasferimento?

a. Modalità di trasmissione
b. Tecnica di multiplazione
c. Modalità di accesso al canale
d. Tecnica di commutazione

2. Vero o falso

1 L'FDMA è un protocollo di accesso multiplo di tipo deterministico a divisione di tempo. V F
2 La tecnica di passaggio del testimone è una tecnica con contesa. V F
3 Lo *store and forward* è tipico della commutazione di circuito. V F
4 La modalità di comunicazione con connessione si chiama anche connectionless. V F
5 Un esempio di funzionamento con modalità connection-oriented è la telefonata. V F
6 Un esempio di funzionamento con modalità connection-oriented è il servizio postale. V F
7 La multiplazione è l'implementazione del concetto di condivisione di risorse trasmissive. V F
8 Nella multiplazione dinamica la suddivisione del canale avviene in parti fisse in tanti canali fisici. V F
9 Il CDMA è un protocollo ad accesso casuale a contesa. V F
10 Nel TDMA il trasmittente deve essere sincronizzato con il ricevente. V F

L'architettura a strati ISO-OSI e TCP-IP

LEZIONE 3

In questa lezione impareremo...

- il concetto di architettura stratificata
- l'architettura ISO-OSI
- il modello Internet TCP-IP

Generalità

I sistemi di comunicazione sono composti da un insieme di dispositivi che devono cooperare, cioè collaborare per il conseguimento di uno scopo comune.
Negli anni '70 i dispositivi erano costruiti da un numero limitato di aziende che realizzavano hardware e software con l'obiettivo di utilizzare esclusivamente i loro prodotti senza curarsi della comunicazione con sistemi di terze parti: si realizzarono quelli che furono in seguito identificati come sistemi chiusi (*closed system*).
Con il passare del tempo le piccole reti private aziendali non bastarono più: nacque la necessità di collegare tra loro dispositivi anche a media distanza, per esempio tra due sedi delle stessa azienda poste in città differenti, e quindi i sistemi chiusi dovettero connettersi a sistemi e impianti di comunicazione, sia privati che pubblici, di altri produttori e/o gestori.

> Affinché sistemi diversi possano colloquiare per cooperare è necessario che utilizzino le stesse regole procedurali per effettuare il trasferimento delle informazioni.

L'ISO (*International Standards Organization*) iniziò un processo di standardizzazione proponendo un modello di riferimento chiamato *Open System Interconnection reference model* (modello di riferimento OSI) con l'obiettivo di definire le regole comuni affinché i processi applicativi, residenti su computer di case costruttrici diverse, potessero comunicare tra loro:

- venne data una descrizione astratta delle modalità di comunicazione tra due o più dispositivi fisicamente posti in rete in luoghi remoti, realizzando un modello funzionale che è di riferimento per rappresentare l'*ambiente di comunicazione*;
- venne definita l'architettura della comunicazione del tipo a strati (*layered architecture*) stabilendo i compiti e le attività di pertinenza di ciascuno stato e le modalità di interazione tra i diversi strati, sia in orizzontale, cioè sullo stesso livello, sia in verticale, tra strati inferiori e superiori.

■ L'architettura a strati

In ogni architettura a strati le funzioni svolte dal sistema vengono organizzate in modo da creare un'*indipendenza tecnologica* tra i diversi strati, per permettere l'evoluzione indipendente di ciascun processo di comunicazione.

Ogni strato raggruppa alcune attività che sono organizzate secondo criteri gerarchici: allo stesso sottosistema appartengono funzioni simili per logica e per tecnologia realizzativa, che possono interagire tra loro con il minimo utilizzo di risorse in modo da ottenere la semplificazione delle interazioni tra sottosistemi diversi.

ESEMPIO

Nel sistema riportato sotto sono stati individuati tre sottosistemi funzionali, identificati nei tre strati A B e C: ▼

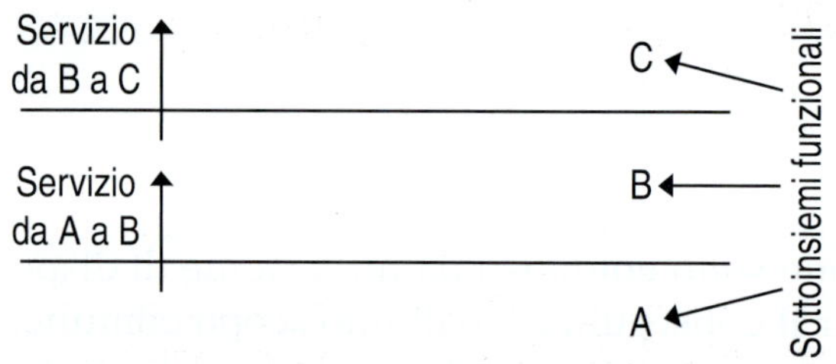

Viene definita una gerarchia tra gli strati.

GERARCHIA

Gli strati sono gerarchicamente in ordine crescente se lo svolgimento delle funzioni di B richiede preventivamente lo svolgimento delle funzioni di A e l'insieme di A e B è il presupposto per la realizzazione dei compiti dello strato C.

La funzione (o servizio) offerta dal livello B si basa su un'elaborazione preventiva fatta dal livello A e gli aggiunge funzionalità di sua competenza, arricchendolo, per poi restituirlo come "base" al livello C.

Secondo questo schema di funzionamento ogni livello scambia informazioni con gli elementi dello stesso livello appartenenti al proprio sistema, indipen-

> Questa metodologia di lavoro prende anche il nome di principio del valore aggiunto.

dentemente dagli altri componenti dello stesso livello; interagisce quindi con i livelli gerarchicamente adiacenti non appena termina l'elaborazione di sua competenza, cioè quando ha "arricchito il servizio" mediante le funzioni che gli competono.
Lo schema di un sistema architetturale a livelli è quello raffigurato sotto:

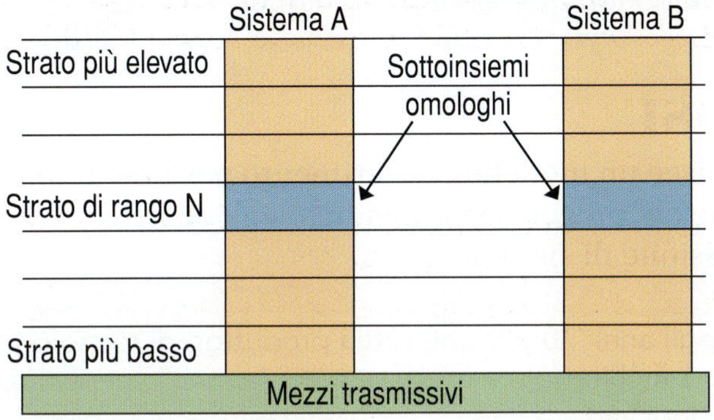

Possiamo individuare tre elementi fondamentali:
a) allo strato più basso è collocato il sistema fisico, cioè il mezzo trasmissivo di interconnessione tra i due sistemi;
b) ogni sistema ha la stessa suddivisione, cioè lo stesso numero e tipo di strati;
c) sottosistemi omologhi occupano lo stesso livello n-esimo nelle due pile architetturali.

Per definire un'architettura a livelli è necessario definire:
- gli *strati architetturali*;
- i *servizi di strato*;
- le *primitive di servizio* e i *protocolli di strato*;
- la *funzione di indirizzamento*.

Affinché i dati possano arrivare dalla sorgente alla destinazione è necessario che i due sistemi usino lo stesso protocollo: se per esempio una funzione del livello 4 del primo dispositivo (sorgente) deve comunicare con la stessa funzione del dispositivo destinazione, dapprima svolge le funzioni di sua competenza e successivamente con il protocollo specifico di livello "passa" i dati al livello inferiore a lui adiacente e così via, livello per livello, fino a giungere al livello fisico: nel dispositivo di destinazione le operazioni sono svolte in ordine inverso, dal basso verso l'alto. ▶

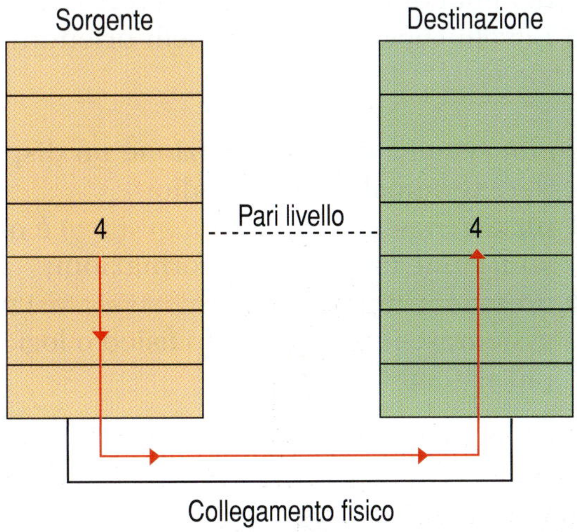

Regole e servizi non sono statici, in quanto la tecnologia è in continua evoluzione: nuove apparecchiature si devono integrare con architetture esistenti e nuovi servizi devono essere offerti agli utenti sia su vecchie piattaforme che su nuovi dispositivi.

Il modello ISO-OSI viene "mantenuto" e aggiornato costantemente da diverse organizzazioni, per esempio IEEE (*Institute of Electrical and Electronic Engineers*), ANSI (*American National Standards Institute*), TIA (*Telecommunications Industry Association*), EIA (*Electronic Industries Alliance*), ITU (*International Telecommunication Union*), CCITT (*Comité Consultatif International Telephonique et Telegraphique*).

Il modello OSI

Lo standard OSI definisce un modello di riferimento per lo scambio di informazioni tra due calcolatori, e dal nome del progetto si individuano gli obiettivi: *Open System Interconnection*, cioè interconnessione di sistemi aperti.

È stato realizzato negli anni '70 affinché tutti i produttori di tecnologie proprietarie potessero riconoscersi in questa architettura e iniziassero ad "aprirsi" verso altri produttori per realizzare sistemi "distribuiti ibridi".

Il modello OSI è nato quindi per fornire una base comune per la realizzazione di standard nel settore dell'interconnessione di sistemi informatici e di telecomunicazione, in modo da facilitare il dialogo tra apparati prodotti da aziende diverse al fine di realizzare una rete aperta e trasparente per l'utente.

Lo standard OSI utilizza una struttura composta da sette livelli o strati che sono tra loro suddivisi logicamente in due gruppi: ▶

- i livelli inferiori: sono quelli che si occupano della comunicazione e del trasferimento dell'informazione tra i due sistemi e sono presenti all'interno dei nodi di rete (dispositivi intermedi);
- i livelli superiori: sono quelli orientati all'applicazione.

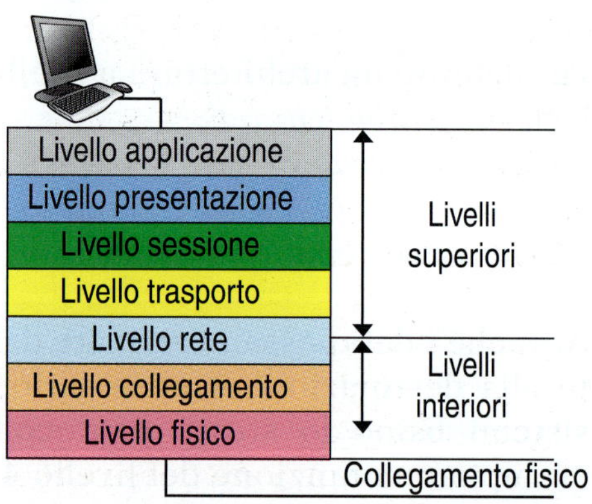

In un sistema di comunicazione un dispositivo può essere terminale o intermedio:

- un sistema terminale (*end system*) è origine o destinazione finale delle informazioni;
- un sistema intermedio (*relay system*) provvede ad assicurare il collegamento fisico o logico tra due o più sistemi terminali.

Se prendiamo per esempio uno schema di trasmissione tra due PC (DTE, *Data Terminal Equipment*) sul mezzo trasmissivo sono presenti dei nodi (dispositivi intermedi). ▶

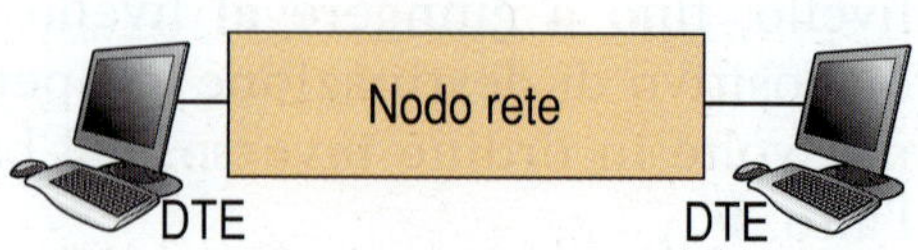

Nel nodo di rete sono presenti solo i primi tre livelli OSI mentre i DTE devono contenere tutti i livelli OSI.

Quindi a livello funzionale lo schema precedente viene così "trasformato" e sarà il nostro modello di riferimento: descriviamo brevemente i compiti di ogni livello, che saranno poi oggetto di diverse Lezioni.

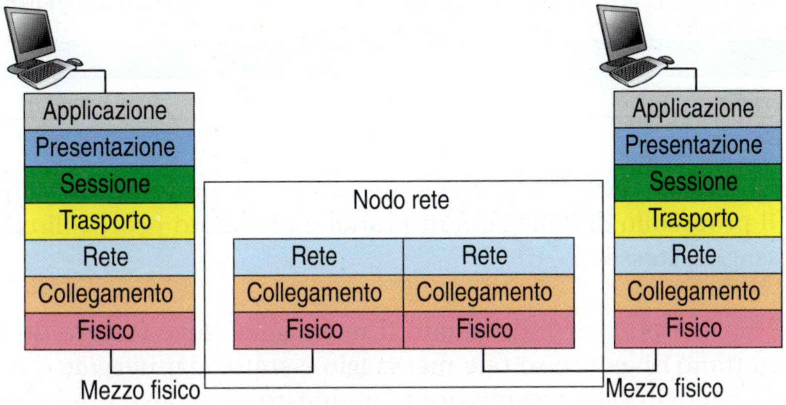

Livello fisico o physical layer

Il livello fisico definisce le caratteristiche dei segnali e dei dispositivi necessari per connettere due o più DTE mediante il mezzo trasmissivo, visto come un canale pronto a trasportare segnali elettrici (oppure ottici), prodotti della "trasformazione" fisica dell'informazione che i due DTE devono trasmettersi. ▶

I messaggi che i DTE devono trasmettere sono una sequenza di bit e per essere immessi sul sistema fisico necessitano di un dispositivo di interfacciamento (DCE, *Data Communication Equipment*), che generalmente è una porta seriale.

È quindi necessario che vengano definite:

- le caratteristiche meccaniche: l'interfaccia tra il DTE e il DCE con cui si può realizzare l'interconnessione tra un sistema di calcolo e il canale;
- le caratteristiche elettriche dei segnali: le forme d'onda utilizzate per trasmettere i simboli, la durata temporale di ciascun simbolo;
- le regole per l'attivazione e la disattivazione del collegamento fisico tra due punti;
- le caratteristiche dei cavi e dei connettori;
- le operazioni di multiplazione e modulazione dei segnali.

Livello di collegamento o data link

Il servizio fornito dal livello fisico è quello di trasferire sequenze di bit da una parte all'altra del collegamento, senza curarsi di risolvere i problemi legati ai disturbi e quindi agli eventuali errori dovuti all'interferenza dei campi magnetici ed elettrici: non viene dato alcun significato ai bit, che risultano essere l'unità informativa del livello 1. ▶

Il livello immediatamente superiore, il livello di data link, all'interno della sequenza di bit trasmessa dal livello fisico si occupa di definire la struttura del messaggio dividendolo in frame (o trame), individuando dove queste iniziano e dove finiscono, scomponendo ogni frame in campi, ciascuno con un proprio significato e un proprio compito.

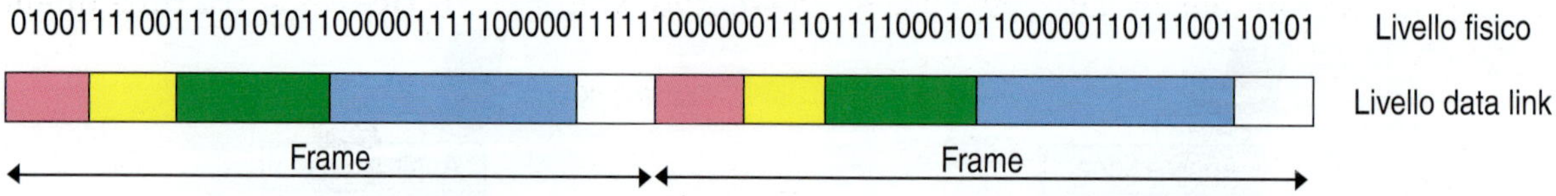

A questo livello si inizia a dare al messaggio un senso compiuto per poter poi effettuare le operazioni che il protocollo di collegamento (anche chiamato protocollo di linea) intende svolgere sul messaggio stesso.

Il protocollo di linea, dopo aver individuato il messaggio, deve fornire un insieme di procedure che permettano di capire se tale messaggio è stato "danneggiato" e se quindi siano presenti degli errori dovuti alla trasmissione: in questo caso deve prevedere dei meccanismi tali per cui le due stazioni possano ritrasmettere il messaggio e correggere gli errori.

Il "valore aggiunto" offerto da questo livello è quello di trasformare bit privi di significato in "messaggi affidabili", cioè in messaggi liberati dagli errori, pronti per essere trasferiti al livello superiore.

In sintesi, le principali funzioni svolte dal livello di collegamento sono le seguenti:
- suddividere i bit forniti dal livello fisico in frame;
- individuare la presenza di errori nei frame e gestire i meccanismi per correggerli;
- definire l'accesso multiplo da parte di diversi utenti allo stesso canale di comunicazione;
- regolare la trasmissione tra dispositivi che lavorano a velocità diverse;
- … oltre a fornire servizi al livello superiore (livello di rete).

Il protocollo più utilizzato a livello di collegamento è l'HDLC (*High Level Data Link Control*).

Livello di rete o network layer

Il messaggio deve essere trasferito da un mittente a un destinatario: è quindi necessario che, in base all'indirizzo dei due DTE interessati, il messaggio attraversi tutta la rete per giungere a destinazione creando un canale "di transito" mediante tecniche di instradamento e commutazione. ▶

Il livello di rete permette il colloquio tra una stazione host e un dispositivo intermedio di rete e tra coppie di nodi intermedi: l'utente vede la rete di comunicazione come un unico canale che collega la sorgente alla destinazione.

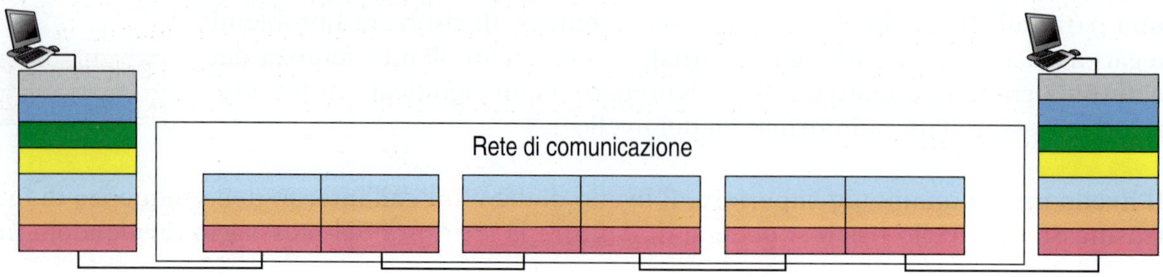

All'aumentare del numero di reti connesse che si frappongono tra sorgente e destinazione cresce la possibilità di realizzare più percorsi alternativi per mettere in collegamento i due host: è compito del livello di rete definire il percorso che i dati devono percorrere nella rete di comunicazione per andare dal DTE di trasmissione al DTE in ricezione tra tutti quelli possibili.

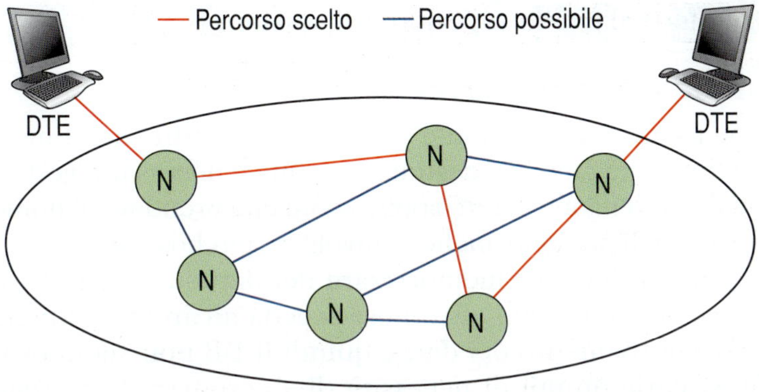

Questi sono i principali compiti del livello di rete e prendono il nome di routing, una funzionalità necessaria quando trasmittente e destinatario non appartengono alla stessa rete locale LAN ma sono connessi tra loro da una maglia di nodi intermedi.

Inoltre i percorsi potrebbero anche essere realizzati su reti di natura diversa che utilizzino diversi protocolli di linea: è necessario avere un protocollo a un livello superiore in grado di uniformare tutte le situazioni provenienti dagli strati inferiori per avere un unico tipo di messaggio indipendente dalle caratteristiche della singola rete che viene utilizzata. Questa funzionalità è detta internetworking.

In sintesi, le principali funzioni svolte dal livello di rete sono le seguenti:

- multiplazione di due o più flussi di dati sullo stesso circuito fisico;
- instradamento (routing) dei dati dalla stazione di partenza a quella di arrivo;
- controllo della congestione della rete;
- interconnessione di reti (internetworking);
- … oltre a fornire servizi al livello superiore (di trasporto).

Livello di trasporto o transport layer

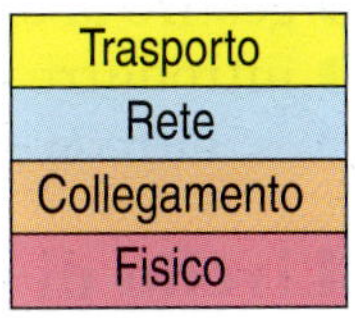

Il messaggio che l'host sorgente deve trasmettere generalmente viene scomposto in segmenti che, numerati progressivamente, vengono messi in sequenza sulle rete: a causa della dinamicità del traffico non è detto che tutti percorrano lo stesso canale e quindi arrivino a destinazione nello stesso ordine con cui sono partiti. ▶

È compito del livello di trasporto effettuare la ricostruzione esatta dei dati dell'utente rimuovendo le cause di possibile errore: esso si occupa quindi di rendere affidabile la trasmissione accorgendosi di eventuali guasti sulla rete, in quanto, al momento della ricostruzione del messaggio, è in grado di accorgersi dell'eventuale perdita di una sua parte e quindi di intervenire.

Il transport layer è un protocollo end-to-end che non vede elementi di rete e di fatto può essere definito come un protocollo di cooperazione.

In sintesi, le principali funzioni svolte dal livello di trasporto sono le seguenti:
- segmentazione e assemblaggio dei dati;
- controllo end-to-end dei dati per prevenire errori e malfunzionamenti e fornire perciò un servizio affidabile al livello di sessione;
- definizione della qualità del servizio;
- ... oltre ai servizi offerti al livello superiore (di sessione).

Livello di sessione o session layer

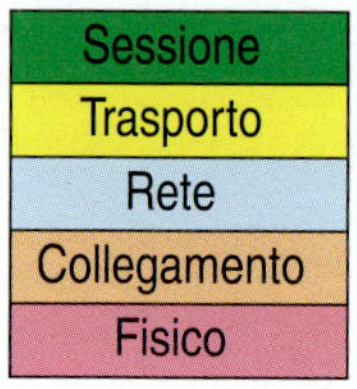

Nella comunicazione tra due sistemi non è sufficiente garantire che il messaggio trasmesso dal mittente giunga a destinazione, ma è necessario gestire completamente il dialogo: vengono create applicazioni che prendono il nome di sessioni di lavoro, le quali possono anche coinvolgere più host. ▶
Supponiamo per esempio di dover memorizzare dei dati su un database distribuito: è necessario che nessun altro host acceda all'archivio finché non sia terminato l'aggiornamento dei dati e quindi il DB non sia nuovamente disponibile: si parla quindi di necessità di sincronizzazione (che viene realizzata con meccanismi a token).

> Un altro esempio di sessione è quello che avviene ogni volta che un utente si collega alla rete effettuando il login (fornendo account e password): ogni singolo login viene anche chiamato sessione di lavoro, e prosegue fino alla disconnessione dell'utente dalla rete.

La gestione delle sessioni viene fatta dal session layer che, nel caso in cui i dispositivi siano di natura diversa, si occupa di negoziare tra i due nodi per fissare i parametri del colloquio (velocità, controllo, errori, tipo di trasferimento simplex, half-duplex o full-duplex ecc.) verificando periodicamente l'efficienza e modificandoli in caso di perdita di prestazioni.

> Una sessione deve essere individuata, eventualmente interrotta e ripresa per far fronte a vari eventi imprevisti indesiderati: perdita di dati, caduta della linea, momentaneo crash di uno dei due interlocutori ecc.

In sintesi, le principali funzioni svolte dal livello di sessione sono le seguenti:
- suddividere il dialogo tra le applicazioni in unità logiche (dette appunto sessioni);
- gestire la chiusura ordinata (*soft*) del dialogo;
- introdurre i cosiddetti punti di sincronizzazione;
- ... oltre ai servizi offerti al livello superiore (livello di presentazione).

Livello di presentazione o presentation layer

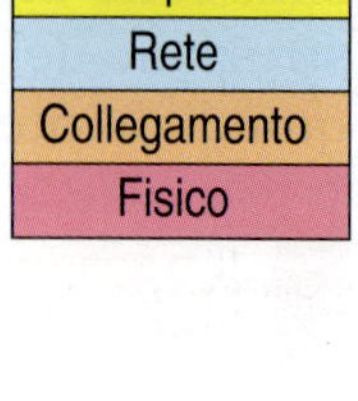

Il presentation layer si occupa della sintassi e della semantica delle informazioni da trasferire: se due interlocutori utilizzano linguaggi diversi è possibile che interpretino diversamente i dati sia nel tipo sia nel formato. ▶

È stato definito un formato di riferimento (la sintassi dei dati definita dall'*Abstract Syntax Notation*), utilizzato soprattutto nelle prime reti, quando si era "all'inizio" del processo di standardizzazione e c'erano ancora PC che lavoravano con sequenze di 8 bit, altri con sequenze di 16 bit, fino a sequenze strane di 36 bit. Con questo linguaggio comune si effettuava una descrizione per presentare i propri dati a tutti gli altri componenti della rete e metterli in condizione di interpretarli correttamente.

Oggi questo problema è stato superato ma ci possono essere nuovi tipi di problemi, soprattutto se si vuole mandare una struttura dati complessa di tipo multimediale, che contiene il formato testo, il formato immagine e il formato suono: l'informazione deve essere consegnata nella sua interezza ed è quindi necessario far precedere tale struttura dati da un'intestazione nella quale si indichi com'è strutturato il record, cioè la quantità, la natura e la lunghezza di ogni singolo campo che compone la struttura dati.

Il presentation layer si occupa inoltre di svolgere una funzione di sicurezza effettuando il criptaggio dei dati.

In sintesi, le principali funzioni svolte dal livello di presentazione sono le seguenti:
- rappresentazione dei dati;
- compressione dei dati;
- cifratura dei dati;
- ... oltre ai servizi offerti al livello superiore (livello applicativo).

Livello applicativo o application layer

Lo strato di applicazione è l'ultimo della “pila”, ossia quello a contatto con l'utente della rete di calcolatori che manda in esecuzione un'applicazione e pertanto non deve offrire servizi a nessuno: deve fornire agli utenti il mezzo per accedere alle reti, fungendo da interfaccia tra il sistema informativo e il mondo reale. ▶

Per svolgere i propri compiti il programma applicativo dell'utente ha bisogno di comunicare con altre applicazioni remote e quindi il modello è un processo distribuito: sono stati definiti protocolli specifici per un insieme di applicazioni universali, come il *File Transfer*, l'*accesso a database* ecc., che persino i “difensori delle applicazioni proprietarie” sono costretti a utilizzare se vogliono rimanere in contatto con il resto del sistema.

> Il livello di applicazione contiene quindi tutti i programmi utente o programmi applicativi che consentono all'end user di svolgere le sue attività in rete.

In sintesi, le principali funzioni fornite dal livello di applicativo sono le seguenti:
- trasferimento, accesso e gestione dei file;
- posta elettronica;
- terminale virtuale;
- gestione di messaggi (come la posta elettronica);
- scambio risultati tra programmi (applicazioni client-server).

Il modello Internet o TCP/IP

L'architettura ISO-OSI è il risultato di un lavoro svolto per oltre dieci anni e ha definito un'enorme quantità di protocolli, alcuni dei quali hanno avuto successo e sono effettivamente divenuti degli standard mentre altri sono stati dimenticati. L'importanza che ha avuto e ha tuttora questo tipo di architettura consiste nell'aver introdotto il concetto di stratificazione e di interfacciamento tra gli stati: la definizione dei protocolli gioca un ruolo fondamentale nel processo di indipendenza tecnologica tra gli strati e anche all'interno degli strati stessi. Prendendo come riferimento il modello ISO-OSI un gruppo di ricercatori ha definito un modello architetturale semplificato, sempre a strati, cercando di avvicinare la teoria alla realizzazione pratica, per interconnettere alcune reti che erano già esistenti. Questo modello prende il nome da due dei suoi protocolli ed è l'architettura TCP/IP.

DA ARPANET A TCP/IP

Si è arrivati al modello TCP/IP dall'evoluzione della rete ARPANET, un progetto avviato dal Dipartimento della difesa degli Stati Uniti nel 1964, che dal 1972 divenne un'architettura aperta grazie al contributo di due ricercatori, Kahn e Cerf, che applicarono il modello stratificato definendo nel 1973 il protocollo TCP *Trasmission Control Protocol*. Inizialmente esso includeva IP *Interconnection Protocol* ma successivamente, quando ci si rese conto che non sempre era necessario avere una connessione tra due host, IP venne separato definendo così due protocolli di trasporto:

- TCP *Trasmission Control Protocol*: protocollo orientato alla connessione;
- UDP *User Datagram Protocol*: protocollo non orientato alla connessione;

e delegando al protocollo IP i compiti di livello rete, anche detto livello Internet.
Nel 1983 la rete ARPANET adottò il protocollo TCP/IP e venne separata in due parti: una civile, che mantenne il nome ARPANET, e una militare, con il nome MILNET.

Il modello TCP/IP ha avuto un successo immediato sia per la sua semplicità che per i bassi costi dei dispositivi. Confrontiamo gli strati del modello OSI con quelli del modello TCP/IP: ▶

Modello OSI	Modello Internet
Applicazione	Applicativo
Presentazione	
Sessione	
Trasporto	Da estremo a estremo
Rete	Internet
Collegamento	Accesso in rete
Fisico	

Non esistono corrispondenze ben definite tra gli strati, come è possibile vedere dalla tabella, ma abbiamo la corrispondenza tra livello inferiore e livello superiore.

Accesso in rete

Questo livello non è in realtà specificato rigorosamente dal modello di riferimento TCP/IP, in quanto il protocollo utilizzato viene definito e varia da host a host e da rete a rete: l'importante è che in questo strato "esista un modo" per recapitare i pacchetti prodotti dal livello superiore, il livello Internet; alcune volte a questo livello viene dato il nome di livello di host to network oppure di accesso alla sottorete (SAL, *Subnet Access Layer*).

Internet layer

Il livello di rete Internet layer corrisponde in parte al network layer dell'architettura OSI e ha il compito principale di spedire i pacchetti di informazione verso ogni nodo destinazione presente sulla rete.

Per motivi di robustezza e di affidabilità per il TCP/IP è stato scelto il modello di rete a commutazione di pacchetto del tipo connectionless.

Transport layer

Essendo il protocollo di tipo connectionless è possibile che i pacchetti arrivino a destinazione in ordine differente da come sono stati inviati: è compito di questo livello ricomporre correttamente l'intero messaggio.
Abbiamo già detto in precedenza che sono presenti due protocolli a questo livello:

- il protocollo TCP *Trasmission Control Protocol*, orientato alla connessione, è basato su una comunicazione affidabile a circuito virtuale che effettua il riassemblaggio dei pacchetti e il controllo di flusso per regolare le diverse velocità di elaborazione che possono essere presenti tra mittente e destinatario;
- il protocollo UDP *User Datagram Protocol*, non orientato alla connessione, è basato su una comunicazione a datagramma inaffidabile che non effettua il flow control e il riassemblaggio dei pacchetti: esso viene utilizzato quando è trascurabile la perdita di qualche pacchetto a vantaggio della velocità, come per esempio nelle trasmissioni video in broadcast.

Application layer

Nel livello di applicazione sono inseriti gli applicativi ad alto livello che permettono di risolvere i problemi concreti relativi all'utilizzo della rete: ne riportiamo brevemente di seguito i più conosciuti, dato che saranno oggetto di trattazione più approfondita in seguito:

- TELNET: permette di accedere al proprio PC in remoto, creando un terminale virtuale che "dà l'impressione" di essere a casa propria, sul proprio PC, e di lavorare con i proprio dati e programmi;
- SMTP (*Simple Mail Transfer Protocol*): gestisce i servizi di posta elettronica;
- FTP (*File Transfer Protocol*): permette di scambiare o di copiare file presenti nei server di rete;
- HTTP: protocollo usato per caricare le pagine del World Wide Web;
- DNS (*Domain Name Server*): è un servizio utile a "tradurre" i nomi simbolici in indirizzi IP; digitando per esempio il nome di un sito web permette di trasformarlo nell'indirizzo fisico necessario affinché il PC sul quale sono residenti i file di quel sito possa essere individuato nella rete.

La tabella seguente riporta alcuni esempi di "pile" protocollari OSI e Internet:

Modello OSI	Protocolli	Protocolli	
Applicazione	SMB	SMB	
Presentazione			
Sessione	NetBEUI	NWLINK	NetBios*
Trasporto			SPX
Rete			IPX
Collegamento	Ethernet	LLC	
Fisico		IEEE 802.3	

Modello Internet	Protocolli
Applicativo	HTTP
Da estremo a estremo	TCP
Internet	IP
Accesso in rete	PPP
	V.35

Verifichiamo le conoscenze

1. Risposta multipla

1 Indica quale tra i seguenti acronimi è errato.

a. DCN *Data Comunication Network*
b. DTE *Data Terminal Equipment*
c. ISO *Industrial Standards Organization*
d. DCE *Data Communication Equipment*
e. IEEE *Institute of Electrical and Electronic Engineers*
f. TIA *Telecommunications Industry Alliance*
g. EIA *Electronic Industries Alliance*

2 Qual è il significato di OSI?

a. *Open System Internet reference model*
b. *Open System Interconnection reference model*
c. *Open Standards Interconnection reference model*
d. *Open Standards Internet reference model*

3 Per definire un'architettura a livelli è necessario definire:

a. gli strati architetturali
b. i servizi di strato
c. il mezzo trasmissivo
d. le primitive di servizio
e. i protocolli di strato
f. le tipologie dei dispositivi
g. la funzione di indirizzamento

2. Associazione

1 Disponi in ordine i livelli ISO-OSI:

.... Presentazione
.... Fisico
.... Applicazione
.... Sessione
.... Data link
.... Trasporto
.... Rete

2 Metti in corrispondenza strato e unità informativa:

a. physical layer ...... 1. frame
b. data link ...... 2. pacchetto
c. network layer ...... 3. bit

3 Metti in corrispondenza gli strati tra ISO-OSI e TCP-IP:

a. Presentazione ...... 1. Transport layer
b. Fisico ...... 2. Application layer
c. Applicazione ...... 3. Accesso in rete
d. Sessione ...... 4. Internet layer
e. Data link
f. Trasporto
g. Rete

3. Vero o falso

1 Nei relay system sono presenti solo funzionalità dei primi tre livelli. V F
2 Il DCE è generalmente una porta seriale. V F
3 A livello 1 l'unità informativa è il byte. V F
4 Il protocollo di linea è in grado di individuare gli errori di trasmissione. V F
5 Il transport layer è un protocollo end-to-end che vede elementi di rete. V F
6 Il modello ISO-OSI è di tipo gerarchico. V F
7 Nel modello ISO-OSI si realizza il principio del valore aggiunto. V F
8 Nella pila ISO-OSI lo strato di trasporto è tra i livelli inferiori. V F
9 Nella pila ISO-OSI lo strato di rete è tra i livelli inferiori. V F
10 Un relay system provvede ad assicurare il collegamento fisico o logico. V F

4 Dispositivi per la realizzazione di reti locali

Conoscenze

- Conoscere la modalità di trasmissione di segnali elettrici via cavo
- Apprendere gli strumenti e le tecniche di test sui cavi
- Conoscere la modalità di trasmissione di segnali ottici in fibra
- Apprendere gli strumenti e le tecniche di test sulle fibre
- Conoscere la modalità di trasmissione dei segnali wireless
- Individuare le problematiche connesse alla sicurezza nelle comunicazioni wireless
- Conoscere la normativa americana standard EIA/TIA 568
- Conoscere la normativa europea ISO/IEC DIS 11801

Competenze

- Crimpare un cavo diretto e un cavo incrociato
- Trasformate un cavo diretto in un cavo incrociato
- Effettuare i principali test sui cavi in rame
- Effettuare i principali test sulle fibre ottiche

Abilità

- Utilizzare la terminologia dei componenti dei cablaggi strutturati
- Progettare il cablaggio strutturato di un edificio
- Progettare il cablaggio strutturato di un campus

AREA digitale

- Esercizi

- Richiami di elettrologia
- Il decibel
- Diafonia aliena
- Esercizi per il recupero
- Esercizi per l'approfondimento

Soluzioni (prova adesso, esercizi, verifiche)
Puoi scaricare il file anche da hoepliscuola.it

LEZIONE 1

La connessione con i cavi in rame

In questa lezione impareremo...

- gli elementi fondamentali di elettrologia
- gli elementi fondamentali della trasmissione di segnali elettrici via cavo

■ Introduzione

In ogni tipo di sistema i dispositivi presenti devono scambiarsi dei dati in modo che ogni componente possa eseguire il proprio compito producendo i risultati desiderati.

Per scambiarsi le informazioni, i dispositivi utilizzano un mezzo trasmissivo che può essere di diverso tipo in base alla distanza alla quale sono posti i dispositivi da connettere e proprio in base a essa vengono usate differenti tecnologie per rappresentare il messaggio, che può essere:

- di natura elettrica per piccole distanze, utilizzando un conduttore come mezzo trasmissivo;
- di natura ottica per distanze medio-lunghe, utilizzando una fibra particolare (fibra ottica);
- di tipo elettromagnetico per ogni tipo di distanza senza bisogno di connessioni fisiche ma utilizzando l'etere come mezzo trasmissivo (connessioni wireless).

Prima di affrontare lo studio dei mezzi trasmissivi è utile richiamare alcuni elementi di fisica necessari per comprendere come avviene la trasmissione del segnale

■ Trasmissione di segnali elettrici via cavo

La trasmissione di segnali elettrici via cavo sfrutta una connessione fisica tra due dispositivi effettuata mediante un cavo (filo) conduttore che garantisce al segnale di natura elettrica, generato dal dispositivo trasmettitore, di giungere pressoché inalterato al dispositivo ricevitore.

Sul conduttore avviene quindi il trasferimento di un messaggio, per esempio composto da una sequenza di uno e di zero, trasformato in segnali elettrici da un dispositivo presente nel trasmettitore. Gli stessi segnali elettrici "viaggiano" sul cavo e vengono trasferiti fino al ricevitore che li ritrasforma in segnali interpretabili dal destinatario.

Affinché il cavo possa trasmettere un segnale elettrico deve avere particolari caratteristiche tra le quali la più importante è una buona conducibilità, cioè l'attitudine a essere attraversato da corrente elettrica.

Tutte le apparecchiature e gli strumenti elettrici funzionano proprio perché esiste una differenza di potenziale elettrico tra due punti e si genera un flusso di corrente: nelle nostre case le "prese di corrente" collocate nei muri non sono altro che due punti del campo elettrico che il fornitore dell'energia (per esempio Enel) provvede a mantenere a una d.d.p. pari a 220 V alternato (fra i poli delle prese esiste una *tensione di 220 V* che garantisce un flusso di corrente per un tempo indefinito con la quale è possibile alimentare un utilizzatore come il frigorifero, il ferro da stiro, la TV, il videoregistratore, l'HiFi ecc.).

AREA *digitale*

Richiami di elettrologia

Conduttore elettrico

Non tutti gli elementi presenti in natura sono adatti a essere utilizzati come conduttori di elettricità: possiamo raggruppare i materiali in tre categorie proprio in base al loro comportamento:

- conduttori;
- semiconduttori;
- isolanti.

Il comportamento dei materiali è legato alla loro struttura fisica, cioè alla particolare costituzione degli atomi che la compongono.
Ogni atomo è costituito da:

- un nucleo, cioè la parte centrale dell'atomo, formato da:
  - protoni: cariche positive che stanno nel nucleo;
  - neutroni: non hanno carica e stanno nel nucleo;
- elettroni: hanno carica negativa e ruotano attorno al nucleo disposti su diverse orbite. Gli elettroni presenti sull'ultima orbita vengono chiamati elettroni liberi (e sono gli elettroni di valenza).

È proprio in base al numero di elettroni liberi che un materiale favorisce o meno il passaggio della corrente:

- senza elettroni liberi: materiali isolanti, come la plastica, la carta, il legno, l'aria, l'acqua;
- con quattro elettroni liberi: materiali semiconduttori, come il silicio, il germanio;
- con almeno un elettrone libero: materiale conduttore, come l'argento, l'oro, il rame, lo stagno, il corpo umano ecc.

A seconda del materiale anche i conduttori offrono un modesto ostacolo al passaggio della corrente che si esprime in termini di impedenza e viene indicato con la lettera Z: essa indica la tipologia di ostacolo che un conduttore offre, e può essere di tre tipi:

- resistivo: viene indicato con R (resistenza) e non è influenzato dal valore di frequenza della corrente;
- induttivo: viene indicato con X_L (impedenza reattiva) e aumenta proporzionalmente con la frequenza;
- capacitivo: viene indicato con X_C (impedenza capacitiva) e aumenta in modo inversamente proporzionale con la frequenza.

In generale l'impedenza di un conduttore è responsabile del degradamento del segnale che avviene quando questo attraversa un conduttore ed è sempre legato alla sua lunghezza: quindi in un conduttore è importante conoscere quanto attenua un segnale per dimensionare correttamente il mezzo trasmissivo.

Tipologie di cavi

Per ogni tipologia di applicazione sono previsti cavi specifici che permettono di ottenere le prestazioni desiderate: innanzitutto la prima differenza fondamentale, necessaria per effettuare la scelta di un cavo, è quella legata alla natura del segnale. Per i segnali digitali vengono utilizzati cavi differenti da quelli dei segnali analogici, in quanto nella trasmissione digitale (◀ baseband ▶) sono necessarie caratteristiche diverse dei conduttori rispetto alla trasmissione analogica (broadband). L'attenuazione che un segnale subisce è in funzione della velocità di trasmissione (e quindi della sua frequenza), della lunghezza del conduttore e della tipologia di cavo utilizzato.

◀ Baseband È una tecnica che consente di trasmettere in modo diretto segnali digitali senza l'utilizzo della modulazione. ▶

Abbiamo due tipologie di cavi:

- coassiale
  - thinnet (o *Thin Ethernet*): cavo sottile;
  - thicknet (o *Thick Ethernet*): cavo spesso;
- doppino
  - STP (*Shielded Twisted Pair*): a coppie di fili doppiamente schermati;
  - FTP (*Foiled Twisted Pair*): a coppie di fili con un'unica schermatura;
  - UTP (*Unshielded Twisted Pair*): a coppie di fili non schermati.

I più utilizzati per le trasmissioni digitali sulle reti Ethernet con velocità di 10 Mb sono tre:

- 10 BASE 2, dove il 2 indica che il segnale può viaggiare per circa 200 m, chiamato Thinnet, ed è un cavo coassiale sottile;
- 10 BASE 5, dove il 5 indica che il segnale può viaggiare per circa 500 m, chiamato Thicknet dato che è un cavo coassiale spesso;
- 10 BASE T, dove T indica twisted pairs, cioè cavi con coppie di fili attorcigliati.

Cavo coassiale

Il cavo coassiale è costituito da un filo conduttore centrale di rame ricoperto da un cilindro di plastica isolante sul quale viene avvolta una maglia costituita da filamenti di rame, e il tutto è esternamente ricoperto da una guaina.

Il foglio (o la calza metallica) che avvolge il cavo coassiale oltre a essere il conduttore per il ritorno della corrente del segnale realizza una gabbia di Faraday per il conduttore interno rendendolo praticamente immune ai disturbi elettromagnetici. ▶

Agli estremi (o capocorda) vengono crimpati (oppure avvitati o saldati) dei connettori particolari, i connettori BNC, e il circuito tra i due connettori viene chiuso mediante un terminatore a 50 ohm che permettere inoltre di connettere a massa la maglia esterna (anche chiamata calza). ▶

Essi vengono realizzati con due diversi diametri del conduttore interno:

- il più spesso, o thicknet, è oggi utilizzato nei backbone Ethernet, ed è costituito da:
  - un conduttore centrale in rame;
  - un cilindro isolante (generalmente realizzato in teflon);
  - due schermi in foglio di alluminio;
  - due schermi in calza;
- il più sottile, o thinnet, è stato largamente utilizzato per le "vecchie" reti Ethernet degli anni Novanta (tipo RG58): ha un'attenuazione circa tre volte superiore al cavo Thick ed è costituito da:
  - un conduttore centrale in rame;
  - un cilindro isolante (generalmente realizzato in teflon);
  - uno schermo in foglio di alluminio;
  - uno schermo in calza.

Un cavo coassiale può arrivare a distanze maggiori delle connessioni STP e UTP ed è meno costoso delle fibre ottiche.

Doppino

Il doppino è costituito da una o più coppie (pair) di conduttori di rame "attorcigliati tra loro" (twisted) per ridurre gli effetti di disturbi originati dai campi magnetici e dalla corrente che circola nei conduttori stessi. ▶

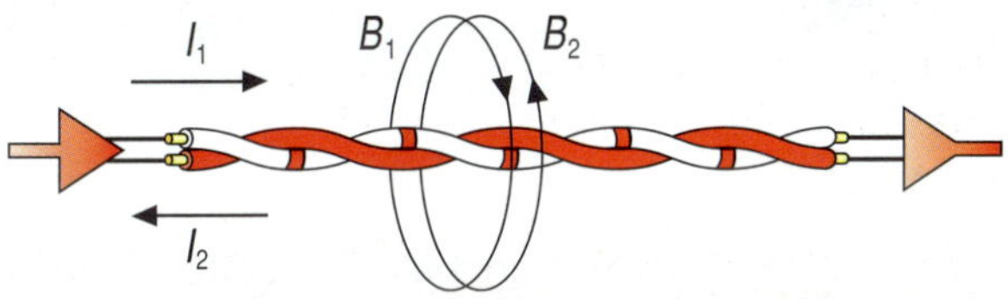

Le correnti I_1 e I_2 che attraversano i due conduttori sono di uguale intensità e verso opposto, e quindi generano campi magnetici B_1 e B_2 opposti che tendono ad annullarsi.

Per migliorare la tolleranza ai disturbi elettromagnetici (EMI) e quindi migliorare le caratteristiche di un cavo si introduce la schermatura.
Questa si realizza avvolgendo il doppino o l'intero cavo:

- con un foglio di alluminio molto sottile (da 0,05 mm a 0,2 mm);
- con una calza costituita da un intreccio "a reticolo" di due trecce di fili di rame che avvolgono il filo in due direzioni opposte.

I cavi composti da doppini hanno costi inferiori rispetto ai cavi coassiali e per questo motivo sono utilizzati normalmente sia in telefonia sia per la trasmissione dati nelle reti locali e nei cablaggi strutturati. A seconda del livello di schermatura abbiamo diverse tipologie di cavi.

- Cavo UTP

  Il cavo UTP (*Unshielded Twisted Pair*) è costituito da un insieme di quattro coppie di fili attorcigliati e avvolti da una guaina di isolante. A differenza del STP ogni coppia di cavi non è singolarmente schermata. ▶

  L'impedenza in questo tipo di conduttori è generalmente di 100 Ω: esso viene utilizzato per distanze fino a 100 metri ed è sensibile ai disturbi elettromagnetici, ma rispetto al cavo STP è più economico e semplice da installare. Come connettori vengono utilizzati gli RJ45. ▶

Il connettore RJ45 può essere utilizzato collegando una coppia o due coppie per fonia mentre si collegano tutte e quattro le coppie nel cablaggio strutturato.

- Cavo FTP
  Il cavo FTP (*Foiled Twisted Pair*) è costituito da un insieme di quattro coppie di fili attorcigliati con un'unica schermatura globale costituita da un foglio di alluminio. ▶
  L'impedenza in questo tipo di conduttori è generalmente di 100 Ω.

- Cavo STP
  Il cavo STP (*Shielded Twisted Pair*) è costituito da un insieme di quattro coppie di fili attorcigliati e schermati sia per ogni singola coppia che tutti insieme, e avvolti da una guaina di isolante. ▶
  L'impedenza in questo tipo di conduttori è generalmente di 150 Ω: esso viene utilizzato per distanze fino a 100 metri ed è in grado di ridurre maggiormente il rumore rispetto al cavo UTP ma è più costoso. La schermatura metallica viene connessa a massa a entrambe le estremità.

Zoom su...

CAVO IBM

Il cavo STP a 150 W è anche conosciuto come cavo di Tipo 1 IBM: esistono anche altri tipi di cavi con il nome IBM, per esempio il Tipo 2 IBM, costituito da un cavo di Tipo 1 IBM con l'aggiunta di quattro coppie non schermate da 100 Ω, nato come soluzione integrata per il Cabling System IBM dati (due coppie a 150 W) e fonia (quattro coppie a 100 W), e il cavo di Tipo 6 IBM a 150 W con due coppie singolarmente schermate in foglio e schermo globale in calza di rame.

Classificazione dei doppini

Tutti i tipi di cavi elettrici sono sensibili alla frequenza del segnale che devono trasmettere e quindi è necessario scegliere opportunamente il cavo in funzione della specifica applicazione (in particolare l'attenuazione e la diafonia sono fortemente dipendenti dalla frequenza, come vedremo in seguito).

Per semplificare la scelta è stata fatta una classificazione che cataloga i cavi in sette categorie in base alle applicazioni per le quali essi sono idonei: al crescere del numero di categoria aumentano le prestazioni del cavo e quindi le possibilità di impiego del cavo stesso.

- Categoria 1: solo per telefonia analogica (*Telecommunication*).
- Categoria 2: per telefonia digitale ISDN e trasmissione di dati a bassa velocità (linee seriali, *Low Speed Data*).
- Categoria 3: per reti locali che non producono frequenze fondamentali superiori a 12.5 MHz, adatti a realizzare reti locali fino a 10 Mb/s (Ethernet 10BaseT e 10BaseT4, Token Ring 4 Mb/s).
- Categoria 4: per reti locali che non producono frequenze fondamentali superiori a 20 MHz (Token Ring 16 Mb/s).
- Categoria 5: per reti locali che non producono frequenze fondamentali superiori a 32 MHz; comprende i cavi disponibili per applicazioni fino a 100 Mb/s, su distanze di 100 metri (FDDI MLT-3, Ethernet 100BaseTX, ATM. Sono i cavi normalmente utilizzati per reti locali).

- Categoria 6: per reti locali con una banda passante fino a 200 MHz; comprende i cavi disponibili per applicazioni fino a 1 Gb/s su distanze di 100 metri.
- Categoria 7: per reti locali con una banda passante fino a 600 MHz; comprende i cavi disponibili per applicazioni fino a 10 Gb/s su distanze di 100 metri.

Cavi: collegamento dei pin

In generale possiamo affermare che esistono tre tipologie di cavi, in relazione a come essi vengono connessi ai due capi:

- Straight-through o dritto: permette di effettuare il collegamento tra dispositivi di tipo diverso, quali:
  - Switch e router
  - Switch e PC o server
  - Hub e PC o server

- Cross-over o incrociato: permette di effettuare il collegamento tra dispositivi dello stesso tipo, quali:
  - Switch e switch
  - Switch e hub
  - Hub e hub
  - Router e router
  - PC e PC
  - Router e PC

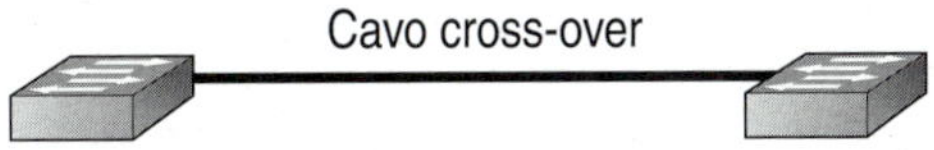

- Rollover: è il cavo che collega l'adattatore RJ45 posto sulla porta seriale del computer alla porta console di un router o uno switch.

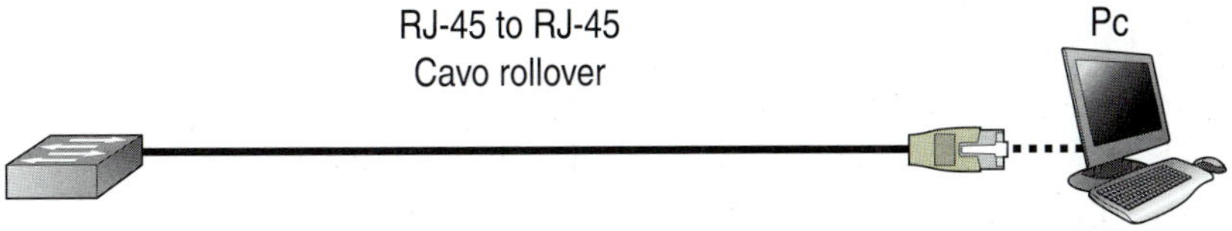

Nella tabella seguente sono messi a confronto i colori delle connessioni tra il cavo dritto e quello incrociato nello standard ◀ EIA/TIA-568B ▶ dove è possibile vedere che solo metà dei pin vengono "crossati" mentre gli altri quattro sono identici nelle due diverse tipologie.

◀ EIA/TIA TIA (*Telecommunications Industry Association*) ed EIA (*Electronic Industries Alliance*) sono enti leader nello sviluppo di standard di ingegneria. Le specifiche EIA/TIA-568B riguardano gli standard per il cablaggio dei sistemi di comunicazione per gli edifici commerciali e prevedono due insiemi di cavi, uno per la voce e uno per i dati: quello più frequentemente raccomandato per entrambi è il CAT 5 UTP (categoria 5 UTP). ▶

Straight-through			Cross-over			
Pin 1	________	Pin 1 Bianco Arancio	Bianco Arancio	Pin 1	________	Pin 3 Bianco Verde
Pin 2	________	Pin 2 Arancio	Arancio	Pin 2	________	Pin 6 Verde
Pin 3	________	Pin 3 Bianco Verde	Bianco Verde	Pin 3	________	Pin 1 Bianco Arancio
Pin 4	________	Pin 4 Blu	Blu	Pin 4	________	Pin 4 Blu
Pin 5	________	Pin 5 Bianco Blu	Bianco Blu	Pin 5	________	Pin 5 Bianco Blu
Pin 6	________	Pin 6 Verde	Verde	Pin 6	________	Pin 2 Arancio
Pin 7	________	Pin 7 Bianco Marrone	Bianco Marrone	Pin 7	________	Pin 7 Bianco Marrone
Pin 8	________	Pin 8 Marrone	Marrone	Pin 8	________	Pin 8 Marrone

È possibile riconoscere i diversi cavi confrontando i due connettori RJ45 presenti alle due estremità:

- nel straight-through la sequenza dei fili è identica;
- nel cross-over vengono incrociati i pin 1 con 3 e 2 con 6 dato che i fili di ricezione e di trasmissione sono tra loro invertiti;
- nel rollover i colori sono esattamente in senso opposto.

Verifichiamo le conoscenze

1. Risposta multipla

1 Il cavo thicknet è costituito da:

a. un conduttore centrale in rame
b. due conduttori centrali in rame
c. un cilindro isolante
d. due cilindri isolanti;
e. uno schermo in foglio di alluminio
f. due schermi in foglio di alluminio
g. uno schermo in calza
h. due schermi in calza

2 Quali, tra le differenti tecnologie, sono usate per rappresentare il messaggio?
(indica quella errata)

a. di tipo elettrico
b. di tipo ottico
c. di tipo magnetico
d. di tipo elettromagnetico

3 I materiali possono essere di tre categorie: (indica quella errata)

a. conduttori
b. isolanti
c. semiconduttori
d. semi-isolanti

4 STP è l'acronimo di:

a. Shielded Twisted Pair
b. Shared Twisted Pair
c. Shared Twiced Pair
d. Shielded Twiced Pair
e. nessuna delle precedenti

2. Vero o falso

1 I connettori RJ45 vengono utilizzati sui cavi UTP. V F
2 I connettori RJ45 vengono utilizzati sui cavi FTP. V F
3 Il cavo UTP è costituito da quattro coppie di fili attorcigliati e avvolti da una guaina di isolante. V F
4 Il cavo FTP è costituito da quattro coppie di fili attorcigliati e avvolti da una guaina di isolante. V F
5 Con il termine "elettroni liberi" in un materiale si intendono gli elettroni di valenza. V F
6 Un materiale semiconduttore ha quattro elettroni liberi nell'ultima orbita. V F
7 La trasmissione digitale è anche chiamata broadband. V F
8 Il cavo thicknet (o Thick Ethernet) è un doppino di tipo spesso. V F

3. Associazione

1 Indica a quale categoria appartengono i seguenti cavi:

a. Categoria ....: 12,5 MHz
b. Categoria ....: solo per telefonia analogica
c. Categoria ....: 32 MHz
d. Categoria ....: 20 MHz
e. Categoria ....: per telefonia digitale ISDN

2 Indica quale tipo di cavo RJ45 viene utilizzato per i seguenti collegamenti:

a. Switch e router
b. Hub e hub
c. Switch e server
d. Hub e PC
e. Router e router
f. Hub e server
g. Switch e switch
h. Switch e PC
i. Switch e hub
j. PC e PC
k. Router e PC

AREA *digitale* hoepliscuola.it

Esercizi per il recupero / Esercizi per l'approfondimento

AREA *digitale*

LEZIONE 2

Le misure sui cavi in rame

In questa lezione impareremo...

- a conoscere le caratteristiche elettriche dei cavi
- a effettuare i test sui cavi

■ Caratteristiche elettriche

È abbastanza complesso individuare una relazione che metta in collegamento le prestazioni elettriche con le caratteristiche fisiche dei cavi.
Bisognerebbe trovare una relazione tra la geometria dei materiali impiegati, il tipo e le modalità del loro raggruppamento, le tipologie e il numero di schermature utilizzate ecc. e legarle mediante una funzione con la frequenza del segnale, l'impedenza e l'attenuazione. Si preferisce studiare singolarmente come questi parametri elettrici sono influenzati dai campi elettromagnetici nelle diverse tipologie di cavi.

Impedenza

Abbiamo detto che l'impedenza è l'ostacolo che il conduttore oppone al passaggio della corrente: si misura in ohm (Ω) e si esprime con la relazione

$$(Z = R + jX)$$

dove il primo termine tiene conto degli effetti resistivi del circuito (R) e il secondo termine di quelli reattivi, come somma algebrica degli effetti induttivi (X_L) e capacitivi (X_C).

Al variare della frequenza il valore dell'impedenza varia in quanto le reattanze XC e XL sono legate al valore della pulsazione $= 2\varpi f$ dalle seguenti relazioni:

$$X_L = j\omega L \text{ e } X_C = 1/j\omega C$$

L'obiettivo è quello di ottenere cavi con valore di impedenza poco sensibile alla frequenza, in modo da avere prestazioni sempre costanti e valori di impedenza stabili per effettuare accoppiamenti tra emettitore e ricevitore che garantiscano il massimo trasferimento di segnale (adattamento di impedenza).

Oggi si realizzano cavi con impedenze comprese tra 50 e 150 ohm, per lavorare a un intervallo di frequenze tra 100 Hz e 350 MHz.

American Wire Gage

Le dimensioni dei conduttori sono state tabulate secondo un'unità di misura apposita (AWG, *American Wire Gage*) che in funzione della resistività permette di calcolare l'impedenza del conduttore.

AWG	mm (∅)	mm²	kg/km	Ω/km
22	0,6438	0,3255	2,894	52,96
23	0,5733	0,2582	1,820	84,21
24	0,5106	0,2047	1,746	87,82
25	0,4547	0,1624	1,414	108,4
26	0,4049	0,1288	1,145	133,9
28	0,3638	0,0823	0,894	145,3

Per i cablaggi strutturati si utilizzano cavi 22 o 24 AWG mentre per i cavetti di permutazione si utilizzano i cavi 26 AWG.

Velocità di propagazione

I segnali si propagano nei conduttori con velocità ridotta rispetto a quella della luce nel vuoto (circa $3 \cdot 10^8$ m/s), soprattutto nel caso di frequenze elevate. Quando un trasmettitore ha finito di inviare il segnale, se la distanza con il ricevitore è notevole, questo potrebbe non avere ancora iniziato a riceverlo.

VELOCITÀ DI PROPAGAZIONE

Si definisce velocità di propagazione v_p la percentuale della velocità della luce nel vuoto dalla quale si propaga un segnale elettrico sul cavo.

ESEMPIO

Proviamo a calcolare "come si muovono i bit" nel caso di velocità di trasmissione di 10 Mb/s. Nei cavi di rame la velocità di propagazione media è del 65% quindi si ottiene che la velocità del segnale è di:

$$V_s = 0{,}65 \cdot 3 \cdot 10^8 \text{ m/s} \approx 200.000 \text{ km/s}$$

Dalla velocità di trasmissione (10 Mb/s) ricaviamo per quanto tempo un bit viene "posto" sulla linea (bit time), cioè:

$$t_s = 1/10 \cdot 10^6 = 10^{-7}$$

Otteniamo lo spazio percorso dalla relazione fisica che lega lo spazio con la velocità:

$$s = V \cdot t = 200 \cdot 10^6 \cdot 10^{-7} = 20 \text{ m}$$

Al termine del tempo dedicato alla trasmissione di un singolo bit quest'ultimo ha percorso solo 20 m.

Viene definito propagation delay (ritardo di propagazione) il tempo che il segnale impiega ad attraversare un cavo; esso viene sfruttato dai tester che misurano la lunghezza dei cavi, il *Time Domain Reflectometer* (TDR) che, in base al tempo che un segnale impiega a percorrere un conduttore, ne ricava la sua misura. Questo test viene anche effettuato per individuare a quale distanza è presente un guasto di un conduttore, cioè la presenza di un circuito aperto o di un cortocircuito. ▶

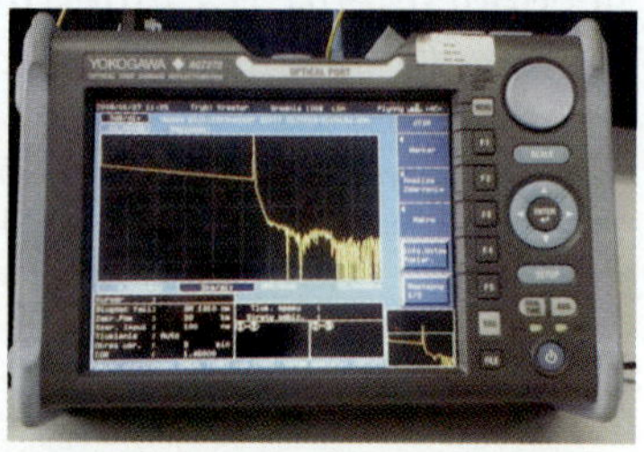

I parametri di funzionamento di alcuni protocolli di livello MAC per le LAN (per esempio CSMA/CD, il protocollo della rete Ethernet 802.3, come vedremo in seguito) sono stati calcolati avendo come riferimento proprio la velocità di trasmissione.

Attenuazione

Per effetto dell'impedenza il segnale si degrada man mano che attraversa un conduttore.

ATTENUAZIONE

Con attenuazione si definisce il rapporto tra la tensione del segnale in ingresso al cavo e la tensione misurabile all'altra estremità.

Prende anche il nome di Insertion Loss (perdita di inserzione). Di solito è espressa in decibel (dB) e, poiché si tratta del rapporto tra un segnale minore e uno maggiore, avrà segno negativo.

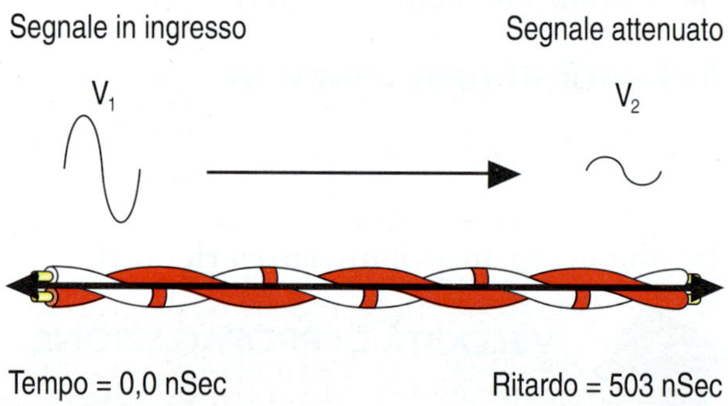

Questa perdita è dovuta all'impedenza elettrica del cavo di rame, alla perdita di energia attraverso l'isolamento dei cavi e all'impedenza causata dai connettori; inoltre la perdita di inserzione aumenta con la distanza e con la radice quadrata della frequenza.

Per misurare l'attenuazione, il cavo viene testato con un cable tester che usa le frequenze più alte ammesse su quel cavo in modo da calcolare il massimo valore di attenuazione.

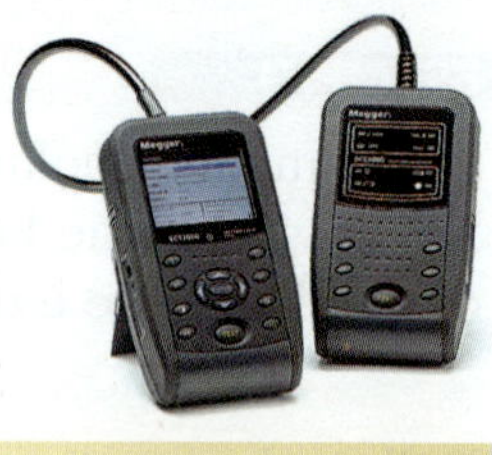

Il cable tester della figura a lato permette di effettuare parecchie misure oltre all'Insertion Loss: il Wire Map, Delay, Delay Skew, Length, DC Resistance, Return Loss, NEXT, Power Sum NEXT (PSNEXT), Equal Level Far-End Cross Talk (ELFEXT), Power Sum ELFEXT (PSELFEXT), Attenuation-to-Cross Talk Ratio (ACR), Power Sum ACR (PSACR). Ha un costo di circa 5000,00 euro).

AREA *digitale*

Il decibel

Rumore

Le principali cause di ◀ rumore ▶ sono le seguenti:

- crosstalk (diafonia): il segnale presente su un filo è disturbato dal campo elettromagnetico generato dal segnale dei fili posti acconto a esso;
- RFI: disturbi in radiofrequenza dovuti ad altri dispositivi che utilizzano la stessa tecnologia (come per esempio i forni a microonde, le trasmissioni radio/TV, i telefoni cellulari ecc.);
- EMI: disturbi di natura elettromagnetica, come quelli generati dai cavi elettrici, dalle condizioni meteorologiche ecc.).

◀ Si definisce rumore (*noise*) un segnale non desiderato che si sovrappone al segnale trasmesso. ▶

A seconda che il rumore agisca su tutte le frequenze del segnale oppure solo su una gamma delle stesse prende il nome di rumore bianco oppure narrow band.

La protezione dal rumore nei cavi viene fatta con la schermatura. Abbiamo visto tre tipi di schermatura:

- foglio (foil);
- calza (braid);
- foglio più calza: uso combinato del foglio e della calza.

Diafonia

Se due cavi sono disposti uno vicino all'altro, il passaggio della corrente in essi genera dei campi elettromagnetici e ogni cavo produce un disturbo per l'altro. Questo fenomeno prende il nome di diafonia (in inglese crosstalk). Come parametro di qualità di un cavo viene misurata "l'insensibilità" ai campi elettromagnetici indotti del cavo stesso e viene espresso in decibel il valore di attenuazione del segnale indotto: più un segnale indotto viene attenuato e più il cavo risulta essere insensibile ai disturbi generati dalla diafonia. Esistono due tipi di diafonia: la paradiafonia e la telediafonia. La paradiafonia indica il valore del segnale indotto nel cavo vicino quando questo viene misurato dalla stessa parte del trasmettitore (viene anche indicato con NEXT, *Near End Crosstalk*).

$$\text{NEXT} = V_{\text{segnale di test}} - V_{\text{segnale crosstalk}}$$

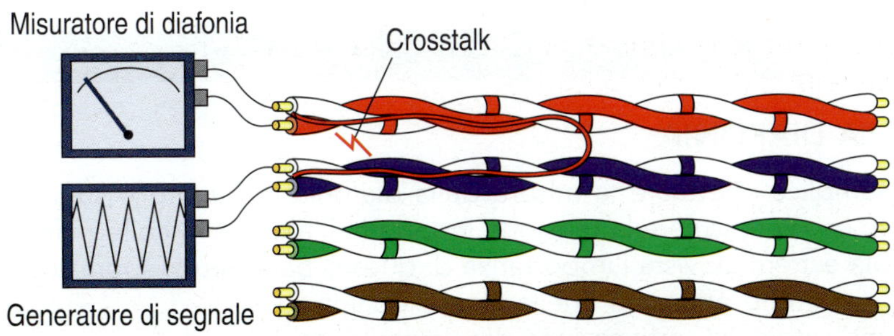

Il risultato di questa misurazione è sempre un valore negativo: poiché è espresso in decibel, quando il risultato viene letto con uno strumento la lettura sarà positiva e quindi bisogna aggiungere il segno meno.

Ogni coppia di fili deve essere controllata e la misura deve essere effettuata a ogni estremità del cavo: più il valore è alto, migliore sarà l'insensibilità del cavo (un cavo con NEXT = −20 dB è migliore di un cavo con NEXT = −10 dB).

Zoom su...

PSNEXT

A volte si misura contemporaneamente l'effetto cumulativo della paradiafonia su tutte le coppie di fili: nell'esempio rappresentato nella figura si trasmette un segnale su tre coppie di fili e si effettua la lettura del NEXT sulla quarta coppia. ▶

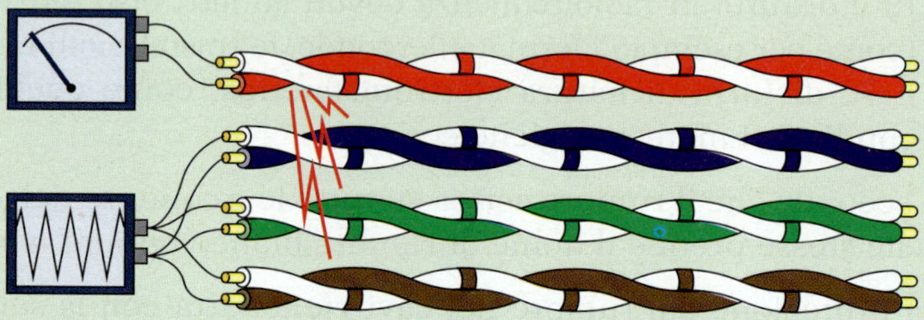

Le specifiche TIA/EIA-568B richiedono anche questo test.

La telediafonia indica il valore del segnale indotto nel cavo vicino quando questo viene misurato dall'estremo opposto del trasmettitore (viene anche indicato con FEXT, *Far End Crosstalk*).

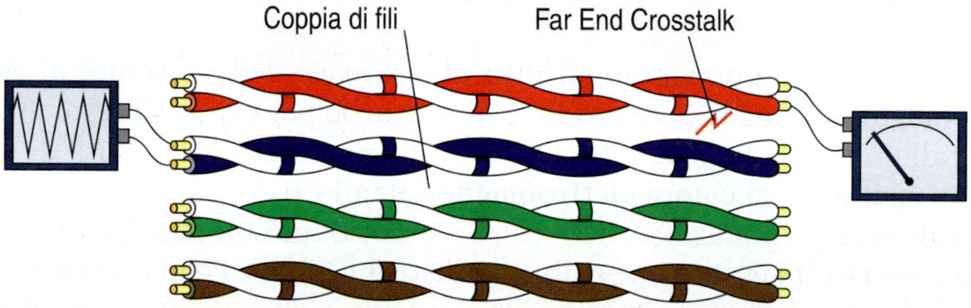

Dato che sui fili il segnale viene attenuato, anche il segnale indotto dovuto al crosstalk subisce una attenuazione lontano dal trasmettitore; quindi il FEXT è un problema meno grave del NEXT.

Zoom su...

MISURA DELLA DIAFONIA

È abbastanza semplice effettuare la misura della diafonia in quanto è sufficiente trasmettere un segnale in un cavo e misurare la tensione indotta nell'altro cavo collegando lo strumento di misura a una sola estremità: vista l'importanza di questo parametro, soprattutto quando molte coppie di cavi "scorrono affiancati" nella stessa guaina, deve sempre essere indicato nella certificazione dei sistemi di cablaggio.

Nella pratica viene misurato solo il valore di paradiafonia e viene utilizzato genericamente come diafonia utilizzando un cable tester.

Nella figura a lato sono riportati due modelli di cable tester. ▶

ACR

L'attenuazione che abbiamo appena descritto deve però sottostare a due esigenze opposte: se da una parte si vuole un'alta attenuazione del segnale indotto, dall'altra si richiede una minima attenuazione per il segnale trasmesso. È quindi necessario avere un parametro che esprima contemporaneamente questa caratteristica del cavo: è stata introdotta l'ACR, Attenuation to Crosstalk Ratio, che esprime il rapporto tra il segnale attenuato presente su una coppia e il segnale indotto dalla coppia vicina.
Per avere una buona trasmissione tale rapporto deve essere elevato in modo che il rumore risulti trascurabile rispetto al segnale e quindi il cavo trasmetta i dati in modo affidabile riducendo al minino la possibilità che vi siano errori di trasmissione.
Anch'esso viene misurato utilizzando un cable tester.

ACR è il risultato più importante per i test su un collegamento perché rappresenta la performance complessiva del cavo utilizzato.

ELFEXT (Equal Level Far End Crosstalk)

Un parametro significativo che permette di normalizzare i risultati delle prove rispetto alla lunghezza dei cavi è quello che prende il nome di ELFEXT, ed è ottenuto non da una misura ma da un'operazione algebrica:
- si calcola l'attenuazione in una coppia di cavi;
- si calcola il FEXT in una coppia di cavi adiacente, accoppiati con il segnale indotto dalla prima coppia;
- si ottiene il valore di ELFEXT come differenza delle due misurazioni.

Naturalmente le due coppie di cavi devono avere la stessa lunghezza e devono essere della stessa tipologia.

Vediamo un esempio con misurazioni fatte su un cavo di 50 metri: ▶
- Attenuazione = 11 dB
- FEXT = 45 dB
- ELFEXT = 45 – 11 = 34 dB

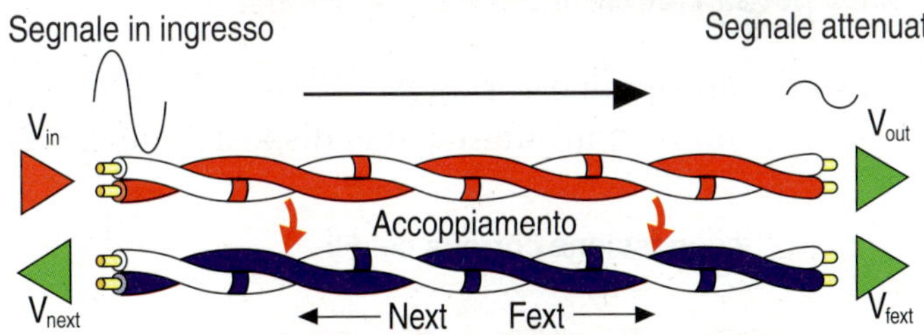

Per cercare di capire il significato del ELFEXT è utile pensarlo come il valore di ACR del limite estremo del cavo (*far end*).

Riflessione

Il segnale propagandosi lungo il cavo può incontrare delle discontinuità dovute per esempio a connettori, deformazioni, giunture che provocano variazioni di impedenza, facendo sì che una parte di esso venga riflesso e ritorni alla sorgente. La misura accurata di questo valore prende il nome di perdita di ritorno o *Return Loss* (RL) e viene misurato in dB. ▶

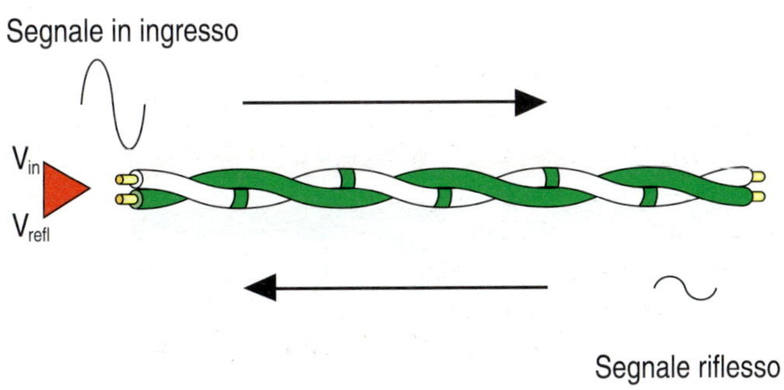

La componente di RL dovuta al piccolo valore dell'impedenza caratteristica sul cavo prende il nome di *Structural Return Loss* (SRL) ed è un parametro che riassume l'omogeneità della costruzione del cavo e deve essere monitorato durante il processo di produzione dei cavi.

Questa misurazione è di particolare importanza nella realizzazione di Gigabit Ethernet dato che varia sensibilmente con la frequenza: ha valori superiori a basse frequenze e valori più bassi ad alte frequenze.

Test da effettuare sullo standard TIA/EIA-568B

Lo standard TIA/EIA-568B del 2001 considera un elenco di dieci test ai quali deve essere sottoposto un cavo di rame al fine di:

- determinare la sua lunghezza;
- individuare i collegamenti non effettuati correttamente;
- fornire la mappa dei cavi e di come sono "crossati" nel connettore;
- misurare l'attenuazione del segnale;
- misurare l'eventuale interferenza;
- misurare il livello di rumore.

Vediamoli nel dettaglio.

1 Mappatura dei fili (*wire map*): i fili devono seguire una determinata sequenza di colori. ▶
Nel connettore Ethernet RJ45 ogni coppia di fili ha una funzione, e va ricordato come le coppie 1-2 effettuano la trasmissione mentre le coppie 3-6 sono quelle utilizzate per la ricezione.

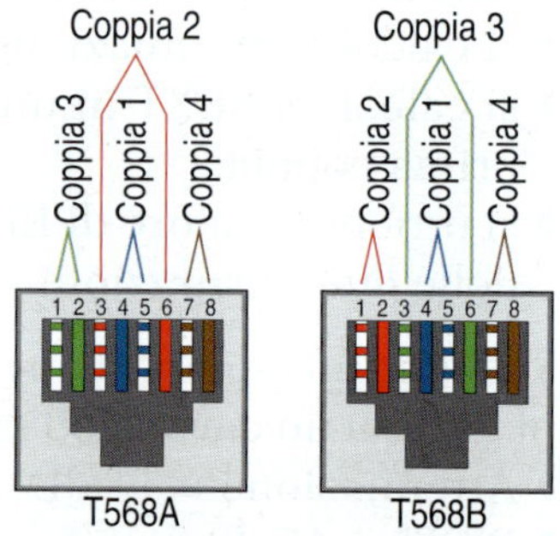

Ci sono vari tipi di errori nella disposizione dei fili (*wire fault*) e vanno confrontati con la disposizione corretta:

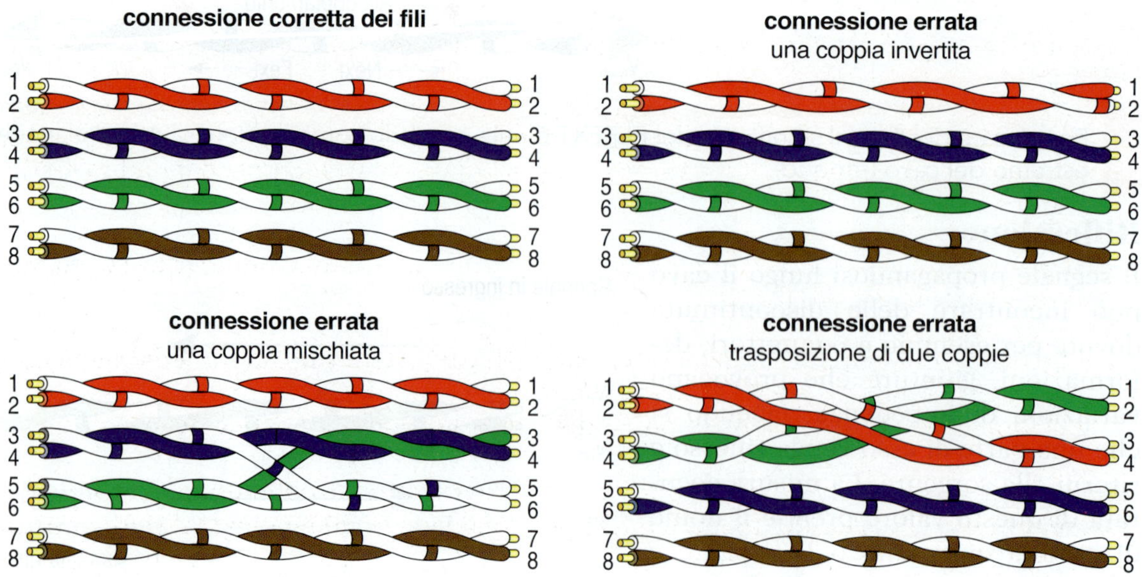

2 *Cable length*: è la misura della lunghezza dei cavi per cui bisogna assicurarsi che sia inferiore al valore massimo raccomandato di 100 metri in una rete 10BASE-T/100BASE-TX/1000BASE-T.

Due test sono legati alla discontinuità:
3 *Return Loss* (RL): è la misura della perdita di segnale di ritorno, riflesso verso il trasmettitore;
4 *Insertion Loss* (IL): è una misura in decibel che combina l'attenuazione alla discontinuità.

Quattro test per la valutazione della misura del crosstalk:
5 NEXT = $V_{\text{segnale di test}} - V_{\text{segnale crosstalk}}$ [in DB, negativo] (misurato alla stessa estremità);
6 PSNEXT: misura basata sugli effetti combinati di NEXT sulle quattro coppie di fili;
7 ELFEXT: è un calcolo ottenuto da (FEXT – Insertion Loss); è importante per reti 1000 baseT;
8 PSELFEXT (*Power Sum Equal Level Far End Crosstalk*): anch'esso è un calcolo, ed è l'effetto combinato di ELFEXT da tutte le coppie di fili. Si ottiene come somma algebrica degli effetti ELFEXT individuale su ogni coppia dalle altre tre coppie, quindi ci sono quattro risultati PSELFEXT per ogni estremità. Il valore tipico del PSELFEXT è inferiore di circa 3 dB al caso peggiore del risultato di ELFEXT a ogni estremità del collegamento. ▶

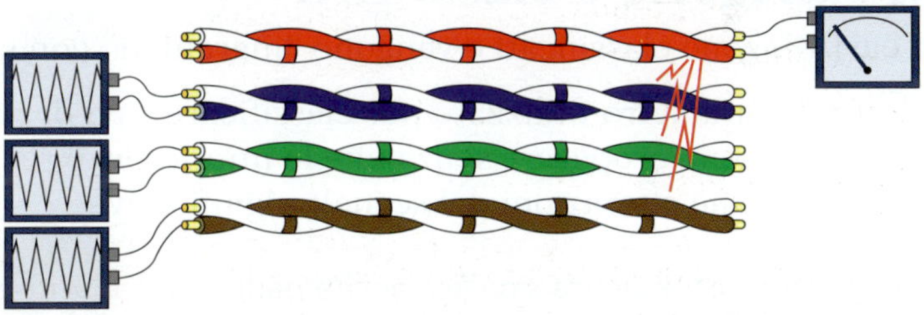

Gli ultimi due test sono riferiti al ritardo del segnale:
9 Propagation Delay: viene misurato il ritardo di propagazione.
10 Delay Skew: verifica la differenza di ritardo di propagazione tra la serie più veloce e quella più lenta delle coppie di fili. ▶ Il valore ideale è compreso tra 25 e 50 nanosecondi in un cavo lungo 100 metri: più il valore è basso migliore è il cavo.

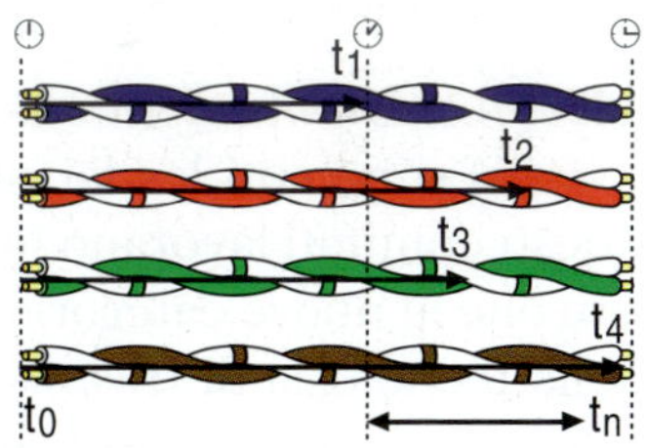

La normativa ISO 11801/2002 aggiunge altri tre test a quelli della TIA-568B:
1 *Attenuation to Crosstalk Ratio* (ACR)
Viene richiesto un valore abbastanza grande affinché si possa avere un basso numero di errori. Se l'ACR non è sufficientemente grande è necessario passare da un tipo di cavo a un altro: per esempio può essere necessario per passare da un doppino schermato (UTP) a doppino ritorto schermato (STP) al fine di aumentare l'ACR.
2 *Power Sum ACR* (PSACR)
Il *Power Sum ACR* (PSACR) è simile all'ACR ma nel calcolo viene utilizzato il valore PSNEXT piuttosto che il NEXT.
3 Resistenza DC
È la misura dell'impedenza di cortocircuito del cavo, determinata mettendo una coppia di cavi per chiudere l'anello a un'estremità della connessione.
Il valore calcolato si esprime in ohm ed è l'impedenza caratteristica del cavo.

Ricapitoliamo nella tabella che segue l'insieme dei test confrontando quelli che devono essere superati (Pass/Fail) rispetto a quelli per i quali viene solo indicato il valore misurato a titolo informativo.

Tipo di prova	TIA-568-B	ISO/IEC 11801 (2002)
Mappatura	Pass / Fail	Pass / Fail
Lunghezza del cavo	Pass / Fail	Solo informativo
Attenuazione di inserzione (IL)	Pass / Fail	Pass / Fail
Perdita di ritorno (RL)	Pass / Fail	Pass / Fail
Near End Crosstalk (NEXT)	Pass / Fail	Pass / Fail
Power Sum NEXT (PSNEXT)	Pass / Fail	Pass / Fail
Equal Level Far End Crosstalk (ELFEXT)	Pass / Fail	Pass / Fail
Power Sum ELFEXT (PSELFEXT)	Pass / Fail	Pass / Fail
Ritardo di propagazione	Pass / Fail	Pass / Fail
Delay Skew	Pass / Fail	Pass / Fail
Attenuazione to Crosstalk Ratio (ACR)	Solo informativo	Pass / Fail
Power Sum ACR (PSACR)	Solo informativo	Pass / Fail
Resistenza DC	Solo informativo	Pass / Fail

Categorie e classi ISO

I cavi vengono classificati e vengono "marchiati" con sigle tipo CAT 5, CAT 5e, CAT 6 ecc.

Il primo parametro utilizzato per classificare cavi di rete riguarda la frequenza dei segnali che si possono propagare senza che le interferenze reciproche dei conduttori al loro interno producano alterazioni del segnale significative.

Parlare di frequenza significa anche parlare di capacità di trasporto dei dati (banda) dato che questi due fattori sono strettamente connessi tra loro.

TIA (*Telecommunications Industry Association*) e ISO (*International Standard for Organization*) sono enti leader nello sviluppo di standard di cablaggio strutturato. I componenti di questi comitati lavorano in collaborazione con gli enti di sviluppo delle applicazioni per garantire che le nuove categorie di cablaggio siano in grado di supportare le più recenti innovazioni della tecnologia di trasmissione del segnale. Gli standard TIA sono specificati per il mercato nordamericano, mentre gli standard ISO si riferiscono più comunemente al mercato globale.

CABLAGGIO STRUTTURATO

Il cablaggio strutturato di un edificio è l'impianto che permette il collegamento dei computer in rete locale e dei telefoni alla centrale telefonica dell'edificio stesso: a ogni postazione di lavoro l'utente collega il computer e/o il telefono e il fax utilizzando specifiche prese che sono poste di solito a muro o in apposite colonne.

Classificazioni equivalenti TIA e ISO				
Banda di frequenza	**TIA (Componenti)**	**TIA (Canale/Link)**	**ISO (Componenti)**	**ISO (Canale/Link)**
1 - 100 MHz	categoria 5	categoria 5	categoria 5	classe C
1 - 100 MHz	categoria 5e	categoria 5e	categoria 5e	classe D
1 - 250 MHz	categoria 6	categoria 6	categoria 6	classe E
1 - 500 MHz	categoria 6_A	categoria 6_A	categoria 6_A	classe E_A
1 - 600 MHz	n/s	n/s	categoria 7	classe F
1 - 1,000 MHz	n/s	n/s	categoria 7_A	classe F_A
1 - 10 GHz	n/s	n/s	categoria 8	classe G

La CAT 5e è una versione "rinforzata" (e = enhanced) della 5, presenta le stesse specifiche ma garantisce una maggiore affidabilità alle frequenze più alte della classe di certificazione.

Le prime tre categorie sono classificate in modo univoco dai vari istituti degli standard mentre le ultime sono ancora in fase di definizione e standardizzazione (6_A, 7, 8) per cui è facile trovare in commercio cavi di questo tipo con caratteristiche anche molto differenti tra loro: l'unica indicazione certa è che questi saranno orientati alle applicazioni di rete che richiedono frequenze da 600 MHz (si parla di cavi per applicazioni Gigabit Ethernet).

Zoom su...

MISURE SUI CABLAGGI: NOMENCLATURA

Sono state anche aggiornate le specifiche tecniche sulle misure da eseguire per certificare i cablaggi di tipo 6A: sostanzialmente i parametri di prova sono gli stessi già usati nella certificazione dei cablaggi in categoria 5e e categoria 6 (sono solamente stati rinominati alcuni test). Riportiamo di seguito una tabella dove è possibile confrontare i nomi vecchi e nuovi dei parametri di misura insieme ai loro acronimi.

Parametro di test – "Vecchio" nome	Parametro di test – "Nuovo" nome
Insertion Loss (IL)	*Insertion Loss* (IL)
Near End Crosstalk (NEXT)	*Near End Crosstalk* (NEXT)
Power Sum Near End Crosstalk (PSNEXT)	*Power Sum Near End Crosstalk* (PSNEXT)
Attenuation to Crosstalk Ratio (ACR)	*Attenuation to Crosstalk Ratio – Near End* (ACR-N)
Power Sum Attenuation to Crosstalk Ratio (PSACR)	*Power Sum Attenuation to Crosstalk Ratio – Near End* (PSACR-N)
Far End Crosstalk (FEXT)	*Far End Crosstalk* (FEXT)
Equal Level Far End Crosstalk (ELFEXT)	*Attenuation to Crosstalk Ratio – Far end* (ACR-F)
Power Sum Equal Level Far End Crosstalk (PSELFEXT)	*Power Sum Attenuation to Crosstalk Ratio – Far End* (PSACR-F)
Return Loss (RL)	*Return Loss* (RL)
Wire Map	*Wire Map*
Propagation Delay	*Propagation Delay*
Delay Skew	*Delay Skew*

AREA *digitale*

Diafonia aliena

Verifichiamo le conoscenze

1. Risposta multipla

1 La schermatura dei cavi viene fatta con:

a. foglio
b. calza
c. maglia
d. foglio + calza
e. foglio + maglia
f. calza + maglia

2 Che cosa significa la sigla NEXT?

a. New Est Crosstalk
b. Near End Crosstalk
c. Near Est Crosstalk
d. New End Crosstalk

3 L'ACR, Attenuation to Crosstalk Ratio, misura:

a. il rapporto tra il segnale sorgente e il segnale indotto dalla coppia vicina
b. il rapporto tra il segnale attenuato e il segnale indotto dalla coppia vicina
c. il rapporto tra il segnale sorgente e il segnale indotto nella stessa coppia
d. il rapporto tra il segnale attenuato e il segnale indotto nella stessa coppia

4 La diafonia aliena è un fenomeno di disturbo dato:

a. da coppie facenti parte di altri cavi posti nelle vicinanze
b. da segnali esterni ai cavi che trasportano il segnale
c. da interferenze di campi elettromagnetici dovuti all'alimentazione
d. da tutte le interferenze non bene definite

5 L'acronimo AWG indica:

a. Alternate Wire Gadget
b. American Wire Gage
c. American Wine Gage
d. Alternate Wire Gadget

6 L'acronimo TDR indica:

a. Time Data Reflectometer
b. Trasmit Data Realy
c. Time Domain Realy
d. Time Domain Reflectometer

7 Le principali cause di rumore sui cavi sono le seguenti: (indica quella errata)

a. crosstalk
b. RFI
c. NEXT
d. EMI

2. Vero o falso

1 La diafonia (crosstalk) viene anche indicata con la sigla NEXT. V F
2 Esistono due tipi di diafonia: la paradiafonia e la telediafonia. V F
3 La telediafonia viene anche indicata con la siglia FEXT. V F
4 La categoria 5 TIA corrisponde alla classe D ISO. V F
5 L'Alien Crosstalk (AC) è un fenomeno di disturbo dovuto soprattutto alle alte frequenze. V F
6 Per i cablaggi strutturati si utilizzano cavi 22 o 24 AWG. V F
7 Al diminuire dell'AWG diminuisce la sezione del conduttore. V F
8 Con il TDR è possibile individuare se è presente un guasto in un conduttore. V F
9 Con Insertion Loss si intende la perdita di segnale dovuta alla giuntura di due cavi. V F
10 Il valore dell'attenuazione espresso in decibel è sempre negativo. V F

AREA digitale

hoepliscuola.it

Esercizi per il recupero / Esercizi per l'approfondimento

La connessione ottica

LEZIONE 3

In questa lezione impareremo...

- a conoscere le modalità di trasmissione di segnali ottici in fibra
- a effettuare i test sulle fibre ottiche

■ La trasmissione di segnali ottici in fibra

Oltre alla trasmissione di segnali elettrici si può utilizzare un secondo fenomeno fisico per trasmettere comunicazioni, la luce, che viene propagata utilizzando un particolare conduttore chiamato fibra ottica.

> L'idea che sta alla base dello sfruttamento della luce per trasmettere informazioni binarie è stata quella di associare direttamente l'informazione all'accensione e allo spegnimento della luce facendo corrispondere per esempio allo 0 la presenza della luce e all'1 il buio.

I primi ostacoli incontrati nella realizzazione di fibre ottiche furono la loro elevata attenuazione del segnale (negli anni Cinquanta era di circa 1000 dB/km) che le rendeva praticamente inutilizzabili.
La rivoluzione nelle telecomunicazioni avvenne quando nel 1970 i ricercatori della Corning Glass Works riuscirono a perfezionare una fibra ottica con attenuazione di "soli" 20 dB/km alla lunghezza d'onda di 633 nm (nanometri, 10^{-9} m): iniziò quindi la "sostituzione" dei cavi elettrici con cavi in fibra che a partire dagli anni '90 hanno trovato impiego anche per le reti locali: oggi le fibre ottiche hanno attenuazione di circa 0,2 dB/km.

La trasmissione della luce

La luce è una particolare onda elettromagnetica e quindi, come tutte le onde elettromagnetiche, si propaga a una velocità di 300.000 km/s nel vuoto.

Le onde si classificano in base ai valori di frequenza f (o di lunghezza d'onda $\lambda = 1/f$).

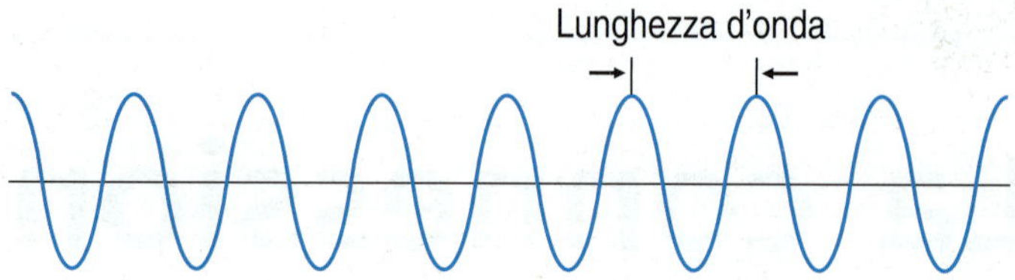

Per esempio, la gamma dei valori visibili dall'uomo è compresa tra 0,4 a 0,7 μm mentre la gamma utilizzata per la trasmissione nelle fibre ottiche è la luce infrarossa da 0,85, 1,35, 1,55 μm.

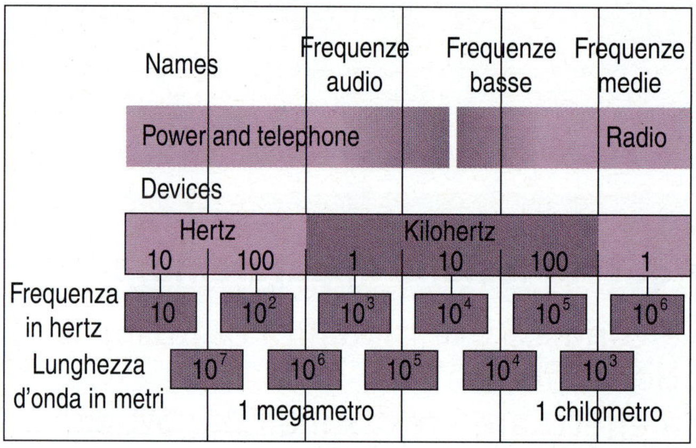

Quando le dimensioni della fibra sono molto maggiori di quelle della lunghezza d'onda, le proprietà e i modi di propagazione dell'energia luminosa in una fibra ottica possono essere studiati semplicemente applicando le leggi dell'ottica geometrica.
In particolare vengono utilizzate le leggi di Snell che studiano la riflessione e la rifrazione di un raggio luminoso incidente sulla superficie di separazione di due materiali.

Quando un raggio di luce attraversa due materiali con un angolo θ diverso da 90° una parte di energia viene riflessa mentre l'altra entra nel materiale con un angolo diverso da quello di ingresso e viene rifratta: siamo in presenza di un'onda incidente, di un raggio riflesso e di un raggio rifratto.

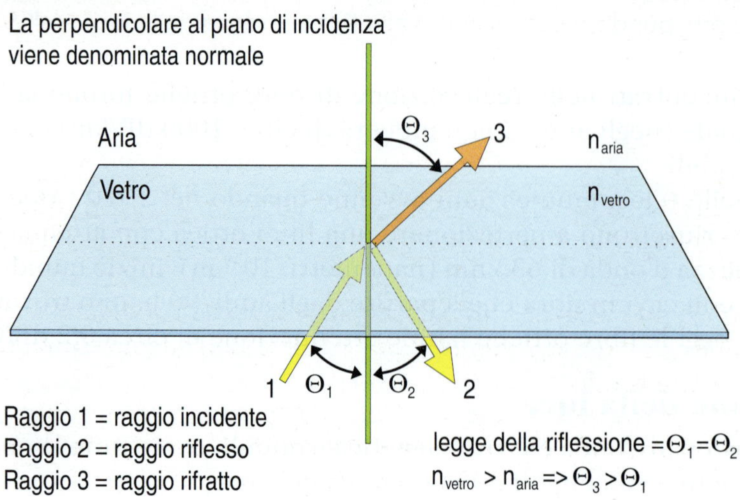

L'angolo di incidenza θ_1 è uguale all'angolo di riflessione θ_2 mentre l'angolo di rifrazione è in relazione al tipo di materiale, secondo un parametro specifico di ogni materiale chiamato indice di rifrazione, indicato con n.

L'indice di rifrazione di un materiale è dato dal rapporto tra la velocità della luce nel vuoto e la velocità della luce nel materiale stesso:

$$\text{indice di rifrazione n} = \frac{\text{velocità della luce nel vuoto}}{\text{velocità della luce nel materiale}}$$

Naturalmente l'indice di rifrazione nell'aria ha valore 1 mentre per tutti i materiali ha valore >1, essendo la velocità della luce nei materiali più densi sempre inferiore a quella nel vuoto. Nella tabella sono riportati i valori dell'indice di rifrazione di alcuni materiali.

Materiale	Indice di rifrazione
Aria	1
Acqua	1,333
Plastica	1,47
Vetro	1,523
Diamante	2,418

Come si può vedere dalla figura a lato, la legge di Snell lega l'angolo di incidenza α_1 di un raggio luminoso che attraversa un materiale con indice di rifrazione n_1 e "passa attraverso" la superficie di separazione di un secondo materiale con indice n_2 formando un angolo α_2. ▶

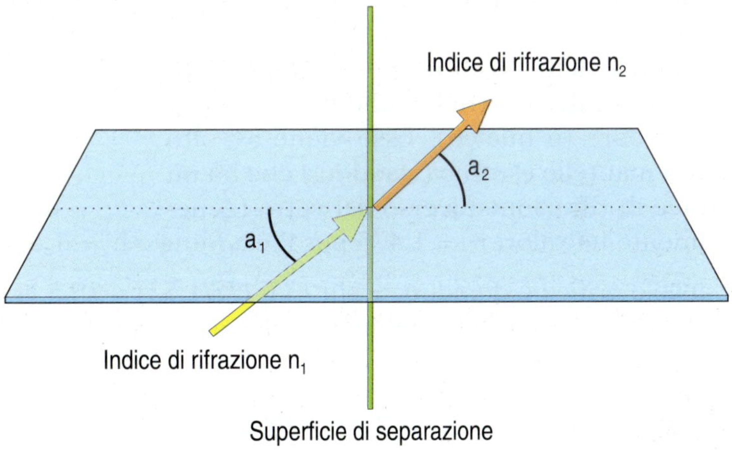

La relazione tra i due angoli è:

$$n_1 \text{ sen } \alpha_1 = n_2 \text{ sen } \alpha_2$$

La parte di luce che viene rifratta "sottrae" energia a quella che viene riflessa: il nostro obiettivo è quello di ottenere un sistema in grado di riflettere totalmente la luce in modo da trasferire il segnale più lontano possibile.

Dalla legge di Snell si può ricavare un valore particolare dell'angolo di incidenza che prende il nome di angolo critico, α_c, tale che per i valori dell'angolo di incidenza superiori a esso si ha la riflessione totale.

$$\alpha_c = \sin^{-1}\left(\frac{n_2}{n_1}\right)$$

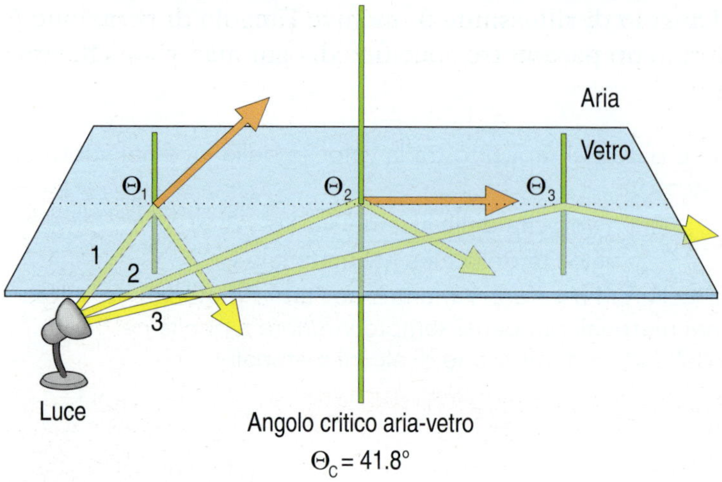

Raggio 1: $\theta_1 < \theta_c$: parte della luce viene riflessa e parte viene rifratta
Raggio 2: $\theta_1 = \theta_c$: parte della luce viene riflessa e parte viene rifratta
Raggio 3: $\theta_1 > \theta_c$: viene totalmente riflessa

Per trasmettere la luce si realizzano quindi dei conduttori particolari che prendono il nome di fibre ottiche composti da due materiali disposti in modo coassiale come nella figura a lato. ▶

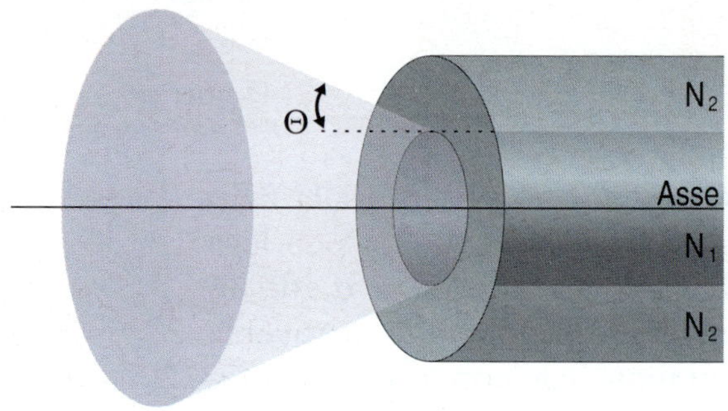

Al centro viene posto un filo di vetro di dimensioni micrometriche, che prende il nome di core (o nucleo). Esso viene avvolto da un mantello esterno (cladding) che ha un indice di rifrazione diverso dal vetro (generalmente ha valori n_2 = 1,475 per il cladding e n_1 = 1,52 per il core).

L'angolo critico è quindi $\alpha_c = \sin^{-1}$ (1,475/1,52) ≅ 79,5 gradi e al di sotto di questo angolo di incidenza la luce viene totalmente riflessa, quindi si mantiene tutta all'interno del core.

CONO DI ACCETTAZIONE, APERTURA NUMERICA, MODO

Si definisce cono di accettazione l'insieme degli angoli di incidenza per i quali avviene la riflessione totale del segnale nella fibra.

Si definisce apertura numerica (NA) di una fibra il "range" di angoli di luce incidente che saranno completamente riflessi (il suo valore varia in genere tra 0,1 e 0,3).

$$NA = (n_2^2 - n_1^2)^{1/2}$$

Si definisce modo il percorso che un raggio di luce segue quando attraversa una fibra.

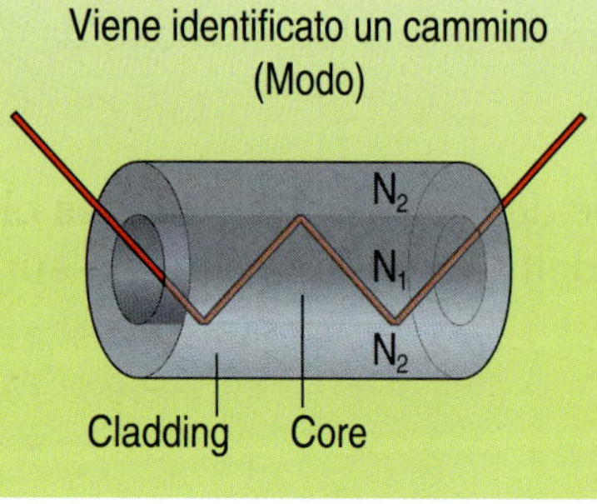

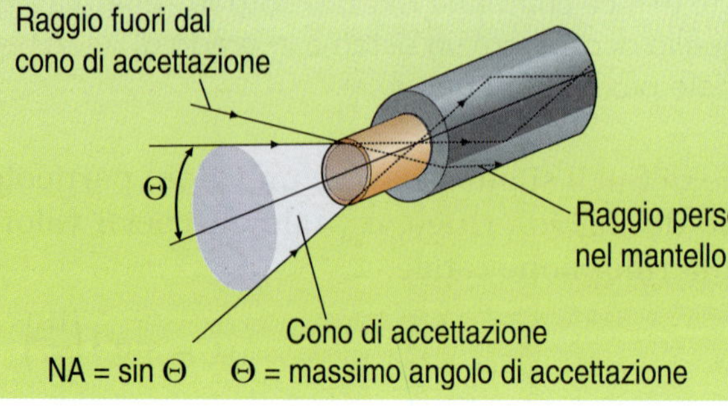

Se in una fibra viene trasmesso un unico segnale luminoso prende il nome di fibra monomodale (single mode) mentre le fibre ottiche che ammettono più modi di propagazione vengono dette multimodali (multimode).

Nella figura seguente viene riportato un esempio di fibra multimodale con 4 modi.

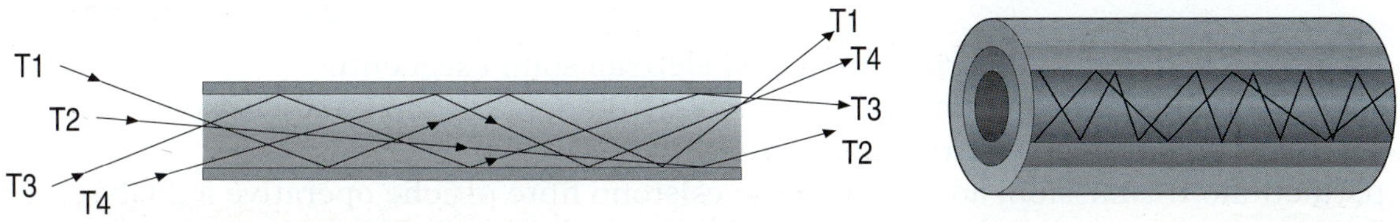

Si può osservare come all'aumentare del diametro del core i cammini percorsi nei diversi modi hanno lunghezza diverse: dal disegno si vede immediatamente che il percorso T2 è molto più breve del percorso T3. Di conseguenza avremo tempi di propagazione diversi, per cui segnali inviati contemporaneamente giungeranno a destinazione in tempi diversi (fenomeno della dispersione): il segnale che arriva per ultimo pone un limite inferiore di permanenza alla durata dell'impulso (valore 0 o valore 1) limitando di fatto la velocità di trasmissione.

L'eliminazione del problema della dispersione modale si ottiene solo con le fibre monomodali: in esse si riesce a ridurre la dimensione del core fino a circa 4-10 µm e la propagazione dei raggi avviene in un unico modo.

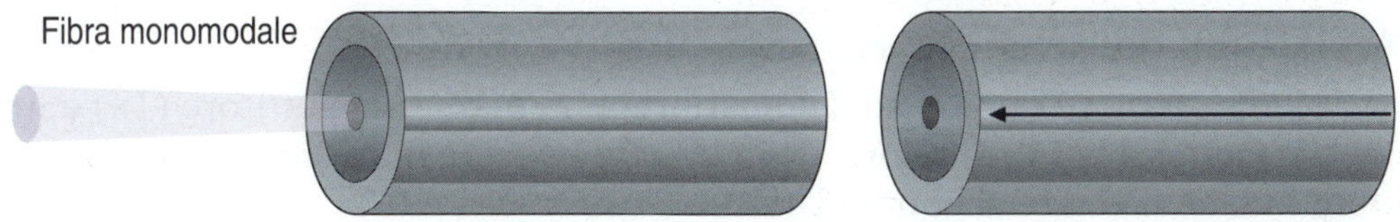

Nelle fibre monomodali è però necessario avere una sorgente di segnale che generi un fascio preciso di luce monocromatica. Generalmente viene utilizzato un laser che genera una luce monocromatica e coerente mentre nelle fibre multimodali è possibile trasmettere con nomali LED, più economici e semplici da utilizzare.

I vantaggi di questo tipo di fibra sono:
- elevato tempo di vita;
- assenza di dispersione;
- minima perdita della potenza ottica;
- bassa attenuazione;
- ampia larghezza di banda.

Gli svantaggi si limitano fondamentalmente a due punti:
- problemi di connessione a causa del piccolissimo diametro del core;
- elevata potenza ottica richiesta.

La struttura di una fibra ottica

Abbiamo detto che una fibra ottica si presenta come un cavo coassiale dove al centro, al posto del cavo di rame, viene posto un filo di vetro di dimensioni micrometriche che prende il nome di core (o nucleo).

Questo viene avvolto da un mantello esterno (cladding) che ha un indice di rifrazione molto diverso dal vetro: in questo modo si mantiene la luce all'interno del core. ▶
Core e cladding vengono poi ricoperti da due strati di materiali protettivi.

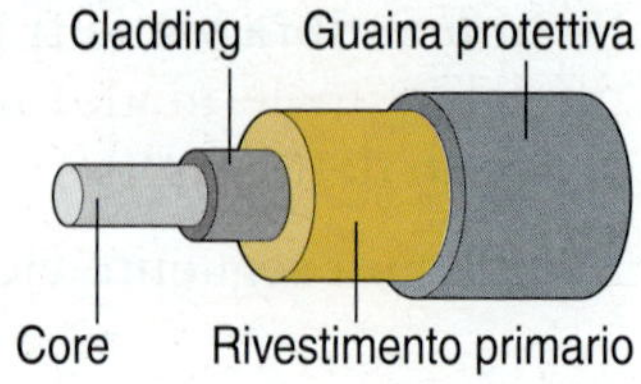

I vantaggi delle fibre ottiche rispetto ai cavi elettrici sono i seguenti:
- sono completamente immuni dai disturbi elettromagnetici: il segnale trasportato consiste in fotoni, che sono elettricamente neutri;
- permettono trasmissioni ad alta velocità: esistono fibre ottiche operative a 2 Gb/s;
- hanno una bassa attenuazione del segnale: alcuni decimi di dB/km;
- sono di dimensioni molto ridotte e quindi molto comode per i cablaggi strutturati;
- hanno costi contenuti.

Lo svantaggio più evidente per le fibre ottiche è il fatto che possono essere utilizzate solo per connessioni punto-punto dato che non è possibile prelevare il segnale in un punto intermedio ma solo alla sua estremità.

Oggi le dimensioni caratteristiche di una fibra ottica sono le seguenti:
- il diametro delle fibre è di 125 μm;
- il diametro completo del cavo, compreso i rivestimenti, è di circa 0,25 mm.

Caratteristiche costruttive dei cavi in fibra ottica

Ogni cavo in fibra ottica è composto da due fibre, una per il trasmettitore (Tx) e una per il ricevitore (Rx) per cui la trasmissione è full duplex e le due fibre sono messe in un singolo contenitore fino ad arrivare ai connettori.
Le coppie di fibre ottiche sono raggruppate all'interno di un cavo che può arrivare fino a 24 coppie.

Il connettore più comune per le fibre multimode è SC (*Subscriber Connector*), mentre per le single mode è ST (*Straight Tip*).
▶

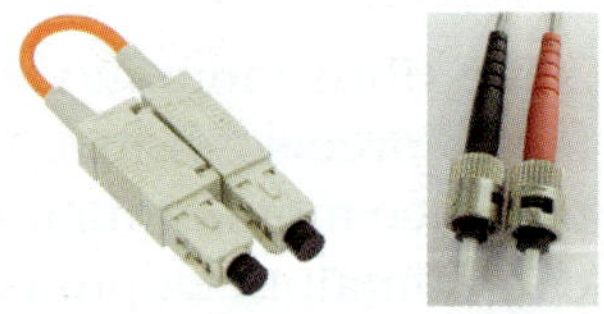

A seconda della diversa tecnologia costruttiva possiamo avere tre tipologie di cavi:
- cavi di tipo tight;
  - cavi multimonofibra
  - cavi multifibra
- cavi di tipo loose;
- cavi di tipo slotted core.

I cavi di tipo tight sono usati principalmente per installazioni in luoghi interni e si suddividono in:
- cavi multimonofibra che sono costituti al massimo da otto fibre disposte attorno a un nucleo centrale di materiale dielettrico. Sono particolarmente robusti in quanto ogni singola fibra viene rivestita con una guaina protettiva fino ad arrivare a un diametro di

Cavo multimonofibra

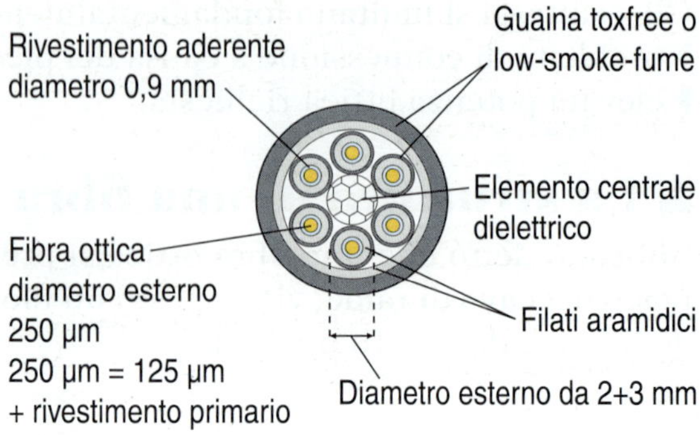

2-3 mm. Vengono per esempio utilizzati per realizzare le bretelle ottiche che assicurano le permutazioni tra gli apparati attivi e i pannelli di terminazione (multifibra a due fibre, chiamati bifibra);
- cavi multifibra che sono meno robusti dei cavi multimonofibra dato che il rivestimento della singola fibra arriva al massimo a un diametro di 0,9 mm: per questo motivo, però, possono contenere con lo stesso diametro globale del cavo un numero maggiore di fibre ottiche (fino a 32) e quindi sono maggiormente indicati per la realizzazione delle dorsali.

I cavi di tipo loose sono usati principalmente per installazioni in luoghi esterni e possono contenere fino a 100 fibre: sono particolarmente indicati per la connessione in ambienti umidi e in presenza di acqua in quanto hanno più strati di protezione con particolari gel che tamponano il cavo.
Non sono invece indicati per cablaggi verticali e devono essere giuntati utilizzando cavetti monofibra.
I cavi di tipo slotted core sono usati principalmente per installazioni in luoghi esterni e possono contenere fino a 400 fibre: sono particolarmente indicati per la connessione in ambienti umidi e in presenza di acqua in quanto hanno anch'essi una protezione tamponante con gel.
Sono costituiti da un elemento centrale scanalato entro le cui cavità vengono riposte le fibre nude; anch'essi devono essere giuntati utilizzando cavetti monofibra.
Per le LAN in genere si usano le tight all'interno degli edifici mentre le loose si usano per installazioni esterne agli edifici.

Cavo multifibra

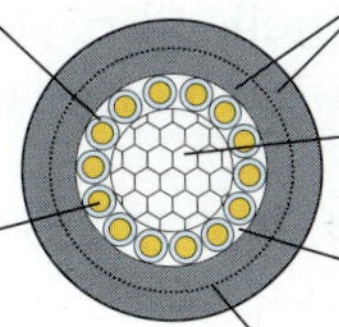

Cavo di tipo loose

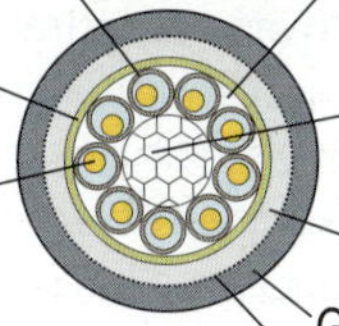

Cavo di tipo slotted core

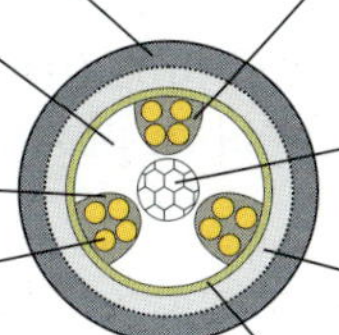

■ Installazione, rumore e test sulle fibre ottiche

Un collegamento in fibra ottica viene realizzato con tre componenti, come ogni altro sistema di comunicazione:
- il trasmettitore (Tx);
- il cavo;
- il ricevitore (Rx).

Il segnale da trasmettere è binario, quindi costituito da una sequenza di zero e di uno, trasformati in presenza o assenza di segnale luminoso. Il segnale luminoso viene generato da due tipi di sorgenti che ricevono il segnale elettrico da trasmettere e lo convertono in segnali ottici:

1. i LED (diodi a emissione luminosa) usati nelle fibre multimode (producono una luce infrarossa di lunghezza d'onda di 850 nm o di 1310 nm);
2. i laser, usati nelle fibre single mode (producono un raggio di luce infrarossa con lunghezza d'onda di 1310 nm o di 1550 nm).

Come ricevitore viene utilizzato un fotodiodo PIN, che reagisce a una specifica lunghezza d'onda.

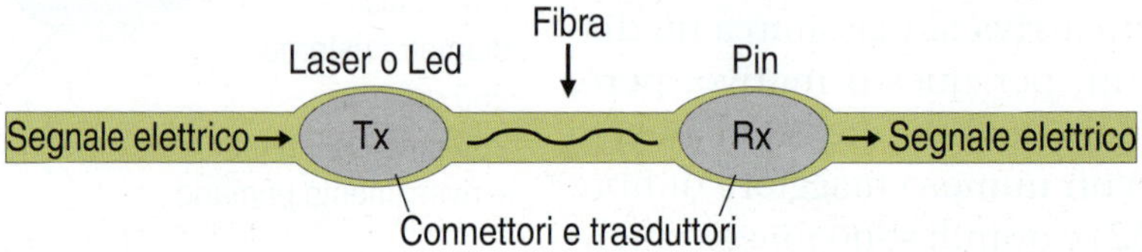

> L'istallazione dei connettori sulle fibre ottiche è un'operazione molto delicata ed è la prima causa della perdita di segnale: in presenza di una discontinuità del conduttore parte della luce viene riflessa e quindi viene persa energia del segnale.
> Anche la corretta stesura del cavo è un'operazione fondamentale per avere le massime prestazioni nella comunicazione: la fibra viene inserita in una guida (interducting) che permette di evitare curve troppo strette, piegature o schiacciature dannose. Agli estremi la fibra deve essere tagliata perfettamente, smussata e accuratamente pulita, così come è necessario avere particolare accortezza quando vengono effettuate delle giunture.

Rumore nelle fibre ottiche

A differenza dei cavi in rame le fibre non sono soggette a rumore esterno e crosstalk in quanto non sono presenti campi elettromagnetici indotti, ma sono presenti altre cause di perdita di energia luminosa, descritte di seguito.

Dispersione

Il principale problema che crea l'attenuazione della luce in una fibra ottica è causato da microscopiche discontinuità della fibra (distortions) che causano riflessioni indesiderate: questa prima causa di perdita di energia prende il nome di scattering (dispersione).

Assorbimento

La seconda causa di perdita di energia è dovuta alla presenza nella fibra di alcune impurità chimiche che assorbono (absorption) parte dell'energia riscaldando quel punto e confondendo i segnali.

Attenuazione per rifrazione

Le irregolarità presenti nella fibra tra il core e il cladding causano piccole rifrazioni e quindi perdite di energia per attenuazione.

Bending

Durante la stesura della fibra, se questa viene tesa più del dovuto, si possono creare microfratture nel core che creano dispersione di raggi luminosi; un analogo problema può essere causato da raggi di curvatura tropo stretti che possono determinare una modifica del valore dell'angolo di incidenza dei raggi.

Terminazione

Creano attenuazione tutte le irregolarità e i difetti dovuti alla terminazione non perfetta alle estremità.

Test e strumentazione

È indispensabile effettuare un insieme di test sui cavi ottici, a partire dalla verifica del corretto assemblaggio dei connettori. Gli strumenti utilizzati per i test su fibra ottica sono i seguenti:

- sorgenti luminose (*Visual Fault Locator*, VFL);
- microscopi per la fibra;
- *Optical Loss Test Kits* (OLTS) o *Power Meter*;
- *Optical Time Domain Reflectometers* (OTDR);
- piattaforme integrate di test.

Il VFL emette mediante un laser una luce bianca o rossa nello spettro del visibile; è tascabile, leggero e viene utilizzato per verificare la continuità della fibra e la polarità di una coppia di fibre oppure per individuare il punto di rottura della fibra con guaine di cavo sottili (in questo caso viene emessa luce lampeggiante o incandescente facilmente visibile). ▶

Durante l'installazione della fibra, una causa di criticità è dovuta alla pulizia delle terminazioni: la presenza di polvere, di residui di imballo o anche delle impronte digitali lasciate "maldestramente" dall'installatore portano a un'elevata attenuazione ottica.

> Statisticamente circa il 90% dei problemi di trasmissione sulle fibre ottiche è dovuto all'attenuazione causata da questo motivo.

In commercio sono disponibili appositi kit in valigette dedicate per la pulizia della fibra, che contengono tutto il necessario per rimuovere le sedimentazioni dello sporco nelle connessioni delle fibre (contengono un solvente speciale sviluppato per i cavi di fibra di vetro che viene applicato mediante un apposito spinotto in modo da avere sempre il preciso dosaggio, tamponi appositi per le diverse porte dei dispositivi attivi, cleaning card specifiche). ▶

È necessario ispezionare con una sonda video (microscopio per la fibra) anche le porte degli apparati attivi (router, switch, NICs) che possono sporcarsi. ▶

Inoltre il microscopio per la fibra viene utilizzato per verificare la presenza di righe o scheggiature sui connettori, la pulizia della faccia delle terminazioni dopo l'installazione, la pulizia dei connettori delle bretelle (*patch cord*) prima dell'uso, delle porte ottiche, delle porte patch panel e in generale la pulizia delle porte in fibra degli apparati.

La verifica della continuità di una fibra e la misura della perdita di segnale per attenuazione all'interno viene effettuata con un *Optical Loss Test Set* (OLTS) che, mediante una sorgente di luce sia monomodale che multimodale, a LED o a laser, misura la perdita di inserzione (attenuazione) di un link in fibra.

È molto semplice da usare ed è la soluzione meno costosa per il test di attenuazione della fibra ottica da utilizzare nella certificazione dei cablaggi. ▶

Per i collegamenti su lunga distanza si introduce un parametro, il power budget, che sta a indicare la massima quantità di potenza che può essere dissipata dal collegamento: viene calcolato

come differenza tra il valore di potenza del trasmettitore e la sensibilità del ricevitore.
È sempre necessario misurare o stimare la perdita complessiva del collegamento, o link loss, che deve essere inferiore al power budget.

La misura viene effettuata utilizzando un OTDR (*Optical Time Domain Reflectometry*), cioè un riflettometro ottico nel dominio del tempo, che è in grado di calcolare le attenuazioni e le riflessioni per ogni componente del "canale ottico" e di "fotografare" il comportamento di ogni componente visualizzando la traccia del segnale.

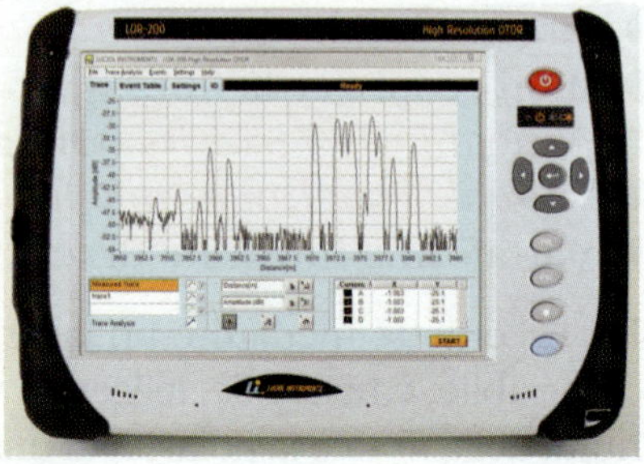

Nella figura a lato è riportato un esemplare di riflettometro dove è possibile visualizzare la traccia del segnale. ▶

Zoom su...

CALCOLO DEL POWER BUDGET

Generalmente viene lasciato come power budget aggiuntivo un margine di 3-6 dB per precauzione, contro la perdita dovuta all'invecchiamento e allo sporco.
Vediamo a titolo di esempio il conteggio per un collegamento di 30 km, dove sono presenti otto giunzioni lungo il collegamento e i connettori posti solo all'estremità:

- attenuazione della fibra 0,24 dB/km * 30 km = 7,2 dB;
- perdita nelle giunzioni 0,1 dB/giunzione * 8 = 0,8 dB;
- perdita nei connettori 0,5 dB/connettore è 4 = 2 dB.

In totale si ottiene un link loss di 10 dB al quale dobbiamo aggiungere un margine di sicurezza di 5 dB ottenendo quindi un power budget minimo di 15 dB.

Riassumiamo nella tabella che segue i test che vengono effettuati sulle fibre ottiche un e gli strumenti utilizzati.

Tipo di test	Strumento
Accettazione cavi	OTDR, OLTS
Verifica di continuità	OTDR, OLTS, Laser Visible
Verifica stress cavo	OTDR
Riflessione	OTDR
Analisi terminazione	Microscopio
Difetti su pigtail/jumper	Laser Visible
Individuazione interruzioni	OTDR, Fiber break locato
Test del sistema	OLTS
Verifica attenuazione	OTDR

Verifichiamo le conoscenze

1. Risposta multipla

1 Quale, tra i seguenti, non è un vantaggio per una fibra monomodale?

a. elevato tempo di vita
b. assenza di dispersione
c. bassa potenza ottica richiesta
d. minima perdita della potenza ottica
e. bassa attenuazione
f. ampia larghezza di banda

2 Per realizzare le bretelle ottiche vengono utilizzati:

a. cavi di tipo tight multifibra
b. cavi di tipo tight multimonofibra
c. cavi di tipo loose
d. cavi di tipo slotted core

3 Per le LAN in genere si usano: (due scelte)

a. tight all'interno degli edifici
b. tight per le installazioni esterne agli edifici
c. loose all'interno degli edifici
d. loose per le installazioni esterne agli edifici
e. slotted all'interno degli edifici
f. slotted per installazioni esterne agli edifici

4 Per misurare l'attenuazione in un fibra ottica si utilizza:

a. VLS (Visual Fault Locator)
b. microscopio per la fibra
c. OLTS (Optical Loss Test Set)
d. OTDR (Optical Time Domain Reflectometers)

5 Le fibre ottiche hanno oggi un'attenuazione di circa:

a. 20 dB/km
b. 2 dB/km
c. 0,2 dB/km
d. 2 dB/m
e. 0,2 dB/m

6 L'indice di rifrazione di un materiale si ottiene dal rapporto tra:

a. la velocità della luce nel materiale e la velocità della luce nel vetro
b. la velocità della luce nel vetro e la velocità della luce nel materiale
c. la velocità della luce nel vuoto e la velocità della luce nel materiale
d. la velocità della luce nel materiale e la velocità della luce nel vuoto

2. Vero o falso

1 I cavi di tight multifibra possono contenere fino a 100 fibre. V F
2 I cavi di tipo loose possono contenere fino a 100 fibre. V F
3 I cavi di slotted loose possono contenere non più di 300 fibre. V F
4 I LED sono usati nelle fibre multimode. V F
5 I laser producono una luce infrarossa di lunghezza d'onda di 850 nm o di 1310 nm. V F
6 L'analisi della terminazione di una fibra viene effettuata mediante il microscopio. V F
7 La verifica dell'attenuazione in una fibra viene effettuata con l'OLTS. V F
8 L'indice di rifrazione nell'aria ha valore 1. V F
9 L'indice di rifrazione per tutti i materiali ha valore <1. V F
10 In una fibra monomodale viene trasmesso un unico segnale luminoso. V F
11 Nelle fibre monomodali il core viene ridotto fino a circa 4-10 mm. V F
12 I cavi di tipo loose sono usati principalmente per installazioni in luoghi esterni. V F

AREA *digitale* hoepliscuola.it

Esercizi per il recupero / Esercizi per l'approfondimento

LEZIONE 4

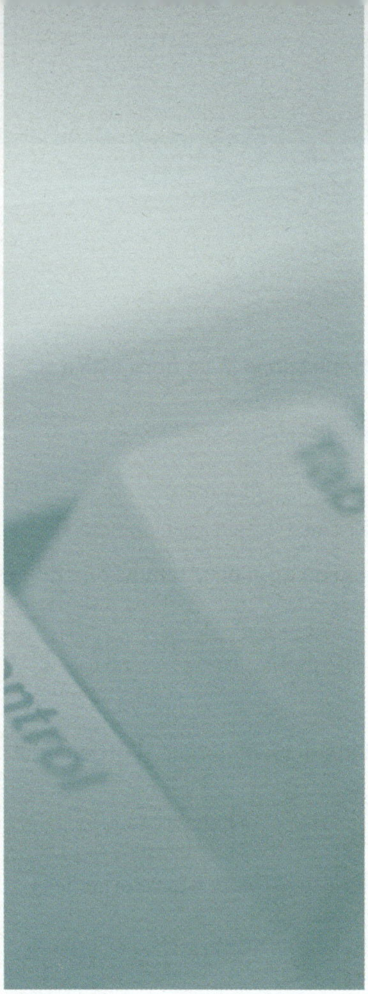

La connessione wireless

In questa lezione impareremo...

- la modalità di trasmissione dei segnali wireless
- la sicurezza nelle comunicazioni wireless

La trasmissione di segnali wireless

La caratteristica delle reti wireless è quella di essere "senza cavi", come dice il termine stesso: l'utilizzo di dispositivi in grado di comunicare i messaggi utilizzando come mezzo conduttore l'aria permette di realizzare reti senza fili.

> Le reti wireless da una parte soddisfano le esigenze in situazioni in cui il cablaggio può risultare non conveniente, dall'altra vengono incontro all'esigenza di connettività da parte di dispositivi elettronici mobili, come palmari, cellulari, laptop ecc. che comunicano tra loro attraverso interfacce aeree.

Al primo standard per le comunicazioni wireless creato dalla IEEE negli Stati Uniti nel 1995 fu attribuito il codice 802.11, che consiste in un famiglia di protocolli definiti per realizzare una versione radio del protocollo 802.3/Ethernet.

Le tecnologie più usate per realizzare reti senza fili sono:

- raggi infrarossi;
- onde radio.

La tecnologia a raggi infrarossi viene utilizzata da oltre vent'anni: è quindi "matura" e molto semplice, ma presenta il grosso svantaggio di essere estremamente sensibile agli ostacoli. Anche una piccola parete in cartongesso rappresenta un impedimento considerevole dal punto di vista elettromagnetico. Può quindi essere utilizzata solo in uno spazio aperto o all'interno di un singolo locale.

Per l'utilizzo in una rete locale che si estende all'interno di edifici l'unica soluzione è quella che utilizza le onde radio: il protocollo 802.11 prevede infatti che la propagazione dei segnali avvenga utilizzando questo tipo di onde.
La trasmissione dei bit viene effettuata generalmente in modulazione di fase differenziale, dove la portante viene modulata con uno sfasamento di 180° per la codifica dell'1 rispetto a quella dello 0.
Le trasmissioni occupano una banda di frequenze che viene suddivisa in tanti canali tra loro separati; per trasmettere su un particolare canale è necessario possedere il rispettivo codice di autorizzazione.

Il protocollo 802.11 è stato pensato:
- per reti non cablate: per gestire il colloquio fra tante stazioni che comunicano tra loro in modo paritetico;
- per reti cablate: per l'accesso a una rete più articolata da parte di un dispositivo per la realizzazione di Distributed System (Sistema di distribuzione dell'informazione).

I dispositivi comunicano tra loro a 2.4 GHz con velocità da 1 a 2 Mbps.

Nel protocollo sono definite:
1. le modalità in cui diverse stazioni costituiscono un'Ad Hoc Network, cioè una rete *ad hoc* wireless in ambito locale;
2. le modalità per cui le stazioni appartenenti a singole Ad Hoc Network possono colloquiare con un Distributed System attraverso dei punti di accesso, gli *Access Point* (AP).

La successiva evoluzione, l'802.11b, arriva fino a 11 Mbps ed è chiamata Wi-Fi o wireless ad alta velocità: di fatto, però, la maggior parte delle apparecchiature lavora a 2 o a 4 Mbps.

La diffusione a livello mondiale di dispositivi predisposti alla connessione Wi-Fi sta incrementando la richiesta di connettività "mobile" ed è in costante aumento la disponibilità di connessione offerta dalle LAN aziendali di alberghi, ristoranti, caffè, infopoint, centri commerciali, aeroporti ecc. per offrire servizi (come la connessione a Internet) o informazioni ai proprio clienti.

Zoom su...

Esistono altri protocolli nella famiglia 802.11, per esempio:
- 802.11a: per i dispositivi wireless che operano a 5 GHz e arrivano fino a 54 Mbps;
- 802.11g: utilizza tecniche di modulazione OFDM.

Realizzazione di una rete wireless

Per realizzare una rete wireless sono necessari almeno due dispositivi wireless, entrambi con possibilità di connessione radio. Per garantire la compatibilità tra i diversi dispositivi, viene utilizzato un *Access Point* (AP) che ha funzioni di concentratore e "collegatore" tra la rete wireless e la LAN cablata.
L'area coperta da un AP viene chiamata cella e ha un raggio massimo di circa 150 metri: per coprire spazi di dimensioni maggiori è necessario predisporre più AP connessi alla stessa LAN per ricoprire tutte le aree da raggiungere (è necessario che le aree raggiungibili da ogni AP siano parzialmente sovrapposte per almeno il 20%).

La LAN con accesso wireless prende anche il nome di WLAN.

Quando un dispositivo vuole connettersi a una WLAN esegue uno scanning alla ricerca di un AP compatibile con il quale eseguire l'associazione (associate).
Lo scanning può essere:

- attivo (*active*): il client lancia una richiesta per unirsi alla LAN contenente un SSID (*Service Set Identifier*) e, se viene accettata analizzando le credenziali del richiedente e controllando gli eventuali diritti di accesso, l'AP gli risponde permettendogli il collegamento;
- passivo (*passive*): il client si pone in ascolto di messaggi (bacon) trasmessi dall'AP in attesa di riceverne uno contente l'◀ SSID ▶ della rete alla quale desidera connettersi.

◀ L'SSID è il nome con cui una rete Wi-Fi si presenta ai suoi utenti: consiste in genere in una serie di caratteri ASCII stampabili e viene continuamente trasmesso in modo che gli utenti possano individuare la presenza della rete di loro interesse alla quale connettersi. ▶

L'autenticazione per l'accesso a una WLAN è a livello 2 e quindi viene autenticato il dispositivo e non l'utente: se la LAN offre un servizio di "sistema aperto", cioè permette libero accesso ad alcuni servizi (tipo la connessione Internet) da parte di chiunque ne faccia esplicita richiesta: è sufficiente che coincidano il SSID della LAN e del client. Per accessi a rete privata o LAN aziendali l'AP viene configurato per inviare la richiesta a un server di autenticazione oppure può effettuare direttamente la validazione mediante una chiave condivisa: in questo caso è richiesta la crittografia WEP (*Wireless Equivalent Protocol*) a 64 o 128 bit della comunicazione per evitare intrusioni indesiderate: all'AP e a tutti i nodi viene assegnata staticamente la chiave di accesso, e dal semplice confronto di questa si determina l'autenticazione del client. A seguito dell'autenticazione l'AP effettua l'associazione e quindi autorizza il client a connettersi alla rete e a trasferire i dati.

■ Comunicazione wireless

Il primo problema che si incontra utilizzando le trasmissioni in Radio Frequenza (RF) è la condivisione del mezzo trasmissivo da parte di più soggetti che utilizzano l'etere come mezzo di comunicazione.
Sono presenti molteplici fonti di disturbo, come i telefoni wireless, il forno a microonde, i dispositivi che utilizzano la tecnologia Bluetooth (che usa l'intero spettro a 2.4 GHz); anche le condizioni atmosferiche interferiscono con i segnali, soprattutto la nebbia e i temporali.

Il secondo problema è legato al fatto che più client possono contemporaneamente cercare un trasmettere dati allo stesso AP generando quindi delle collisioni; nei paragrafi che seguono spiegheremo come avviene la comunicazione e quali sono i meccanismi che ci permettrono di gestire le collisioni.

Accesso al canale

Sostanzialmente sono due le modalità di trasmissione wireless:

- ad hoc, o IBSS (*Independent Basic Service Set*): senza infrastruttura, è una connessione peer to peer utilizzata per sale conferenze, condivisione di periferiche, allineamento archivi ecc.;
- infrastrutturata, o EES (*Extended Service Set*): con un AP connesso alla rete cablata o a Internet, che richiede autenticazione e permessi di accesso, è utilizzata nelle reti aziendali, in ufficio, in reti domestiche, in hotspot ecc.

In entrambe per poter comunicare è necessario avere l'accesso a un canale, e questo può effettuarsi in due diverse modalità:
- DFC: *Distributed Coordination Function*;
- PFC: *Point Coordination Function*.

Senza entrare nel dettaglio dei due meccanismi, il primo può essere utilizzato sia per connessioni *ad hoc* che strutturate, poiché non gestisce priorità ma gestisce un meccanismo equo di acceso al canale; il secondo può essere utilizzato solo per connessioni strutturate, e dà all'AP la massima priorità nell'interrogare gli host in polling garantendo un servizio per ogni client. ▶
Nella figura è rappresentato il modello a strati del 802.11 sul livello fisico: la PCF opera al di sopra della DCF e ne sfrutta le caratteristiche per assicurare un accesso privilegiato ai suoi utenti.

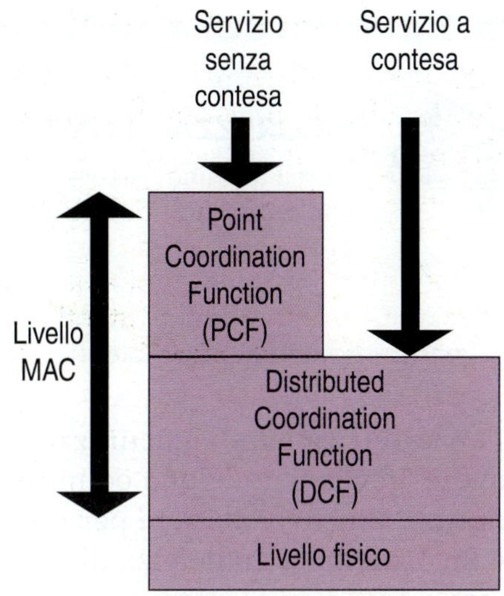

Elusione delle collisioni

◀ Il MAC è un sottolivello del livello Data Link, cioè il livello 2 della pila ISO/OSI, che si occupa della connessione dei dispositivi di collegamento dei dati: sarà dettagliatamente descritta più avanti. ▶

Per risolvere il problema di collisioni le WLAN utilizzano il protocollo ◀ livello MAC ▶ chiamato CSMA/CA (*Carrier Sense Multiple Access/Collision Avoidance*), cioè accesso multiplo con ascolto della portante ed elusione delle collisioni (che sarà dettagliatamente descritto nel seguito della trattazione). Dato che il client non si accorge delle collisioni, è il ricevente che deve gestire la comunicazione:
- il trasmettitore quando trova un canale libero invia un pacchetto di dati;
- il ricevente invia un segnale di conferma ricezione ACK;
- il trasmittente, se non riceve l'OK dal ricevente, considera il pacchetto perso e ripete la trasmissione.

La collisione avviene quando due emittenti sentono che un canale è libero e iniziano contemporaneamente a trasmettere; per eludere le collisione si utilizza il CA:
- il mittente inizia la comunicazione trasmettendo un pacchetto molto corto RTS (*Request To Send*);
- il destinatario risponde con un pacchetto CTS (*Clear To Send*);
- le altre emittenti prima di trasmettere si mettono in ascolto (carrier sensing), ricevono questi pacchetti e li interpretano come segnali di canale occupato e quindi evitano di trasmettere in intervalli successivi di tempo.

Zoom su...

FRAME 802.11

La comunicazione in una WLAN non utilizza i frame standard 802.3. Esistono tre tipi di frame: control, management e data, e solo il frame data è simile a 802.3, con una larghezza che da 1500 byte può arrivare fino a 2346 byte.

■ La sicurezza nelle comunicazioni wireless

SICUREZZA DI UN SI

Con il termine "sicurezza" di un sistema informatico si intende l'insieme dei meccanismi che vengono adottati per garantire:
- confidenzialità: terze parti non possono accedere al sistema;
- integrità: chi non è autorizzato non deve modificare le risorse (in particolare i dati);
- autenticazione: solo gli utenti autorizzati possono accedere alle risorse dopo che il sistema ha effettuato un'affidabile identificazione.

Per le reti cablate la sicurezza è importante ma per poter accedere a esse è necessario avere "fisicamente" una connessione, questo significa che un malintenzionato deve connettere un cavo alla rete per poter accedere; per le reti wireless la facilità di connessione è favorita dalla mancanza di questo ostacolo. Se noi "chiudiamo in una stanza" la nostra rete LAN e non facciamo accedere nessuno al locale possiamo stare abbastanza tranquilli che nessun estraneo accederà alla nostra rete: invece con accessi Wi-Fi non abbiamo alcun controllo fisico e quindi chiunque si trovi entro il raggio di copertura del trasmettitore dell'AP può ascoltare, intervenire e immettere traffico interferendo nella rete.

È anche difficile delimitare la zona di copertura perché risulta essere molto influenzata dalla geografia dell'ambiente e dalla tipologia di materiali presenti: inoltre le onde radio passano attraverso i muri, e sono state preferite proprio per questo motivo, rendendo di fatto impossibile isolare la zona di copertura Wi-Fi.

Possiamo classificare le possibili minacce alla sicurezza in cinque gruppi:
- ascolto passivo del traffico di rete;
- uso non autorizzato delle risorse di rete, quali la connessione veloce a Internet;
- interferenza intenzionale per il danneggiamento delle funzionalità del sistema wireless;
- introduzione di spamming indesiderato sulla rete;
- accesso temporaneo da parte di utenti di passaggio (vampire connection).

Non tutte le minacce sono pericolose, anche se in qualche modo sono dannose poiché utilizzano impropriamente il sistema e quindi riducono l'efficienza delle risorse della rete; possiamo classificare due tipologie di "attacco":
- attacchi passivi: sono effettuati per "leggere" i dati semplicemente "ascoltando" quanto circola nei canali di comunicazione Wi-Fi;
- attacchi attivi: a loro volta possono essere di due tipi:
  - per immettere traffico: per accedere a tutti gli effetti all'utilizzo della rete;
  - per decrittare traffico: per ricevere informazioni inviando all'AP pacchetti "trappola".

Dato che gli indirizzi MAC delle schede Wi-Fi sono unici, come tutti gli indirizzi delle schede Ethernet, è possibile pensare di inserire una tabella di indirizzi autorizzati all'interno degli AP in modo che questi possano accettare solo i pacchetti trasmessi da indirizzi conosciuti. Questa soluzione non sempre è efficace in quanto per un malintenzionato è possibile "mascherare" da software l'indirizzo MAC camuffandolo e sostituendolo con indirizzi autorizzati.

Le specifiche 802.11 introducono il WEP (*Wired Equivalent Privacy*) per proteggere la rete e impedire che utenti non autorizzati ascoltino o immettano traffico sulla rete.

Si definisce WEP un frame così costituito:

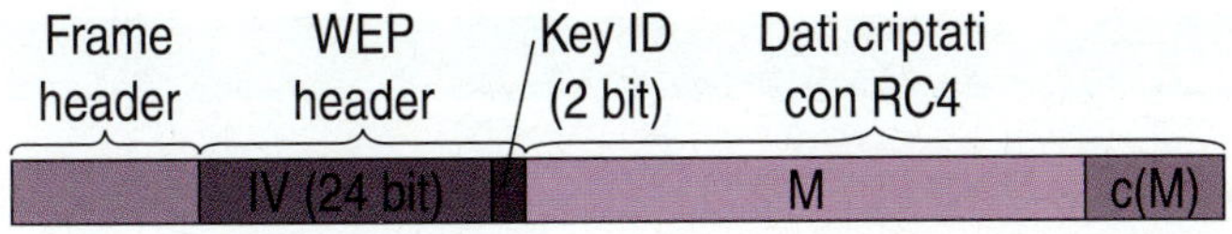

- il WEP header contiene 24 bit chiamati di *Initialization Vector* (IV) e 2 bit di Key-ID: vengono utilizzati per la determinazione della chiave RC4 di 40 bit (WEP key) tra le quattro definite;
- i dati, criptati con la chiave RC4;
- un gruppo di 32 bit di parità (c(M)).

Questa tecnica può andare bene per respingere attacchi da parte di malintenzionati inesperti, ma dato che la chiave segreta del RC4 deve essere inserita in ogni stazione e non cambia praticamente mai, e il Key-ID è trasmesso in chiaro, è possibile superare questa protezione.

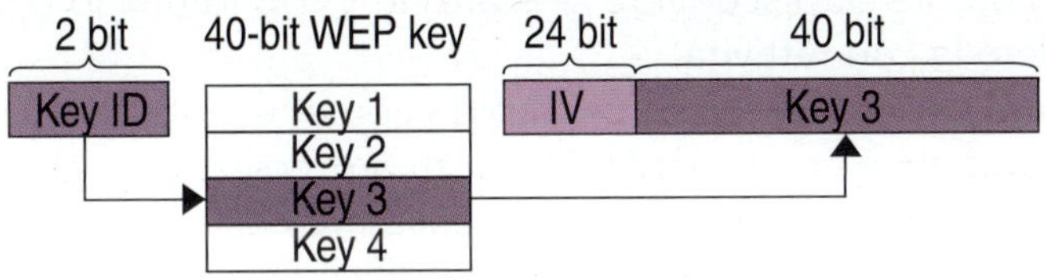

Anche i primi 24 bit della chiave sono trasmessi in chiaro, quindi non è difficile per un malintenzionato intercettare questi dati per ricostruire la chiave completa di 40 bit.

> Con le velocità attuali dei personal computer è anche possibile "forzare" brutalmente i 40 bit provando tutte le combinazioni in tempi accettabili.

La prima contromisura è stata quella di passare a chiavi di 128 bit, che vengono utilizzate con meccanismi di VPN (*Virtual Private Networking*) e EAP (*Extensible Authentication Protocol*) che hanno sistemi di autenticazione più complessi attuati da appositi server.

Per eliminare le debolezze del WEP, sia a 40 sia a 104 bit, si è anche introdotto il protocollo WPA (*Wi-Fi Protected Access*), che utilizza una variante dell'algoritmo WEP dal quale sono state rimosse le principali debolezze (effettua una cifratura a 128 bit mediante l'algoritmo ◀ RC4 ▶). Ma anche questo protocollo si è dimostrato vulnerabile: alcuni ricercatori utilizzando un attacco con il metodo WPA-PSK hanno dimostrato di potere violare in 60 secondi una connessione WPA.

> ◀ RC4 è un famoso algoritmo di cifratura a chiave simmetrica dove il testo viene cifrato con una chiave pseudocasuale mediante un'operazione di XOR. ▶

Si è passati al protocollo WPA2, ratificato nel 2008, che utilizza un diverso algoritmi di cifratura, l'AES (*Advanced Encryption Standard*), un algoritmo di cifratura a blocchi, che garantisce un'elevata sicurezza ma non è compatibile con le apparecchiature della generazione precedente.

> La sicurezza informatica e delle reti è un argomento estremamente importante al quale verrà dato ampio spazio in una sezione dedicata all'interno di questo corso.

Zoom su...

VANTAGGI DELLA RETE WIRELESS

La realizzazione di una rete wireless, rispetto a una tradizionale LAN cablata, offre notevoli vantaggi:

- richiede un minor impiego di manodopera e tempi di realizzazione più contenuti;
- risulta essere la soluzione ideale per quelle realtà che operano in ambienti nei quali il cablaggio tradizionale è reso impossibile da barriere architettoniche (uffici storici, uffici ubicati in edifici diversi ecc.);
- permette di aggiungere sempre nuove postazioni di lavoro senza richiedere la posa di cavi aggiuntivi;
- computer portatili e desktop possono connettersi alla rete senza la necessità di un collegamento fisico: l'utente può scegliere se stare nel proprio ufficio o spostarsi in un'altra stanza senza perdere la connettività;
- è la soluzione ideale per implementazioni rapide come: eventi, fiere, manifestazioni;
- grazie alla tecnologia wireless è possibile effettuare collegamenti radio a brevi-medie distanze (fino a qualche decina di chilometri), realizzare connessioni punto-punto (tra due edifici) o connessioni punto-multipunto (tra più edifici).

Verifichiamo le conoscenze

1. Risposta multipla

1 Le tecnologie più usate per realizzare reti senza fili sono:

a. raggi infrarossi
b. raggi ultravioletti
c. onde radio
d. onde ottiche

2 La propagazione delle onde senza fili è descritta nel:

a. protocollo 802.09
b. protocollo 802.10
c. protocollo 802.11
d. protocollo 802.12

3 L'acronimo SSID significa:

a. Sistem Set Identifier
b. Sistem Service Identifier
c. Service Set Identifier
d. Service Set Identifier

4 A che livello avviene l'autenticazione per l'accesso a una WLAN?

a. livello 1
b. livello 2
c. livello 3
d. livello di applicazione

5 Il WEP adotta una tecnica di:

a. crittografia a chiave multipla
b. crittografia a blocchi
c. crittografia con chiave RC4 di 40 bit
d. crittografia a 128 bit

6 WPA significa:

a. Wireless Protected Area
b. Wireless Protected Access
c. Wi-Fi Protected Access
d. Wi-Fi Protected Area

2. Vero o falso

1 Al primo standard per le comunicazioni wireless creato dalla IEEE fu dato codice 802.11 V F
2 I dispositivi wireless comunicano tra loro a frequenze di 2.4 GHz. V F
3 I dispositivi wireless comunicano tra loro con velocità dell'ordine dei Mbps. V F
4 Nello scanning attivo il client si pone in ascolto di messaggi (bacon) trasmessi dall'AP. V F
5 La DCF opera al di sopra della PCF e ne sfrutta le caratteristiche. V F
6 Una modalità di trasmissione wireless è quella *ad hoc*, o EES. V F
7 La connessione BSS (*Independent Basic Service Set*) è una connessione peer to peer. V F
8 Nelle reti aziendali, in ufficio, nelle reti domestiche si utilizza la EES. V F
9 WEP è l'acronimo di Wireless Equivalent Privacy. V F
10 Nel WEP il key-ID viene trasmesso cifrato. V F
11 Nel frame WEP è presente un gruppo di 32 bit di parità. V F
12 Il WEP è un'evoluzione del WPA. V F
13 Il protocollo WPA utilizza una cifratura a 128 bit. V F
14 Il WPA2 utilizza per la cifratura l'algoritmo AES. V F

AREA *digitale* hoepliscuola.it

Esercizi per il recupero / Esercizi per l'approfondimento

LEZIONE 5

Il cablaggio strutturato degli edifici

In questa lezione impareremo...

- la terminologia dei componenti dei cablaggi strutturati
- la normativa americana standard EIA/TIA-568
- la normativa europea ISO/IEC DIS 11801

Generalità

La comunicazione tra due dispositivi attivi avviene mediante una connessione che il modello OSI definisce essere a livello 1, o strato fisico, e che ha come compito proprio quello di effettuare il trasferimento delle cifre binarie tra i due sistemi che devono comunicare.

Precise norme stabiliscono e regolamentano le modalità con cui viene realizzata l'interconnessione fisica di due dispositivi, o nodi, nella rete.

Vengono specificate le caratteristiche:
- meccaniche: la forma e la tipologia di prese e spine, il numero di contatti;
- elettriche: il voltaggio e le caratteristiche elettriche dei segnali associati all'interfaccia;
- funzionali: il significato dei vari segnali;
- procedurali: la combinazione e le sequenze dei segnali necessarie per il corretto funzionamento dei dispositivi.

La realizzazione degli impianti che permettono la comunicazione dei dati prende il nome di cablaggio.

CABLAGGIO

Per cablaggio si intende l'insieme di componenti passivi come cavi, prese, connettori, permutatori ecc., installati e predisposti per poter interconnettere i componenti attivi dei sistemi di elaborazione.

Il continuo aumento di richiesta di comunicazione tra dispositivi presenti anche in ambiente domestico ha portato alla standardizzazione della realizzazione degli edifici di nuova costruzione con predisposizioni (canalizzazioni) specifiche che ne permettono il cablaggio strutturato. L'elevato numero degli apparecchi e le diverse funzionalità dei sistemi richiedono la posa di grandi quantità di cavi in modo capillare in ogni parte dell'edificio e ogni diverso sistema richiede un impianto distinto (quindi un impianto per la telefonia, un impianto per la LAN, un impianto per la videosorveglianza ecc.).

Anche negli appartamenti residenziali si richiedono sempre più spesso infrastrutture simili a quelle degli uffici: la ◀ **domotica** ▶, i sistemi di sicurezza, il videocontrollo, le videoconferenze, la telefonia, la televisione e i collegamenti tra computer necessitano di una connessione permanente, realizzata mediante un sistema specifico di cablaggio.

◀ La domotica, detta anche home automation dalla definizione inglese, è la disciplina che si occupa di studiare le tecnologie atte a migliorare la qualità della vita nella casa mediante l'automazione dei processi e l'utilizzo delle tecnologie informatiche. ▶

Le normative sui sistemi di cablaggio definiscono i metodi per cablare sia singoli edifici industriali e/o gruppi di edifici costruiti su un comprensorio (campus), sia per cablare un singolo appezzamento di suolo privato: prevedono inoltre le regole per cablare edifici su campus diversi anche non direttamente a contatto ma separati da strade o da altri ostacoli permanenti.

In sintesi, nelle normative di cablaggio sono presenti le descrizioni:

- delle caratteristiche dei mezzi trasmissivi e dei componenti passivi;
- delle geometrie delle topologie di cablaggio (stella, anello, *bus*, maglia), dove vengono indicate le distanze massime, le modalità di interconnessione, le modalità di definizione degli eventuali livelli di gerarchia;
- delle regole di installazione, di test e di collaudo, e le modalità di come documentare il progetto in ogni sua parte.

I sistemi di cablaggio possono essere di tipo proprietario, per esempio il Cabling System IBM o il DECconnect Digital, oppure standard internazionali, che attualmente sono di due tipi:

- lo standard americano (ANSI) definito dall'◀ EIA/TIA ▶;
- lo standard internazionale definito dall'ISO.

◀ EIA, TIA e ISO sono gli acronimi di tre organizzazioni, due americane e una europea:

- EIA: *Electronic Industries Alliance;*
- TIA: *Telecommunications Industry Association;*
- ISO: *International Organization for Standardization.* ▶

Standard internazionali

In ambiente industriale l'esigenza di disporre di sistemi di cablaggio è nata con la diffusione agli inizi degli anni '80 dell'informatica in azienda e la nascita di sistemi informativi che richiedevano in un primo tempo la connettività dei terminali operativi e in seguito dei personal computer da affiancarsi ai normali sistemi di telecomunicazione: i primi sistemi realizzati cercavano di creare una sinergia proprio con i sistemi di cablaggio per telefonia e nacquero i cablaggi "fonia-dati".

I primi standard di cablaggio sono nati negli Stati Uniti dalla collaborazione tra due comitati: l'EIA (associazione delle industrie elettroniche) e la TIA (associazione delle industrie di telecomunicazioni):

- EIA/TIA-568: è uno standard americano definito nel 1991 per il cablaggio di edifici commerciali ed è tra gli standard più applicati in tutto il mondo;
- EIA/TIA-570: è uno standard americano per il cablaggio di edifici prevalentemente residenziali ma anche con la presenza di qualche ufficio commerciale.

Con il passare degli anni questi standard vennero modificati e integrati per adeguarli all'evoluzione tecnologica. Vennero quindi definiti:

- ISO/IEC DIS 11801: è uno standard internazionale approvato nel 1994 per i cablaggi di edifici commerciali divenuto in Europa un requisito base per la realizzazione di cablaggi strutturati (IEC significa *International Electrotechnical Commission* e DIS significa *Draft International Standard*);
- SP-2840-A: consiste in un adeguamento dello standard EIA/TIA-568 per includere le nuove tecnologie con maggiori velocità di trasmissione;
- prEN 50173 Final Draft (European Norms emesse dal Comitato Tecnico TC 115 CENELEC): riprende e fa propria a livello CEE/UE la proposta ISO/IEC DIS 11801.

> Il CENELEC è l'organismo di coordinamento dei Paesi membri dell'Unione Europea, che ha come scopo principale quello di far adottare le norme IEC e di preparare bozze di norme.

Zoom su...

EIA/TIA A CONFRONTO CON ISO/IEC DIS 11801

Le differenze sostanziali della proposta europea rispetto allo standard americano EIA/TIA sono:

- gli elementi costituenti il cablaggio hanno una nomenclatura leggermente diversa;
- è stato introdotto il concetto di "classi di lavoro" utilizzato per definire i requisiti minimi di un collegamento;
- è stata ampliata la gamma dei tipi di cavo che possono essere utilizzati, sia a livello di rame sia di fibra ottica, fornendo specifiche più complete e dettagliate e abolendo l'uso di cavi coassiali;
- sono stati introdotti test più rigorosi sui cavi in rame: ogni cablaggio, una volta realizzato, deve essere testato e validato con un insieme di prove effettuate con idonei strumenti di misura, e i risultati delle prove devono essere riportati sulla certificazione;
- dato che viene introdotto l'utilizzo di doppini schermati vengono definiti e meglio dettagliati gli aspetti della messa a terra (le specifiche sono descritte nello standard TIA/EIA 607).

È necessario sottolineare che la realizzazione di un cablaggio strutturato richiede interventi sulle strutture edili e meccaniche per la realizzazione di infrastrutture permanenti descritte nello standard americano EIA/TIA-569 che però non sempre sono facilmente realizzabili.

Esistono sostanzialmente due momenti in cui viene realizzato un cablaggio strutturato:
- alla costruzione dell'edificio o nella fase di ristrutturazione;
- in edifici/locali preesistenti per esigenze sopraggiunte in un secondo tempo o come adeguamento alle normative internazionali.

Naturalmente nel primo caso esiste una completa libertà di intervento e la realizzazione del cablaggio strutturato risulta essere operativamente abbastanza semplice: al contrario, nel secondo caso spesso è difficoltoso se non impossibile realizzare opere murarie che richiederebbero l'interruzione delle attività esistenti e quindi si deve ripiegare su alternative che spesso rischiano di non aderire completamente alle normative di riferimento e in generale ci si limita a interventi per rendere a norma la telefonia e la trasmissione dati.

Il cablaggio secondo lo standard EIA/TIA-568

La prima normativa approvata per il cablaggio strutturato è stata definita negli Stati Uniti nel 1991; resta tutt'oggi una base di riferimento per le normative europee più moderne e definisce i requisiti minimi richiesti per il cablaggio di un edificio o un gruppo di edifici facenti parte di uno stesso ◀ comprensorio ▶.

abc ghilm

◀ Con comprensorio si intende una regione geografica con estensione massima di 3000 m e una superficie calpestabile per gli edifici di 1.000.000 m^2; viene anche indicato in 50.000 il numero massimo persone che ne possono fruire. ▶

Nella fase di progetto di un cablaggio strutturato è opportuno tener presente che la validità dello stesso deve essere almeno di dieci anni: quindi oltre alle esigenze specifiche del momento è necessario "prevedere" anche quelle che potrebbero sopraggiungere negli anni futuri, per poterle poi realizzare all'occorrenza con minimi interventi aggiuntivi.

Lo standard EIA/TIA-568 prevede che il cablaggio venga realizzato contestualmente alla costruzione o ristrutturazione organica di un edificio, dove sono previste opere murarie sia verticali (interventi nelle pareti) che orizzontali (interventi nella pavimentazione).
È comunque anche applicabile nel caso di semplice rinnovamento della rete locale o di fonia dove però sussistano le necessarie infrastrutture sulle quali "appoggiare" i nuovi cavi.

Le specifiche dello standard riguardano:
- la topologia: la topologia del cablaggio è di tipo stellare gerarchica, dove si possono individuare tre livelli nella gerarchia:
  - centro stella di comprensorio o *Main Crossconnect* MC =>unico per il comprensorio;
  - centro stella di edificio o *Intermediate Crossconnect* IC =>uno per ogni edificio;
  - armadio di piano o *Telecommunication Closet* TC => uno per ogni piano;

La gerarchia descritta assegna anche a ogni livello un nome per il cablaggio:
- 1° livello = cablaggio di campus: interconnette tra loro diversi edifici; ▶

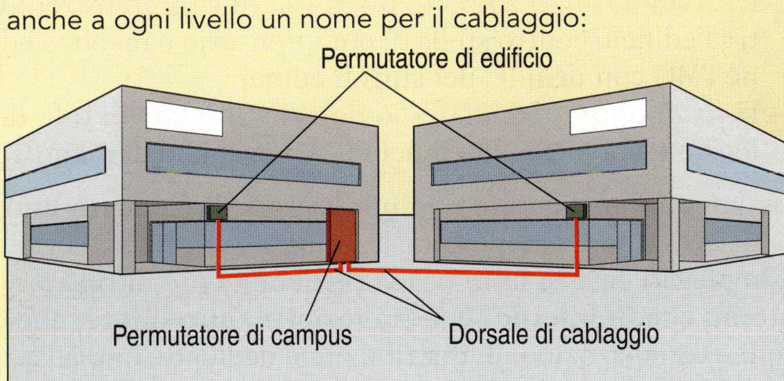

- 2° livello = cablaggio verticale: interconnette tra loro i piani di un singolo edificio; ▶

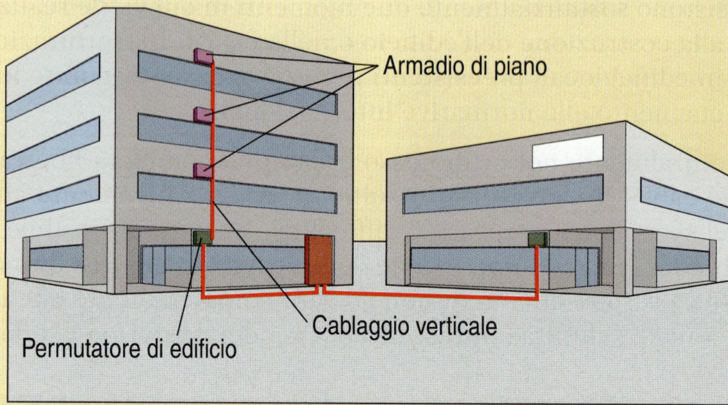

- 3° livello = cablaggio orizzontale: è riferito al cablaggi dei locali di un singolo piano. ▶

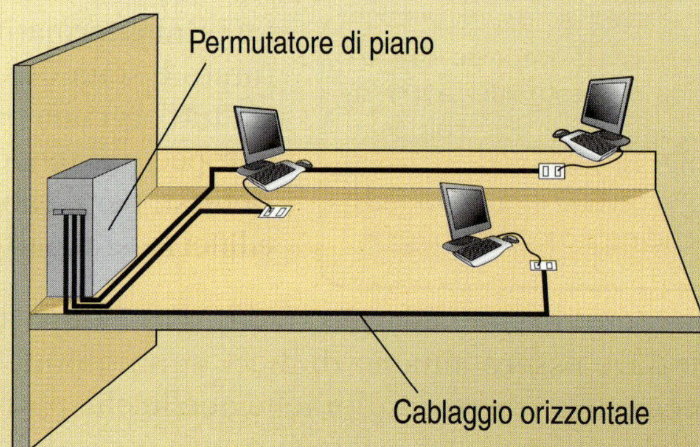

- gli elementi facenti parte del cablaggio:
  - il *Main Crossconnect* MC: è il permutatore principale situato nell'edificio centrale di un comprensorio da cui vengono distribuiti i cavi di dorsale agli altri edifici (centro stella di primo livello);
  - l'*Intermediate Crossconnect* IC: è il locale o l'armadio di distribuzione presente in ogni edificio del comprensorio dal quale vengono distribuiti i cavi di dorsale di edificio ai vari piani (centro stella di secondo livello);
  - i *Telecommunication Closet* TC: a ogni piano di ogni edificio è presente un armadio dal quale vengono distribuiti i cavi che raggiungono l'utenza (centro stella di terzo livello): a volte vi è dedicato un apposito locale contenente gli armadi e questo prende il nome di *Telecommunication Room* TR).
  - l'*interbuilding backbone* o dorsale di comprensorio: è la dorsale di interconnessione tra l'edificio centro stella di comprensorio e un altro edificio che mette in comunicazione l'MC con ogni IC dei singoli edifici.
  - l'*intrabuilding backbone* o dorsale di edificio: è la dorsale di interconnessione tra il locale tecnologico di edificio IC e l'armadio di piano TC.

Possiamo rappresentare con un disegno gli elementi fino ad ora descritti che riguardano sia il cablaggio di campus che il cablaggio verticale. Per le dorsali (backbone) devono essere impiegati cavi in fibra ottica (generalmente di tipo loose, idoneo all'installazione sia in esterno che in interno) con protezione antiroditore, che devono essere posati nelle tubazioni e canalizzazioni di distribuzione dedicate, fino all'armadio di piano TC: i cavi devono essere tutti dotati di connettori e attestati ai rispettivi pannelli di permutazione.

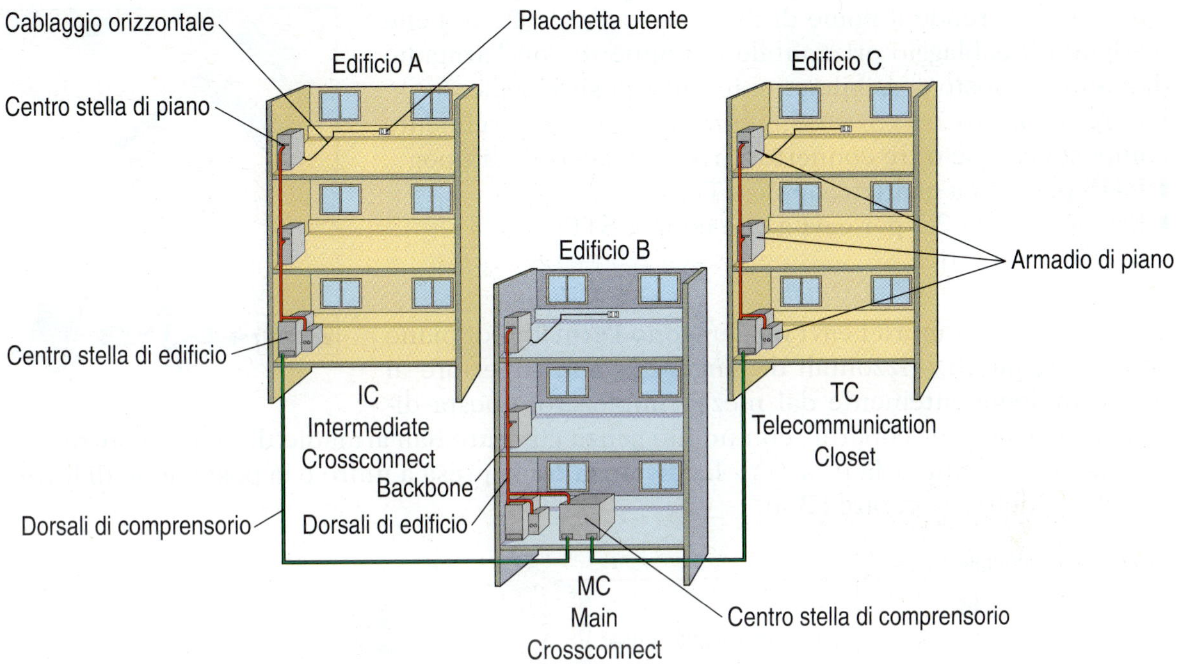

Per esempio, un tipo di fibra utilizzata per i backbone ha le caratteristiche riportate nella seguente tabella:

Tipo cavo	Fibra ottica multimodale 62,5 / 125 μm
Numero fibre	≥12
Caratteristiche costruttive	*loose tube* con gel idrorepellente, protezione antiroditore completamente dielettrica
Caratteristiche guaina esterna	non propagante l'incendio, a basso contenuto di gas alogeni, secondo la normativa CEI 20-22 e CEI 20-37
Attenuazione massima per ciascuna fibra	3,5 dB/km a 850 nm e 1 dB/km a 1300 nm
Banda passante	200 MHz a 850 nm e 500 MHz a 1300 nm per ciascuna fibra

Durante la posa dei cavi si deve avere la massima cura di non superare sia la tensione di tiro che il raggio di curvatura minimo, onde evitare il degradamento delle loro caratteristiche tecniche.

Quando si è completata la realizzazione degli impianti verticali si procede con il di cablaggio orizzontale (o di piano), secondo quanto previsto dalla normativa.

Il cablaggio orizzontale contiene la più grossa quantità di cavi da stendere per l'intero sistema e deve essere progettato con particolare cura. I cavi di interconnessione sono alloggiati in canaline predisposte in maniera da escludere raccordi di curvatura o percorsi con curvatura tanto spinta da rendere disagevole il passaggio dei cavi sia in fase di installazione sia per i successivi interventi di manutenzione e di ampliamento.

La norma inizia con il descrivere il posto di lavoro, o *Work Area* (WA) che, come possiamo vedere dalla figura, deve prevedere due prese, rispettivamente una per i dati e una per le telecomunicazioni: il cavo di collegamento alla presa a muro, la *Telecommunication*

Outlet (TO) prende il nome di *Work Area Cable* (WAC) che mediante il cablaggio orizzontale lo connette con l'armadio di piano TC posto possibilmente in un apposito locale. ▶
La presa a muro *Telecommunication Outlet* è generalmente composta da due o tre connettori, rispettivamente di tipo:

- RJ45 per cavi a quattro coppie UTP;
- Ermafrodita 802.5 per cavi a due coppie STP;
- SC per fibra ottica.

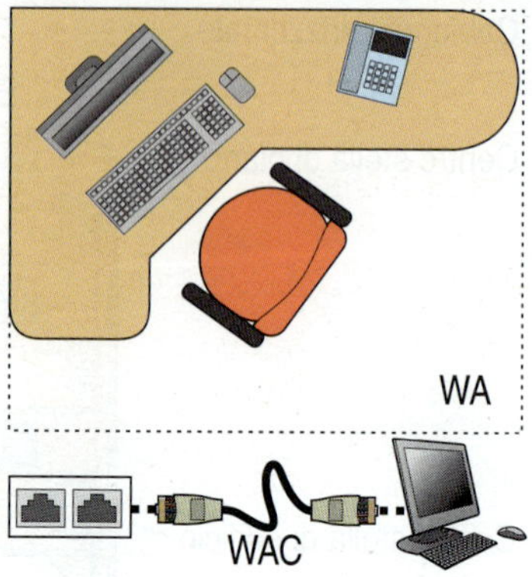

Dal connettore a muro i cavi raggiungono l'armadio di piano con collegamenti orizzontali di lunghezza non superiore ai 90 m, indipendentemente dal mezzo impiegato: questa distanza deve essere "coperta" con un filo senza giunture dall'armadio di piano (centro stella) alla presa a muro (da IC a TO). La distanza tra la presa a muro e la postazione di lavoro non deve inoltre superare i 3 m.

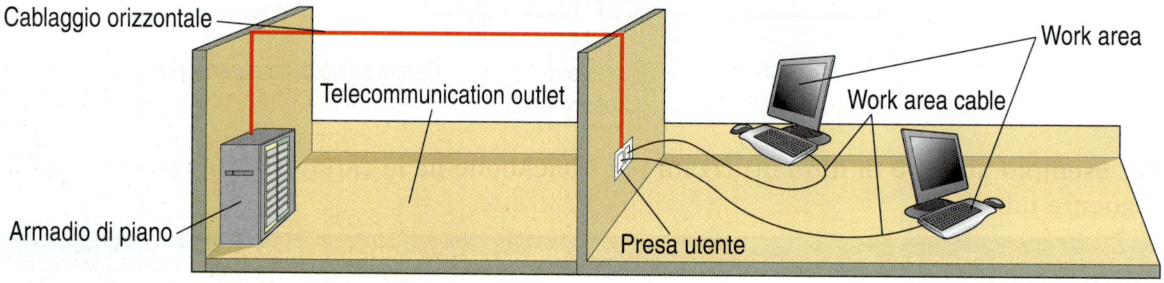

La rete di distribuzione orizzontale deve presentare caratteristiche uniformi di cui gli unici parametri specifici sono il numero e la dislocazione delle prese utente, utilizzando cavi UTP di categoria 5e per dati e fonia fino a 100 MHz.

A titolo di esempio riportiamo le caratteristiche di un cavo UTP Cat 5e nella tabella che segue.

Tipo di cavo	UTP 4×2 AWG24 Cat 5e
Impedenza	100 Ohm ± 15
Attenuazione massima ammessa	22 db/100 m a 100 MHz
NEXT (minimo valore ammesso)	32 db/100 m a 100 MHz
Rivestimento	guaina non propagante l'incendio e a basso contenuto di gas alogeni
Rispondenza norme	EIA/TIA-568A, ISO/IEC 11801

I cavi devono essere posati nelle tubazioni e nelle canalizzazioni di distribuzione dedicate che verranno implementate all'interno dei locali a partire dai locali tecnici (dal centro stella di piano) su permutatori per rame e per fibra.

PERMUTATORE

Con il termine permutatore (o patch panel) si intende un dispositivo che opera commutazioni, conversioni o collegamenti in una rete di trasferimento di segnali elettrici, siano essi dati che telecomunicazioni.

Per esempio, un pannello di permutazione fibra/rame contiene un convertitore che trasforma la luce in un segnale elettrico.

A seconda del tipo di cavi, il patch panel può assumere due forme:

- per cavi in rame può contenere uno o più blocchi di terminazione;
- per fibre ottiche può contenere una serie di connettori passanti, chiamati barrel o bussole, che servono a permutare le fibre tra pannelli diversi oppure tra un pannello e un apparato attivo.

Il cavetto di fili di rame che viene utilizzato per realizzare le connessioni al suo interno viene chiamato patch cord: in caso di fibre ottiche prende il nome di bretella ottica.

Le figure seguenti riportano un telaio a 24 porte per cavi Cat. 6, un patch panel a 24 porte per fibra ottica e un patch panel completo di connessioni e due patch cord.

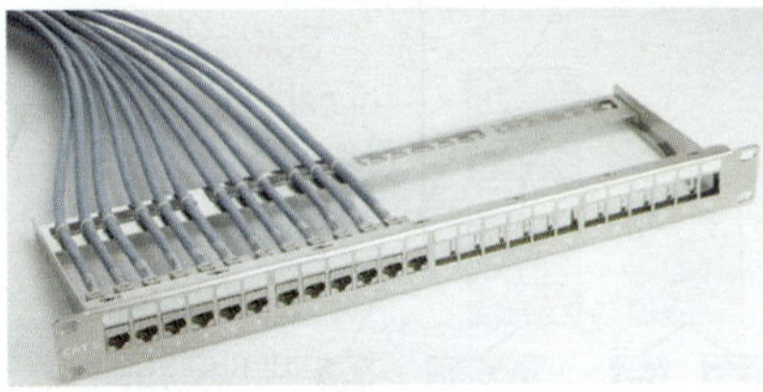

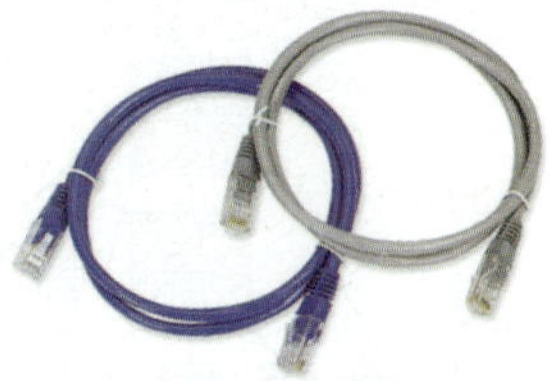

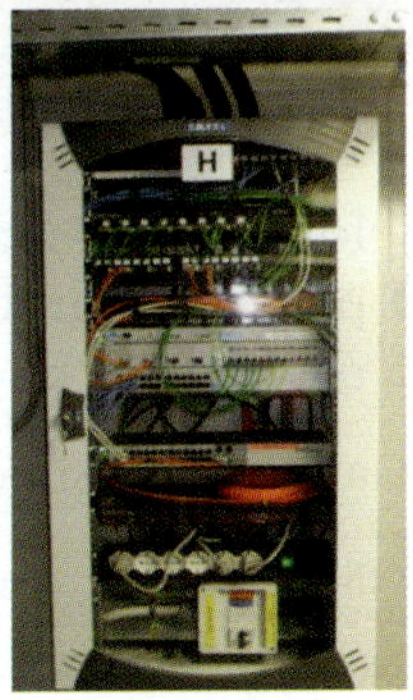

I permutatori generalmente sono alloggiati all'interno dell'armadio rack (per esempio rack 1 9"), anche insieme a elementi attivi (alimentatori, switch, modem ecc.). ▶

All'interno dell'armadio i cavi vengono numerati e fascettati (oppure posti negli appositi passacavi da rack) e legati ai montanti del rack (è necessario prestare attenzione, in fase di raggruppamento dei cavi, a non fascettarli in modo stretto, per non incorrere nelle problematiche di degradamento.

Riassumiamo in una tabella le specifiche che la norma definisce per i mezzi trasmissivi:

fibre ottiche	multimodali di dimensioni 62,5/125 μm
cavi UTP a 4 coppie	dimensione 24 AWG
cavi UTP multicoppia	possono essere di 24 AWG oppure di 22 AWG e contengono uno o più gruppi da 25 coppie, ciascuno protetto con un guaina isolante
cavi STP	previsti dalle specifiche "tipo 1" IBM, da 150 Ω
cavi coassiali da 50 Ω	devono soddisfare lo standard IEEE 802.3, 10Base5 e 10Base2

■ Lo standard ISO/IEC DIS 11801

L'ISO/IEC DIS 11801 è una proposta di standard internazionale per i cablaggi, approvata nel 1995 e molto simile allo standard americano EIA/TIA-568, dal quale si differenza per le seguenti particolarità:

- ha una nomenclatura leggermente diversa:
  - *Campus Distributor* CD => centro stella primo livello;
  - *Building Distributor* BD => centro stella secondo livello;
  - *Floor Distributor* FD => centro stella terzo livello;
- introduce un ulteriore livello nella gerarchia, collocato tra il BD e l'FD:
  - *Consolidation Point* CP (o *Transition Point* TP). Si tratta di un punto di amministrazione interposto tra il distributore di piano e la presa telematica, da utilizzarsi soprattutto in ambienti open space dove si richiede una maggiore flessibilità nella rilocazione delle prese.

La figura seguente riporta la topologia completa della rete e le massime distanze ammesse. ▼

Il CP è di solito realizzato con componenti passivi in un patch panel di piccole dimensioni e serve al massimo dodici aree di lavoro.

L'introduzione del Consolidation Point implica alcuni accorgimenti sulle distanze di cui tener conto, in quanto la sua distanza minima dal distributore deve essere di 15 metri per ridurre l'effetto delle connessioni multiple in spazi ristretti sul NEXT.

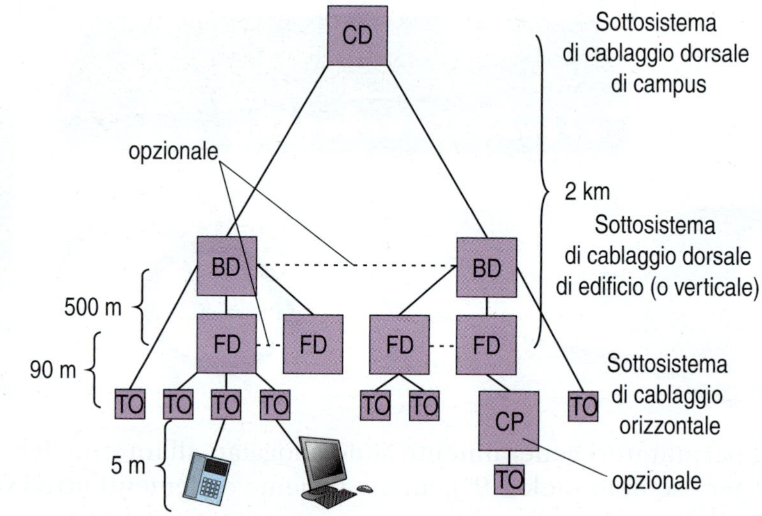

- fornisce un maggior numero di dati sulle caratteristiche dei mezzi trasmissivi;
- permette l'utilizzo di un maggior numero di tipi di doppini e fibre ottiche, ma non ammette l'uso di cavi coassiali;

Cavi ammessi per le dorsali:

fibre ottiche	sia monomodale che multimodale di dimensioni 62.5/125 μm
cavi UTP	cavi di tipo bilanciato (doppino) da 100 Ω (preferito), 120 Ω o 150 Ω che possono essere di tipo schermato o non schermato e possono essere composti da 2 o più coppie, ciascuno protetto con un guaina a bassa emissione di gas zero-alogeni

Cavi ammessi per la distribuzione orizzontale:

fibre ottiche	sia monomodale che multimodale di dimensioni 62.5/125 μm
cavi UTP	cavi di tipo bilanciato (doppino) da 100 Ω (preferito), 120 Ω o 150 Ω che possono essere di tipo schermato o non schermato e possono essere composti da 2 o più coppie
cavi ibridi	ovvero cavi composti da elementi di diverso tipo o categoria, per esempio: 4 coppie UTP da 100 Ω di Cat. 5 e due fibre ottiche
cavi coassiali	non più ammessi

Per il cablaggio orizzontale devono essere previsti almeno due cavi per ogni posto di lavoro, che partono dall'armadio di piano e terminano nella presa a muro:
- il primo cavo deve essere di categoria 3 o superiore;
- il secondo cavo deve essere di categoria 5 o in alternativa può essere una fibra ottica multimodale.

La presa a muro o placchetta utente deve avere delle targhette permanenti, visibili esternamente dall'utente, che servono per identificare i cavi.

- introduce test più rigorosi per controllare le categorie dei cavi in rame: le misure di collaudo andrebbero eseguite a temperatura ambiente (definito in 20 °C) ed esistono delle indicazioni circa gli aggiustamenti da effettuare nel caso di sensibili differenze da tale valore;
- tratta in modo leggermente più approfondito gli aspetti della messa a terra;
- non si occupa di aspetti relativi alla documentazione.

Nella seguente tabella sono riportate le sigle relative alla terminologia standard utilizzate nelle due diverse normative, in modo da favorirne il confronto.

Elemento del cablaggio	Norma CEI EN 50173	Standard TIA/EIA 568-B
Distributore di comprensorio	CD *Campus Distributor*	MC *Main Cross Connect*
Distributore di edificio	BD *Building Distributor*	IC *Intermediate Distributor*
Distributore di piano	FD *Floor Distributor*	HC *Horizontal Cross Connect*
Presa di telecomunicazione	TO *Telecommunication Outlet*	TO
Punto di transizione	TP *Transition Point*	TP
Punto di consolidamento	Punto di consolidamento	CP *Consolidation Point*
Dorsale di comprensorio	CB *Campus Backbone*	*Interbuilding backbone*
Dorsale di edificio	BB *Building Backbone*	*Intrabuilding backcone*
Sala apparati	ER *Equipment Room*	ER
Armadio di piano	TC *Telecommunication Closet*	TC
Punto di ingresso dei servizi	EF *Entrance Facility*	EF
Cordoni di collegamento per i dispositivi	EC *Equipment Cord*	EC
Pannelli di distribuzione	PP *Patch Panel*	PP
Cordoni relativi ai pannelli di distribuzione	PC *Patch Cords*	PC

La tabella che segue riporta a confronto le caratteristiche dei cavi utilizzati nelle due normative descritte e nel documento CENELEC EN50173: CENELEC è European Committee for Electrotechnical Standardization ed è l'organismo responsabile delle standardizzazione europea in campo elettrico.

Standard	EIA/TIA 658 A	ISO 11801	CENELEC EN 50173
Cavi in rame per dorsali o cablaggi orizzontali	Cavo UTP, 4 coppie, 100, guaina in PVC	Cavo UTP, 4 coppie, 100 o 200, guaina a bassa emissione di gas zero-alogeni; cavo FTP o STP opzionale	Cavo UTP, 4 coppie, 100-200, guaina a bassa emissione di gas zero-alogeni; cavo STP opzionale
Raggio di curvatura del cavo posato in dorsale	> 10 * (diametro esterno del cavo)	> 6 * (diametro esterno del cavo)	> 6 * (diametro esterno del cavo)

Standard	EIA/TIA 658 A	ISO 11801	CENELEC EN 50173
Raggio di curvatura del cavo posato in orizzontale	> 4 * (diametro esterno del cavo)	> 4 * (diametro esterno del cavo)	> 4 * (diametro esterno del cavo)
Prestazioni	Categoria 3 fino a 16 MHz	Classe C fino a 16 MHz	Classe C fino a 16 MHz
	Categoria 4 fino a 20 MHz	Classe D fino a 100 MHz	Classe D fino a 100 MHz
	Categoria 5 fino a 100 MHz		
Return Loss (perdita per riflessione)	–	10 dB a 100 MHz	10 dB a 100 MHz
Attenuazione massima	23,2 dB a 100 MHz	23,6 dB a 100 MHz	23,6 dB a 100 MHz
ACR minimo	–	4 dB a 100 MHz	4 dB a 100 MHz

■ Sviluppi tecnologici e normativi

Il notevole progresso tecnologico e l'aumento del numero di dispositivi che devono scambiarsi informazioni hanno fatto sì che le caratteristiche tecniche dei vari componenti di cablaggio siano state spinte al loro limite prestazionale.

Il mercato offre oggi soluzioni di prodotti sia in rame sia in fibra ottica che sono in grado di realizzare collegamenti end-to-end dalle prestazioni impensabili fino a pochi anni fa: recentemente è stato ratificato da parte dell'IEEE (*Institute of Electrical and Electronic Engineers*), lo standard Ethernet per la trasmissione dati a velocità pari a 10 Gbit/s su cavo in rame di tipo UTP con distanze fino a 100 metri (standard IEEE 802.3an 10GBASE-T) che richiede caratteristiche trasmissive del canale molto particolari per tenere sotto controllo i fenomeni di alien crosstalk che si manifestano ad alte frequenze (si richiede un cablaggio di tipo completamente schermato sia per quanto concerne il cavo sia per gli altri componenti che costituiscono il canale).
Per queste velocità di trasmissione è anche necessario sostituire il connettore standard RJ45 con un connettore specifico che riduca le dispersioni e le riflessioni.

Nuovi standard si stanno diffondendo anche per i componenti in fibra ottica, grazie all'elevato livello tecnologico raggiunto: lo standard ISO/IEC 11801 2nd Edition e successivamente quello EN 50173 2nd Edition hanno riconosciuto la necessità di prendere in esame applicazioni di velocità superiore al gigabit, definendo le seguenti classi:

- OF 300 per applicazioni su collegamenti in f.o. fino a 300 m;
- OF 500 per applicazioni su collegamenti in f.o. fino a 500 m;
- OF 2000 per applicazioni su collegamenti in f.o. fino a 2000 m;

indicando per ognuno di essi valori di attenuazione ottica da non superare a seconda del tipo di fibra impiegata, multimodale o monomodale, e della lunghezza d'onda di trasmissione (finestra ottica).

Verifichiamo le conoscenze

1. Completamento

Completa le frasi seguenti scegliendo tra le parole proposte.

dorsale di edificio • DECconnect Digital • bretella ottica • canalizzazioni • patch cord • intrabuilding backbone • proprietario • EIA/TIA-568 • cablaggio • dorsale di comprensorio • Cabling System IBM • patch panel • stellare gerarchica • interbuilding backbone • IC • TC

1 La realizzazione degli impianti che permettono la comunicazione dei dati prende il nome di ....
2 Negli edifici di nuova costruzione vengono realizzate predisposizioni specifiche per il cablaggio strutturato che denominate ....
3 I sistemi di cablaggio possono essere di tipo ...., per esempio il .... o il ....
4 Lo standard .... prevede che il cablaggio abbia una topologia ....
5 L'.......................... o ....: è la dorsale di interconnessione tra l'edificio centro stella di comprensorio e un altro edificio.
6 L'.......................... o ....: è la dorsale di interconnessione tra il locale tecnologico di edificio .... e l'armadio di piano ....
7 All'interno del .... vengono utilizzati per i collegamenti .... e ....

Verifichiamo le competenze

1. Esercizi

1 Qual è stato il primo standard americano in materia di cablaggio?
2 Quali sono le principali differenze tra EIA/TIA e ISO/IEC DIS 11801?
3 Quali sono i tre livelli della gerarchia previsti dallo standard EIA/TIA-568?
4 La norma descrive il posto di lavoro, o Work Area (WA) che deve vedere
5 In che cosa consiste, dove si trova e a che cosa serve il patch panel?
6 Quali sono i quattro livelli della gerarchia previsti dallo standard ISO/IEC DIS 11801?
7 Che cos'è il CENELEC?
8 Che cosa si intende per "cablaggio strutturato"?
9 Quali sono gli standard internazionali per il cablaggio?
10 Che cos'è il CENELEC?
11 Che cosa si intende per "cablaggio comprensorio"?
12 Quale tipologia prevede lo standard EIA/TIA-568?
13 Quali sono gli elementi facenti parti il cablaggio nello standard EIA/TIA-568?
14 Che cosa viene utilizzato per le dorsali nello standard EIA/TIA-568?
15 Descrivi la work-area come indicata nello standard EIA/TIA-568.
16 Che cos'è e a che cosa serve un permutatore?

17 Quali sono le differenze introdotte nello standard ISO/IEC DIS 11801?

18 Quali cavi sono ammessi per le dorsali nello standard ISO/IEC DIS 11801?

19 Quali cavi sono ammessi per la distribuzione orizzontale nello standard ISO/IEC DIS 11801?

2. Problemi

1 Indica sullo schema della figura che segue la terminologia di ogni elemento secondo la normativa EIA/TIA-568.

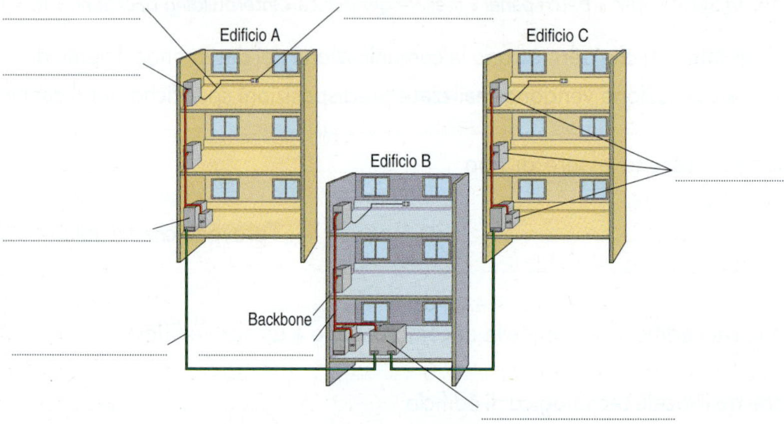

2 Data la planimetria di un piano di un edificio, progetta il cablaggio orizzontale effettuando una stima di massima dei costi dei materiali utilizzati.

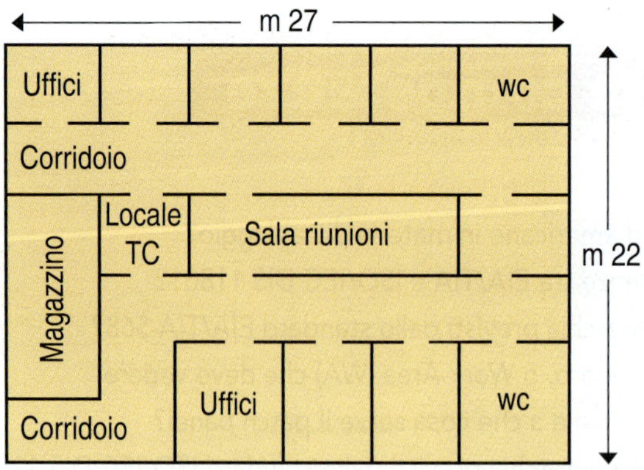

AREA digitale hoepliscuola.it

Esercizi per il recupero / Esercizi per l'approfondimento

Esercitazioni di Laboratorio 1

LA REALIZZAZIONE DEI CAVI DI RETE

■ Realizzazione di un cavo di rete UTP RJ45

Una volta stabilito il tipo di cavo che si vuole realizzare si procede procurandosi i componenti e gli strumenti necessari per la ◀ crimpatura ▶ e il collaudo.

> ◀ Con crimpatura (o crimpaggio) si intende l'operazione che consiste nel "fissare" su un'estremità di un cavo elettrico un connettore (o un terminatore). L'operazione di crimpatura viene eseguita con un apposito attrezzo, chiamato *crimpatrice*, e consiste nello schiacciamento meccanico del connettore sul cavo che vi rimane fissato. ▶

Noi utilizzeremo un cavo UTP categoria 5 secondo la specifica EIA/TIA-568A.

Elenco dei componenti

- Due plug di rete maschio di tipo RJ45.
- Un cavo UTP Cat 5 della lunghezza desiderata.

Elenco della strumentazione

- Una pinza a crimpare o crimpatrice (due modelli sono riportati nella figura). ▶
- Un tester per cavi RJ45 (o un normale tester).

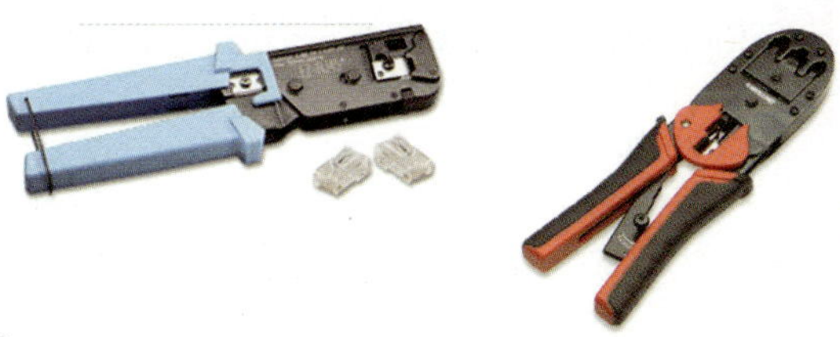

Le fotografie mostrano due modelli di crimpatrice.

Le fotografie mostrano due modelli di tester per cavi. ▶

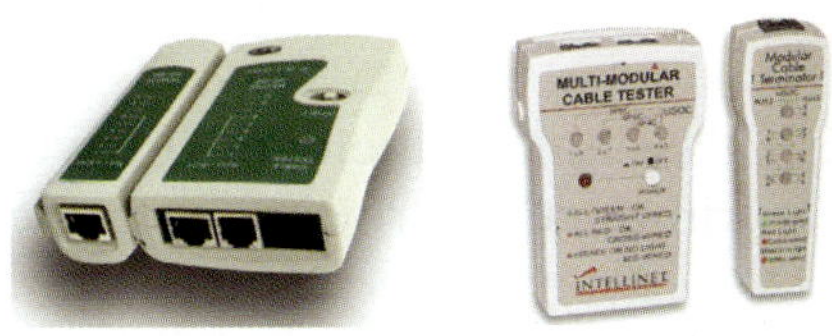

> Tester come quelli riportati nella figura hanno un costo inferiore a 10,00 euro e permettono di effettuare le seguenti misure sui cavi:
> - verifica continuità dei cavi;
> - inversioni;
> - circuiti aperti;
> - corretta crimpatura delle coppie.

Assemblaggio di un cavo tipo diretto secondo lo standard EIA-568B

Prima di procedere con il crimpaggio dobbiamo sempre verificare lo standard del cavo che ci accingiamo a utilizzare, in quanto le specifiche 568A e 568B dello standard EIA/TIA differiscono tra loro per il colore dei cavi. È necessario verificare la specifica del cavo anche in caso di sostituzione di un plug di rete RJ45.

La seguente procedura illustra come procedere manualmente per la creazione di un cavo ethernet ed il crimpaggio delle estremità.

1. Prima di tutto prendiamo in esame i componenti che serviranno, cioè un cavo ethernet, una pistola per crimpare (crimper), due connettori RJ45 e una forbice per elettricista. ▶

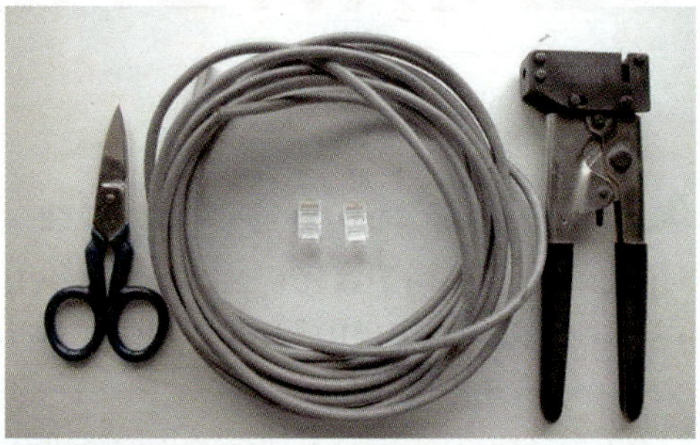

2. Prima di tutto dobbiamo srotolare la quantità necessaria di cavo, aggiungendone sempre qualche decina di centimetri in più come scorta. È buona norma, durante la fase di spellatura, scegliere spezzoni di cavo di lunghezza adeguata (almeno 2 m) per evitare la separazione del fili dalla guaina. ▶

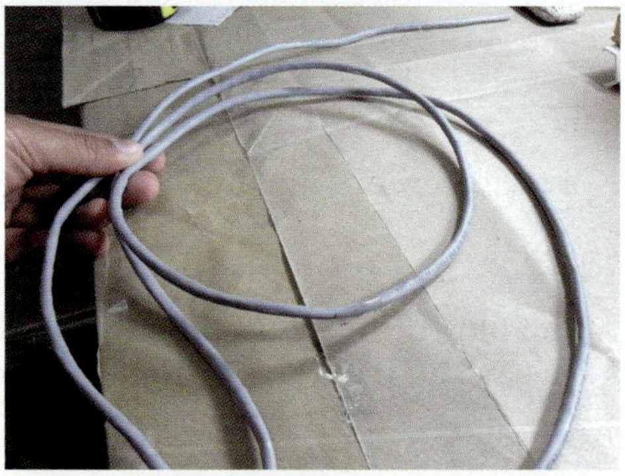

Riepiloghiamo la numerazione dei pin (da 1 a 8) del connettore RJ45 che ci servirò tra poco per il posizionamento dei cavetti:

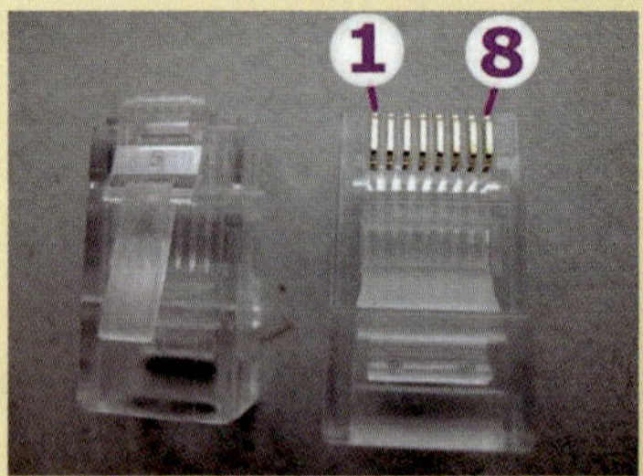

3. Passiamo a incidere il cavo con la forbice, per rimuovere il rivestimento del cavo. ▶

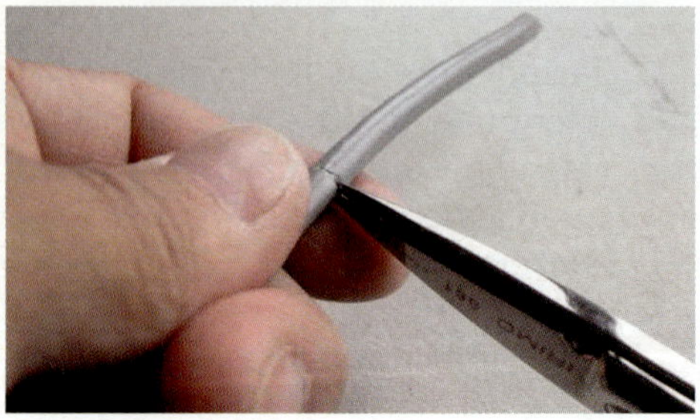

Presta molta attenzione mentre lo fai, per evitare di rompere i circuiti elettrici.

4 Sfiliamo il cavo in eccesso per liberare gli 8 fili conduttori. ▶

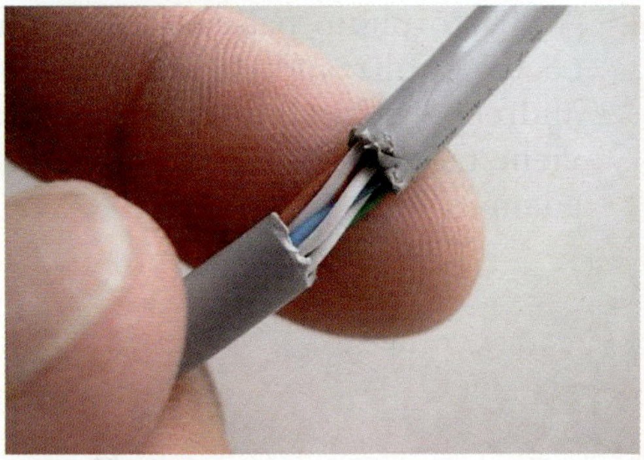

5 Esaminiamo i cavi aperti alla ricerca di eventuali tagli, se si evidenziano parti di rame, significa che abbiamo danneggiato la guaina protettiva di un cavo: dovremo a questo punto ritagliare l'intero segmento e ricominciare da capo. Il cavo di rame esposto infatti determinerà una performance scarsa o la mancanza di connettività, è pertanto importante che la guaina di tutti i cavi di rete resti intatta. ▶

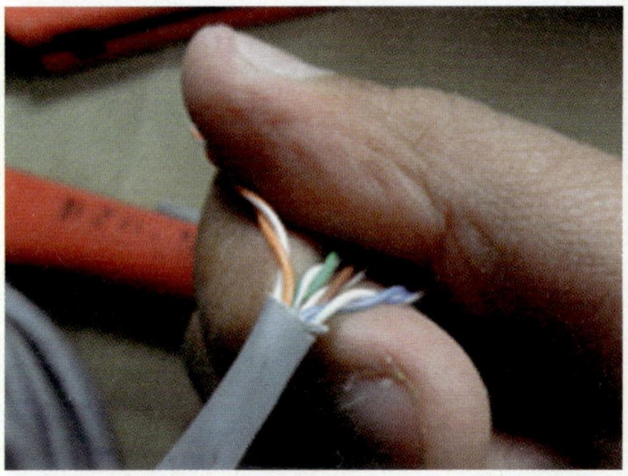

6 Cerchiamo di sgrovigliare bene i fili conduttori aprendoli a ventaglio. ▶

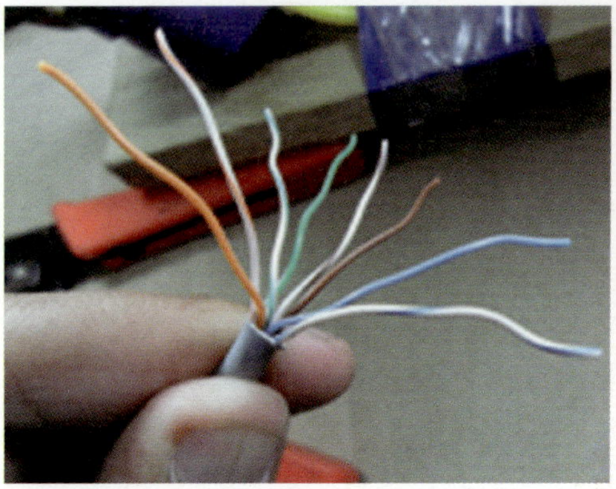

7 A questo punto dobbiamo allinearli secondo l'ordine che vogliamo utilizzare. In questo caso utilizziamo l'ordine 568B, quindi:

Bianco/Arancione
Arancione
Bianco/Verde
Blu
Bianco/Blu
Verde
Bianco/Marrone
Marrone

Per allinearli bene possiamo utilizzare una molletta da bucato, come nell'immagine a fianco: ▶

8. A questo punto passiamo a tagliare i fili in eccesso utilizzando la forbice (in alternativa andrebbe benissimo un tronchesino). Conviene tagliarli a circa 12 mm dal bordo della guaina: ▶

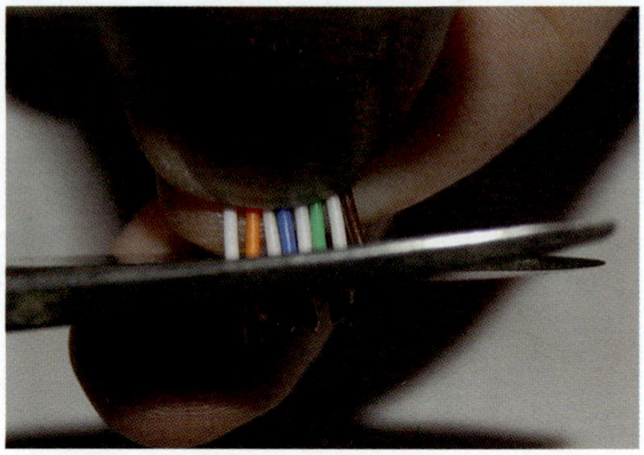

9. Come possiamo notare lo spazio in cui inserire i fili conduttori è di circa 1,2 cm: ▶

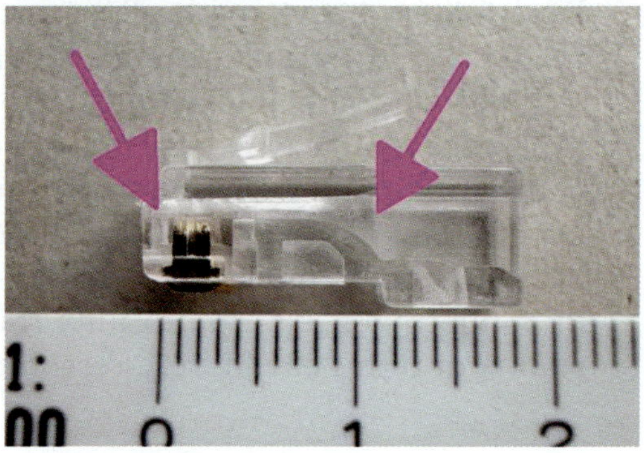

10. Verifichiamo quindi di aver tagliato i fili in modo corretto: ▶

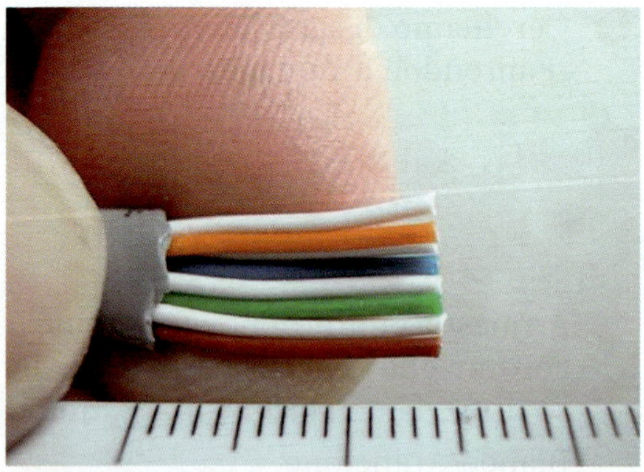

11. A questo punto inseriamo i fili conduttori nel connettore, cercando di tenerli paralleli, facendo pressione in modo che arrivino fino in fondo: ▶

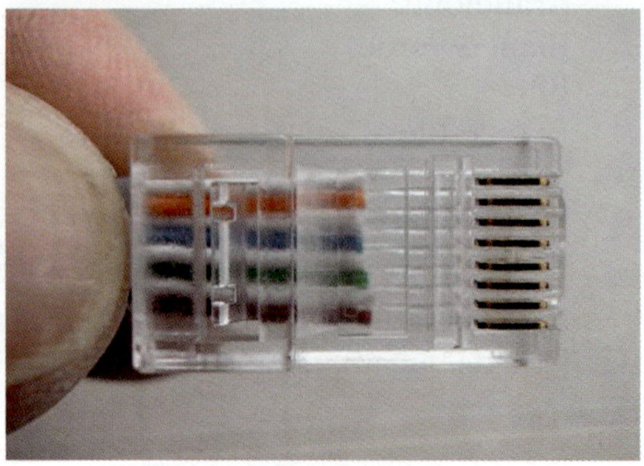

⑫ Possiamo verificare che i fili conduttori siano e mantenendo la loro posizione guardando frontalmente la presa. Dovremmo essere in grado di vedere un cavo situato in ogni foro. Potrebbe essere necessario sforzarsi un po' per spingere fermamente le coppie all'interno della spina. Anche la guaina di cablaggio dovrebbe entrare nel retro della presa di circa 6 mm, per aiutare il cavo a fissarsi quando il connettore verrà chiuso. ▶

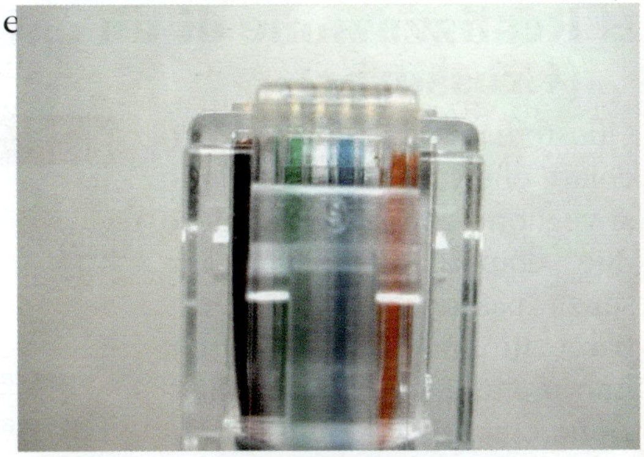

⑬ Verifica che la sequenza sia esatta prima di chiudere. A questo inseriamo il connettore RJ45 nel crimper, quindi stringiamo in maniera ferma. ▶

⑭ Dovremmo sentire un rumore meccanico durante l'operazione, completato questo passaggio, la manovella si resetterà nella posizione di apertura. Ripetiamo tutti i passaggi precedenti con l'altra estremità del cavo. ▶

⑮ L'ultima fase prevede il testing del cablaggio per verificare l'esatta connessione dei vari fili. Questa operazione può essere effettuata con un semplice tester: ▶

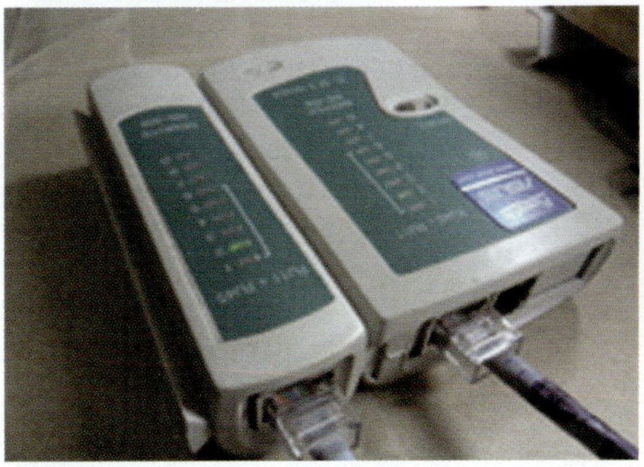

■ Realizzazione di un cavo di rete UTP RJ45 incrociato (Crossover)

Questo è un cavo di rete particolare che viene usato quando si vogliono connettere tra loro due computer direttamente senza passare attraverso apparecchi come router, switch, hub o simili. Un'altra applicazione che utilizza questa tipologia di cavo, nel campo delle reti di computer, è quella che permette di collegare più hub (e solo hub) in cascata, in modo da fare condividere la stessa linea a più elementi senza limiti virtuali. Il cavo di rete Crossed (o Crossover) si differenzia da un cavo normale in quanto presenta quattro elementi invertiti ai due estremi (cioè in corrispondenza dei due capicorda). Si può osservare che alcuni fili sono "incrociati" nello schema di collegamento proprio per permettere lo scambio diretto dei segnali di ricetrasmissione tra i due terminali senza dispositivi intermediari che si occupino di fare questo lavoro. ▶

Configurazione di un cavo tipo incrociato

	Connettore 1		Connettore 2	
RX +	Bianco/Verde	1	Bianco/Arancio	RX +
RX –	Verde	2	Arancio	RX –
TX +	Bianco/Arancio	3	Bianco/Verde	TX +
Riservato	Blu	4	Blu	Riservato
Riservato	Bianco/Blu	5	Bianco/Blu	Riservato
TX –	Arancio	6	Verde	TX –
Riservato	Bianco/Marrone	7	Bianco/Marrone	Riservato
Riservato	Marrone	8	Marrone	Riservato

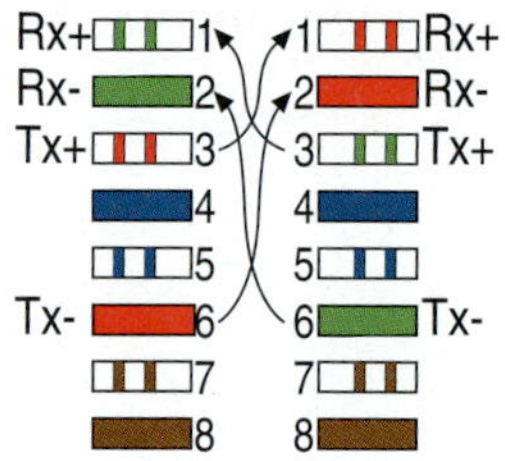

Lo schema di cablaggio è raffigurato nella figura a fianco. ▶
Per realizzare questo cavo basta procedere con la stessa sequenza di operazioni eseguite per la crimpatura di un cavo diritto; cambia solo la disposizione dei fili nel secondo connettore.

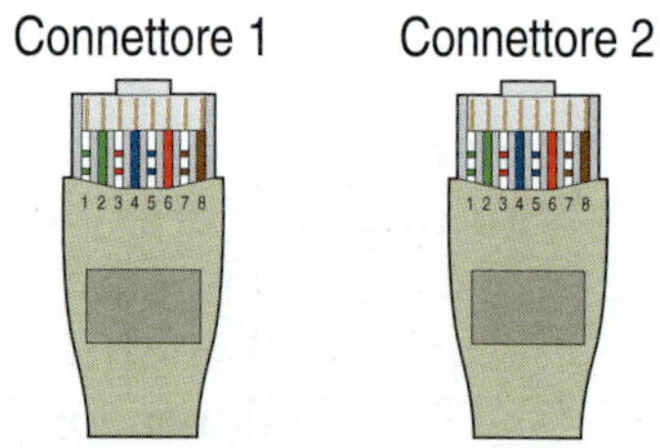

Zoom su...

DAL CAVO DIRETTO AL CAVO CABLATO

Supponiamo di avere a disposizione un cavo diretto "in eccedenza", di non avere connettori da crimpare oppure di non essere in possesso della pinza crimpatrice e di avere urgenza di realizzare un cavo crossato. È possibile trasformare il cavo RJ45 diritto e farlo diventare crossover seguendo una procedura "artigianale" (direi di emergenza e poco professionale):

1. tagliate al centro il cavo dividendolo in due parti e spellate gli otto fili da entrambe le parti;
2. unite con il nastro isolante il filo 1 di un'estremità al filo 3 dell'altra estremità;
3. unite con il nastro isolante il filo 2 di un'estremità al filo 6 dell'altra estremità;
4. unite con il nastro isolante il filo 3 di un'estremità al filo 1 dell'altra estremità;
5. unite con il nastro isolante il filo 6 di un'estremità al filo 2 dell'altra estremità.

I rimanenti fili si devono lasciare invariati. Naturalmente se avete un saldatore a stagno per "giuntare" i fili è preferibile realizzare delle saldature piuttosto che utilizzare il nastro isolante, che utilizzerete invece per isolare i singoli cavi.

5 Le reti Ethernet e lo strato di collegamento

Esercitazioni di laboratorio

1 Utilizzo di Wireshark; 2 Il protocollo Ethernet; 3 Il protocollo ARP

Conoscenze

- Conoscere l'evoluzione di Ethernet
- Conoscere il formato dell'indirizzo MAC
- Conoscere il formato di una trama Ethernet
- Comparare il modello OSI ed Ethernet
- Apprendere la nomenclatura e la struttura del frame
- Conoscere le caratteristiche del CSMA/CD
- Il concetto di timing, interframe spacing e tempo di backoff
- Conoscere Ethernet ad alta velocità: Fast e Giga Ethernet
- Spiegare il livello MAC e il formato del frame Ethernet
- Conoscere la differenza tra repeater, bridge, hub, switch
- Apprendere il concetto di dominio di collisione

Competenze

- Saper distinguere i diversi errori in Ethernet
- Saper individuare i campi di un frame in formato esadecimale
- Saper realizzare una tabella di filtering
- Saper segmentare una rete

Abilità

- Classificare le tipologie di Ethernet
- Saper decodificare un indirizzo MAC
- Saper individuare i campi del frame Ethernet
- Calcolare lo slot time alle diverse velocità di funzionamento
- Calcolare il Round Trip Delay alle diverse velocità di funzionamento
- Individuare le collisioni

AREA *digitale*

- Esercizi
- Esercizi per il recupero
- Esercizi per l'approfondimento

Soluzioni (prova adesso, esercizi, verifiche)
Puoi scaricare il file anche da hoepliscuola.it

LEZIONE 1

La tecnologia Ethernet

In questa lezione impareremo...

- a conoscere l'evoluzione di Ethernet
- a interpretare l'indirizzo MAC
- a individuare il formato del frame

■ Generalità

◀ LAN Si tratta di un sistema di comunicazione che permette ad apparecchiature indipendenti di comunicare tra loro entro un'area delimitata, utilizzando un canale fisico a velocità elevata e con basso tasso d'errore. ▶

Negli anni Sessanta l'elaborazione dei dati in azienda era delegata ai mainframe, con l'elaborazione centralizzata in un'unica unità di elaborazione e un insieme di terminali "stupidi" collegato a essa. Con l'avvento dei PC a partire dagli anni Settanta iniziarono a presentarsi sul mercato americano le prime ◀ LAN ▶, cioè le prime reti realizzate per connettere più calcolatori.

◀ L'acronimo IEEE identifica l'associazione internazionale di scienziati professionisti con l'obiettivo di cercare nuove applicazioni e teorie in varie discipline scientifiche (informatica, telecomunicazioni, biomedica ecc.). È l'acronimo di Institute of Electrical and Electronic Engineers (Istituto degli ingegneri elettrici ed elettronici). Si occupa di definire e pubblicare gli standard delle discipline indicate per migliorare la qualità della vita dell'uomo favorendo la conoscenza e l'applicazione delle nuove tecnologie. Le pubblicazioni dello IEEE rappresentano una buona parte della documentazione ingegneristica mondiale, coprendo quasi tutti gli aspetti dell'informatica e delle telecomunicazioni moderne, avendo definito oltre 1000 standard industriali. ▶

A quel punto, iniziarono a diffondersi diverse tipologie di LAN, differenti per architetture, topologie e strumenti trasmissivi utilizzati. L'organismo mondiale ◀ IEEE ▶ avviò un progetto identificato con la sigla 802 per cercare di studiare, classificare e standardizzare le LAN, partendo dall'idea che tutte le reti dovessero avere una comune interfaccia verso il terzo livello di organizzazione ISO/OSI, cioè verso il livello network.

Il progetto IEEE 802 si colloca al livello 2 della pila ISO/OSI chiamato data link (collegamento). Il livello data link è suddiviso in due sottolivelli:

- il LLC, o Logical Link Control, che costituisce la parte superiore del livello di collegamento dati verso il livello network, mascherando la peculiarità della rete utilizzata;
- il MAC, o Media Access Control, che costituisce la parte inferiore del livello di collegamento dati verso il livello fisico, per risolvere il problema dell'accesso a un unico mezzo trasmissivo.

Dato che al livello fisico della pila ISO/OSI è necessario gestire tecnologie trasmissive di tipo diverso, a ciascuna LAN viene associato un MAC specifico. In tal modo avremo un LLC comune a tutte le LAN e un MAC specifico per ogni LAN, come indicato nello standard IEEE, il cui schema logico è riportato nella figura seguente:

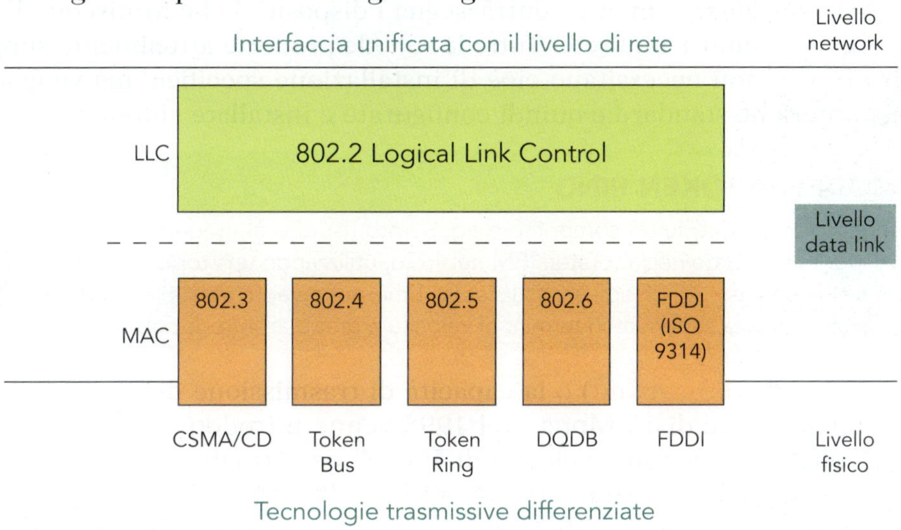

Il progetto 802 prevede 6 sezioni, indicate come segue:

- 802.2 Logical Link Control
- 802.3 CSMA/CD (Carrier Sense, Multiple Access with Collision Detection)
- 802.4 Token Bus
- 802.5 Token Ring
- 802.6 Metropolitan Area Networks - DQDB (Distributed Queue, Dual Bus)

> Successivamente sono state aggiunte altre sezioni del progetto OSI, per seguire l'evoluzione tecnologica dei mezzi trasmissivi. Ricordiamo per esempio:
> - 802.8 Fiber-optic technical advisory group;
> - 802.11 Wireless network.

Ethernet

Nei primi anni Settanta alcuni produttori mondiali, tra i quali Digital, Intel e Xerox, formarono un consorzio (DIX) per lo sviluppo di una rete locale lavorando sulle prime due versioni di Ethernet: la 1.0, operante a 10 Mb/s, e successivamente la 2.0. Contemporaneamente l'IEEE, basandosi proprio su Ethernet, iniziò lo sviluppo dello standard 802.3, che venne pubblicato nel 1985, fu approvato dall'ISO come DIS (*Draft International Standard*) ISO/DIS 8802.3 e nel 1989 divenne lo standard ISO 8802.3.

Oggi si identificano con Ethernet tutti i dispositivi conformi alle specifiche 802.3.

La grande diffusione di Ethernet è stata facilitata dai costi ridotti degli apparati e dalla grande facilità di progettare e realizzare reti di piccole dimensioni; queste caratteristiche l'hanno resa, in pochi anni, la tecnologia di rete più diffusa per le reti locali. Possiamo affermare, in estrema sintesi, che per utilizzare la tecnologia Ethernet per la connessione alla rete è necessario avere collocato nel computer o nel dispositivo una scheda di comunicazione che da essa prende il nome: la scheda Ethernet. La scheda di rete spesso viene indicata con l'acronimo NIC (*Network Interface Card*), che genericamente contrassegna i dispositivi che forniscono l'interfaccia hardware tra un computer e una rete. Tutte le schede prodotte attualmente supportano la Plug and Play (PnP), non necessitano cioè di installazione specifica, ma vengono riconosciute come periferiche standard e quindi configurate e installate automaticamente.

IL MODELLO TOKEN RING

Il modello Token Ring fu un competitore agguerrito rispetto al modello Ethernet. Le reti di tipo Token Ring vennero progettate nei laboratori IBM nel 1976, utilizzando una topografia ad anello, contrapposta a quella a stella di Ethernet. Negli anni successivi Ethernet diventò assai più diffusa grazie a caratteristiche trasmissive di qualità superiore in termini di velocità e grazie all'introduzione degli switch.

La larghezza di banda (broadband) o la capacità di trasmissione dei dati (throughput) di Ethernet era inizialmente di 10 Mbps. Nel 1995 venne introdotto un nuovo standard, la Fast Ethernet, che operava a una velocità di 100 Mbps. Attualmente esiste la tecnologia Gigabit Ethernet, in grado di operare alla velocità di 1000 Mbps (1 Gbps).
I diversi standard Ethernet sono individuati da una sigla composta da tre elementi, come quelli elencati di seguito:
- 10 base-2,
- 10 base-5,
- 10 base-T,
- 100 base-T

dove
- 10\100: indica la velocità massima di trasferimento dati espressa in Mbps;
- *base*: si riferisce al modo dell'onda portante del segnale;
- 2\T\F\U\TX,T2,...: indica la massima distanza raggiungibile da un segmento, o il tipo di conduttore F = fibra, T = cavo UTP, TX = cavo UTP intrecciato, T2 cavo UTD a 2 coppie ecc.

◀ Il termine broadcast indica una modalità di instradamento per la quale un pacchetto viene consegnato a tutti gli host collegati alla rete, a differenza di unicast che indica l'invio a un solo host e multicast che indica l'invio solo a un gruppo di host. ▶

L'accesso alla rete avviene in modo non deterministico, seguendo il modulo CSMA/CD (*Carrier Sense Multiple Access with Collision Detection*), il quale ha come struttura fisica quella a BUS o a stella, e come struttura logica quella a ◀ broadcast ▶ (cioè con spedizione simultanea dello stesso messaggio a molteplici destinatari).

La comunicazione tra due PC avviene mediante uno scambio di dati suddivisi in pacchetti e per inviarne uno è necessario che nessun altro pacchetto stia viaggiando sulla rete: se due o più stazioni iniziano a trasmettere i dati contemporaneamente si possono verificare delle collisioni e una stazione deve riprovare a trasmettere il pacchetto dopo una periodo di attesa.

> La modalità di comunicazione è simile a quella che intercorre tra due interlocutori al telefono quando, durante una conversazione, una persona deve attendere che l'altra taccia prima di poter parlare.

Naturalmente all'aumentare del numero di PC che cercano di utilizzare la rete aumenta contestualmente anche il numero di collisioni, errori e ritrasmissioni, pregiudicando le prestazioni della rete: se si supera il 50% della larghezza di banda si ha un drastico calo delle prestazioni, dovuto alle collisioni, che può portare a un rallentamento estremo della rete se non al blocco totale.

Indirizzo MAC

> ◀ Indirizzo IP È un numero composto da 4 byte (indirizzo logico) univoco, assegnato a ogni host presente nella rete dal livello di rete (livello 3). ▶

Ogni dispositivo che si connette a una rete Ethernet può essere individuato univocamente grazie all'indirizzo MAC. Mentre l'◀ indirizzo IP ▶ può essere ripetuto all'interno di reti LAN o sottoreti diverse, l'indirizzo MAC è unico al mondo perché assegnato dal produttore a ogni scheda di rete esistente.

Ogni scheda NIC possiede un indirizzo MAC (MAC address) composto da un insieme di 6 byte (48 bit) separati da due punti:

- i primi 3 byte (24 bit) si chiamano OUI (Organizational Unique Identifier) e sono il codice identificativo dell'azienda produttrice;
- i secondi 3 byte sono il numero seriale progressivo che identifica il prodotto di quell'azienda.

Un esempio di codice MAC è il seguente:

02-60-8C:E9:8B:01

dove

- 02-60-8C: sta a indicare il produttore, in questo caso la 3Com;
- E9:8B:01: è il numero di matricola che la 3Com ha assegnato a questo prodotto.

> L'indirizzo MAC, anche detto indirizzo fisico (physical address o hardware address) o BIA (*Burn In Address*), risiede nella ROM della NIC e viene copiato in RAM quando la scheda NIC viene inizializzata. All'indirizzo http://standards-oui.ieee.org/oui.txt puoi trovare l'elenco completo dei codici di tutti i produttori

Come individuare l'indirizzo MAC

Per individuare l'indirizzo MAC di una scheda presente in un qualsiasi personal computer possiamo procedere nel modo seguente.

- Per l'ambiente Windows: al prompt dei comandi digitando ipconfig/all viene visualizzato un insieme di dati, tra cui l'indirizzo fisico, come illustrato dalla figura seguente:

```
Scheda Ethernet Connessione alla rete locale (LAN):

        Suffisso DNS specifico per connessione:
        Descrizione . . . . . . . . . . . . . : Realtek PCIe GBE Family Controll
er
        Indirizzo fisico. . . . . . . . . . . : 90-FB-A6-ED-F8-3A
        DHCP abilitato. . . . . . . . . . . . : No
```

- Per l'ambiente Linux: avviare una shell e digitare il comando ifconfig -a. La prima riga riporta il MAC address relativo alla scheda di rete (generalmente identificata con eth0) nella voce HWaddr:

```
eth0      Link encap:Ethernet  HWaddr 56:80:C8:E9:8B:01
          inet addr:192.167.96.14  Bcast:192.167.96.255  Mask:255.255.255.0
          UP BROADCAST RUNNING MULTICAST  MTU:1500  Metric:1
```

- Per l'ambiente Macintosh: nel menu Mela individuare l'elemento Preferenze di sistema e fare clic nella finestra sull'icona relativa a Network. Nel successivo pannello bisogna selezionare l'opzione Ethernet Integrata (oppure Airport se si deve individuare il MAC address della connessione wireless) e fare clic sulla voce Ethernet, che riporterà il MAC address in questione:

Prova adesso!

- Verificare l'indirizzo MAC della scheda Ethernet del proprio PC

1 Verifica quale indirizzo Media Access Control possiede la tua scheda di rete, utilizzando il comando opportuno in relazione al sistema operativo installato, utilizzando i comandi che hai imparato nella lezione.

Protocol Data Unit (PDU)

PDU

Con l'acronimo PDU (*Protocol Data Unit*) si intende l'unità di informazione che viene scambiata tra due host nel ◀ protocollo ▶ di comunicazione di un'architettura di rete a strati.

◀ Il protocollo è l'insieme delle regole sul formato dei messaggi, delle informazioni di servizio, degli algoritmi di trasferimento che guidano il colloquio tra entità dello stesso livello per trasmettere unità di trasferimento. ▶

Riprendiamo la struttura della pila ISO/OSI e analizziamo l'organizzazione dei dati partendo dal livello fisico. Il livello 1 si occupa della trasmissione dei dati trasformandoli in segnali fisici (elettrici, ottici, elettromagnetici): a questo livello l'unità elementare di informazione è di tipo binario e il messaggio che viene trasferito si limita a una sequenza di bit codificata in modo Manchester.

Nella codifica Manchester i bit vengono codificati attraverso la variazione del segnale che può assumere valori compresi tra –0,85V (Basso) e +0,85V (Alto). La codifica avviene alla commutazione tra i due valori: il valore logico 0 viene codificato attraverso il passaggio del segnale da Basso ad Alto, il valore logico 1 viene invece codificato con il passaggio da Alto a Basso.

La sequenza di bit è il risultato finale delle trasformazioni che "subisce" il messaggio destinato alla trasmissione, a partire dal livello più alto della pila fino ad arrivare a quello più basso: ogni livello deve aggiungere informazioni di controllo relative al protocollo utilizzato dal livello stesso, sia per poter effettuare gli specifici compiti a lui assegnati sia per trasfe-

◀ Il termine framing fa riferimento alla seguenti operazioni:
- incapsulamento dei dati con un'intestazione (header) e una eventuale coda (trailer);
- interpretazione dei bit presenti nelle intestazioni (ed eventualmente nelle code). ▶

rire i dati al livello inferiore. Si dice che il messaggio viene imbustato, cioè con "busta di livello N" si indica il dato modificato al livello N della pila ISO/OSI: quest'operazione è chiamata ◀ framing ▶.

Seguiamo i passaggi fondamentali che avvengono sul messaggio iniziale a partire dai dati del mittente al livello più alto fino alla formazione della "sequenza binaria" trasmessa al livello fisico.

1 Ai dati dell'utente viene preposta un'intestazione (header app) dallo strato di applicazione e, strato dopo strato, vengono eseguite alcune operazioni e/o aggiunte altre intestazioni fino a raggiungere lo strato di trasporto.

L'unità di dati a livello di trasporto prende il nome di segmento.

2 Lo strato di trasporto fornisce quindi il segmento allo strato di rete, che presta anch'esso servizi specifici e aggiunge un'intestazione che vedremo nelle prossime Lezioni.

L'unità di dati allo strato di rete prende il nome di pacchetto (o datagramma IP).

3 Il pacchetto giunge quindi ai livelli inferiori, dove lo strato di collegamento del livello 2 aggiunge la propria intestazione e la propria coda: in Ethernet è la scheda NIC che compie questa operazione per incapsulare i dati da trasmettere.

L'unità di dati allo strato di collegamento prende il nome di frame (o trama).

La trama viene poi trasmessa in rete dallo strato fisico.

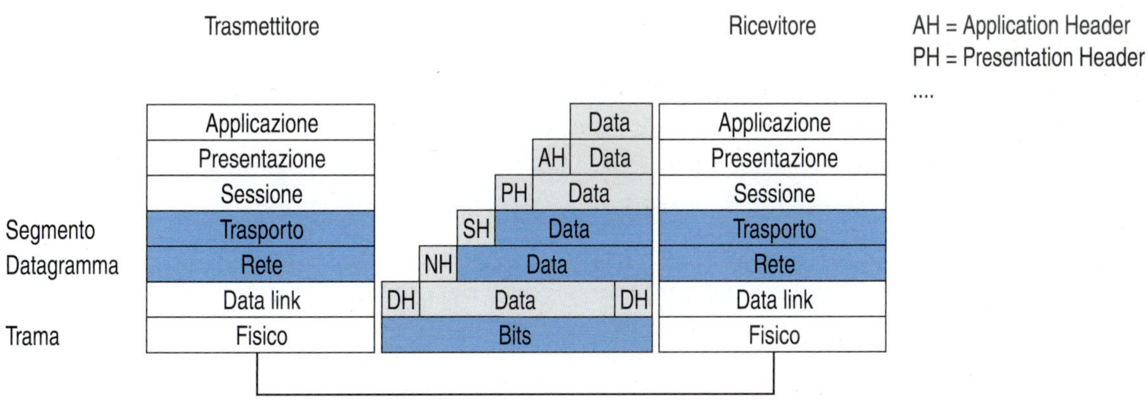

Nella figura in alto è mostrato un esempio di "imbustamento" dei dati, nell'ipotesi che la sottorete sia una LAN di tipo Ethernet.

Trama o frame

A livello fisico i dati vengono trasmessi sotto forma di frame (in italiano trama), piccoli contenitori (o pacchetti) che permettono di separare il flusso di dati in unità facilmente controllabili. Il frame nello standard originario 802.3 è lungo almeno 64 byte e non oltre 1526 byte: alcuni standard successivi ne hanno modificato le lunghezze, come per esempio lo standard Gigabit Ethernet 802.3z che ha portato la lunghezza minima del frame a 512 byte.

Nello standard originario 802.3 il frame è composto da:

- preambolo: sequenza di 7 byte, dove ciascun byte è impostato a 10101010 ed è usato per sincronizzare il ricevente prima che i dati effettivi vengano inviati;
- Start Frame Field (SFD): delimitatore di inizio frame (8 bit: 10101011) usato per ottenere l'allineamento al byte;
- indirizzo MAC di destinazione (48 bit), che può essere:
  - unicast: indirizzo MAC univoco dell'adattatore NIC del destinatario;
  - broadcast: tutti i bit a 1;
  - multicast: il primo bit è 1;
- indirizzo MAC di origine: l'indirizzo univoco della stazione mittente (48 bit);
- lunghezza/tipo: due byte che
  - in origine erano 0x05DC (1500_{10}) e indicavano la lunghezza del campo dati;
  - oggi spesso contengono 0x0800 (2048_{10}) per indicare il tipo di pacchetto (protocollo IP);
- corpo del messaggio: da 46 a 1500 byte di dati;
- pad (riempitivo) di zeri, qualora i dati siano meno di 46 byte (così da arrivare a 46 byte tra dati e pad);
- Frame Check Sequence (FCS): sequenza di controllo del frame, ovvero 4 byte per controllare l'integrità del frame tramite CRC-32 calcolato usando il polinomio AUTODIN II (controllo di ridondanza ciclica a 32 bit).

Uno schema del frame IEEE 802.3 è riportato nella seguente figura:

IEEE 802.3						
Preambolo	SFD	Destinatario	Mittente	Lunghezza/tipo	Dati/Pad	FCS
7	1	6	6	2	46-1500	4

Nel frame Ethernet v2, anche chiamato DIX Ethernet (DEC, Intel, Xerox):

- preambolo e SFD sono assieme e formano un preambolo di 8 bytes;
- lunghezza/tipo è un solo tipo.

Ethernet					
Preambolo	Destinatario	Mittente	Tipo	Dati/Pad	FCS
8	6	6	2	46-1500	4

Il calcolo del FCS viene effettuato senza tener conto dei primi 8 byte di preambolo:

		<-- ------------------ calcolo del FCS ------------------ -->				
Preambolo	SFD	Destinatario	Mittente	Lunghezza/tipo	Dati/Pad	FCS
7	1	6	6	2	46-1500	4

Nel corso degli anni, a più riprese, sono stati aggiunti nuovi campi, resi necessari da parte dei protocolli di strato superiore per l'utilizzo di Ethernet.

INTERFRAME SPACING

Si definisce interframe spacing il minimo spazio tra due frame che deve essere di almeno 96 bit: sotto questo valore un dispositivo continuerebbe a trasmettere sulla linea, monopolizzandola e impedendo agli altri dispositivi di trasmettere.

Nella trasmissione tra un frame e l'altro è quindi obbligatorio lasciare dello spazio, che viene tradotto in un tempo di pausa tra le due trasmissioni e che prende il nome di IFG (*Inter Frame Gap*).

Zoom su...

INTER FRAME GAP

Viene definito IFG l'intervallo di tempo che deve trascorrere tra due pacchetti trasmessi in Ethernet: poiché nell'intervallo devono essere trasmessi 96 bit (12 byte) è immediato calcolare per ogni frequenza di trasmissione il valore IFG (a 10 Mbps deve essere almeno di 9,6 μs).
Calcoliamo per le diverse frequenze il tempo di Inter Frame Gap:

Velocità	Interframe spacing	Inter Frame Gap
10 Mbps	96 bit	9,6 μs
100 Mbps	96 bit	0,96 μs
1 Gbps	96 bit	0,096 μs
10 Gbps	96 bit	0,0096 μs

I dispositivi Ethernet accettano solo frame distanziati da un intervallo di tempo maggiore o uguale all'IFG.

ESEMPIO *Calcolo del massimo numero di frame che possono essere trasmessi in un secondo in una rete Ethernet a 10 Mbps*

Il massimo numero di frame al secondo viene calcolato ipotizzando un messaggio con lunghezza minima, cioè un frame di 84 byte così ottenuto:

Componenti del frame	Dimensione minima
Inter Frame Gap	12 Byte
Preambolo + SFD	8 Bytes
Address destinatario	6 Byte
Address mittente	6 Byte
Tipo (o lunghezza)	2 Byte
Payload (Network PDU)	46 Byte
Check Sequence (CRC)	4 Byte
Dimensione fisica del frame	84 Byte

Il numero di frame al secondo si ottiene dal rapporto tra la velocità di trasmissione e la lunghezza del messaggio trasmesso, cioè

$$\frac{Ethernet\ Data\ Rate\ (bit\,/\,s)}{Dimensione\ del\ frame\ (bit)} = \frac{10.000.000}{84 \cdot 8} = 14.880\ frame\,/\,s$$

Questo valore supera di molto la capacità massima dei dispositivi di rete oggi in commercio (switch e router possono elaborare circa 1000 frame al secondo). Se invece calcoliamo il numero di frame con il messaggio lungo di 1500 byte, la frequenza massima è di circa 812 ed è al di sotto dei valori operativi.
Se in un determinato istante fosse comunque superata, questo non rappresenterebbe un problema, in quanto i dispositivi semplicemente "scarterebbero" i frame in eccedenza demandando il problema a un altro livello di servizio, come vedremo in seguito.

ESEMPIO *Calcolo del massimo throughput dei servizi al secondo livello di Ethernet*

Consideriamo la situazione ideale, con dimensione massima del messaggio utile Ethernet di 1500 byte ed efficienza massima, cioè assenza di collisioni sul cavo. Per prima cosa calcoliamo la lunghezza massima del frame in questa situazione, che è 1538 byte.

La frame rate massima è:

$$\frac{Ethernet\ Data\ Rate\ (bit\ /\ s)}{Dimensione\ del\ frame\ (bit)} = \frac{10.000.000}{1538 \cdot 8} = 812{,}74\ frame\ /\ s$$

Il ◀ throughput ▶ massimo del livello si ottiene con la formula seguente:

$$Frame\ rate \cdot Payload = 812{,}74 \cdot (1500 \cdot 8) = 9.752.880\ bps$$

Abbiamo un valore di throughput con efficienza al 97,5% della capacità del link.

◀ Throughput è un indice che identifica la quantità effettiva di dati trasmessi in un'unità di tempo; si esprime in bit/s e tiene conto delle pause del canale. La traduzione in italiano potrebbe essere *efficienza trasmissiva* e, a differenza della capacità del link che indica esclusivamente la frequenza trasmissiva massima alla quale i dati possono viaggiare, il throughput la calcola al netto delle pause di attesa per il riscontro della corretta ricezione dei pacchetti. ▶

Verifichiamo le conoscenze

1. Risposta multipla

1 Quale delle seguenti affermazioni è vera?

a. Il protocollo CSMA/CD è utilizzato dalla rete Internet
b. Il protocollo CSMA/CD è utilizzato dalla rete Token Ring
c. Il protocollo CSMA/CD è utilizzato dalla rete Ethernet
d. Il protocollo CSMA/CD è utilizzato dalla rete FDDI

2 Il data link è diviso in due livelli: (*due risposte*)

a. il LLC
b. il LIC
c. il MAC
d. il TCP
e. l'IP

3 Nel broadcast un pacchetto viene consegnato:

a. a tutti gli host collegati alla rete
b. a un solo host
c. a un gruppo di host
d. al ripetitore

4 Quale tra i seguenti campi non è previsto dal frame definito dalla 802.3?

a. preambolo
b. SFD
c. PDU
d. indirizzo MAC di destinazione
e. indirizzo MAC di origine
f. lunghezza/tipo
g. PAD
h. FCS

5 L'interframe spacing deve essere lungo almeno:

a. 9 bit
b. 96 bit
c. 4 byte
d. 96 byte

6 L'acronimo NIC deriva da:

a. Network Interface Cable
b. Network Interface Card
c. Network Internet Card
d. Network Internet Cable

7 La sigla MAC deriva da:

a. indirizzo macchina
b. macchina virtuale
c. media access control
d. media access card

8 L'indirizzo 01:08:AA:3D:4E:23 è di tipo:

a. multicast
b. singlecast
c. broadcast
d. non è un indirizzo valido

2. Vero o falso

1 L'unità di dati allo strato di rete prende il nome di pacchetto (o datagramma IP). V F
2 A livello di rete "pacchetto" è sinonimo di datagramma. V F
3 L'unità di dati allo strato di collegamento prende il nome di frame (o trama). V F
4 Gli indirizzi MAC di una rete Ethernet sono diversi dagli indirizzi di una rete Token Ring. V F
5 Ethernet è un protocollo di livello MAC che prevede una topologia ad anello. V F
6 La parte superiore del livello data link è il Logical Link Control. V F
7 La parte inferiore del livello data link è il Media Access Control. V F
8 La scheda di rete spesso viene indicata con l'acronimo NIC. V F
9 Ethernet effettua l'accesso alla rete in modo non deterministico. V F
10 L'unità di dati al livello di trasporto prende il nome di segmento. V F

AREA digitale

hoepliscuola.it

Esercizi per il recupero / Esercizi per l'approfondimento

AREA digitale

LEZIONE 2

Le collisioni in Ethernet

In questa lezione impareremo...

- a conoscere i compiti del sottolivello MAC
- a individuare il meccanismo delle collisioni
- a conoscere i compiti del sottolivello LLC

Introduzione

Abbiamo detto che il progetto IEEE 802 si colloca al livello 2 della pila ISO/OSI chiamato livello data link, o collegamento.

Il livello data link è suddiviso in due sottolivelli:

- il MAC, o *Media Access Control*, che costituisce la parte inferiore del livello collegamento dati verso il livello fisico, per risolvere il problema dell'accesso a un unico mezzo trasmissivo;
- l'LLC, o *Logical Link Control*, che costituisce la parte superiore del livello collegamento dati verso il livello network, mascherando la peculiarità della rete utilizzata.

In questa unità li descriveremo dettagliatamente.

Il sottolivello MAC

Il sottolivello MAC si trova direttamente a contatto con il livello fisico (livello1, cablaggio) e indipendentemente dalla topologia di rete si occupa delle seguenti problematiche:

- regolamentazione dell'accesso al mezzo trasmissivo;
- verifica della lunghezza minima del pacchetto, scartando i pacchetti ricevuti che hanno una lunghezza inferiore al valore minimo ammesso (64 byte);
- riconoscimento dell'indirizzo di destinazione del pacchetto (frame);
- generazione del preambolo: in trasmissione il MAC prepone un preambolo al pacchetto che deve essere trasmesso;

- assemblaggio dei dati provenienti dal sottolivello superiore LLC in trame con l'indirizzo sorgente, di destinazione e il campo per il controllo degli errori;
- rimozione del preambolo: in ricezione il MAC rimuove il preambolo;
- disassemblaggio delle trame ricevute e consegna dei dati al sottolivello LLC;
- individuazione degli errori ed eliminazione della trama ritenuta errata.

La criticità delle reti locali è dovuta al fatto che utilizzano un unico mezzo condiviso dai calcolatori connessi: reti di questo tipo sono dette reti broadcast, perché i dati trasmessi sul canale da una macchina vengono ricevuti da tutte le altre.

Per richiedere l'accesso al canale il livello MAC può usare due protocolli di accesso:
- deterministico o protocollo ad accesso controllato: prima di trasmettere è necessario entrare in possesso del controllo esclusivo della risorsa così da evitare qualsiasi tipo di collisione; ogni stazione deve aspettare il proprio turno, che le viene concesso secondo diverse politiche di gestione (tecnica token passing usata da reti Token Ring e FDDI);
- non deterministico o protocollo ad accesso casuale: il primo che arriva inizia a trasmettere senza acquisire il controllo esclusivo della risorsa canale e quindi esiste la possibilità di creare delle collisioni che provocano la perdita dell'informazione; il protocollo gestisce le collisioni con un apposito algoritmo, detto CRA (*Collision Resolution Algorithm*). Questa modalità viene utilizzata da Ethernet ed è chiamata CSMA/CD (*Carrier Sense Multiple Access with Collision Detection*).

La tabella seguente riporta la modalità di accesso al canale per le diverse topologie di rete.

	Topologia logica	Topologia fisica		Protocollo
Ethernet	bus	stella o stella estesa	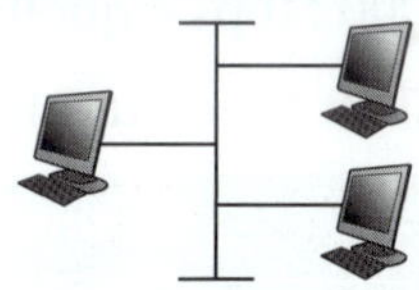	non deterministico
Token Ring	anello	stella	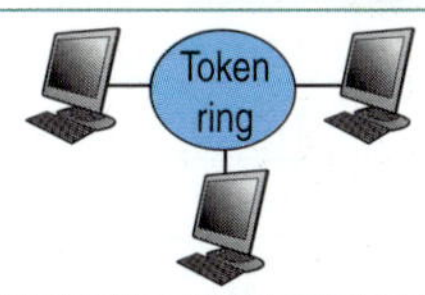	deterministico
FDDI	anello	doppio anello	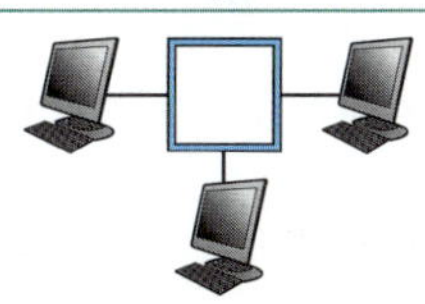	deterministico

L'accesso al canale avviene mediante un protocollo di accesso chiamato CAP (*Channel Access Procedure*), una tecnica di *multiplazione statistica*: viene richiesto l'accesso finché il mezzo trasmissivo non diviene libero e se ne entra in possesso.
Non è presente un arbitro che regoli le richieste di accesso al canale e gestisca la risorsa condivisa: ogni PC continua a richiedere l'accesso fino a che "statisticamente" prima o poi troverà il canale libero.

Definizioni

Prima di descrivere il meccanismo con cui il protocollo CSMA/CD permette a una stazione di entrare in possesso del mezzo trasmissivo è necessario premettere alcune definizioni.

Per ridurre il tasso di collisioni si può suddividere la LAN in più porzioni dette "domini di collisione" in modo che la contesa del mezzo avvenga solo tra stazioni appartenenti a un singolo dominio.

BIT TIME

Con bit time si indica il tempo durante il quale un bit permane sulla linea che dipende, quindi, dalla frequenza di trasmissione.

ESEMPIO

Con trasmissioni a 10 Mbps la durata di un bit time è

$$t_{bit} = \frac{1}{f} = 10 \cdot 10^{-6}\,s$$

Il bit time è "l'unità moltiplicatore" per la determinazione dello slot time.

SLOT TIME

Con il termine slot time (ST) si indica il tempo che impiega uno slot a compiere il tragitto di massima distanza teorica tra due nodi.

Gli slot time attualmente in uso sono:
- per Ethernet da 100 o 10 Mbps è il tempo di 64 ottetti (512 bit time);
- per Ethernet da 1000 Mbps è quello di 512 ottetti (4096 bit time).

Moltiplicandoli per il bit time otteniamo la seguente tabella:

Velocità	Bit time	Slot time (in bit)	Slot time (in microsecondi)
10 Mbit/s	$1/10 * 10^{-6} = 100$ ns	512 × bit time	51,2 microsecondi
100 Mbit/s	$1/100 * 10^{-6} = 10$ ns	512 × bit time	5,12 microsecondi
1 Gbit/s	$1 * 10^{-9} = 1$ ns	4096 × bit time	4,096 microsecondi
10 Gbit/s	$1/10 * 10^{-9} = 0{,}1$ ns	Non applicabile	

A questi tempi vanno sommati i ritardi dovuti ai dispositivi presenti sulla rete.

ROUND TRIP DELAY (RTD)

Se indichiamo con T il tempo massimo di propagazione del segnale tra due stazioni qualsiasi presenti sulla rete, 2T rappresenta il tempo massimo di trasmissione per una stazione prima di accorgersi di una collisione (andata e ritorno).
Il tempo 2T prende il nome di round trip delay.

Lo slot time deve essere maggiore del round trip delay: è necessario che un segnale viaggi tra i due punti più lontani del dominio di collisione, collida eventualmente con un'altra trasmissione proprio all'ultimo istante possibile e i frammenti della collisione ritornino verso la stazione trasmittente; l'ampiezza dello slot time deve garantire questa situazione estrema.

Verifichiamo che l'ST sia "appena più lungo" dell'RTD calcolando i valori nel caso peggiore. Se poniamo come distanza quella massima ammessa di 2,5 km, il round trip delay è il tempo che un impulso impiega per percorrere 5 km.

ESEMPIO

La velocità della luce nel conduttore è pari a circa 2/3 di quella nel vuoto:

$$v_c = 200 \cdot 10^6 \text{ km/s}$$

Il tempo impiegato per percorrere un chilometro è

$$t_{km} = \frac{1}{200 \cdot 10^6} = 5\ \mu\text{s}$$

La distanza teorica massima a cui ci si riferisce è la distanza del dominio di collisione che l'IEEE 802.3 per la 10 BASE 5 indica in 2500 m (500 m per 5 segmenti) alla velocità 10 Mbps, quindi:

$$t_{\max} = 25\ \mu\text{s}$$

Per compiere il tragitto di andata e ritorno ci metterà il doppio, cioè 2T, e otteniamo

$$2T = 50\ \mu\text{s}$$

che risulta essere inferiore dei 51,2 microsecondi dello slot time.

SPAZIO INTERFRAME

Il minimo spazio tra due frame che non collidono è detto spazio interframe. Si misura dall'ultimo bit dell'FCS al primo bit del preambolo del secondo frame ed è fissato a 96 bit time.

Su una Ethernet a 10 Mbps dopo che un frame è stato spedito, tutte le stazioni devono aspettare un minimo di 96 bit time, cioè 9,6 microsecondi prima di essere autorizzate a trasmettere un frame.

Rilevamento delle collisioni

Parte delle tre funzioni svolte con il protocollo CSMA/CD, e cioè:

- trasmettere e ricevere i pacchetti;
- rilevare gli errori nei pacchetti;
- decodificare i pacchetti e controllare gli indirizzi prima di passarli ai livelli superiori;

è realizzata da due sottosistemi che operano a livello MAC:

1. CAP (*Channel Access Procedure*): l'insieme delle procedure che la stazione effettua per realizzare l'accesso al canale;
2. CRA (*Collision Resolution Algorithm*): l'insieme delle procedure che la stazione effettua per rilevare ed eventualmente recuperare situazioni di collisione.

Vediamo il flow chart delle operazioni eseguite per *effettuare la trasmissione*.

- Se la linea è inattiva (idle) non viene rilevata alcuna portante, quindi:
  - viene immediatamente inviato il pacchetto di dimensione massima 1500 byte;

- si ascolta che nessun altro inizi a trasmettere;
- si deve aspettare 9,6 microsecondi tra i frame back to back.

- Se la linea è occupata (busy) viene rilevata una portante e quindi:
  - si aspetta un tempo casuale prima di riprovare (*strategia di backoff*);
  - si riprova fino a quando la linea ritorna libera per procedere all'immediata trasmissione del pacchetto.
- Se viene rilevata la collisione:
  - si interrompe l'invio e si inserisce il segnale di disturbo (jam signal);
  - si riprova successivamente.

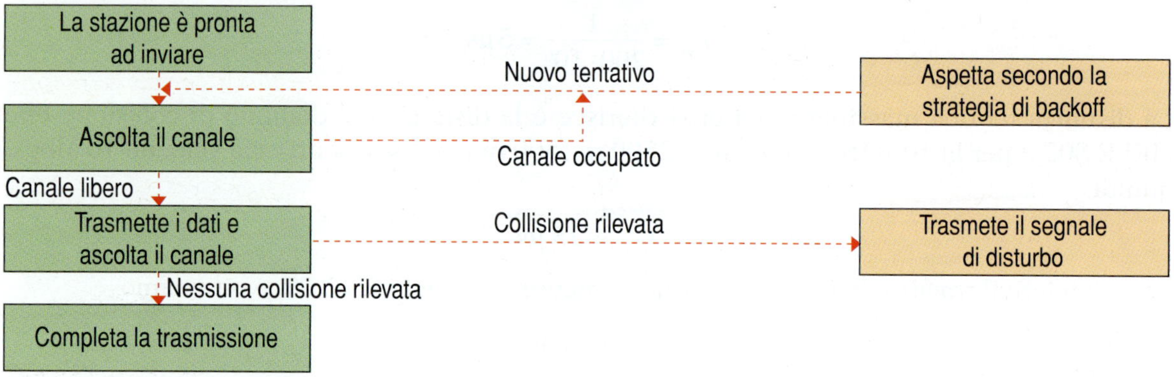

Ci si accorge della presenza di una collisione analizzando la dimensione del segnale (valore di tensione) che diventa maggiore rispetto allo stato normale: il primo adattatore che si accorge di una collisione, invece di sospendere la trasmissione, cerca di aumentare le collisioni trasmettendo un segnale di disturbo (un jamming signal composto da un'alternanza di 0 e di 1) in modo che tutti gli utilizzatori del mezzo trasmissivo si accorgano al più presto della collisione.

Vediamo graficamente quanto descritto:

Ⓐ La stazione A, che deve iniziare a trasmettere, si mette in ascolto sul filo e se non percepisce nessun segnale nel tempo stabilito dallo spazio interframe di 9,6 microsecondi, significa che il canale è libero e che può iniziare a trasmettere il suo frame di dati a partire dal preambolo 64 bit (vedi figura a lato), rimanendo però sempre in ascolto per percepire eventuali valori di tensione anomala sul filo, che indicherebbero la presenza di una collisione generata dall'inizio della trasmissione di una seconda stazione.

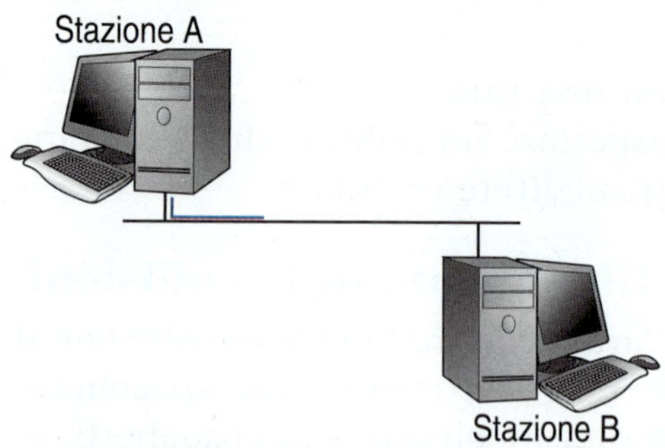

Ⓑ Supponiamo che la stazione B, dopo aver atteso anch'essa 9,6 microsecondi senza sentire segnali sulla linea, inizi a trasmettere prima che il segnale inviato dalla stazione A si propaghi sulla linea e arrivi a destinazione: siamo nella situazione che entrambe le stazioni stanno trasmettendo contemporaneamente sullo stesso conduttore, come indicato nella figura a lato:

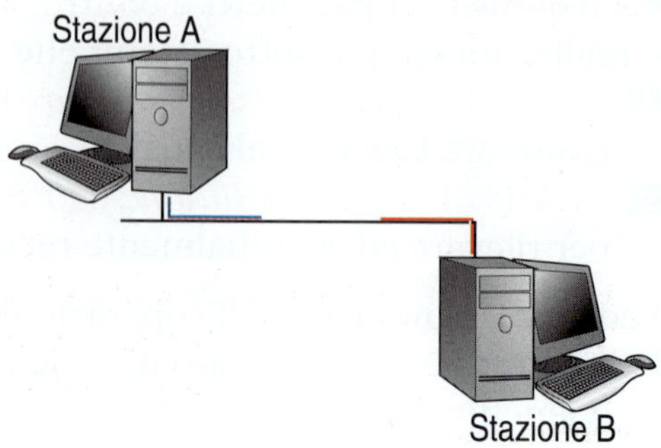

C Quando i due segnali collidono si sovrappongono e generano una situazione con *valori anomali* di tensione elettrica che si propaga sul filo in entrambe le direzioni (vedi figura a lato).

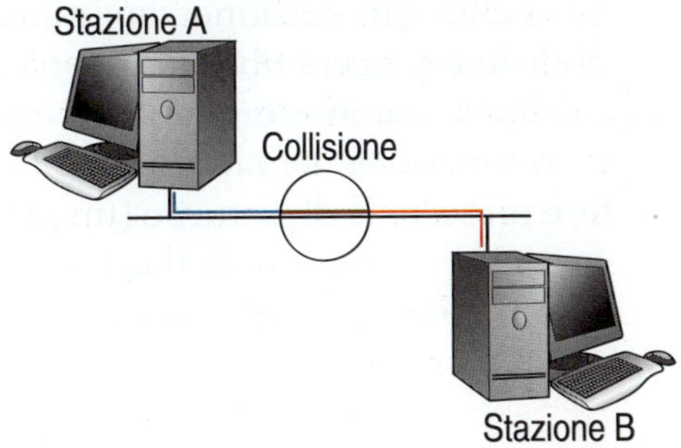

Nel caso peggiore, quando B inizia a trasmettere appena prima che gli arrivi il messaggio di A, quindi dopo un tempo T da quando il messaggio è stato trasmesso da A, la stazione A continua a trasmettere fino a che si accorge della collisione, cioè fino a quando il segnale alterato le arriva da B in un tempo T; nel caso peggiore, quindi, solo dopo un tempo 2T (round trip delay) possiamo essere certi che non ci sono state collisioni.
Ricordiamo che a 10 Mbps la distanza di 2T = 5 km viene coperta in 50 microsecondi, tempo che corrisponde al round trip delay.

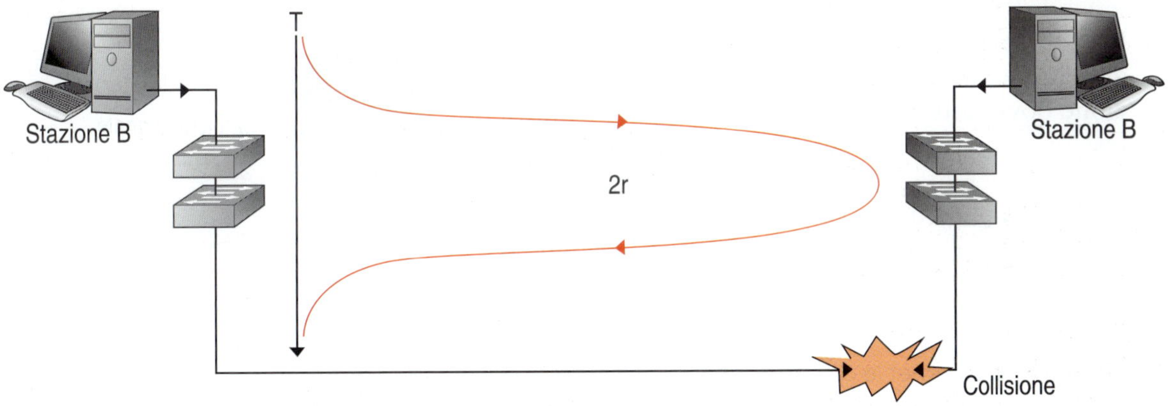

ESEMPIO

Conoscendo il round trip delay, calcoliamo la lunghezza minima che deve avere un frame per occupare la linea in tutta la sua durata (imponiamo che il tempo di trasmissione deve essere uguale o maggiore del round trip).
Con velocità di trasmissione a 10 Mbps, imponendo che il tempo di trasmissione sia almeno 2T = 50 microsecondi, si ottiene la dimensione minima F_{min} che deve avere un frame affinché la stazione emittente, durante la sua spedizione, possa accorgersi che è avvenuta una collisione e possa intervenire per "eliminare" il dato trasmesso, che sicuramente risulta danneggiato:

$$\frac{F_{min}}{10^7} > 50 \cdot 10^6$$

da cui si ottiene

$$F_{min} > 10^7 \cdot 50 \cdot 10^6 = 500 \text{ bit}$$

che viene arrotondato a 512 bit, cioè a 64 byte.
A 10 Mbps i 64 byte si ottengono semplicemente dalla somma dei 14 byte di intestazione (destinatario + mittente + tipo), dei 46 byte dei dati, dei 4 byte CRC.

D Dato che ogni stazione rimane sempre in ascolto sulla linea, entrambe si accorgono dell'avvenuta collisione ma in tempi diversi, quindi sospendono la trasmissione del messaggio e iniziano a trasmettere un segnale di disturbo (un jamming signal lungo 48 bit, composto da 0 e 1 alternati): la prima a trasmetterlo nel nostro esempio è la stazione A.

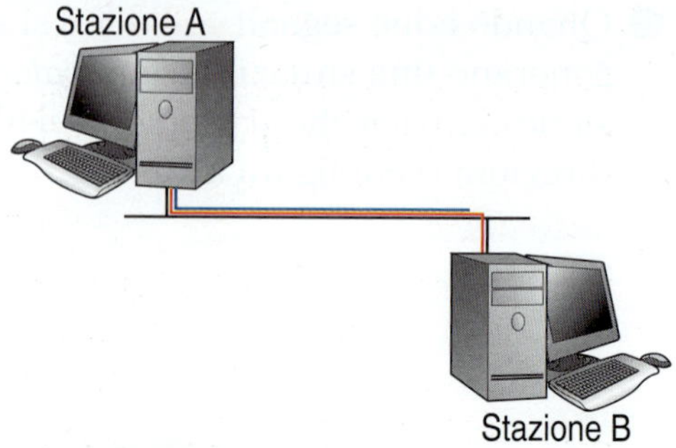

E Il segnale di jam viene subito individuato da tutte le stazioni che sono in ascolto sul filo; con esso riconoscono che il filo è occupato e quindi non possono parlare. Inoltre, dato che il messaggio ricevuto non ha un valido CRC, viene scartato perché riconosciuto errato da tutti i riceventi.

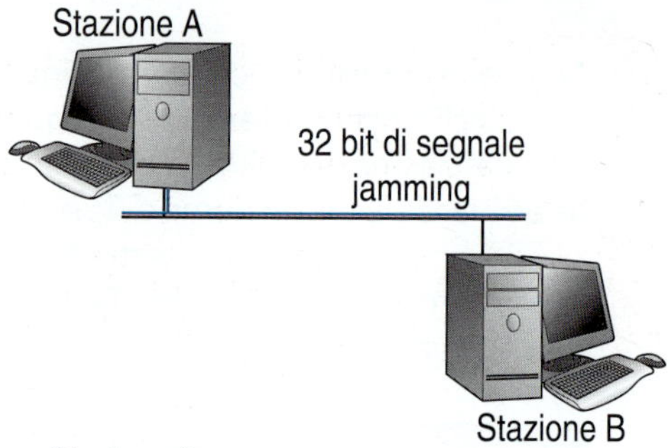

F In ogni stazione viene mandato in esecuzione un algoritmo che determina il tempo che questa stazione dovrà attendere prima di iniziare una nuova trasmissione (questo algoritmo si chiama Truncated Binary Exponential Backoff Algorithm, noto anche semplicemente con il nome di algoritmo di backoff). In un secondo tempo anche la stazione B individua la collisione, trasmette il suo segnale di jamming e si pone in attesa.

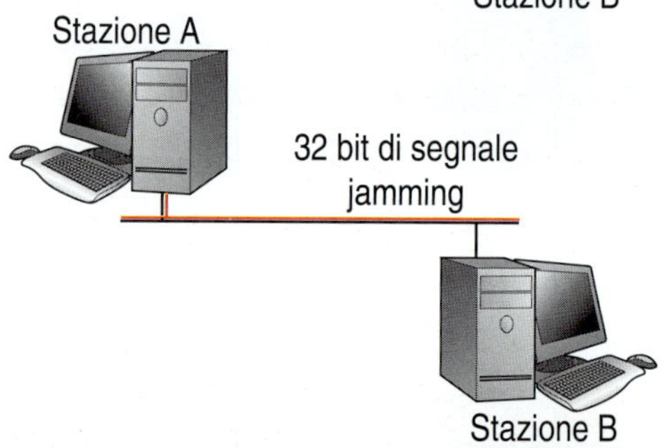

In una rete Ethernet le collisioni fanno parte proprio del protocollo di comunicazione, quindi non sono un problema ma uno strumento per regolare la gestione del mezzo trasmissivo.

Gli errori Ethernet

La trama Ethernet è costituita da un preambolo di 8 byte, che ha lo scopo di assicurarsi dell'effettiva disponibilità della linea: se avvengono delle collisioni, queste hanno luogo generalmente sul preambolo, quindi prima che inizi la trasmissione del segnale SFD di inizio messaggio.

Non appena la collisione viene rilevata, le schede NIC d'interfaccia di entrambe le stazioni non interrompono immediatamente la trasmissione, ma continuano a inviare bit fino a raggiungere la dimensione minima di un pacchetto di 64 byte; questo accorgimento è necessario per fare in modo che le altre eventuali macchine presenti sulla rete si accorgano che la collisione è in corso e che la rete è momentaneamente bloccata.

Successivamente interrompono la trasmissione e attivano un timer nell'algoritmo di backoff di durata casuale prima di ritentare la trasmissione. Il fatto che il timer sia casuale impedisce che entrambe ripartano nello stesso istante, causando una nuova collisione. Se, nonostante l'uso dei timer, la collisione si verificasse ancora, il timer verrebbe allungato progressivamente fino a un punto in cui il continuare delle collisioni indicherebbe un guasto fisico sulla rete e le singole schede d'interfaccia comunicherebbero al rispettivo computer l'impossibilità di trasmettere.

ESEMPIO

Vediamo un esempio con due stazioni poste a 60 metri di distanza:

A alla velocità di 10 Mbit per secondo ci vogliono 100 nanosecondi per inviare un singolo bit:

$$t_s = 1/10 \cdot 10^6 = 100 \cdot 10^{-9}$$

B l'impulso elettrico viaggia alla velocità della luce, ma su un cavo di rame la propagazione non è istantanea per effetto del "ritardo di propagazione" (65%), quindi ≈ 200.000 km/s. Otteniamo lo spazio percorso dalla relazione fisica che lega lo spazio con la velocità:

$$s = v \cdot t = 200 \cdot 10^6 \cdot 100 \cdot 10^{-9} = 20 \text{ m}$$

C in un nanosecondo il primo bit ha quindi percorso 20 centimetri e prima che il secondo bit sia "uscito dalla scheda di rete" che sta trasmettendo (100 nanosecondi), il primo bit ha percorso circa 20 metri. Prima che tutto il preambolo sia stato trasmesso, cioè 48 bit in 4,8 millisecondi, il primo bit ha percorso 960 metri!

Se una seconda stazione, a 60 di metri distanza dalla prima, deve iniziare a trasmettere, lo può fare solo 3 nanosecondi dopo l'inizio della prima, altrimenti le arriva il segnale del preambolo che le fa sentire la linea occupata; se le due stazioni iniziassero contemporaneamente la trasmissione dopo la metà del tempo si troverebbero in collisione.
Se contemporaneamente una terza stazione, ancora più distante, iniziasse a trasmettere, questa colliderebbe con entrambe, e via di seguito.

Al crescere del numero di stazioni presenti sulla rete aumenta il numero di collisioni: anche per questo motivo viene imposto il limite massimo di lunghezza di un segmento di rete Ethernet.

Per poter superare i limiti fisici di lunghezza del cavo, del numero massimo delle stazioni per tratta di cavo e di numero massimo di ripetitori (cioè superare il RTD che è di 50 microsecondi) è necessario creare una seconda rete e collegarla alla prima attraverso un dispositivo "ponte" (chiamato bridge) che memorizza ogni messaggio in arrivo da una parte e lo ritrasmette alla rete successiva solo se è destinato a questa, oppure lo scarta se si tratta di un messaggio che deve rimanere all'interno della prima rete.

Così facendo svincoliamo le temporizzazioni della prima rete (che dal punto di vista del bridge diventa un segmento) dalla temporizzazione della seconda.

Zoom su...

L'ALGORITMO DI BACKOFF

Quando una stazione rileva una collisione, aspetta a ritrasmettere avviando l'algoritmo di backoff che decide quanti slot time deve attendere: se aumenta il numero di collisioni aumenta esponenzialmente il range temporale entro cui viene sorteggiato il backoff.
Quando riconosce la prima collisione l'algoritmo sceglie un valore compreso tra 0 e 1; alla seconda collisione il range diventa tra 0 e 3 slot time, alla terza tra 0 e 7 e cresce fino alla decima collisione che è il valore massimo previsto (0-1023 slot time di attesa). Se dopo 16 tentativi l'invio fallisce, il frame viene scartato e sarà un problema dei livelli superiori decidere come comportarsi.

Collision window e late collision

Quando la stazione trasmittente rileva il segnale, essa sospende la trasmissione del frame e inizia a trasmettere i 48 bit di jam.

FRAME DI COLLISIONE
L'insieme dei bit trasmessi, cioè il frame parziale + il jam, prende il nome di frame di collisione.

Determiniamo la lunghezza massima che deve avere questo frame di collisione: definiamo finestra di collisione (collision window) l'intervallo di tempo entro il quale la stazione trasmittente deve accorgersi della collisione che deve avvenire prima di aver finito di trasmettere il pacchetto minimo lungo 64 byte + 8 byte = 72 byte (pacchetto + preambolo), cioè 512 + 64 = 576 bit.
La durata della trasmissione del pacchetto minimo a 10 Mbps è quindi di almeno 57,6 ms che è il massimo valore ammissibile per il round trip delay (alla velocità 10 Mbps su una tratta di 2500 metri sappiamo essere $2T = 50$ μs).

Il frammento di collisione, costituito dalla somma della parte di pacchetto trasmessa più la sequenza di jamming che viene posta in coda, deve avere una lunghezza inferiore al frame più piccolo, quindi deve durare meno di 576 bit time. Ciò significa che l'ultimo bit di jamming deve essere trasmesso entro 575 bit time dall'inizio della trasmissione.
La lunghezza massima del frammento di collisione pone però dei limiti più restrittivi sul tempo di ritardo della rete rispetto a quelli della collision window: se la collisione venisse rilevata verso la fine del frame, per esempio dopo 530 bit time dall'inizio della trasmissione e si iniziasse a trasmettere la sequenza di jamming di 48 bit, ne risulterebbe un frammento di collisione superiore a 576 bit time (530 + 48 = 578 > 576).

Diamo ora una definizione più dettagliata di round trip delay.

ROUND TRIP DELAY
Il tempo di ritardo massimo, che può intercorrere da quando la stazione ha trasmesso il primo bit del preambolo a quando viene propagato l'ultimo bit di jamming nel segmento di rete su cui essa è collegata, viene chiamato Round Trip Delay (RTD). Esso è quindi il tempo di propagazione del frammento di collisione.

I frammenti di collisione con lunghezza superiore al massimo consentito non vengono visti come tali dalle stazioni in ascolto, ma sono recepiti come pacchetti contenenti errori quali CRC error o alignment error. Se la stazione trasmittente rileva la collisione entro un tempo superiore alla collision window incrementa il contatore delle late collision.

Tipologia di errori in Ethernet

Si è detto che le collisioni non sono degli errori ma costituiscono il meccanismo di sincronizzazione di Ethernet; tuttavia sulla rete può verificarsi un insieme di errori di diversa natura:

Ⓐ errori dovuti alla lunghezza "illegale" del frame:
- frame troppo corto, con un numero di byte inferiore a 84;
- frame troppo lungo, con un numero di byte superiore a 1518;

Ⓑ errori di allineamento:
- numero di bit insufficienti o eccessivi per essere raggruppati in ottetti;

Ⓒ errori di inconsistenza:
- differenza tra il numero di byte trasmessi e il numero presente nel campo length;

- lunghezza non corretta del preambolo;
- SFD errato o mancante: in questo caso il frame viene chiamato ghost;

Ⓓ errori di parità:
- FCS error: se una stazione ha un alto numero di errori di parità probabilmente la scheda NIC è difettosa, il cavo presenta dei problemi o si sono rovinati i driver;

Ⓔ errori di collisione:
- late collision: sono le collisioni rilevate fuori dalla collision window e il NIC non effettua la ritrasmissione del frame.

Il sottolivello LLC

Sempre al livello 2, sopra al sottolivello MAC, si colloca il sottolivello LLC, che ha due scopi principali:
- essere il "ponte" tra le diverse tipologie di sottolivello MAC e il livello di rete: in questo modo i diversi tipi di LAN fisica hanno un'interfaccia unificata e svincolata dalle loro caratteristiche hardware;
- mettere a disposizione del livello superiore un servizio più sofisticato sulla gestione della trasmissione di quello offerto dai vari sottolivelli MAC.

Il livello LLC quindi "trasferisce" i dati dal livello superiore (di rete) al livello MAC e viceversa:

Ⓐ incapsula i dati provenienti dal livello superiore in un'unità di trasmissione che prende il nome di LLC-PDU e li trasferisce al livello MAC;

Ⓑ elabora le unità di trasmissione provenienti dal livello MAC e le inoltra al livello superiore.

Il livello MAC offre un servizio non affidabile in quanto il mittente non viene a conoscenza del buon fine della trasmissione (servizio senza connessione); su richiesta dello strato superiore, il sottolivello LLC può invece offrire due servizi aggiuntivi:
- servizio a datagramma confermato: introduce un meccanismo di scambio di messaggi tra destinatario e trasmittente, facendo in modo che al momento della ricezione di una trama venga spedita al mittente la conferma della corretta ricezione. Dopo un intervallo di tempo prefissato, se il mittente non riceve questa conferma, provvede alla ritrasmissione della trama non confermata;
- servizio affidabile orientato alla connessione: in questo caso si crea una connessione stabile tra mittente e destinatario per tutto il tempo necessario alla trasmissione del messaggio, garantendo così che ogni trama sia consegnata correttamente e nell'ordine giusto.

Quindi nel sottolivello LLC vengono offerti tre diversi servizi:
- servizio senza connessione (servizio datagramma);
- servizio senza connessione con accettazione;
- servizio orientato alla connessione.

SERVIZIO DATAGRAMMA
Un servizio di trasferimento dati senza connessione è chiamato servizio datagramma.

Il *servizio senza connessione* è quello che maggiormente viene utilizzato nelle LAN: nello standard LLC sono contemplati tutti e tre i servizi sopra elencati, ma spesso nella realizzazione sono implementati solo uno o due di essi e il servizio senza connessione è *sempre presente*.

Mentre il sottolivello MAC si limita a rilevare gli errori e a scartare le trame errate, l'LLC effettua la gestione degli errori, diversa a seconda del servizio offerto.

A Servizio senza connessione

In questo caso non è previsto alcun controllo di flusso o recupero di errore:

- ogni LLC-PDU inviata viene processata indipendentemente dalle altre e non viene eseguito alcun controllo di sequenza per assicurarsi che le LLC-PDU siano ricevute nella stessa sequenza con la quale sono state inviate;
- il sistema in ricezione non invia alcun messaggio di accettazione come prova dell'avvenuta ricezione.

Tutti i controlli di flusso necessari e il recupero di errori sono a carico degli strati superiori all'LLC.

B Servizio orientato alla connessione

In questo caso è previsto un doppio controllo, sia di flusso che di errore:

- a ogni LLC-PDU viene assegnato un numero progressivo in fase di trasmissione e al ricevimento viene controllato che sia pervenuto nel giusto ordine;
- viene controllata la correttezza di ogni singolo LLC-PDU e, nel caso si individui un frame danneggiato, ne viene richiesta la ritrasmissione.

Se la trasmissione è andata a buon fine viene inviato un messaggio di accettazione in modo da informare il mittente che gli LLC-PDU sono giunti a destinazione: in caso di errori non recuperabili viene rilasciata la connessione e si informano i due utenti del problema che si è verificato.

C Servizio senza connessione con accettazione

Questo tipo di servizio si comporta come "una via di mezzo" rispetto ai due precedentemente descritti:

- viene garantita la consegna di ogni singolo LLC-PDU in quanto il mittente viene informato della consegna e quindi del buon fine o meno della trasmissione;
- ogni LLC-PDU inviato viene processato indipendentemente dagli altri e non viene eseguito alcun controllo di sequenza per assicurarsi che gli LLC-PDU siano ricevuti nella stessa sequenza con la quale sono stati inviati.

Come già abbiamo visto, il controllo degli errori di trasmissione avviene mediante il calcolo del controllo ciclico di ridondanza CRC sul campo FCS che fa parte del frame MAC.
Per effettuare il controllo di sequenza viene utilizzato il campo Send Count N(S), che contiene il numero di sequenza dell'LLC-PDU che l'entità LLC sta inviando, e il campo Receive Count N(R), che contiene il numero di sequenza che l'entità LLC si aspetta di trovare nel successivo LLC-PDU che riceverà. N(S) e N(R) vengono aggiunti alla trama da ogni sottostrato LLC: quando un mittente invia una LLC-PDU questo aggiorna il suo contatore di invio e il destinatario, quando riceve il frame, confronta il valore del contatore di invio N(S) contenuto nell'LLC-PDU con il suo contatore di ricezione. Se i due valori sono diversi il destinatario rileva un errore di sequenza e quindi respinge il frame.

LLC Protocol Data Unit

Analizziamo ora la struttura dell'LLC-PDU, ovvero come viene modificata la trama che giunge dal terzo livello per poi essere passata al sottolivello MAC.

Una LLC-PDU è organizzata in quattro campi:

- DSAP (*Destination Service Access Point*): è composto da un byte;
- SSAP (*Source Service Access Point*): è composto da un byte;
- Control: un campo di uno o due ottetti che descrive il tipo di LLC-PDU e contiene le informazioni di controllo, tra cui i contatori N(S) e N(R);

- Data: un campo di lunghezza variabile che contiene i pacchetti contenenti le informazioni che provengono dallo strato superiore.

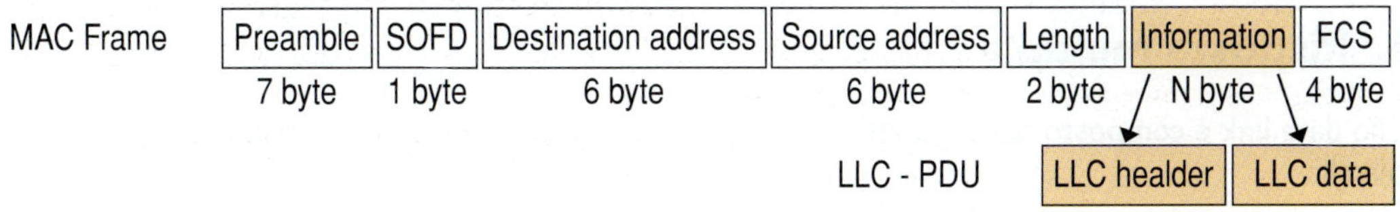

Dove l'LLC-PDU è così composta:

I SAP di LLC hanno la dimensione di un byte e vengono utilizzati per inserire la codifica del protocollo che a livello superiore ha generato il pacchetto: dato che è composto da 8 bit è possibile codificare fino a 63 tipi di protocolli. Gli ultimi due bit indicano se:

- l'indirizzo è stato assegnato ufficialmente o in base locale (bit U/L);
- l'indirizzo è di un singolo sistema o di un gruppo di sistemi (bit I/G).

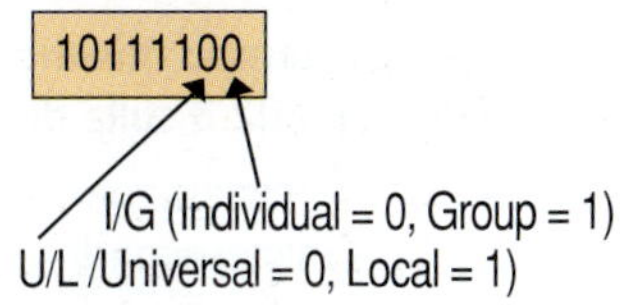

La tabella a lato riporta alcuni LLC SAP definiti da IEEE: ▶

Esadecimale	Significato
00	Null LSAP
02	Individual LLC Sublayer Management
x2	Network Management Function
03	Group LLC Sublayer Management
x6	National Body Standard
06	DOD IP
0E	PROWAY-LAN
42	IEEE 802.ID (MAC bridge)
4E	EIA-RS 511
5E	ISI IP
8E	PROWAY-LAN
AA	SNAP
FE	ISO CLNS
FF	Global DSAP

mentre i seguenti sono definiti da IBM: ▼

Esadecimale	Significato
04	SNA Path Control
05	SNA Path Control Group
F0	IBM Netbios
F4	LAN Management Individual
F5	LAN Management Group

Un valore della codifica è FF che indica che la trasmissione è di broadcast, quindi destinata a tutte le stazioni.

Nella figura seguente è riportato nel dettaglio un esempio di LLC Header:

```
LLC:  ----- LLC Header -----
LLC:
LLC:  DSAP = F0, SSAP = F0, Command, I frame, N(R) = 29, N(S) = 109
```

mentre di seguito è riportato un esempio completo di frame:

```
DLC:  ----- DLC Header -----
DLC:
DLC:  Frame 1 arrived at 09:18:37.3543; frame size is 143 (008F hex) bytes.
DLC:  Destination = Station 3Com 676974
DLC:  Source      = Station 3Com 741178
DLC:  802.3 length = 129
DLC:
LLC:  ----- LLC Header -----
LLC:
LLC:  DSAP = F0, SSAP = F0, Command, I frame, N(R) = 29, N(S) = 109
LLC:
NETB: ----- NETBIOS Data Only Last -----

ADDR  HEX                                              ASCII
0000  02 60 8C 67 69 74 02 60   8C 74 11 78 00 81 F0 F0  .`.git.`.t.x....
0010  DA 3A 0E 00 FF EF 16 00   00 00 00 00 6B 16 19 01  .:..........k...
```

Verifichiamo le conoscenze

1. Risposta multipla

1 Il livello data link è composto dai seguenti sottolivelli:

a. MAC
b. ARP
c. LLC
d. TCP
e. IP

2 Qual è il tempo minimo che viene stimato dall'IEEE 802.3 sulla distanza di 2500 m?

a. 0,512 microsecondi
b. 5,12 microsecondi
c. 51,2 microsecondi
d. 512 microsecondi

3 Un jamming signal è lungo:

a. 48 bit alternando 0 e 1
b. 64 bit alternando 0 e 1
c. 48 byte alternando 0 e 1
d. 64 byte alternando 0 e 1

4 Un preambolo è lungo:

a. 48 bit alternando 0 e 1
b. 64 bit alternando 0 e 1
c. 48 byte alternando 0 e 1
d. 64 byte alternando 0 e 1

5 Gli errori in Ethernet possono essere: (*indica la risposta errata*)

a. dovuti alla lunghezza del frame
b. di allineamento
c. di ritardo
d. di inconsistenza
e. di parità
f. di collisione

6 Il sottolivello LLC offre due servizi aggiuntivi:

a. servizio a datagramma confermato
b. servizio a datagramma ritrasmesso
c. servizio orientato alla connessione
d. servizio orientato alla collisione

7 Il sottolivello LLC:

a. non effettua funzioni di rilevamento e correzione di errori
b. rileva gli errori di sequenza errata
c. rileva e corregge gli errori
d. rileva gli errori e chiede la ritrasmissione del segmento errato

2. Vero o falso

1 Il sottolivello Media Access Control costituisce la parte inferiore del livello 2. V F
2 Il sottolivello Logical Link Control costituisce la parte superiore del livello 2. V F
3 Il protocollo deterministico è anche detto protocollo ad accesso controllato. V F
4 Il protocollo di accesso CAP significa Channel Access Protocol. V F
5 La CAP è una tecnica di multiplazione statistica. V F
6 Con bit time si indica il tempo durante il quale un bit permane sulla linea. V F
7 L'ST deve essere più lungo dell'RTD. V F
8 Con jam signal si intende un segnale di disturbo. V F
9 Un jamming signal è composto da un'alternanza di 0 e di 1. V F
10 Una collisione genera valori anomali di tensione elettrica sul canale. V F
11 Nel frammento di collisione è compreso anche il jamming signal. V F
12 Un servizio di trasferimento dati senza connessione è chiamato servizio datagramma. V F
13 Il servizio a datagramma confermato introduce un meccanismo di scambio di messaggi. V F
14 Nel servizio senza connessione non è previsto alcun controllo di flusso o recupero di errore. V F
15 Nel servizio orientato alla connessione è previsto un doppio controllo. V F

AREA digitale

Verifichiamo le competenze

1. Completamento

1 Scrivi il significato dei seguenti acronimi:

CSMA ....

MAC ....

LLC ....

CAP ....

CRA ....

RTT ....

ST ....

RTD ....

DSAP ....

SSAP ....

2 Indica per ciascuna topologia di rete il protocollo utilizzato:

Ethernet ....

Token Ring ....

FDDI ....

3 Considera la struttura del seguente pacchetto Ethernet:

Ottetti (byte)

7	1	6	6	2	da o a 1500	da 0 a 46	4
Pre.	SFD	DSAP	SSAP	Len	Dati (LLC-PDU)	Pad	FCS

a) a che cosa serve il campo PAD?

....

b) scrivi il contenuto del campo DSAP in caso di trasmissione broadcast:

....

2. Problemi

1 Calcola la lunghezza minima del frame per una rete che operi a una velocità di un 1 Gbit/s volendo mantenere una distanza massima di 2,5 km.

2 Calcola la distanza massima in una rete che operi a una velocità di un 1 Gbit/s volendo una lunghezza minima del frame a 640 kB.

LEZIONE 3

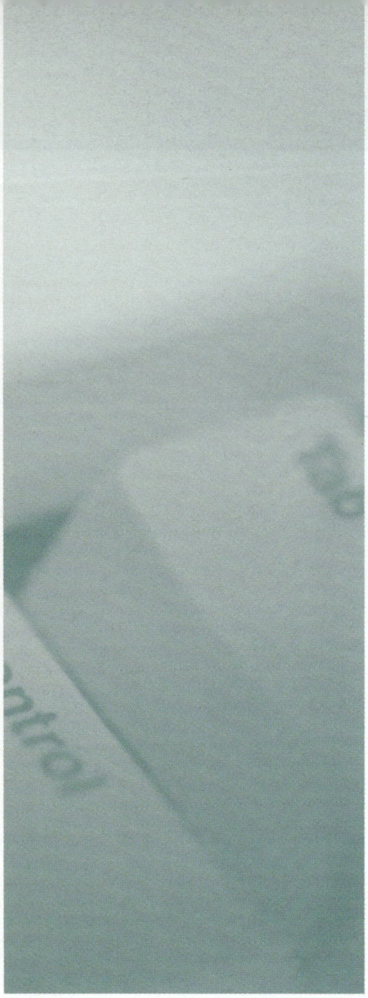

Tipologie di rete Ethernet

In questa lezione impareremo...

- a individuare i tipi di rete Ethernet
- a conoscere la Fast Ethernet
- a conoscere la rete Gigabit Ethernet

Ethernet a 10 Mbps

Ethernet ha avuto successo sostanzialmente per due motivazioni fondamentali:
- semplicità di implementazione;
- flessibilità in quanto si presta facilmente a utilizzare nuovi mezzi fisici per le connessioni.

Ci sono quattro tipi di reti a 10 Mbps:
- 10Base2;
- 10Base5;
- 10BaseT;
- 10BaseFL.

Costituiscono quella che viene chiamata Legacy Ethernet, cioè sistemi oramai obsoleti ma che continuano a rimanere “in servizio” in quanto la loro sostituzione non può essere effettuata oppure il buon livello di stabilità di funzionamento non rende necessaria la sostituzione, che comporterebbe costi apparentemente non giustificati.

Hanno quattro caratteristiche comuni:
1. “viaggiano” tutte a 10 Mbps, dove un bit time ha la durata di 0,1 μs;
2. hanno lo stesso formato del frame;
3. adottano i *processi di trasmissione* (codifica dei dati):
   - i dati sono convertiti da hex a binario a livello 2 (MAC);
   - dal sottolivello MAC i dati sono codificati in modo Manchester;
4. utilizzano le stesse *regole di base* per la progettazione della rete:
   - 96 bit di interframe spacing;

- 32 bit dimensione massima del jamming;
- dimensione minima del frame 512 bit;
- dimensione massima del frame 1508 bit;
- slot time di 512 bit time;

I limiti dei tempi di ritardo dipendono sostanzialmente da quattro fattori, cioè dalla lunghezza cavo e dal ritardo di propagazione sul mezzo fisico, dal ritardo introdotto dai repeater e transceiver, dal ritardo introdotto dal nodo che usa il mezzo.

Praticamente è stata introdotta una regola per rispettare i limiti sui tempi di ritardo (timing), chiamata la regola del 5-4-3:
- 5: numero massimo di segmenti;
- 4: numero massimo di ripetitori;
- 3: numero massimo di segmenti popolati da host.

Quindi due segmenti possono essere utilizzati solo per collegare tra loro i tre segmenti che hanno connessi i PC.

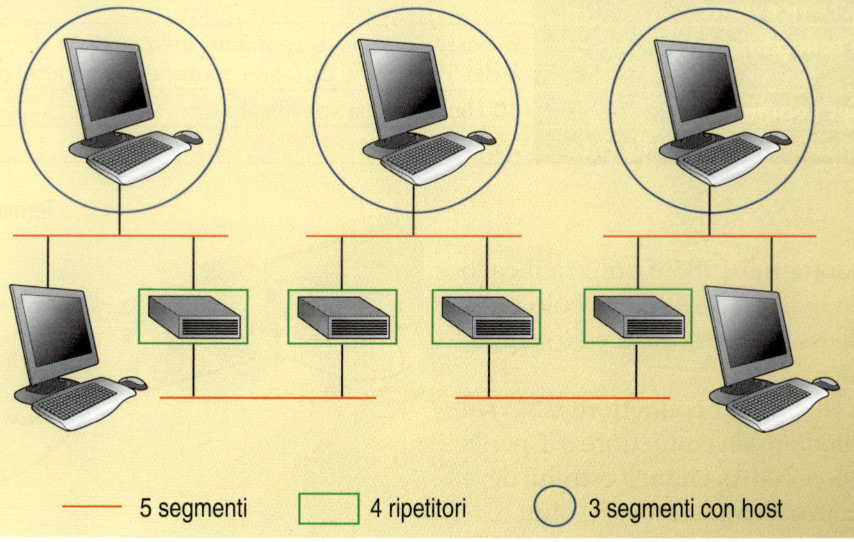

10Base5

La prima rete Ethernet nasce nel 1980 ed è la 10Base5 che utilizza un cavo coassiale spesso RG213 (thick) con topografia a BUS in modo half duplex: ha avuto una grande diffusione anche per i limitati costi dei componenti, ma oggi le schede sono difficilmente reperibili ed è stata deprecata dalle recenti normative.

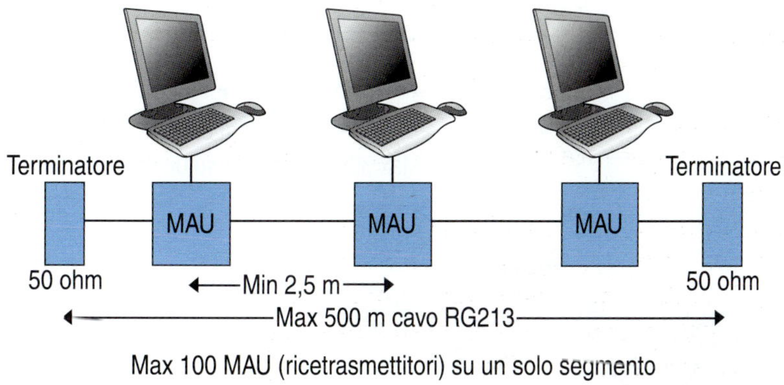

La rete, la cui lunghezza massima è di 2500 m, è organizzata in 5 segmenti di 500 m ciascuno. La connessione 10Base5, senza la presenza di ripetitori, prevede l'uso di un cavo coassiale RG213, da 50 ohm, con una lunghezza massima di 500 m, terminante alle due estremità in una resistenza da 50 ohm.
Lungo il cavo possono essere inseriti i ricetrasmettitori, o MAU (Medium Attachment Unit), che si collegano al cavo attraverso il vampire tap (una sorta di ago che si insinua nell'anima del cavo, senza creare cortocircuiti) e a loro volta sono collegati alla scheda di rete tramite un cavo apposito.
I vari ricetrasmettitori possono essere al massimo 100 e la distanza sul cavo, tra uno qualunque di questi e il successivo, è al minimo di 2,5 m.

Riassumiamo le caratteristiche nella tabella che segue.

Cavo	Cavo coassiale Thicknet
Lunghezza massima del segmento	500 m
Distanza massima tra computer e trasmettitore-ricevitore	50 m
Segmenti di collegamento e ripetitori	È possibile unire 5 segmenti utilizzando 4 ripetitori, ma solo 3 dei 5 segmenti possono contenere computer (regola 5-4-3)
Computer per segmento	100 (in base alla specifica)
Lunghezza massima totale della rete	2500 m

10Base2

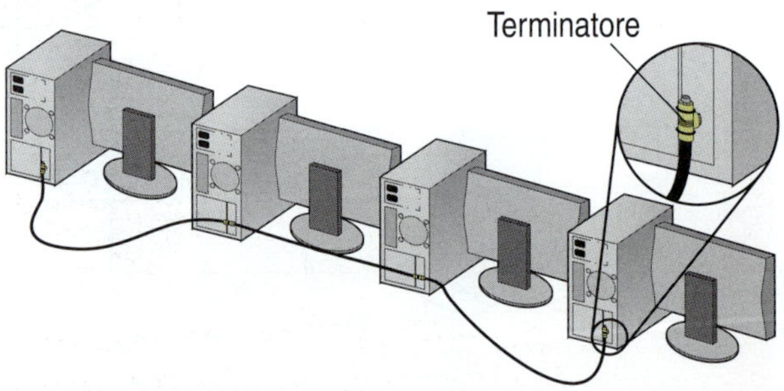

È stata introdotta nel 1985 e utilizza il cavo coassiale thin RG58, che è più piccolo e più leggero: anch'essa ha bassi costi ed è semplice da installare.
Ogni scheda NIC ha un connettore BNC sul quale viene montato un connettore a T per la connessione con il cavo, che agli estremi deve avere un apposito terminatore a 50 ohm.

Base2 indica la massima lunghezza di un segmento, che è circa di 185 m e, come la precedente, ha un limite massimo di 5 segmenti: su di esso possono essere connessi fino a 30 PC distanziati di almeno 0,5 m tra loro.

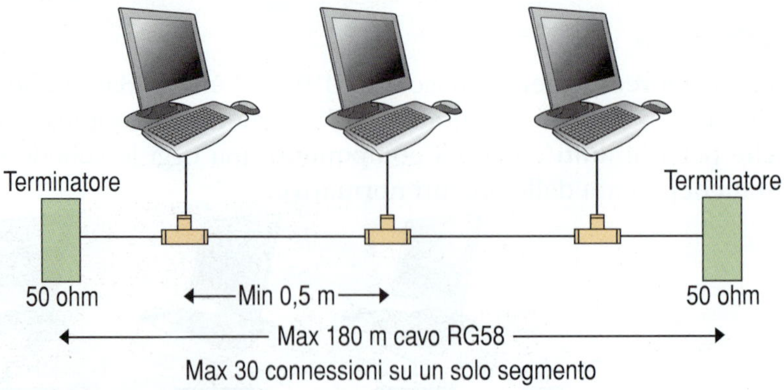

Riassumiamo le caratteristiche nella tabella che segue.

Cavo	Cavo coassiale Thicknet
Lunghezza massima del segmento	185 m
Connettori	Connettori cilindrici di tipo BNC (per estendere la lunghezza del cavo); connettori di tipo BNC a T (per collegare le schede di rete al cavo coassiale); terminatori di tipo BNC
Segmenti di collegamento e ripetitori	È possibile unire 5 segmenti utilizzando 4 ripetitori, ma solo 3 dei 5 segmenti possono contenere computer (regola 5-4-3)
Computer per segmento	30 (in base alla specifica)
Lunghezza massima totale della rete	925 m

10BaseT

◀ L'hub è un dispositivo concentratore che opera a livello di strato fisico, amplificando e ritrasmettendo il segnale verso tutte le stazioni. ▶

Dagli anni Novanta si è diffusa questa tipologia di rete che utilizza il cavo Twister UTP a partire dalla categoria 3 e con connettori RJ45 a 8 pin: a differenza delle prime due, la topologia di tipo di rete è a stella con un concentratore (◀ hub ▶) centrale.

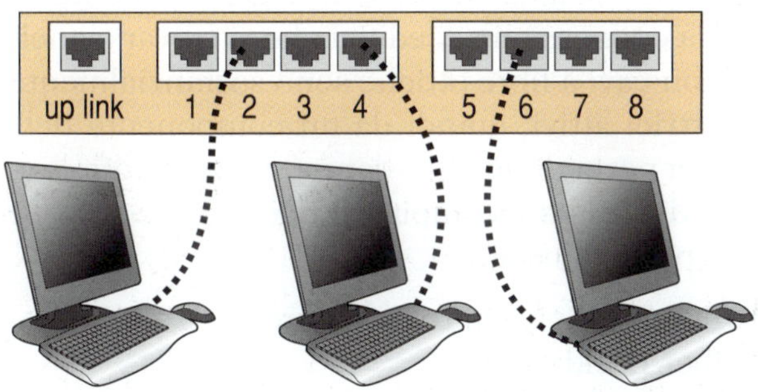

Il limite del segmento è di 100 m, ma può essere superato introducendo apparati di rete come:
- ripetitori e/o hub: estendono la lunghezza del segmento senza separare i domini di collisione;
- bridge e/o switch: separano i domini di collisione.

Il limite di 100 m rimane per la lunghezza del cavo tra PC e hub oppure switch.

Vale la regola 5-4-3 e viene così interpretata:

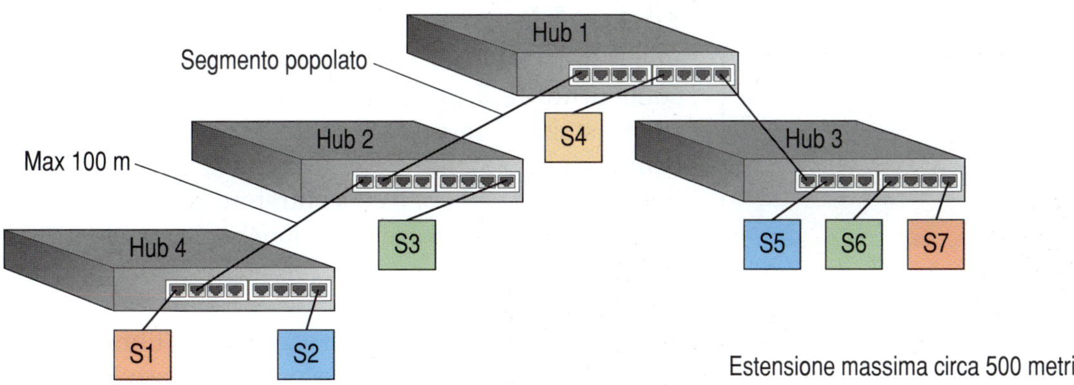

È tra le reti più diffuse e oggi come cavi vengono utilizzati gli UTP cat. 5 o superiori, che offrono maggiori prestazioni e affidabilità.

Nella prossima Lezione vedremo la differenza tra l'utilizzo di hub e switch.

Riassumiamo le caratteristiche nella tabella che segue.

Cavo	UTP di categoria 3, 4 o 5 o STP
Connettori	RJ-45 ai capi del cavo
Distanza dal computer all'hub	Massimo 100 m, ma può essere estesa utilizzando i ripetitori
Dorsale per hub	Coassiale a fibre ottiche per LAN di dimensioni maggiori
Numero totale di computer per LAN senza componenti di connettività	1024 (in base alla specifica)

Ethernet a 10BaseF

Questa tipologia di rete effettua la trasmissione dei dati a 10 Mbps utilizzando come mezzo trasmissivo un cavo in fibre ottiche multimode con fibre di vetro del tipo 62,5/125 micron.
Può raggiungere una distanza di 2000 m e generalmente viene utilizzata sia come dorsale di campus sia per la connessione di edifici che si trovano anche in località differenti.
I collegamenti con cavi a fibre ottiche sono sostanzialmente collegamenti di terminali tra due componenti elettrici attivi, quindi da un componente della rete viene condotto sempre un cavo diretto a una porta di un altro componente di rete.
Un componente di rete ha il compito di rigenerare e ripartire i segnali ricevuti emettendoli di nuovo a tutte le porte di uscita.

Il cablaggio 10BaseF è diviso in tre standard:
- 10BaseFB (Fiber Backbone);
- 10BaseFL (Fiber Link);
- 10BaseFP (Fiber Passive).

10BaseFB

Viene generalmente utilizzato per la connessione punto-punto di due ripetitori in un dorsale oppure in una struttura stellare mediante ripetitori multiporta.
Il segmento di 10Base-FB può avere una lunghezza massima di 2 km e non può connettere stazioni terminali ma solamente due ripetitori,

10BaseFL

Viene utilizzato per la connessione punto-punto tra un concentratore e una stazione periferica, e per collegare più stazioni terminali richiede necessariamente una connessione a stella.
Il segmento FL collega il concentratore al ◀ FOMAU ▶ della stazione host e può avere una lunghezza massima di 2 km.

◀ Il MAU (*Medium Attachment Unit*) della scheda di connessione presente all'interno dell'host che permette il collegamento di una fibra ottica prende anche il nome di FOMAU (*Fiber Optic MAU*). ▶

10BaseFP

Viene utilizzato per la topologia di rete stellare, costituita da vari segmenti in fibra ottica connessi a un concentratore passivo. La massima lunghezza di un segmento 10Base-FP è 500 m.

Ethernet a 100 Mbps

La rapida crescita delle reti locali e lo sviluppo continuo di applicazioni e servizi multimediali hanno portato all'esigenza di realizzare reti LAN con velocità superiori ai 10 Mb/s.

Le prime proposte per reti a 100 Mb/s furono presentate nel 1992, la prima basata sempre sul CSMA/CD e la seconda basata invece su un nuovo metodo di accesso multiplo indicato come *Demand Priority* (proposta da HP e AT&T).
Ne nacquero due diversi standard:
- Fast Ethernet o IEEE 802.3u (giugno 1995);
- 100 VG AnyLAN o IEEE 802.12.

Fast Ethernet

La proposta IEEE 802.3u o Fast Ethernet può essere vista come la naturale evoluzione della 10BaseX in quanto ne conserva tutte le caratteristiche:
- utilizza lo stesso protocollo di accesso multiplo CSMA/CD di Ethernet;
- utilizza lo stesso meccanismo di gestione delle collisioni;
- utilizza lo stesso formato del frame e la stessa lunghezza minima delle reti a 10 Mbps.

> Poiché la velocità è 10 volte maggiore, per rispettare queste caratteristiche bisogna ridurre di 10 volte il round trip delay, e di conseguenza la distanza massima, cioè la lunghezza del cavo.

Infatti abbiamo visto che nel protocollo CSMA/CD la velocità di trasmissione è legata alla lunghezza minima del pacchetto e al round trip delay: questo incide di conseguenza sulla massima distanza tra le stazioni sulla stessa rete.

Quindi, per mantenere la compatibilità con le reti esistenti a 10 Mbps si è scelta la strada più facilmente realizzabile, cioè quella di ridurre la distanza massima teorica che, di fatto, non comporta quasi mai interventi sulle reti esistenti e permette gradualmente la migrazione verso le nuove velocità.

Il cablaggio di una rete Fast Ethernet è caratterizzato dai tre standard seguenti:
- 100Base-T4: il segnale è trasmesso su cavi Cat. 3-4 coppie;
- 100Base-TX: il segnale è trasmesso su cavi UTP Cat. 5, STP di tipo 1;
- 100Base-FX: il segnale è trasmesso su fibra ottica monomodale e multimodale.

> Dato che il segnale è trasmesso a una frequenza maggiore dei 10 Mbps, nelle prime due realizzazioni esso è più suscettibile al rumore.

Riassumiamo in una tabella le caratteristiche comuni per ogni realizzazione.

Bit rate	100 MB/s
Bit time	10 ns
Interpacket gap	0,96 μs
Durata minima del pacchetto	5,12 μs
Estensione massima della rete	circa 200 m
Cablaggio stellare con concentratore al centro e 100 m di raggio	
Il bridge o lo switch collegano i concentratori di diversi piani	

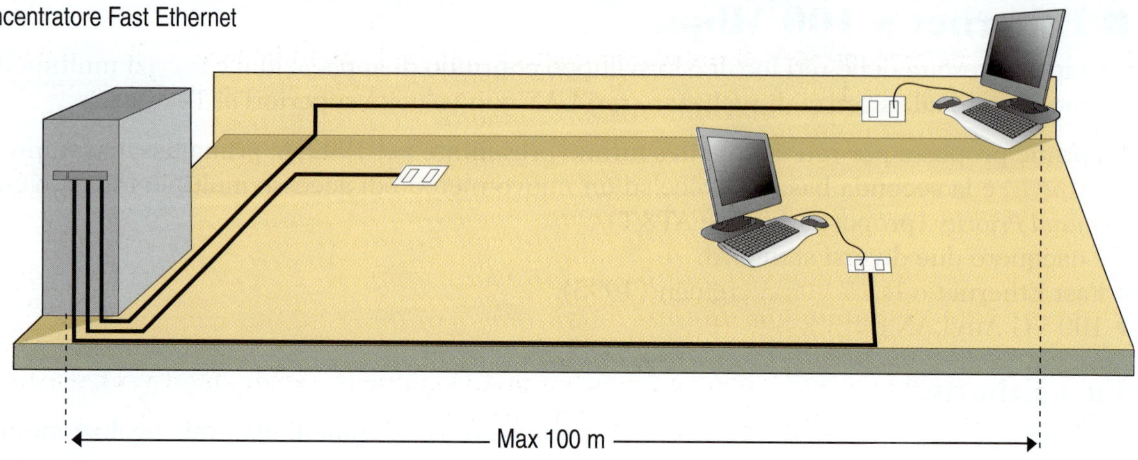

Repeater

Per estendere un segmento di una rete Fast Ethernet sono utilizzati i ripetitori (repeater). Esistono due classi di ripetitori.

Repeater di classe I

I repeater di classe I trasformano il segnale analogico alla porta di ingresso in digitale, rigenerandolo e ritrasformandolo in analogico perché possa essere trasmesso sulla porta di uscita; questa operazione introduce un ritardo maggiore di quelli in classe II.
Vengono utilizzati tra i segmenti Fast Ethernet che impiegano tecnologie diverse, per esempio nel connettere segmenti 100Base-TX/-FX con segmenti 100Base-T4.

Repeater di classe II

I repeater di classe II introducono un ritardo più piccolo dato che amplificano il segnale ricevuto su una porta di ingresso e lo inoltrano senza alcuna trasformazione sulla porta di uscita: lo svantaggio è che questi ripetitori possono essere utilizzati solo su segmenti con le stesse caratteristiche.
Il ritardo che introducono è al massimo di 140 bit time e la massima distanza di funzionamento tra repeater di classe II è di *soli 5 metri*.

Lo standard Fast Ethernet impone le seguenti regole:
- è ammesso un solo ripetitore di classe I tra due qualunque DTE;
- sono ammessi al massimo due ripetitori di classe II tra due qualunque DTE.

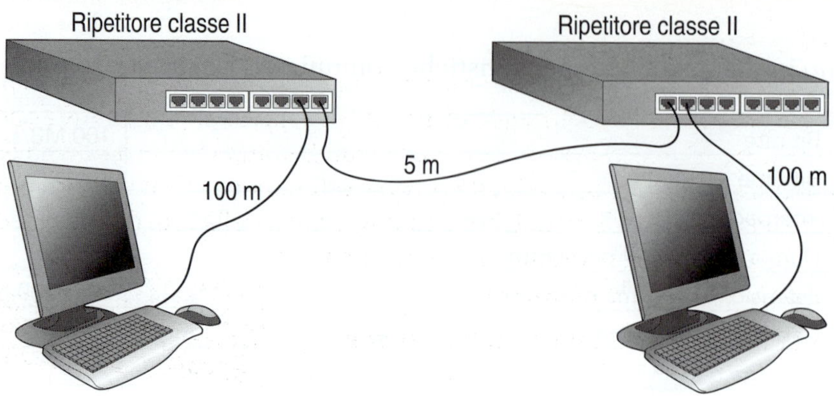

100Base-T4

La trasmissione avviene in half duplex su quattro coppie di cavi bilanciati della categoria 3 (UTP), come definito dall'ISO/IEC 11801: due coppie sono utilizzate alternativamente in un senso o nel senso opposto.

> Vengono utilizzate quattro coppie di cavi in quanto la categoria 3 sopra i 25 Mhz è sensibile al rumore e quindi non sarebbe compatibile con le specifiche degli standard europei.

La codifica Manchester a 100 Mbps richiede 200 Mbaud e di fatto è impossibile utilizzarla per i doppini alle distanze richieste da questa tecnica. Si è cambiata la codifica e un ottetto di dati viene trasformato in 6 simboli ternari a 25 MHz: i gruppi di 6 simboli sono inviati separatamente su tre canali mentre il quarto canale (la quarta coppia) viene utilizzato per rilevare le collisioni e trasmetterle nella direzione opposta del segnale.

100Base-TX

Il segmento 100Base-TX utilizza il doppino telefonico UTP o STP dove una coppia è utilizzata per trasmettere e l'altra per ricevere, come nel 10BaseT.

Viene utilizzata una codifica a due livelli detta 4B/5B:
- ogni gruppo di cinque periodi di clock contiene 32 combinazioni, di cui 16 sono utilizzate per trasmettere 4 bit di dati e alcune delle altre per funzioni di controllo: le 16 combinazioni dedicate ai dati sono state scelte opportunamente per garantire un adeguato numero di transizioni del segnale allo scopo di facilitare la sincronizzazione in ricezione;
- trasmettendo 4 bit ogni cinque periodi di clock a 125 MHz si ottengono i 100 Mbps desiderati.

Nel caso di utilizzo di cavi UTP le due coppie sono di categoria 5, capace di supportare una frequenza di 125 MHz, mentre nel caso di cavi schermati si utilizzano i cavi STP di tipo 1 con impedenza caratteristica di 150 Ω.

100Base-FX

La trasmissione avviene in full duplex su due canali in fibra ottica multimodale con segmenti di lunghezza massima 412 m: come per la 100Base-TX si utilizza la codifica 4B/5B a 125 MHz, ma convertita in segnale ottico.
Se viene utilizzata una coppia di ripetitori di classe 2 la distanza si riduce a 320 m: è quindi necessario rivedere le massime distanze per ogni caso specifico, a seconda del numero e del tipo di ripetitori usati nel link (con ripetitori di classe 1 la distanza massima scende ulteriormente a 272 m).

Migrare da 10 a 100 Mbps

Lo standard IEEE 802.3u è stato appositamente definito con le stesse regole del protocollo Ethernet per poter far coesistere i vecchi segmenti a 10 Mbps presenti nelle LAN esistenti con i nuovi segmenti a 100 Mbps. È necessario quindi avere switch con porte sia da 10 sia da 100 Mbps così da poter connettere segmenti con velocità diverse ottenendo LAN a velocità miste. Questa possibilità permette alle aziende di pianificare una migrazione della rete da Ethernet a Fast Ethernet senza dover cambiare contemporaneamente tutti gli apparati di commutazione e le interfacce.

Nella figura a lato è riportato uno switch a 26 porte 10/100. ▶

In questo modello ogni porta può essere connessa sia a 10 Mbps che a 100 Mbps: la velocità della porta viene *negoziata* dalle due interfacce all'atto dell'accensione degli host, così come la modalità di trasmissione (half duplex o full duplex).

> Gli switch possono capire da soli in quale modalità devono operare e sono in grado di configurare automaticamente la porta in modo opportuno.

■ Ethernet a 1 e 10 Gigabit

La rete Gigabit Ethernet nacque nel novembre 1995 quando Compaq propose al comitato IEEE 802 l'architettura base di una rete Ethernet a 1 Gbit/s: IEEE formò il gruppo IEEE 802.3z con lo scopo di definire uno standard per questa rete.

Gigabit Ethernet opera a una velocità di 1 Gbit/s ed è compatibile con Ethernet e Fast Ethernet mantenendo lo stesso formato e la stessa ampiezza dei loro pacchetti: in questo modo si ha il vantaggio di mantenere in servizio le LAN Ethernet e Fast Ethernet e avviare il processo di migrazione in modo graduale e senza costi eccessivi.

> Gigabit Ethernet usa il protocollo CSMA/CD come Ethernet e Fast Ethernet e quindi ha la medesima dimensione minima del pacchetto: di conseguenza la durata minima della trasmissione si deve ridurre di 10 volte, portando di fatto l'estensione massima della rete a soli 20 m! Per poter mantenere una lunghezza di 200 m viene quindi necessariamente allungata la dimensione minima del pacchetto.

Per aumentare la lunghezza del pacchetto più corto viene modificata la struttura del frame Ethernet aggiungendo un ulteriore campo, chiamato appunto extension, di dimensione massima 448 byte (3584 bit):

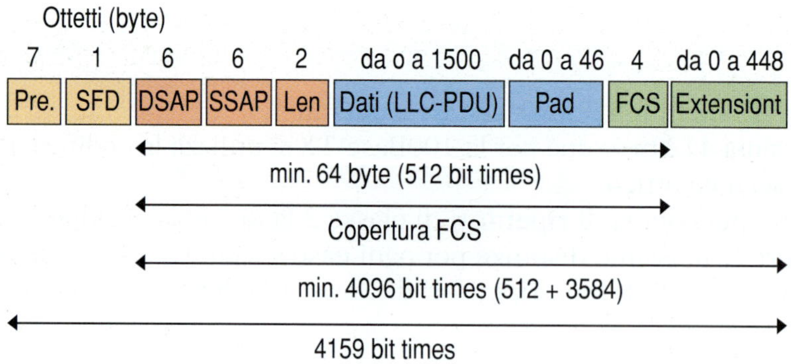

Quando si è in presenza di un pacchetto di lunghezza minima che può "viaggiare" sulle altre tipologie Ethernet, cioè 512 bit, si aggiungono 3584 bit per ottenere i 4096 che sommati al preambolo compongono un frame che occupa 4159 bit time, il tempo utile per rilevare la collisione. Ricapitoliamo in una tabella i parametri usati dalle tre diverse tipologie di Ethernet:

	Ethernet	Fast Ethernet	Gigabit Ethernet
bit rate	10 Mb/s	100 Mb/s	1 Gb/s
bit time	100 ns	10 ns	1 ns
inter-packet gap	9,6 µs	0,96 µs	96 ns
slot time	51,2 µs	5,12 µs	4,096 µs

Le Gigabit Ethernet utilizzano mezzi sia in rame che in fibra e sono impiegate sia per connessioni ad alta velocità tra infrastrutture di rete sia per l'installazione di dorsali (backbone).
A livello fisico vengono utilizzati due livelli di codifica (chiamata 8B/10B) e il flusso di bit viene convertito dal livello MAC in simboli di dati e simboli di controllo per garantire la trasmissione di un numero di transizioni sufficienti a sincronizzare il ricevitore.

Conduttori di rame

Il segnale è trasmesso a una frequenza maggiore di 100 Mbps ed è quindi ancora più suscettibile al rumore. Sono possibili due diverse tecnologie:

- 1000Base-CX: utilizza un cavo a due coppie di 150 ohm su distanze massime di 25 m;
- 1000Base-TX: utilizza un doppino telefonico UTP a 4 coppie di categoria 5, revisionato in un nuova categoria 5e, alla quale si sono successivamente aggiunte le categorie 6 e 7. La massima distanza raggiungibile è 100 m.

Conduttori in fibra

Sono possibili due diverse tecnologie:

- 1000Base-SX: per il cablaggio utilizza fibre multimodali che operano tra 770-860 nm (normalmente definita come 850 nm) e per il segnale un laser del tipo SWL (Short Wavelength Laser con LED a 850 nm). Le massime distanze che possono essere raggiunte dipendono dal tipo di fibra (diametro della fibra, banda per km ecc.): si passa da 500 m per le fibre 50/125 a 220 m per quelle 62,5/125;
- 1000Base-LX: utilizza per il cablaggio fibre che operano tra 1270 e 1355 nm (normalmente definite come 1350 nm) che possono essere sia multimodali che monomodali e per il segnale un laser del tipo LWL (Long Wavelength Laser con LED a 1300 nm).

Le massime distanze per la connessione con fibre ottiche sono riportate nella seguente tabella:

Standard	Tipo fibra	Diametro fibra (μM)	Banda (MHZ * KM)	Massima distanza (M)
1000 Base SX	Multimodale	62,5	160	220
	Multimodale	62,5	200	275
	Multimodale	50	400	500
	Multimodale	50	500	550
1000 Base LX	Multimodale	62,5	500	550
	Multimodale	50	400	550
	Multimodale	50	500	550
	Multimodale	9	NA	5000

Esistono anche soluzioni "proprietarie" che permettono di andare ben al di là della distanza massima di 5 km prevista dallo standard: usando laser a 1550 nm su fibra SMF si può arrivare fino a circa 150 km (senza amplificazione ottica né compensazione di dispersione).

Verifichiamo le conoscenze

1. Risposta multipla

1 Ethernet ha avuto successo soprattutto per:

a. semplicità di implementazione
b. velocità
c. flessibilità
d. sicurezza

2 Ci sono quattro tipi reti a 10 Mps (indica la risposta errata):

a. 10Base2
b. 10Base5
c. 10BaseT
d. 10BaseTL
e. 10BaseFL

3 I limiti dei tempi di ritardo dipendono da:

a. lunghezza cavo
b. ritardo di propagazione del cavo
c. ritardo introdotto da repeater e transceiver
d. ritardo introdotto dal nodo che usa il mezzo
e. ritardo della scheda NIC

4 La regola 5-4-3 indica:

a. 5 segmenti
b. 5 ripetitori
c. 4 ripetitori
d. 4 segmenti

5 Il cablaggio 10BaseF è diviso in tre standard (indica la risposta errata):

a. 10BaseFB (Fiber Backbone)
b. 10BaseFL (Fiber Link)
c. 10BaseFX (Fiber Extended)
d. 10BaseFP (Fiber Passive)

6 Il cablaggio di una rete Fast Ethernet è caratterizzato da tre standard (indica la risposta errata):

a. 100Base-T4
b. 100Base-TX
c. 100Base-FX
d. 100Base-CX

7 Indica quale affermazione per la Fast Ethernet è errata:

a. utilizza lo stesso protocollo di accesso multiplo CSMA/CD di Ethernet
b. utilizza lo stesso meccanismo di gestione delle collisioni 10 Mbps
c. ha la round trip delay delle reti a 10 Mbps
d. ha lo stesso formato del frame del 10 Mbps

8 Indica quale affermazione per i repeater 100 Mbps è errata:

a. è ammesso un solo ripetitore di classe I tra due qualunque DTE
b. sono ammessi al massimo due ripetitori di classe II tra due qualunque DTE
c. la massima distanza tra due repeater di classe II è di 5 m
d. nel 100Base-FX una coppia di ripetitori di classe I riduce la distanza a 320 m

2. Vero o falso

1 Nella Ethernet a 10 Mbps i dati sono convertiti da hex a binario a livello 2 (MAC). V F
2 Nella Ethernet a 10 Mbps possono esserci più di 3 segmenti con host. V F
3 Nella Ethernet a 10 Mbps possono esserci al massimo 4 ripetitori. V F
4 Base2 indica la lunghezza massima di un segmento che è circa di 205 m. V F
5 In una rete 10BaseT il limite del segmento è di 100 m. V F
6 In una rete 10BaseT il limite di 100 m rimane per la lunghezza del cavo tra PC e hub. V F
7 In una rete 10BaseT con cavo STP categoria 3 si utilizzano i connettori RJ45 a 8 pin. V F
8 Con FOMAU si intende il connettore della scheda NIC che permette il collegamento di una fibra ottica. V F
9 Le prime proposte per reti a 100 Mb/s furono presentate nel 1989. V F
10 La proposta IEEE 802.3u è anche chiamata Fast Ethernet. V F
11 Il segnale a 100 Mbps ha una tolleranza maggiore al rumore di quello a 10 Mbps. V F
12 I repeater di classe I introducono un ritardo minore di quelli in classe II. V F

Verifichiamo le competenze

1. Completamento

1 Con il termine .... si intendono quei sistemi ormai obsoleti ma che continuano a rimanere "in servizio" in quanto la loro sostituzione .... oppure il buon livello di .... non rende necessario sostituirli perché prevedrebbe .... non giustificati.

2 Il limite del segmento di 100 m nelle 10BaseT può essere superato introducendo apparati di rete come:

- ....: estendono la lunghezza del segmento senza separare i domini di collisione;
- ....: separano i domini di collisione.

3 Nella Fast Ethernet poiché la velocità è .... rispetto alla 10BaseT, per rispettare le stesse te caratteristiche è .... il round trip delay, e di conseguenza ....

4 Lo standard Fast Ethernet impone le seguenti regole per i repeater:

- è ammesso .... di classe I tra due ....;
- sono ammessi al massimo .... di classe 2 tra ....

5 Gli .... possono capire da soli in che modalità devono operare e sono in grado di configurare automaticamente .... in modo opportuno.

6 Gigabit Ethernet ha quindi la medesima dimensione minima del pacchetto di ....: di conseguenza la durata minima della trasmissione si deve ...., portando di fatto l'estensione massima della rete a soli 20 m: per poter mantenere una lunghezza di 200 m viene quindi necessariamente .... del pacchetto.

LEZIONE 4

Dispositivi di rete a livello 2

In questa lezione impareremo...

- a conoscere i dispositivi di rete a livello 2
- a individuare la differenza tra hub e bridge
- ad apprendere il concetto di dominio di collisione

Premessa

Negli ultimi anni Ethernet si è fortemente evoluta, spinta dalla tecnologia e dalle esigenze sempre più diffuse di connessione tra dispositivi, sia fissi che mobili.
Le prime reti Ethernet degli anni Ottanta erano realizzate con la connessione di pochi elaboratori, generalmente nello stesso ufficio, utilizzando un singolo pezzo di cavo coassiale ai cui estremi, per chiudere il circuito, vi erano i terminatori di 50 ohm connessi a massa, sul quale erano presenti i connettori a "T" per connettere i PC.
Successivamente la rete veniva connessa a un altro "pezzo" di rete simile mediante un ripetitore: era possibile collegare un massimo di cinque segmenti di rete, ma solo tre di essi potevano avere host connessi mentre gli altri due potevano essere utilizzati solamente per collegare tra loro i ripetitori (segmenti di collegamento).

Zoom su...

REPEATER

Il ripetitore (repeater) è un apparato che opera unicamente al livello 1 del modello di riferimento OSI il quale riceve, amplifica e sincronizza i pacchetti ricevuti da un segmento e li ritrasmette sull'altro: esso viene impiegato per prolungare un segmento di rete oltre i limiti fisici del tipo di medium utilizzato.

Nel decennio scorso i ripetitori erano costosi e, inoltre, prima di ricorrere al loro utilizzo, si cercava di aggiungere host sullo stesso segmento fino al limite estremo di funzionamento:

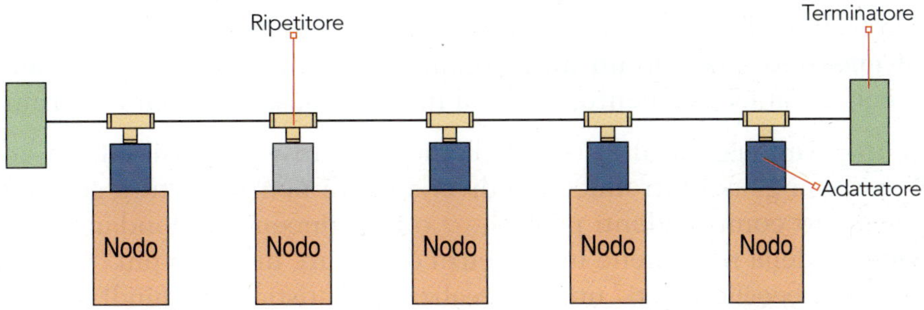

all'aumentare del numero di nodi connessi sullo stesso segmento aumenta la probabilità di collisione e, di conseguenza, aumenta la percentuale di trame ritrasmesse, con conseguente diminuzione dell'efficienza della rete.

Per migliorare le prestazioni la soluzione è stata quella di "spezzare" la rete in segmenti aventi ciascuno un proprio dominio di collisione: l'avvento del doppino e la conseguente diminuzione dei costi dei dispositivi hanno portato all'introduzione dei bridge.

Avvicinamento al bridging

Nella topologia 10BaseT si utilizzano doppini intrecciati e dispositivi concentratori per realizzare la struttura "a stella" tipica di tale tecnologia.

Hub

I primi dispositivi utilizzati nel corso degli anni come concentratori sono stati gli hub: sono sostanzialmente dei "ripetitori di bit" che riproducono i bit in ingresso a un'interfaccia su tutte le altre interfacce.

La distanza massima tra un nodo e un hub è 100 m e, nel caso di malfunzionamento di un adattatore, l'hub è in grado di rilevarlo e di disconnetterlo dalla rete.

Possiamo organizzare la rete in modo gerarchico ponendo un hub a livello più alto (backbone hub) al quale connettere i singoli hub, come nel seguente esempio, dove ogni singola LAN collegata può essere considerata un segmento di rete.

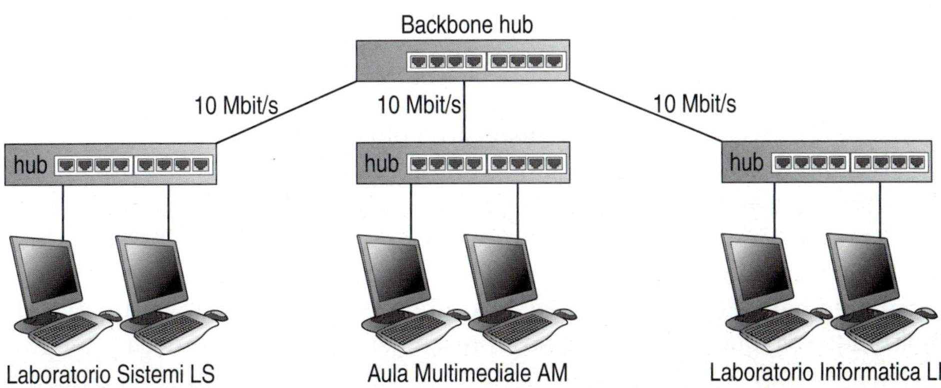

Il principale svantaggio degli hub è quello di non isolare i domini di collisione: le stazioni possono subire una collisione per una trasmissione simultanea con qualunque stazione presente su qualunque segmento.

Quindi la creazione di una rete multilivello a hub non comporta alcun aumento del throughput massimo, essendo un unico dominio di collisione e quindi identico a quello di una rete con un unico segmento; anche il numero massimo degli host rimane lo stesso.

Per contro, tra i vantaggi degli hub ricordiamo il costo e la possibilità di creare reti con buona tolleranza ai guasti introducendo diversi livelli nella struttura gerarchica, in modo da creare segmenti comprendenti pochi host o introducendo ridondanze che permettono il funzionamento della rete anche in presenza di rotture di uno o più hub stessi.
Possono inoltre "raccogliere dati" utili per realizzare statistiche e quindi dare all'amministratore preziose indicazioni per effettuare il monitoraggio della rete.

Nella tecnologia Gigabit Ethernet gli hub prendono il nome di buffered distributors.

Nella pila ISO/OSI gli hub si collocano al livello 1, così come i ripetitori di segnale.

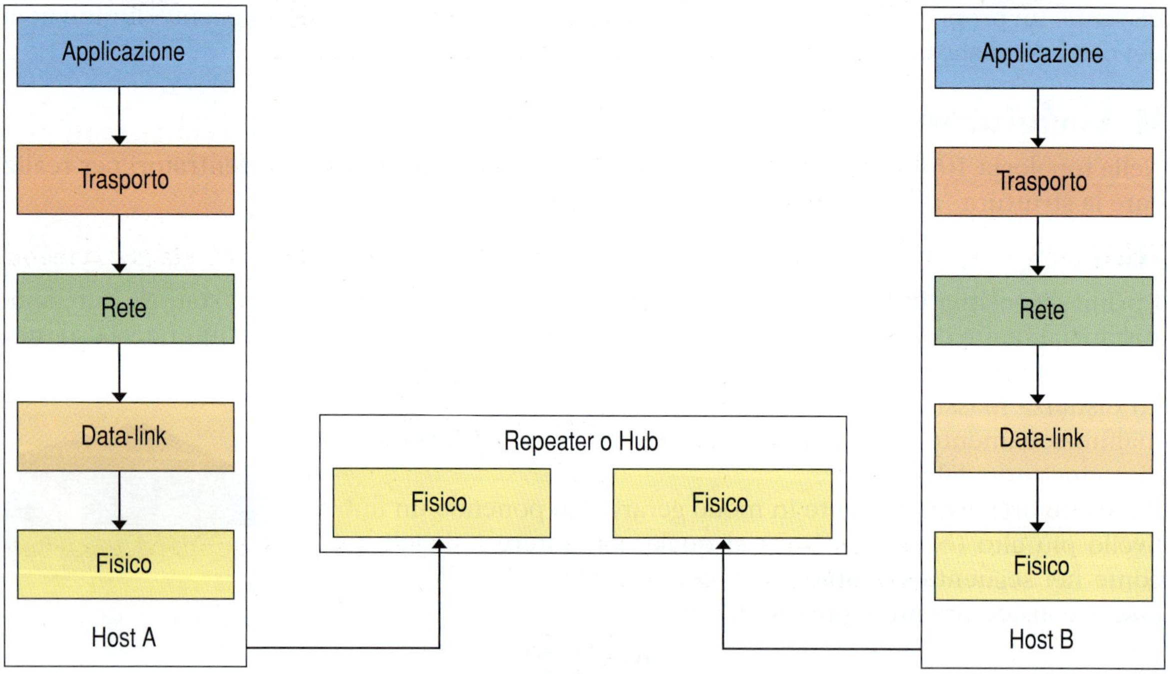

Bridge

Successivamente si è passati a utilizzare dispositivi più complessi, i bridge, i quali permettono di spezzare i domini di collisione. Essi hanno un meccanismo di funzionamento diverso dagli hub che si limitano alla sola ritrasmissione del bit: i bridge ricevono il frame e lo memorizzano in appositi buffer, quindi ne leggono le intestazioni, individuando l'host di destinazione, e selezionano la ritrasmissione solo sulla linea interessata (link di uscita).
Essi applicano quindi un filtro sui pacchetti, bloccando i frame che sono destinati allo stesso segmento e inoltrando solo quelli destinati a host presenti su altri segmenti della LAN. Anch'essi utilizzano il protocollo CSMA/CD sul segmento LAN di uscita verificando lo stato della linea prima di trasmettere, in quanto l'host destinatario potrebbe avere iniziato a sua volta una trasmissione.

Questo meccanismo prende anche il nome di store and forward.

Tra i principali vantaggi dei bridge ricordiamo che isolano i domini di collisione, determinando un aumento complessivo del throughput massimo, non introducono limitazioni sul numero massimo delle stazioni, né sull'estensione geografica e non richiedono alcuna modifica per la loro installazione negli adattatori dei computer.

Una rete LAN nella quale sono presenti i bridge prende anche il nome di BLAN.

Il bridge si colloca nella pila di riferimento OSI al livello 2, sopra il livello fisico, a livello di data link: l'introduzione di un bridge, come si può vedere nella figura seguente, separa una LAN in due "sotto reti", generando di fatto una LAN A e una LAN B.

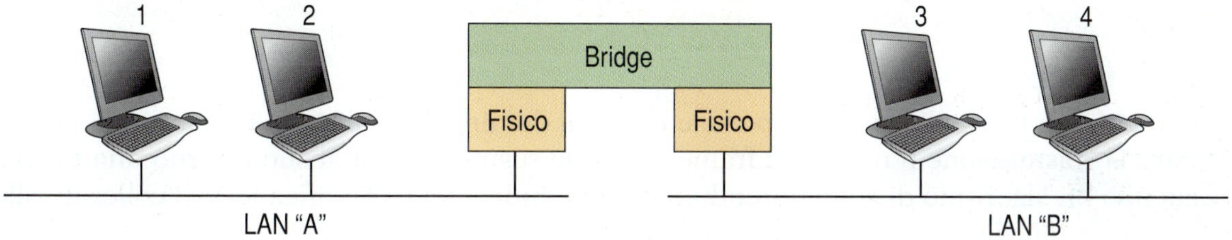

Inoltre, proprio grazie al meccanismo di funzionamento basato sullo store and forward, i bridge possono essere utilizzati anche in presenza di differenti tecnologie sulla stessa rete.

Nella figura seguente è riportato uno switch dove sono ben visibili i connettori sia per la tecnologia coassiale sia per quella twisted.

Riprendendo l'esempio precedente, se ora sostituiamo al livello gerarchico superiore il bridge otteniamo la seguente configurazione:

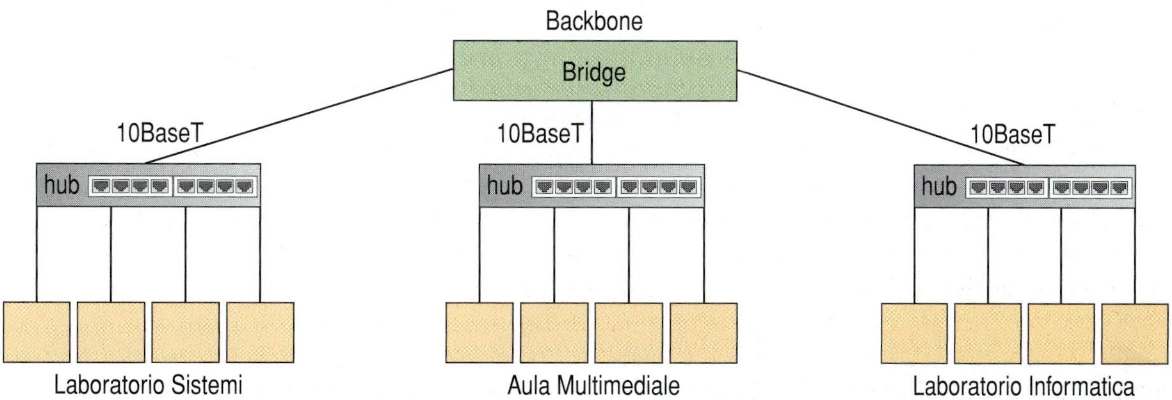

È anche possibile utilizzare il bridge direttamente all'interno del segmento, quindi scomponendolo di fatto in due o più segmenti, come riportato nell'esempio a pagina seguente:

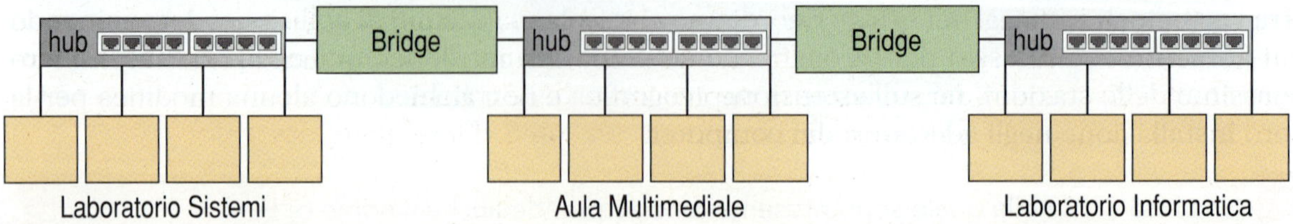

Questa soluzione è però sconsigliata in quanto l'hub dell'aula multimediale diventerebbe un punto critico: la sua rottura isolerebbe i due laboratori.
Inoltre il traffico da e per i due laboratori dovrebbe necessariamente passare per l'hub dell'aula multimediale generando traffico inutile su quel segmento.

Bridge filtering

Solitamente un bridge ha solo due porte e divide il dominio di collisione in due parti; per effettuare la trasmissione o meno dei frame tra i due segmenti crea al suo interno una tabella eseguendo un algoritmo di autoapprendimento che individua e classifica le NIC collegate alle due porte: la tabella prende anche il nome di filtering table.

MAC address	Porta	Timestamp

La tabella è molto semplice ed è composta da tre campi: il bridge, da ogni frame che lo raggiunge, apprende il numero della porta sulla quale è connesso e l'indirizzo dell'host mittente, e lo colloca nella tabella aggiungendo il timestamp; ogni riga vi rimane per circa 5 minuti (ageing time) dopo di che viene rimossa.

Alla prima trasmissione, cioè a tabella vuota, il bridge non conosce il segmento sul quale è presente il destinatario, ma lo spedisce ugualmente nel segmento opposto da dove è arrivato, infatti:
- se è il segmento giusto, riceverà la risposta e aggiornerà la tabella con questo indirizzo;
- se non riceve alcuna risposta, poco importa, perché il frame ha già raggiunto la destinazione sul segmento di partenza e da quel segmento arriverà la risposta e potrà scrivere la riga corrispondente nella tabella.

Quindi alla fine entrambi i PC saranno presenti nella tabella e alla successiva trasmissione il bridge saprà come comportarsi, cioè saprà se rispedire il frame oppure no: quest'operazione prende il nome di filtering.
Questo algoritmo prende anche il nome di routing isolato o backward learning.

FILTRAZIONE E INOLTRO

Con il termine filtrazione (filtering) si intende la capacità del bridge di decidere o meno se un frame deve essere inoltrato a qualche interfaccia.
L'inoltro (forwarding) è invece la capacità di determinare su quale porta del bridge bisogna inviare il frame ricevuto.

Per migliorare l'affidabilità della rete spesso si duplicano alcuni collegamenti introducendo bridge aggiuntivi: in questo modo si creano delle ridondanze di percorsi che potrebbero generare anche effetti indesiderati, come la duplicazione delle trame.
Per esempio, aggiungiamo un secondo bridge al caso precedentemente descritto:

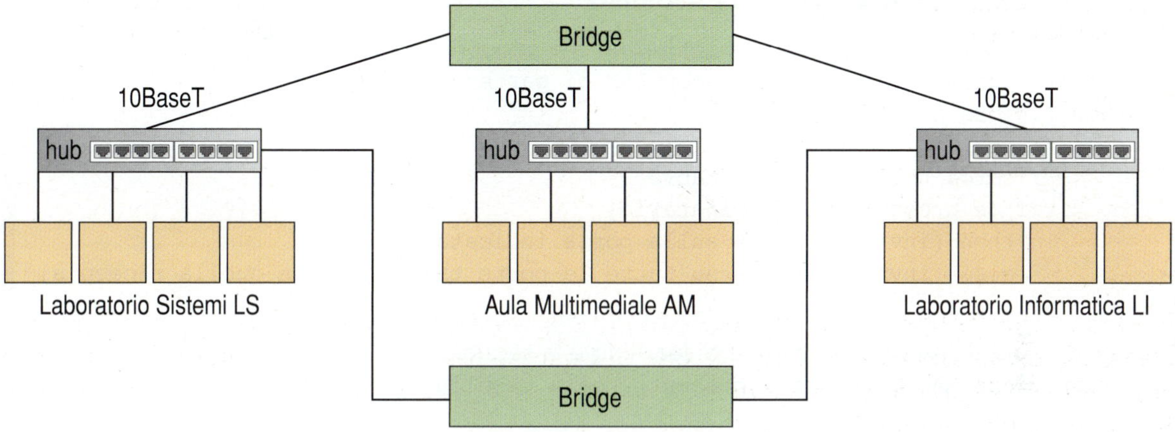

Un frame inviato da LS verso LI raggiungerebbe in questo modo entrambi i bridge e verrebbe inoltrato due volte: si creerebbero delle tabelle con duplicazione di righe aventi lo stesso indirizzo ma porte diverse. Per ovviare a questi problemi è necessario utilizzare un particolare algoritmo, lo spanning tree, che trasforma una situazione di rete a maglia in una topologia ad albero eleggendo un bridge come root, così da escludere la presenza di percorsi chiusi che genererebbero percorsi alternativi.

> Questo algoritmo viene eseguito all'accensione dei bridge in modo da individuare subito la presenza di percorsi da isolare: la disconnessione viene fatta soltanto a livello logico bloccando temporaneamente alcune porte di qualche bridge.
> Dato che una rete non è statica, un bridge può accorgersi che la sua topologia è stata modificata e richiedere la nuova esecuzione dell'algoritmo di spanning tree.

L'esecuzione dell'algoritmo sulla rete del nostro esempio potrebbe portare alla disabilitazione di due connessioni: alla successiva accensione dei dispositivi attivi potrebbe essere eletto come root il secondo bridge e operare in modo da trasmettere su entrambi i collegamenti disabilitati, isolando, come nell'esempio seguente, le porte di quelli abilitati.

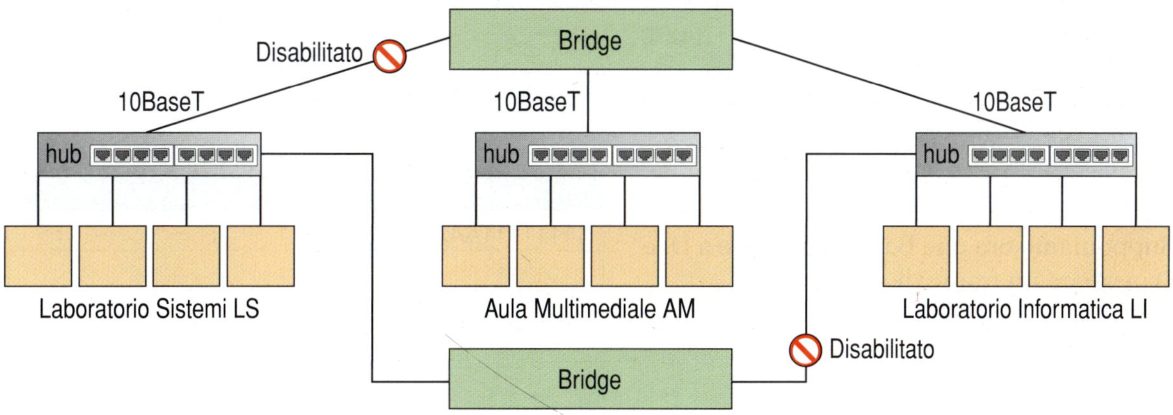

Zoom su...

PROCEDURA DI FILTERING E LEARNING

Una pseudocodifica della procedura di filtering è la seguente:

```
if (destinazione frame coincide con LAN di partenza)
  then (ignora il frame)
  else {
        ricerca nella filtering table
        if (è presente il destinatario)
          then (invia il frame sulla porta indicata)
          else (invia il frame su tutte le porte tranne che da quella ricevuta)
        }
```

Una pseudocodifica della procedura di learning è la seguente:

```
if (indirizzo MAC mittente è presente nella tabella)
  then (ignora il frame)
      if (nr. porta di ricezione = nr porta in tabella)
        then (aggiorna il timestamp)
        else (aggiorna in tabella nr. porta, timestamp)
  else (aggiunge in tabella indirizzo MAC, nr. porta, timestamp)
```

Le due procedure sono eseguite a ogni frame che il bridge riceve.

ESEMPIO

Vediamo un esempio di come funziona l'algoritmo di learning sulla seguente rete composta da due segmenti, inizialmente con la seguente tabella dov'è presente solo una riga:

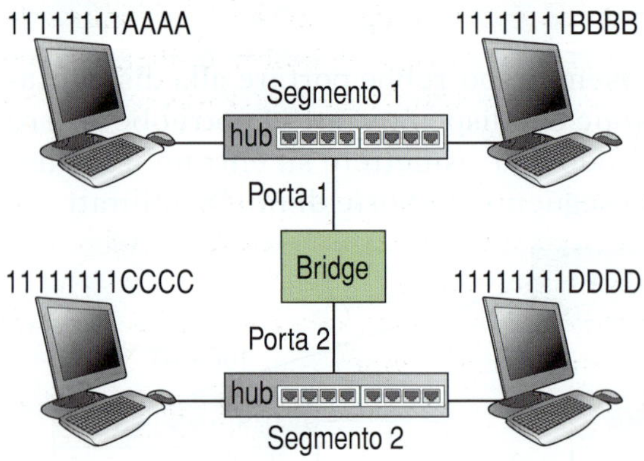

MAC address	Porta
11111111AAAA	1

Supponiamo ora che B invii un frame a D, e D produca un frame di risposta a B.

B invia il frame a D:

MAC address	Porta
11111111AAAA	1
11111111BBBB	1

Il bridge analizza la tabella e non trova nessun D, pertanto lo invia in flooding su tutte le sue porte tranne la 1 dalla quale lo ha ricevuto: contemporaneamente aggiunge il MAC del B nella sua tabella, dato che non è presente, e lo riconosce come appartenente al segmento connesso sulla porta 1.

Il frame viene ricevuto da D tramite la porta 2.

D invia il frame di risposta a B:

MAC address	Porta
11111111AAAA	1
11111111BBBB	1
11111111DDDD	2

Il bridge riceve il frame proveniente da D sulla porta 2 e, dato che non lo trova nella sua tabella, lo aggiunge.

Dalla tabella individua la porta dov'è connesso B e sulla quale deve trasmettere il frame: invia solo sulla porta 1.

Oltre al bridge esiste un altro dispositivo di tipo store and forward che compie "più o meno" le stesse attività: il router. Ha molti pregi e alcuni difetti rispetto al bridge e inoltre compie un insieme di operazioni aggiuntive che sono legate al livello 3, quindi verrà analizzato successivamente.

Switch Ethernet

Da alcuni anni è disponibile sul mercato un nuovo dispositivo che di fatto tende a sostituire sia l'hub che il bridge: questo dispositivo prende il nome di switch (commutatore).

In sostanza si tratta di un bridge ad alte prestazioni e dotato di un numero elevato di interfacce.

◀ La *Content Access Memory* (CAM) è una memoria associativa in cui, specificando come selettore l'indirizzo di destinazione, viene restituita l'informazione relativa alla porta su cui effettuare la trasmissione. Viene utilizzata con un apposito circuito integrato programmabile (ASIC, *Application Specific Integrated Circuit*) che svolge funzioni logiche ad alta velocità e passa i frame da una porta all'altra velocemente. ▶

Essendo sostanzialmente un bridge, lo switch compie le stesse operazioni sopra descritte, cioè inoltra e filtra i frame usando l'indirizzo LAN di destinazione e costruisce in automatico la tabella degli indirizzi.

Le caratteristiche degli switch sono le seguenti:

1. sono dotati di un numero di interfacce elevato (nei bridge sono poche, 3 o 4 al massimo);
2. utilizzano memorie ad accesso veloce (◀ CAM ▶) per effettuare lo smistamento del frame;
3. garantiscono la banda per ogni stazione collegata alla porta;
4. permettono la trasmissione full duplex, cioè sulla stessa interfaccia possono essere spediti e ricevuti frame contemporaneamente.

Gli switch segmentano la rete creando domini di collisione separati, garantendo la banda su ogni segmento.

Vediamo uno schema che ci permette meglio di capire i vantaggi dell'utilizzo di uno switch:

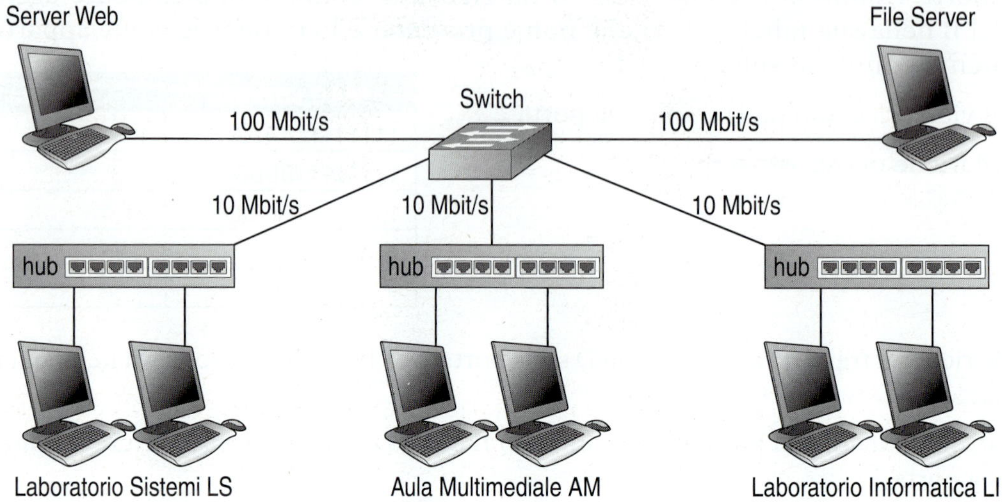

In questo caso avremo cinque segmenti (quindi cinque domini di collisione separati) e su ognuno di essi verrà garantita la banda completa: dato che nel livello inferiore ogni segmento utilizza un hub, la banda effettiva dipenderà dal numero di stazioni collegate all'hub stesso: per esempio, se nel laboratorio informatica ci sono 20 host la banda su quel segmento diviene (10 Mbit/s / 20).
I calcolatori che dovranno gestire grossi carichi di lavoro potranno essere collegati direttamente sulla porta dello switch e avranno tutta la banda dell'interfaccia a disposizione (come i due server nel nostro caso).

Un'evoluzione di quest'architettura potrebbe prevedere l'utilizzo di una rete completamente switched, come la seguente:

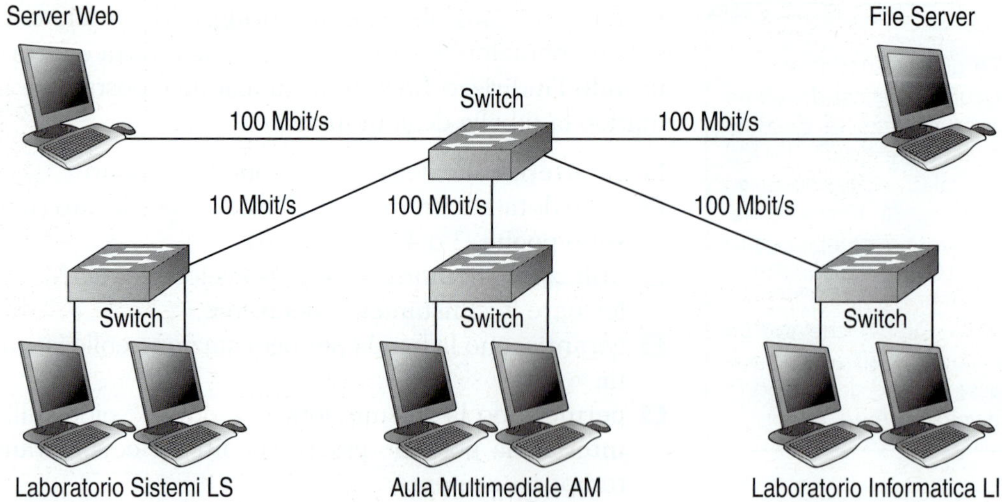

In questo caso si potrebbe utilizzare un unico dispositivo con un alto numero di interfacce per collegare singolarmente tutti gli host: la topologia diviene una stella con al centro lo switch, come schematizzato nella figura nella pagina seguente.

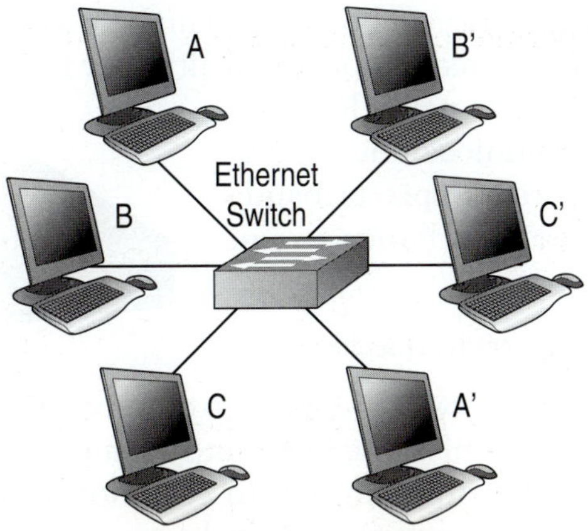

Ogni coppia di host viene direttamente connessa, quindi viene realizzata la trasmissione da A a B e da A' a B' simultaneamente: siamo ora in assenza di collisioni, pur utilizzando sempre il protocollo Ethernet!

ESEMPIO

Costruire la tabella di filtering per la rete riportata nella figura seguente:

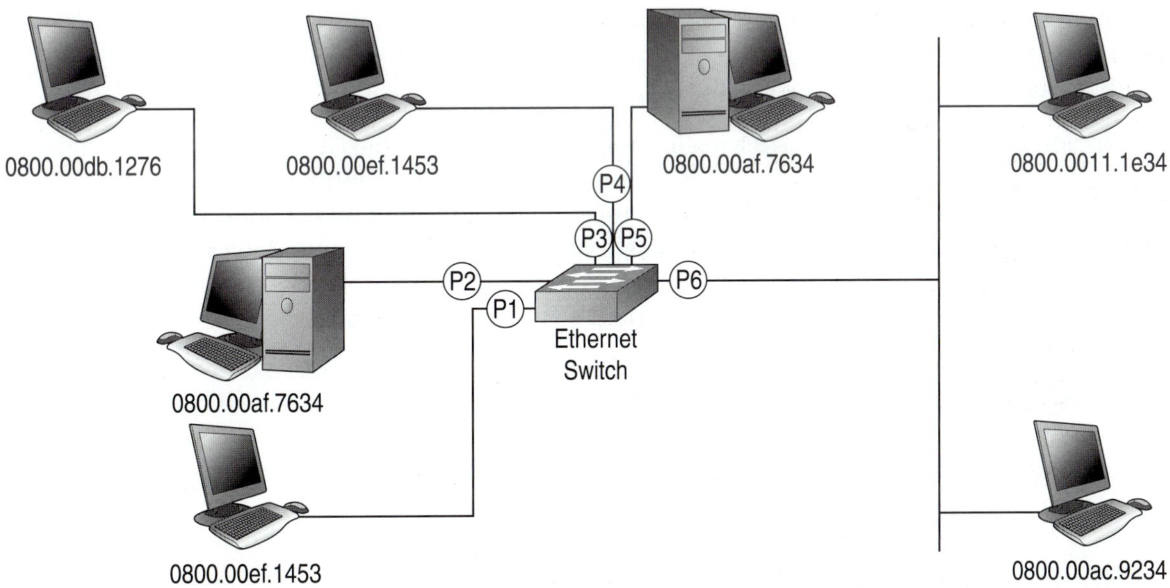

Sulle porte P1-P5 è presente un solo host e solo sulla porta 6 abbiamo due host. La tabella è quindi quella a lato:

MAC Address	Porta
0800.00ab.1234	1
0800.00cd.5234	2
0800.00db.1276	3
0800.00ef.1453	4
0800.00af.7634	5
0800.0011.1e34	6
0800.00ac.9234	6

Il segmento fisico che collega una porta dello switch a un host è detto microsegmento: dato che l'UTP usa una coppia di fili per la trasmissione e un'altra per la ricezione, è possibile che i segnali passino contemporaneamente nelle due direzioni. Questa possibilità di comunicazione è detta full duplex e teoricamente si raddoppia la banda dato che avviene la spedizione simultanea in entrambe le direzioni.

Nella figura a lato è riportato uno switch a 24 porte.

Uno switch ha sostanzialmente tre possibili modalità di funzionamento:
- cut through: viene iniziata la trasmissione del frame sulla porta di destinazione non appena riceve l'indirizzo MAC di destinazione: in questo caso non viene fatto nessun controllo di errore anche se il sistema di connessione è più veloce, ma sorgente e destinazione devono avere la stessa velocità di funzionamento (switching sincrono);
- store and forward: viene attesa la ricezione dell'intero frame prima di inviarlo sulla porta di destinazione (switching asincrono); in questo modo è possibile effettuare il controllo dell'FCS (*Frame Check Sum*) e quindi garantire che il frame sia corretto scartando i frame danneggiati; con questo meccanismo è anche possibile effettuare la trasmissione tra host che lavorano a velocità diversa;
- fragment free: è un compromesso tra i due metodi precedenti, in quanto legge solo i primi 64 byte prima di iniziare la trasmissione.

Osservazioni sul dominio di collisione

L'evoluzione che ha avuto Ethernet negli ultimi decenni ha portato a una completa trasformazione delle reti attuali rispetto a quelle degli anni '80: molti componenti sono, di fatto, "scomparsi", ne sono stati aggiunti di nuovi, anche la terminologia è cambiata e a volte si è trasformata. Un elemento però ha sempre mantenuto la stessa importanza nel corso della sua evoluzione: è il concetto di segmento che, anche se nel corso degli anni ha ampliato e modificato il proprio significato, resta alla base dell'individuazione dei domini di collisione.

I segmenti nelle reti 10Base5 e 10Base2 si identificavano nella tratta di cavo coassiale che costituiva un *singolo percorso elettrico non interrotto*, un singolo lungo pezzo di cavo, chiuso alle due estremità dai terminatori.
Aggiungendo un ripetitore alla rete si creava un secondo segmento e, come sappiamo, il limite superiore massimo consentito era quello di cinque segmenti.

> Generalmente nelle reti realizzate su coassiale sottile esisteva un solo segmento e questa era la LAN!

Nelle reti connesse con doppino, con "segmento" si intende la parte di rete composta solo da due nodi: da una parte la stazione di lavoro, server o stampante, e dall'altra la porta del concentratore. Se accettiamo come definizione di segmento la seguente:

SEGMENTO
Tratto di cavo elettricamente ininterrotto che collega i nodi.

è necessario passare dal concetto di segmento a quello di dominio di collisione per poter individuare un gruppo di nodi connessi tra loro.

Ogni singola macchina collegata alla rete 10BaseT costituisce un segmento elettrico a sé stante e, nello stesso tempo, fa parte di un unico dominio di collisione che la unisce a tutte le altre macchine collegate allo stesso concentratore.

DOMINIO DI COLLISIONE

I domini di collisione sono i segmenti fisici di rete dove si possono verificare collisioni. Tutte le macchine collegate allo stesso dominio di collisione condividono non solo il medesimo traffico ma anche le stesse collisioni, indipendentemente da quale sia il concentratore a cui sono collegate.

La crescita del numero di host ha portato le collisioni a livelli vertiginosi, compromettendo il funzionamento della rete, quindi si è deciso di "segmentarle" suddividendole in diversi domini di collisione, utilizzando i dispositivi che abbiamo descritto.

In particolare, riassumiamo il comportamento dei dispositivi che interconnettono i segmenti:
- hub e repeater: sono dispositivi di livello 1 che estendono il dominio di collisione;
- bridge e switch: sono dispositivi di livello 2 che spezzano il dominio di collisione;
- router: sono dispositivi di livello 3 che spezzano il dominio di collisione.

Più dispositivi ci sono in un dominio di collisione e maggiore è la probabilità di avere collisioni.

SEGMENTAZIONE

Con il temine segmentazione si intende l'operazione effettuata per spezzare il dominio di collisione in diverse parti aumentando il numero di domini di collisione ma riducendo il numero di host presenti in ciascun dominio.

Possiamo completare la regola del 5-4-3 aggiungendo alcuni dettagli:
- 5: numero massimo di segmenti;
- 4: numero di repeater o hub;
- 3: segmenti con host;
- 2: sezioni senza host;
- 1: dominio di collisione.

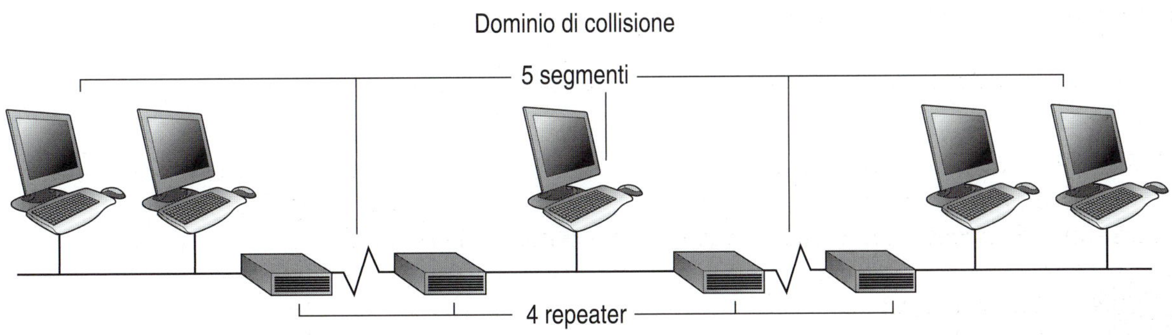

La seconda regola stabilisce che non si possano mettere più di quattro repeater tra due computer qualsiasi della rete, e se questa regola viene violata si rischia di superare il limite massimo di ritardo consentito, con il risultato di incrementare notevolmente il numero di collisioni.

Una delle conseguenze possibili è quella di introdurre collisioni riconosciute dopo i 64 byte, le late collision, che provocano la perdita del frame introducendo un ulteriore ritardo, dato che le NIC sono progettate per non ritrasmettere automaticamente dopo una late collision.

Messaggi di broadcast

Con il termine broadcast si intende la trasmissione di un pacchetto a tutte le stazioni presenti in ogni dominio di collisione.
Come vedremo, un caso tipico di trasmissione broadcast da parte di un host avviene quando è noto l'indirizzo IP (di livello 3) ma non si conosce l'indirizzo MAC dell'host destinatario (ARP request).
È quindi necessario che un frame venga spedito in tutti i domini di collisione e venga quindi ritrasmesso dai dispositivi del livello 2, hub oppure switch.
A tal fine viene definito un particolare frame, chiamato proprio frame di broadcast, che ha la caratteristica di avere come indirizzo di destinazione la sequenza FF-FF-FF-FF-FF-FF: tutte le NIC riconoscono questo indirizzo e rispondono al messaggio.

Flusso dei dati

Prima di proseguire con il livello 3 riassumiamo il comportamento dei dispositivi sinora incontrati:

- livello 1: i dispositivi di livello 1 lasciano sempre passare i frame su tutti i segmenti di rete, senza fare filtraggio. Rigenerano e risincronizzano i segnali portandoli alla stessa qualità di trasmissione originale;
- livello 2: i dispositivi di livello 2 filtrano i dati in base all'indirizzo MAC di destinazione e lasciano passare solo i frame destinati a host che non siano sullo stesso segmento della sorgente; quindi spezzano i domini di collisione senza però interrompere il dominio di broadcast.
  Al frame vengono aggiunti gli indirizzi MAC di sorgente e di destinazione;
- livello 3: come vedremo i dati a livello 3 vengono incapsulati aggiungendo gli indirizzi IP di sorgente e di destinazione, mentre un frame è inviato solo se l'indirizzo di rete di destinazione è diverso da quello della sorgente: i dispositivi di livello 3 filtrano quindi i pacchetti in base all'indirizzo IP di destinazione, spezzando sia i domini di collisione sia quelli di broadcast.

Verifichiamo le conoscenze

1. Risposta multipla

1 Con la topologia 10BaseT la topografia di rete è:

a. a bus
b. a stella
c. ad anello
d. dipende dalla configurazione

2 La distanza massima tra un nodo e un hub è:

a. 10 m
b. 100 m
c. 1000 m
d. dipende dal tipo di doppino

3 Il meccanismo di funzionamento dei bridge prende anche il nome di:

a. store and forward
b. link and store
c. link and forward
d. store and repeat

4 Quale affermazione in merito ai bridge è errata?

a. Operano un filtro sui pacchetti
b. Isolano i domini di collisione
c. Aumentano il throughput
d. Non introducono limitazioni sul numero massimo delle stazioni
e. Richiedono di modificare gli adattatori dei computer

5 Nella "filtering table" per ogni host sono presenti i seguenti dati (indica quello non presente).

a. Indirizzo NIC
b. Numero di porta
c. Timestamp
d. Numero di segmento

6 La durata dell'ageing time è circa di:

a. 5 secondi
b. 30 secondi
c. 5 minuti
d. 30 minuti

7 Quale tra i seguenti è un indirizzo broadcast?

a. FF-FF-FF-FF-FF
b. 00-00-00-00-00
c. FF-FF-FF-FF-FF-FF
d. 00-00-00-00-00-00

8 In una LAN basata su switch e link 100BaseT viene perso un pacchetto: quale delle seguenti affermazioni è certamente falsa?

a. Si è perso perché potrebbe essersi verificata una collisione
b. Si è perso perché uno switch può non aver avuto memoria libera
c. Si è perso perché potrebbe essersi verificato un errore di trasmissione
d. Si è perso perché potrebbe essersi rotto un doppino

2. Vero o falso

1 La trasmissione in full duplex raddoppia la banda. V F
2 Nel metodo cut through lo switching è detto sincrono. V F
3 Il metodo store and forward è detto switching asincrono. V F
4 Nella tecnologia Gigabit Ethernet gli hub prendono il nome di "buffered distributors". V F
5 Una rete LAN nella quale sono presenti gli hub prende anche il nome di HLAN. V F
6 I bridge operano da filtro sui pacchetti. V F
7 I bridge ritrasmettono i frame destinati allo stesso segmento. V F
8 I bridge non possono essere utilizzati in presenza di differenti tecnologie sulla stessa rete. V F
9 Una rete LAN nella quale sono presenti i bridge prende anche il nome di BLAN. V F
10 La "filtering table" è la tabella che il bridge si crea. V F
11 Nella "filtering table" dopo 300 secondi di inattività una riga viene rimossa. V F
12 Una trama broadcast viene inoltrata su tutte le porte tranne quella da cui si è ricevuta. V F
13 Una trama broadcast viene inoltrata su tutte le porte. V F
14 Viene applicato un algoritmo di istradamento del tipo backward learning. V F

AREA digitale

Verifichiamo le competenze

1. Problemi

Considera la seguente rete locale:

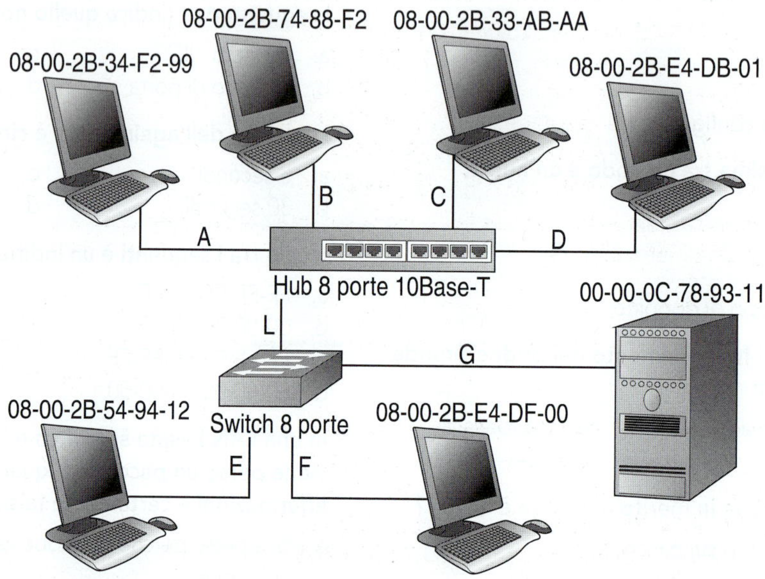

1 All'accensione dello switch sono stati trasmessi solo i seguenti pacchetti:

1. mittente: 08-00-2B-74-88-F2, destinatario: broadcast
2. mittente: 00-00-0C-78-93-11, destinatario: 08-00-2B-74-88-F2
3. mittente: 08-00-2B-54-94-12, destinatario: 00-00-0C-78-93-11
4. mittente: 08-00-2B-74-88-F2, destinatario: 08-00-2B-E4-DB-01

A quale o quali interfacce di rete verrà inoltrato il pacchetto n. 4? Perché?

....

....

....

2 All'accensione dello switch sono stati trasmessi solo i seguenti pacchetti:

1. mittente: 08-00-2B-74-88-F2, destinatario: broadcast
2. mittente: 00-00-0C-78-93-11, destinatario: 08-00-2B-74-88-F2
3. mittente: 08-00-2B-54-94-12, destinatario: 00-00-0C-78-93-11
4. mittente: 08-00-2B-74-88-F2, destinatario: 00-00-0C-78-93-11

A quale o quali interfacce di rete verrà inoltrato il pacchetto n. 4? Perché?

....

....

....

3 All'accensione dello switch sono stati trasmessi solo i seguenti pacchetti:

1. mittente: 08-00-2B-74-88-F2, destinatario: broadcast
2. mittente: 00-00-0C-78-93-11, destinatario: 08-00-2B-74-88-F2
3. mittente: 08-00-2B-54-94-12, destinatario: 00-00-0C-78-93-11
4. mittente: 08-00-2B-74-88-F2, destinatario: 00-00-0C-78-93-11

A quale o quali interfacce di rete verrà inoltrato il pacchetto n. 2? Perché?

4 All'accensione dello switch sono stati trasmessi solo i seguenti pacchetti:

1. mittente 08-00-2B-54-94-12, destinatario 08-00-2B-E4-DF-00
2. mittente 08-00-2B-34-F2-99, destinatario 08-00-2B-74-88-F2
3. mittente 08-00-2B-34-F2-99, destinatario 08-00-2B-54-94-12
4. mittente 00-00-0C-78-93-11, destinatario FF-FF-FF-FF-FF-FF
5. mittente 08-00-2B-E4-DF-00, destinatario 08-00-2B-34-F2-99
6. mittente 08-00-2B-74-88-F2, destinatario 08-00-2B-34-F2-99

a) Quali di questi frame saranno inoltrati dallo switch sull'interfaccia F? Perché?
b) A quali porte sarà inoltrato il frame n. 5? Perché?

5 All'accensione dello switch sono stati trasmessi solo i seguenti pacchetti:

1. mittente: 08-00-2B-34-F2-99, destinatario: 08-00-2B-E4-DB-01
2. mittente: 08-00-2B-E4-DB-01, destinatario: 08-00-2B-74-88-F2
3. mittente: 08-00-2B-54-94-12, destinatario: 00-00-0C-78-93-11
4. mittente: 08-00-2B-E4-DF-00, destinatario: 08-00-2B-34-F2-99

A quale o quali interfacce di rete verrà inoltrato il pacchetto n. 2? e il pacchetto n. 4? Perché?

Esercitazioni di Laboratorio 1

UTILIZZO DI WIRESHARK

■ Premessa

Lo studio dei protocolli di rete può essere effettuato con la prova diretta, osservando la sequenza di messaggi scambiati tra due entità di protocollo, approfondendo i dettagli delle operazioni e forzando i protocolli a effettuare determinate azioni per verificarne le conseguenze.

Per poter osservare i messaggi scambiati tra i diversi dispositivi è necessario un apposito programma, chiamato packet sniffer.

Il nome stesso dà un'indicazione sulla sua modalità di funzionamento: copia passivamente (ossia "sniffa", "annusa") i messaggi che vengono inviati e ricevuti dal computer sul quale è installato e li visualizza isolando i diversi campi e messaggi del protocollo utilizzato.

> Un packet sniffer è un'entità passiva: non manda mai dei pacchetti sulla rete ma si limita a osservare il "traffico" inviato e ricevuto dalle applicazioni e dai protocolli in esecuzione sul computer.

La figura seguente mostra la struttura di un packet sniffer: sulla destra ci sono i protocolli e le applicazioni (come i browser web o i client FTP) che normalmente girano su un computer, mentre sulla sinistra sono separate le componenti dell'architettura dello sniffer.

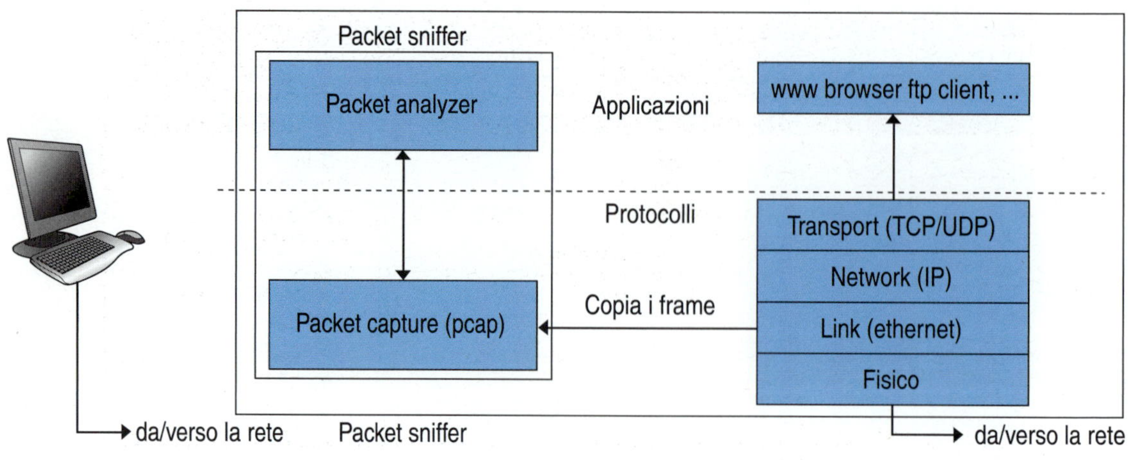

Il packet sniffer è organizzato in due parti:

- la pcap, o "libreria di cattura" dei pacchetti, riceve una copia di ogni frame che a livello di collegamento viene inviato o ricevuto dal computer: questo consente di ottenere tutti i messaggi ricevuti o inviati da tutti i protocolli e le applicazioni in esecuzione sullo stesso;
- l'analizzatore di pacchetti visualizza il contenuto di tutti i campi all'interno dei messaggi.

Un potente programma packet sniffer è Wireshark [http://www.wireshark.org], che consente di visualizzare i contenuti di tutti i messaggi inviati/ricevuti dai protocolli a differenti livelli della pila protocollare.

> Wireshark è un software libero che gira su Windows, Linux/Unix e Mac OS.

È un prodotto collaudato e stabile e online è disponibile una buona documentazione del software:

- una guida per l'utente [http://www.wireshark.org/docs/wsug_html_chunked/];
- un manuale operativo [http://www.wireshark.org/docs/man-pages/];
- una FAQ dettagliata [http://www.wireshark.org/faq.htm].

Scaricare, installare ed eseguire Wireshark

Per il sistema operativo Linux, Wireshark è incluso in pressoché qualunque distribuzione, per cui è sufficiente installarlo come si fa per tutto l'altro software.
Per gli altri sistemi operativi, è possibile scaricare il codice eseguibile di Wireshark dalla pagina http://www.wireshark.org/download.html (oppure nel materiale online nella sezione riservata a questo volume sul sito web http://www.hoepliscuola.it).

> È opportuno anche scaricare la guida utente e consultare le FAQ che contengono un buon numero di consigli e informazioni varie, particolarmente utili se si hanno problemi nell'installazione o nell'esecuzione di Wireshark.

Mandando in esecuzione Wireshark viene visualizzata l'interfaccia utente grafica, simile a quella della figura seguente:

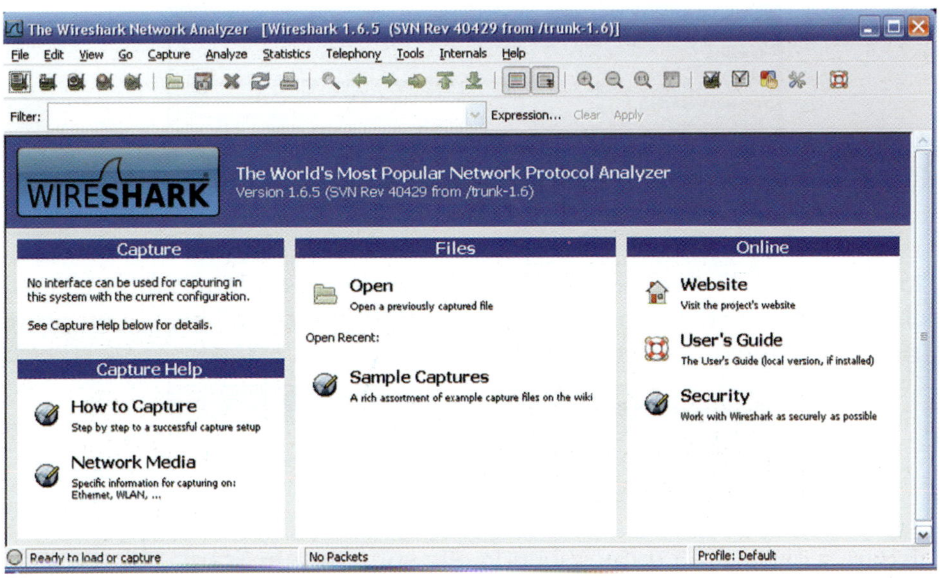

Le componenti principali dell'interfaccia di Wireshark sono descritte di seguito.

- Il menu dei comandi è un tipico menu a discesa collocato in cima alla finestra. Di principale interesse per noi sono i menu File e Capture. Il menu File consente di salvare i dati catturati, aprire un file contenente dati precedentemente catturati e uscire da Wireshark.

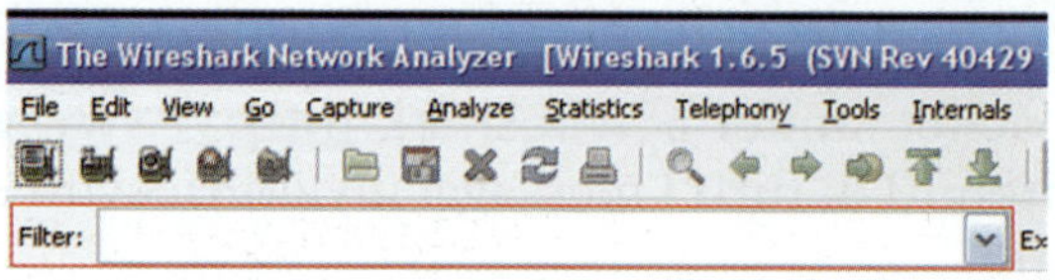

- Nella parte alta della finestra di Wireshark, sotto la barra dei comandi, è presente il campo Filter per specificare un filtro sui pacchetti da visualizzare, all'interno del quale è possibile digitare un nome di protocollo o altre informazioni per *filtrare* i pacchetti da visualizzare nell'elenco dei pacchetti catturati (e quindi anche nelle finestre del dettaglio e dei contenuti).

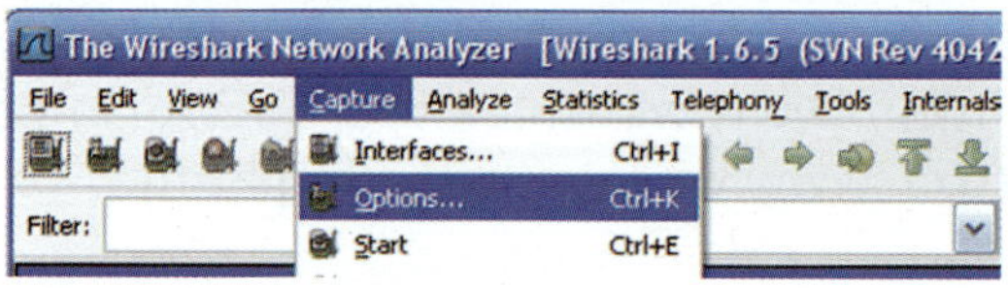

Nell'esempio che segue utilizzeremo il filtro per istruire Wireshark a nascondere tutti i pacchetti a eccezione di quelli che corrispondono a messaggi HTTP.

La parte centrale è suddivisa in tre sezioni, dove sono presenti:
Ⓐ le opzioni per effettuare la "cattura" dei pacchetti;
Ⓑ le opzioni per salvare/ripristinare o consultare pacchetti salvati in precedenza;
Ⓒ le opzioni per gli aiuti online.

Wireshark utilizza per la cattura delle librerie già presenti nel PC: se non ci fossero, è necessario scaricarle dal sito www.winpcap.org.

Il menu Capture consente di iniziare la cattura dei pacchetti: seleziona Capture dal menu a discesa e quindi Options; verrà visualizzata la seguente schermata:

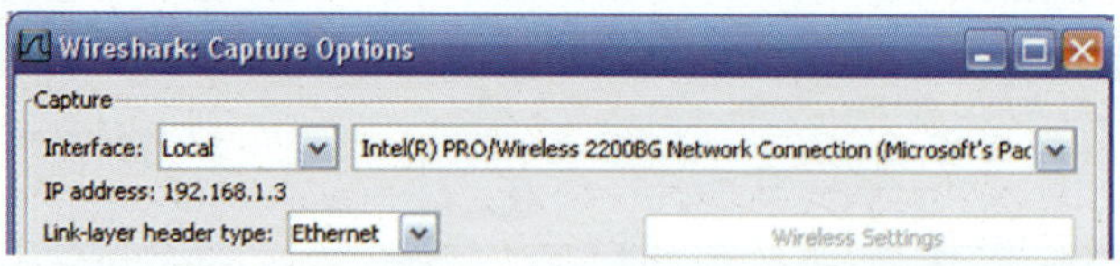

Lascia inalterati i valori di default presenti in questa finestra tranne Hide capture info dialog sotto Display Options, che va deselezionato.
Nel list box in alto sono elencate le interfacce di rete che sono all'interno del computer: è necessario selezionare l'interfaccia attiva, dalla quale si desidera "sniffare" i pacchetti.
Dopo qualche secondo verrà visualizzato l'indirizzo IP di rete dell'host: è un primo segnale che il programma sta funzionando correttamente.

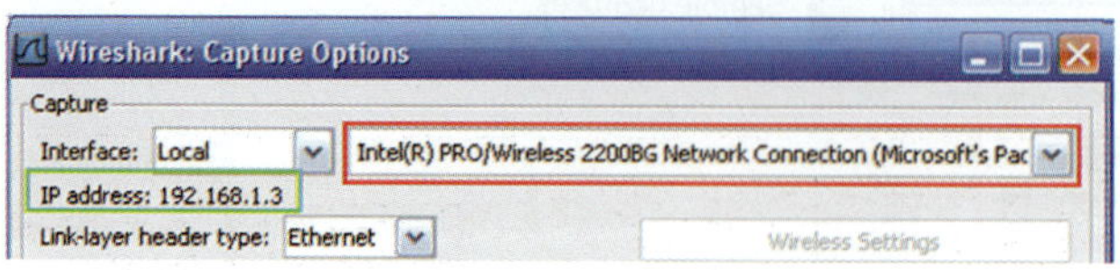

Ora puoi iniziare a catturare i frame facendo clic sul pulsante Start.

Le interfacce presenti nel PC verranno successivamente visualizzate anche nella sezione Capture della schermata inziale: è possibile iniziare a catturare i pacchetti anche facendo clic sulla scheda desiderata da questo elenco.

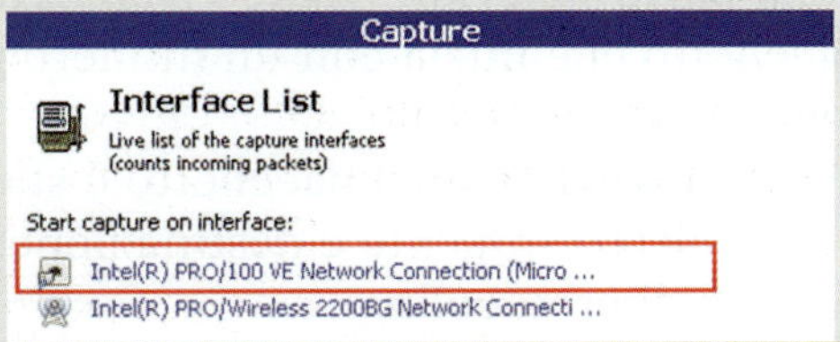

È inoltre possibile avviare la cattura dei pacchetti tramite l'opzione Start del menu Capture dove è presente anche il comando di Stop che interrompe la cattura.

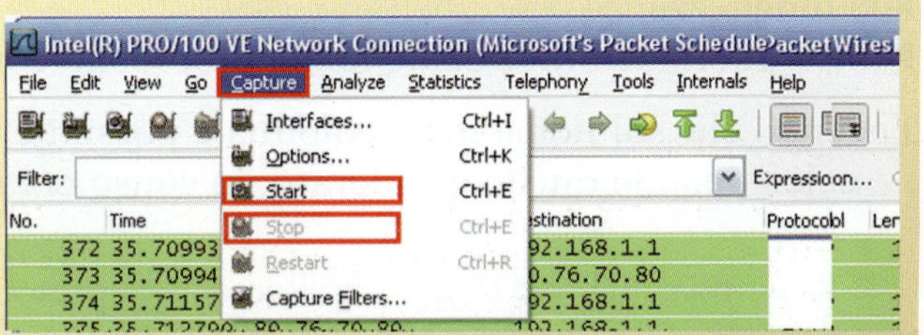

Un'ultima possibilità per avviare la cattura dei pacchetti è quella di utilizzare l'icona presente sulla barra dei comandi

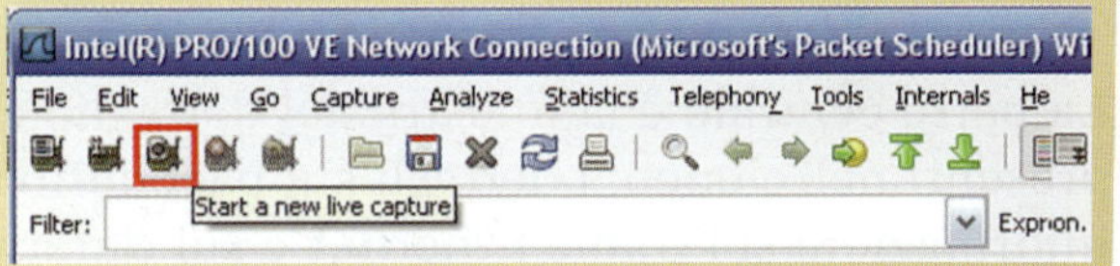

dove si trova anche l'icona che interrompe la cattura.

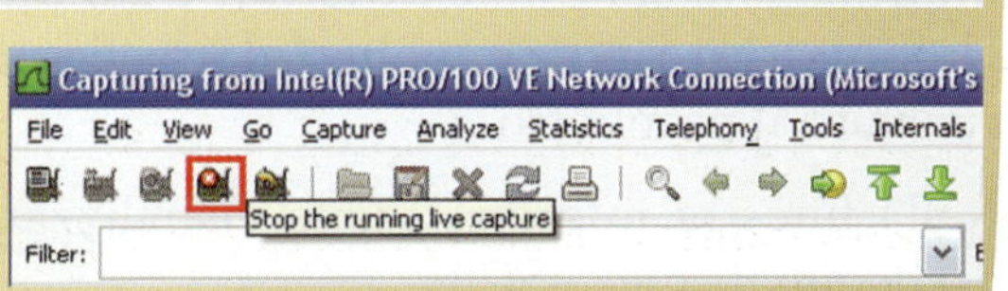

Il programma inizia a catturare i pacchetti: la schermata iniziale si trasforma in una nuova videata composta da tre sezioni:

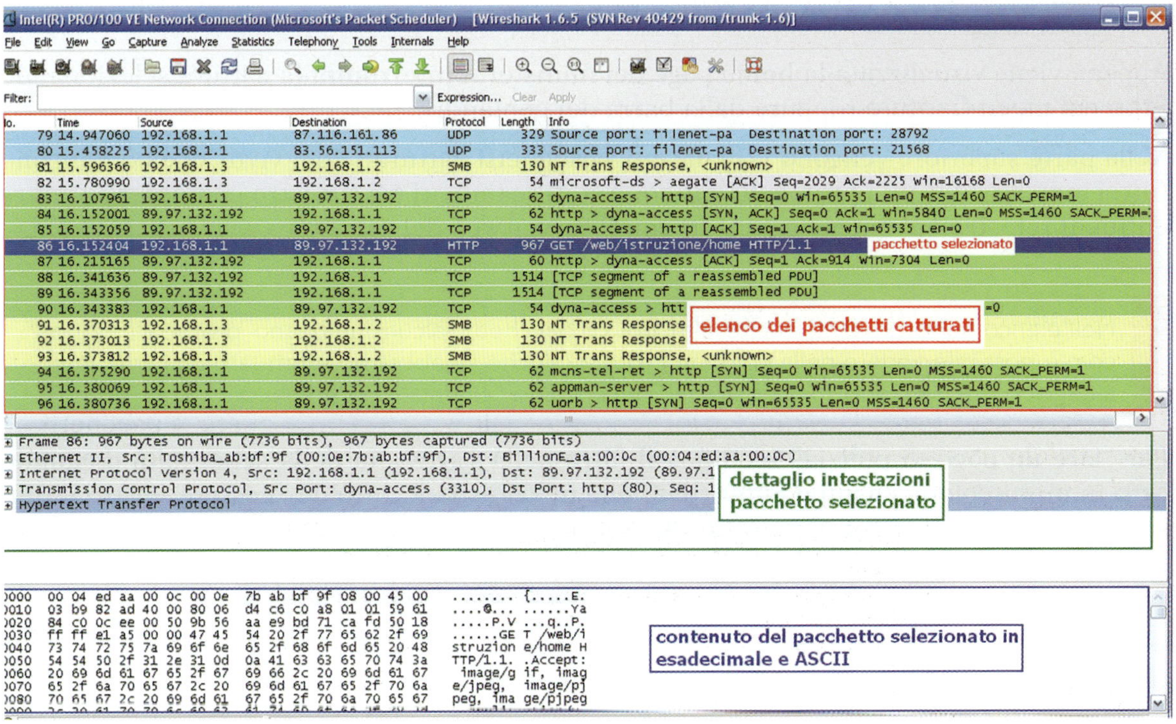

Nella parte superiore viene visualizzato l'elenco dei pacchetti catturati: una riga per ogni pacchetto che inizia con un numero progressivo assegnato da Wireshark, sulla quale vengono visualizzati:
- il tempo nel quale il pacchetto è stato catturato;
- gli indirizzi sorgente e destinazione;
- il tipo di protocollo;
- la lunghezza;
- altre informazioni specifiche del protocollo contenuto nel pacchetto.

Facendo clic sul nome della colonna è possibile cambiarne l'ordinamento di visualizzazione selezionando quello desiderato, in senso crescente o decrescente.

> Il campo con il tipo di protocollo mostra il protocollo di livello più alto contenuto nel pacchetto, ovvero il protocollo che utilizza la sorgente o il destinatario finale per il pacchetto.

La parte centrale è la finestra del dettaglio che mostra appunto, tra i pacchetti catturati e presenti nell'elenco, i dettagli sul pacchetto selezionato. Questi ultimi possono riguardare informazioni sul frame Ethernet e sul datagramma IP contenuti nel pacchetto.
L'ultima riga riporta anche i dettagli sul protocollo di livello superiore che ha inviato o ricevuto il pacchetto.

Nella finestra inferiore viene visualizzato l'intero contenuto del pacchetto, sia in forma esadecimale che ASCII.

Effettua ora una prova digitando all'interno di un browser un indirizzo a piacere (per esempio www.istruzione.it).

Il browser contatterà il server HTTP del ministero e scambierà con esso dei messaggi HTTP allo scopo di scaricare la pagina mentre Wireshark catturerà tutti i frame Ethernet contenenti i messaggi HTTP.

Appena viene visualizzata la home page del ministero, interrompi la cattura selezionando Stop dal menu Capture (oppure dalla barra dei comandi).

Nella parte superiore vengono visualizzati i pacchetti catturati "dal vivo" che contengono tutti i messaggi di tutti i protocolli che sono stati scambiati tra il nostro computer e le altre entità di rete, tra cui i messaggi HTTP con il server web del ministero www.istruzione.it.

> Nell'elenco sono presenti anche altri tipi di pacchetti: alcuni utilizzano protocolli "ignoti", com'è possibile vedere nella colonna Protocol anche se abbiamo effettuato una sola azione; altri pacchetti circolano sulla nostra NIC e vengono "sniffati" da Wireshark.

Per "fare un poco di pulizia" modifica il filtro nella parte alta della schermata digitando http in minuscolo nel campo Filter (dato che in Wireshark tutto deve essere scritto minuscolo) e confermando con il pulsante Apply

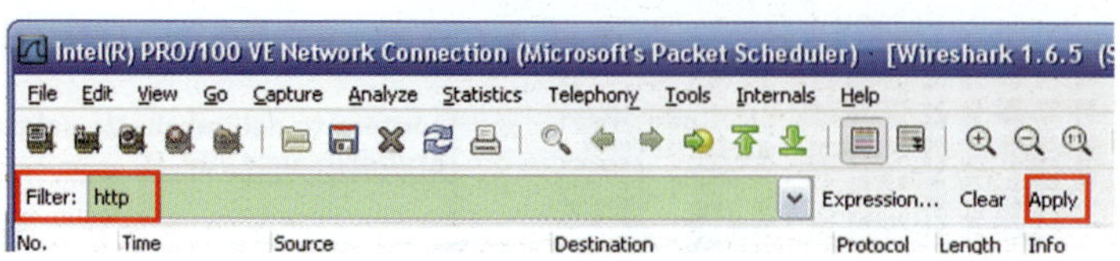

verranno visualizzati solo i pacchetti che utilizzano il protocollo HTTP (figura seguente).

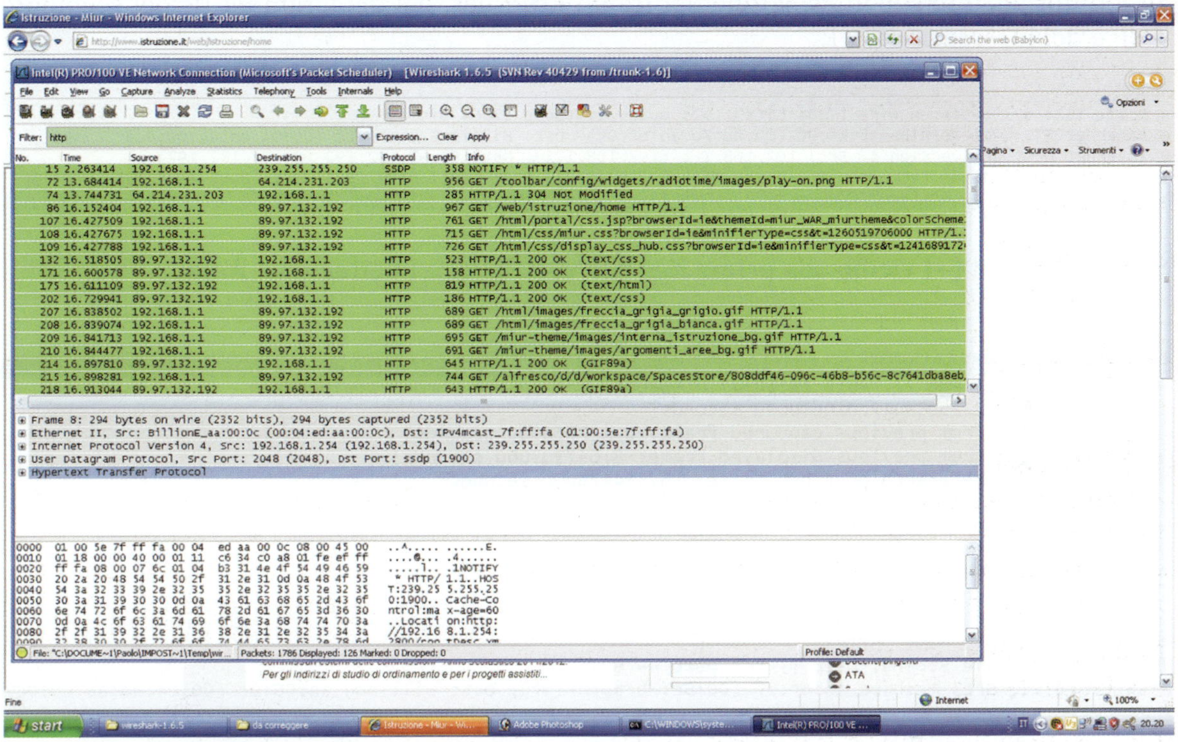

Seleziona tra i primi pacchetti presenti nell'elenco quello che contiene il messaggio GET mandato dal nostro computer a www.istruzione.it.

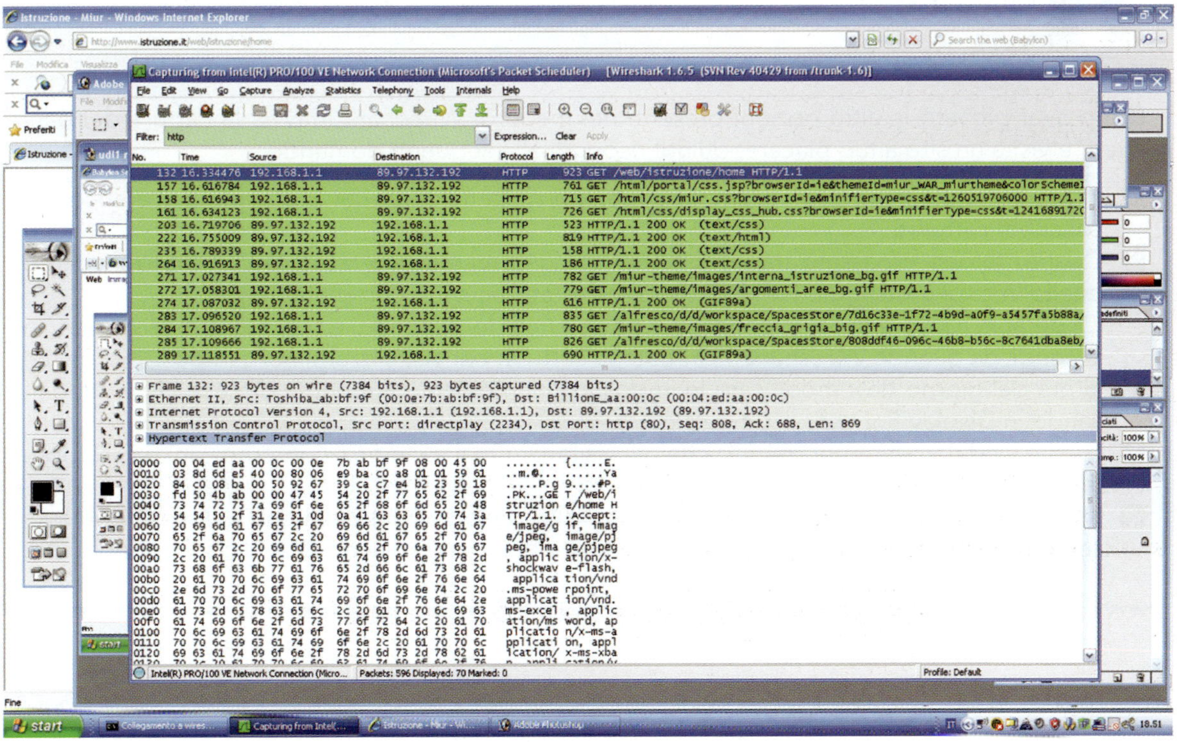

357

Quando selezioni il messaggio GET verranno visualizzate nella finestra centrale dei dettagli le informazioni sull'intestazione del frame Ethernet, del datagramma IP, del segmento TCP e del messaggio HTTP.

```
⊞ Frame 132: 923 bytes on wire (7384 bits), 923 bytes captured (7384 bits)
⊞ Ethernet II, Src: Toshiba_ab:bf:9f (00:0e:7b:ab:bf:9f), Dst: BillionE_aa:00:0c (00:04:ed:aa:00:0c)
⊞ Internet Protocol Version 4, Src: 192.168.1.1 (192.168.1.1), Dst: 89.97.132.192 (89.97.132.192)
⊞ Transmission Control Protocol, Src Port: directplay (2234), Dst Port: http (80), Seq: 808, Ack: 688, Len: 869
⊞ Hypertext Transfer Protocol
```

Seleziona ora il [+] vicino alla prima riga per visualizzare i dettagli del frame.

```
⊟ Frame 132: 923 bytes on wire (7384 bits), 923 bytes captured (7384 bits)
    Arrival Time: Feb 22, 2012 18:50:47.010640000 ora solare Europa occidentale
    Epoch Time: 1329933047.010640000 seconds
    [Time delta from previous captured frame: 0.127768000 seconds]
    [Time delta from previous displayed frame: 8.657303000 seconds]
    [Time since reference or first frame: 16.334476000 seconds]
    Frame Number: 132
    Frame Length: 923 bytes (7384 bits)
    Capture Length: 923 bytes (7384 bits)
    [Frame is marked: False]
    [Frame is ignored: False]
    [Protocols in frame: eth:ip:tcp:http]
    [Coloring Rule Name: HTTP]
    [Coloring Rule String: http || tcp.port == 80]
⊞ Ethernet II, Src: Toshiba_ab:bf:9f (00:0e:7b:ab:bf:9f), Dst: BillionE_aa:00:0c (00:04:ed:aa:00:0c)
```

Ripeti la stessa operazione su ogni riga e osserva che cosa viene visualizzato, così potrai renderti conto della "potenza" di questa applicazione.

Prova adesso!

Dopo aver provato le altre opzioni presenti nel menu di Wireshark, riavvia la cattura dei pacchetti e visita un sito a tuo piacere, quindi rispondi alle seguenti domande.

1. Indica dieci differenti protocolli che appaiono nella colonna dei protocolli nell'elenco dei pacchetti catturati.
2. Quanto tempo è passato tra il momento in cui il messaggio HTTP GET è stato inviato e quello in cui il messaggio HTTP di risposta è stato ricevuto completamente? (Di default, il valore della colonna Time nell'elenco dei pacchetti è l'ammontare di tempo, in secondi, da quando Wireshark ha iniziato la cattura: per visualizzare, nel campo Time, anche le ore del giorno devi modificare le impostazioni mediante il menu a discesa View, modificando in Display Formats il Time-of-day.)
3. Qual è l'indirizzo internet del sito che hai visitato? Qual è l'indirizzo internet del tuo computer?
4. Stampa due dei messaggi HTTP visualizzati selezionando Print dal menu a discesa File, successivamente seleziona Selected Packet Only e Print as displayed e fai clic sul pulsante OK.

Esercitazioni di Laboratorio 2

IL PROTOCOLLO ETHERNET

In questa esercitazione utilizzeremo Wireshark per studiare il protocollo Ethernet.
I riferimenti teorici per affrontare questa esercitazione sono presenti nelle lezioni dell'Unità 5.

■ Catturare e analizzare i frame Ethernet

Prima di iniziare a catturare nuovi pacchetti è necessario che la cache del browser sia vuota:

A con Firefox seleziona Strumenti → Cancella cronologia recente → Cancella adesso;
B con IE seleziona Strumenti → Generale → Cronologia esplorazioni → Elimina.

1. Iniziamo l'esercitazione catturando una serie di frame Ethernet che andremo poi ad analizzare.
2. Avvia Wireshark e la cattura dei pacchetti.
3. Carica la seguente pagina web: http://www.istruzione.it.
4. Interrompi la cattura dei pacchetti.
5. Determina il numero di pacchetto (prima colonna a sinistra) del messaggio HTTP GET che è stato inviato dal tuo computer e l'inizio del messaggio di risposta HTTP inviato al tuo computer dal server del ministero.
6. Individua nella schermata la riga simile a quella evidenziata.

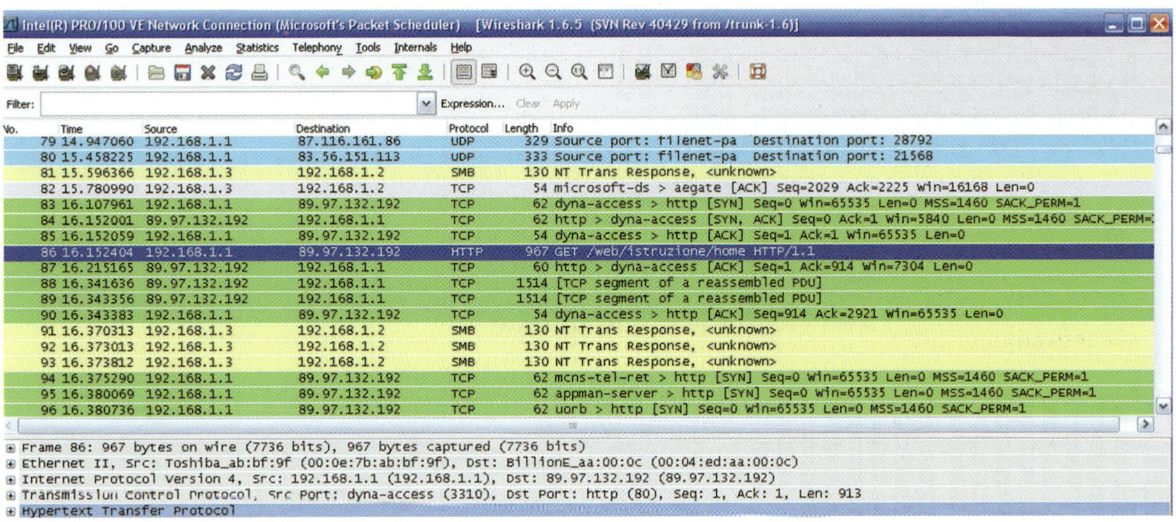

Lo scopo di questa esercitazione è quello di analizzare il protocollo Ethernet, quindi dobbiamo escludere tutto ciò che è "a livello superiore", a partire dal protocollo IP.

Configura Wireshark in modo da visualizzare solo le informazioni sui protocolli di livello inferiore a IP.

Seleziona quindi Analyze → Enabled Protocols ▶

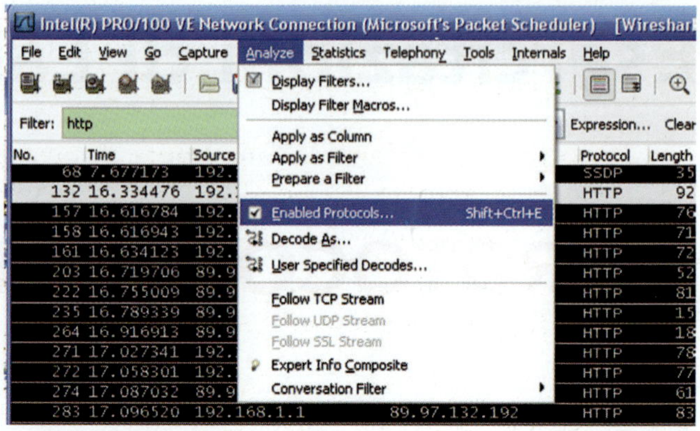

… e nella schermata successiva disattiva IPv4 e conferma facendo clic sul pulsante OK.

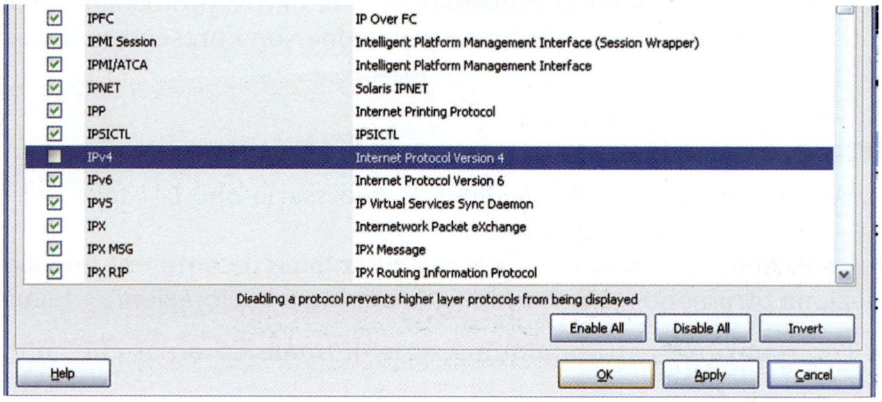

Ora sullo schermo dovresti avere una videata simile alla seguente:

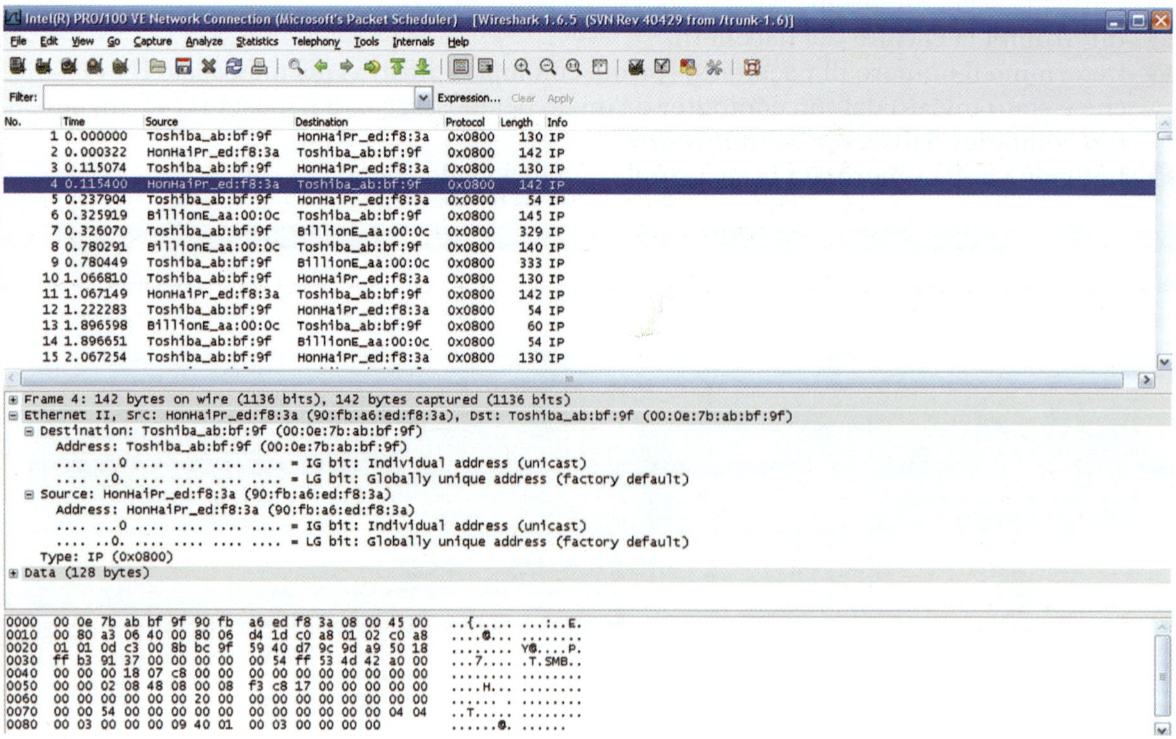

Per rispondere alle domande che seguono devi controllare le finestre con il dettaglio e con il contenuto dei pacchetti (sono le due finestre in basso nella finestra principale di Wireshark).

Seleziona il frame Ethernet contenente il messaggio HTTP GET: esso è trasportato all'interno del segmento TCP, che si trova a sua volta dentro un datagramma IP, che è infine trasportato dentro un frame Ethernet.

Espandi le informazioni Ethernet II nella finestra con il dettaglio dei pacchetti come indicato nella figura precedente.

Nella finestra inferiore è possibile visualizzare tutto il contenuto del frame Ethernet (intestazione e payload).

Prova adesso!

Stampa il pacchetto selezionato da File → Print, attiva Selected packet only e Packet summary line e scegli la minima quantità di dettagli necessaria per rispondere alla domanda.

1. Quanti byte compongono il pacchetto?
2. Individua il preambolo analizzando i valori esadecimali: quale osservazione puoi fare?
3. Qual è l'indirizzo Ethernet del tuo computer (6 byte)?
4. Qual è l'indirizzo di destinazione nel frame Ethernet (6 byte)?
5. Individua il campo Type nel frame Ethernet. Quali bit hanno valore 1?
6. Qual è la lunghezza del PAD?
7. Qual è il valore esadecimale del campo CRC in questo frame Ethernet?

Individua ora il primo frame di risposta (quello con OK nel campo info) e rispondi alle seguenti domande.

1. Quanti byte compongono il pacchetto?
2. Qual è il valore del campo indirizzo sorgente Ethernet?
3. Qual è l'indirizzo di destinazione del frame Ethernet?
4. Individua il campo Type nel frame Ethernet. Quali bit hanno valore 1?
5. Qual è il valore esadecimale del campo CRC in questo frame?

Esercitazioni di Laboratorio 3

IL PROTOCOLLO ARP

In questa esercitazione utilizzeremo Wireshark per studiare il protocollo ARP.
I riferimenti teorici per affrontare questa esercitazione sono presenti nell'Unità 5 e nella specifica del protocollo ARP che puoi scaricare da http://tools.ietf.org/html/rfc826.

> Il protocollo ARP mantiene una cache della tabella di traduzione da indirizzi IP a indirizzi Ethernet: si utilizza il comando arp per vedere e manipolare il contenuto di questa cache.
> Digita il comando
>
> arp-a
>
> al prompt dei comandi e visualizza il contenuto della cache ARP presente nel tuo computer come nel seguente esempio:

```
Interfaccia: 192.168.1.1 --- 0x2
  Indirizzo Internet      Indirizzo fisico      Tipo
  192.168.1.2             90-fb-a6-ed-f8-3a     dinamico
  192.168.1.254           00-04-ed-aa-00-0c     dinamico

Interfaccia: 192.168.1.3 --- 0x3
  Indirizzo Internet      Indirizzo fisico      Tipo
  192.168.1.2             90-fb-a6-ed-f8-3a     dinamico
```

> Che cosa puoi osservare e quali indicazioni trai da questa schermata?

Prima di iniziare l'esercitazione è necessario azzerare il contenuto della memoria cache in modo da poter osservare il computer che spedisce e riceve messaggi ARP.

Infatti, se l'associazione tra indirizzo IP e indirizzo Ethernet è già presente nella cache non verrà inviato alcun messaggio ARP.

Per cancellare la cache basta digitare il comando

arp -d *

dove
- il flag -d indica un'operazione di cancellazione;
- il carattere jolly indica di cancellare tutte le righe della tabella.

> Su Linux/Unix devi avere i privilegi di root (amministratore di sistema) per poter cancellare la cache ARP.

Dopo aver cancellato la cache ARP svuota anche la cache del browser e manda in esecuzione Wireshark in modo che inizi a catture i pacchetti, digitando nel browser www.istruzione.it.

Non appena viene visualizzata la home page del sito della Pubblica Istruzione, interrompi la cattura dei pacchetti.

> Dato che non siamo interessati ai protocolli di livello superiore deseleziona dalla tendina Analyse il procotollo IPv4 in modo da selezionare solo le informazioni sui protocolli che stanno sotto il livello IP.

Otterrai una finestra simile alla seguente:

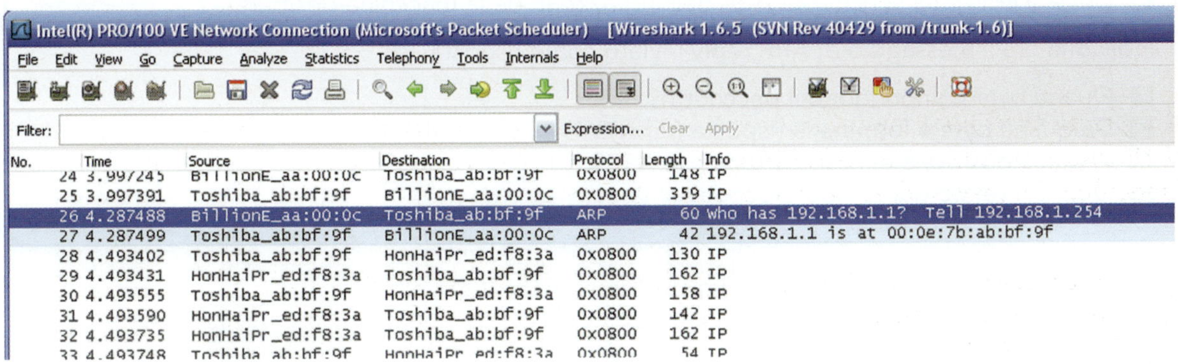

In questo esempio i frame 26 e 27 contengono messaggi ARP.

Prova adesso!

Espandi il dettaglio della descrizione dei singoli componenti del frame, come riportato nella figura seguente:

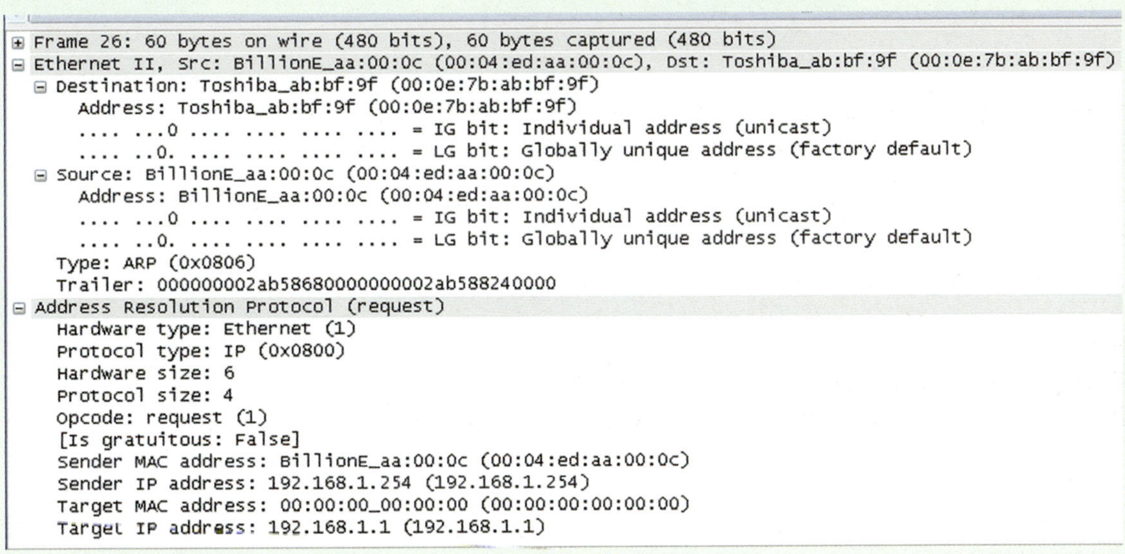

Stampa i due pacchetti selezionati da File → Print, attiva Selected packet only e Packet summary line scegliendo la minima quantità di dettagli che è necessaria per rispondere alle seguenti domande.

1. Quanti byte compongono il pacchetto?
2. Qual è l'indirizzo sorgente del frame contenente il messaggio di richiesta ARP (6 byte)?
3. Qual è l'indirizzo di destinazione del frame contenente il messaggio di richiesta ARP (6 byte)?
4. Individua il campo Type nel frame Ethernet. Quali bit hanno valore 1?
5. Dall'inizio del frame Ethernet, dopo quanti byte comincia il campo Opcode ARP?
6. Qual è il valore del campo Opcode all'interno della request?
7. Il messaggio ARP contiene l'indirizzo IP del mittente?
8. Dove si individua la richiesta ARP dell'indirizzo IP della macchina desiderata?

Individua ora il messaggio di ARP reply inviato come risposta.

1. Quanti byte compongono il pacchetto?
2. Da quanti byte è formata la risposta (reply)?
3. In quale posizione è il campo Opcode ARP?
4. Qual è il valore del campo Opcode?

Il coupon che trovi nella pagina a fianco (terza di copertina) ti consente di:

- scaricare gratuitamente la versione digitale del libro (eBook+) dal sito www.scuolabook.it;
- accedere a tutti i materiali digitali integrativi (risorse online) riservati a questo volume presenti sul sito www.hoepliscuola.it.

scuolabook.it

eBook+

COUPON

Titolo
Autore
ISBN

Grattando la vernice del coupon troverai il codice di accesso.

hoepliscuola.it

risorse online

COME UTILIZZARE IL COUPON PER SCARICARE LA VERSIONE DIGITALE DEL LIBRO (eBOOK+)

Il coupon riportato nella pagina a fianco (terza di copertina) è utilizzabile una sola volta per accedere alla versione digitale del libro, scaricabile dal sito www.scuolabook.it.
Segui questi passaggi.

1. Registrati su Scuolabook (www.scuolabook.it) utilizzando un indirizzo email valido. Se hai già un account, accedi con le tue credenziali.
2. Accedi alla pagina "Acquisti" dove troverai il campo per inserire il tuo codice, nascosto sotto la vernice grattabile del coupon.
3. Una volta inserito il codice coupon, scarica e installa l'applicazione Scuolabook adatta per il tuo sistema operativo.
4. Utilizza le credenziali che hai creato su Scuolabook per eseguire il login anche sull'applicazione. All'interno della tua libreria troverai tutti i tuoi libri, compreso quello associato al tuo coupon, e potrai leggerli con l'applicazione Scuolabook semplicemente cliccando su ciascuna copertina.

Per ulteriori informazioni consulta il sito www.scuolabook.it.
Per ogni chiarimento scrivi a info@scuolabook.it.

La versione digitale del libro (eBook+) è disponibile a partire da settembre 2015.

ATTENZIONE: l'accesso alla versione digitale del libro (eBook+), utilizzabile su tablet, LIM e computer è a titolo gratuito ed è riservato all'utente registrato che ha accettato le relative condizioni generali di licenza d'uso e ha inserito il codice di attivazione. Tale codice può essere attivato una sola volta e la relativa utenza e la connessa licenza di utilizzo hanno durata temporalmente illimitata e non sono trasferibili a terzi. Per le condizioni di licenza d'uso, vedi www.hoepliscuola.it.

COME UTILIZZARE IL COUPON PER SCARICARE I CONTENUTI DIGITALI INTEGRATIVI (RISORSE ONLINE)

Il coupon riportato nella pagina a fianco (terza di copertina) ti consente di accedere a un'area riservata all'interno del sito dell'editore, dove troverai MyBookBox, il contenitore virtuale con risorse e contenuti digitali integrativi.
Segui questi passaggi.

1. Registrati al sito www.hoepliscuola.it utilizzando un indirizzo email valido.
2. Accedi alla pagina dedicata a questo volume.
3. Nello spazio bianco accanto al logo MyBookBox inserisci il codice coupon riportato nella pagina a fianco (terza di copertina) e nascosto sotto la vernice grattabile; avrai così accesso a tutte le risorse digitali del tuo volume.

ATTENZIONE: l'accesso gratuito ai contenuti digitali integrativi in MyBookBox (risorse online) è riservato all'utente registrato che ha inserito il codice di attivazione e accettato le condizioni generali d'uso presenti su www.hoepliscuola.it.